Collage

RÉVISION DE GRAMMAIRE

McGRAW-HILL PUBLISHING COMPANY

New York   St. Louis   San Francisco
Auckland   Bogotá   Caracas   Hamburg
Lisbon   London   Madrid   Mexico   Milan
Montreal   New Delhi   Oklahoma City
Paris   San Juan   São Paulo   Singapore
Sydney   Tokyo   Toronto

TROISIÈME
ÉDITION

Collage

LUCIA F. BAKER
Professor Emeritus / University of Colorado, Boulder

RUTH ALLEN BLEUZÉ
Moran, Stahl & Boyer International

LAURA L. B. BORDER
University of Colorado, Boulder

CARMEN GRACE
University of Colorado, Boulder

JANICE BERTRAND OWEN
University of Colorado, Boulder

MIREILLE A. SERRATRICE

ESTER ZAGO
University of Colorado, Boulder

This is an EBI book.

Collage: Révision de grammaire

1 2 3 4 5 6 7 8 9 0   DOC   DOC   9 4 3 2 1 0

ISBN 0-07-540835-X

Library of Congress Cataloging-in-Publication Data

Collage.   Révision de grammaire / Lucia F. Baker . . . [et al.].—3e ed.
    p.   cm.
  English and French.
  One of four texts comprising a second-year college, French-language program.
    ISBN 0-07-540835-X : $18.00
    1. French language—Grammar—1950–   2. French language—Textbooks for foreign speakers—English.   I. Baker, Lucia F.
  PC2112.C658   1990   89–13473
  448.2′421—dc20   CIP

Manufactured in the United States of America

Developmental editor: Eileen LeVan
Copyeditor: Richard S. Mason
Senior editing supervisor: Richard S. Mason
Text and cover designer: Adriane Bosworth
Illustrator: Bill Border
Photo researcher: Judy Mason
Production supervisor: Tanya Nigh
Compositor: Interactive Composition Corporation
Printer and binder: R. R. Donnelley and Sons Company

Credits
Grateful acknowledgement is made for use of the following:

Photographs

Page 1 © Mark Antman / The Image Works; *5* © Owen Franken / Stock, Boston; *12* © Beryl Goldberg; *15* © Stock, Boston; *27* © Stock, Boston; *40* © Owen Franken / Stock, Boston; *47* © Peter Menzel; *49* © Spencer Grant, Stock, Boston; *51* © Mark Antman / Stock, Boston; *65* © Ulrike Welsch; *71* © Ulrike Welsch; *74* © Beryl Goldberg; *83* © Beryl Goldberg; *93* © Mike Mazzaschi / Stock, Boston; *98* © J. Dieuzaide / Rapho / Photo Researchers, Inc.; *108* © Pierre Berger / Photo Researchers, Inc.; *113* © Robert Doisneau / Rapho / Photo Researchers, Inc.; *126 (top)* © Mark Antman / The Image Works; *126 (bottom)* © Will McIntyre / Photo Researchers, Inc.; *127* © Matthieu Jacob / The Image Works; *129* © Peter Menzel / Stock, Boston; *146* © Mary M. Thacker / Photo Researchers, Inc.; *156* © Peter Menzel; *158* © Beryl Goldberg; *178* © Mark Antman / The Image Works; *184* © Edith Reichmann / Monkmeyer; *203* © Peter Menzel; *228* © IPA / The Image Works; *243* © Stuart Cohen / Comstock; *250* © Edith Reichmann / Monkmeyer; *265* © Peter Menzel; *268* © Hugh Rogers / Monkmeyer; *274* © Hugh Rogers / Monkmeyer; *276* © Hartman-DeWitt / Comstock; *279* © Lionel J-M De Levingne / Stock, Boston; *292* © Mike Mazzaschi / Stock, Boston; *297* Giraudon / Art Resource; *299* The Bettmann Archive; *315* © Beryl Goldberg; *319* AP / Wide World Photos. *(continued on page 367)*

Table des matières

General Preface to the Third Edition

Collage consists of four integrated texts, together with a workbook and tape program: *Révision de grammaire, Variétés culturelles, Lectures littéraires, Conversation/Activités,* and *Cahier d'exercices oraux et écrits.* The most comprehensive intermediate program available, *Collage* is designed to develop proficiency at the second-year college level of French, giving equal emphasis to all skills. The series is based on our belief that students master a foreign language best when all elements of the program (grammar, culture, literature, and oral activities) are coordinated thematically and linguistically. Each component approaches the chapter themes from a different angle, allowing for maximum exposure at a level intermediate students can both appreciate and enjoy.

Organization

The basic structure of the program remains unchanged. Corresponding chapters of the four books in the series focus on the same theme; Chapter 7, for example, always deals with *Le vingtième siècle.* These corresponding chapters illustrate and reinforce the same grammatical points, as well as related vocabulary and cultural information. Students therefore have many opportunities to work with important vocabulary and grammar in a variety of contexts designed to keep their interest alive.

The *Collage* program is broad, yet sufficiently flexible to allow teachers an individual and creative approach in the classroom. Each book in the series can be used alone; used together, however, the four books give students diverse models of language use, ranging from everyday conversations to literature, and they expose students to cultural information presented from varying points of view. Each combination of books will reinforce different groups of skills (reading, listening, writing, structural analysis, oral proficiency, and so on). For example, in a course emphasizing oral skills, instructors often combine *Variétés culturelles* and *Conversation/Activités*; in a reading course, *Variétés culturelles* and *Lectures littéraires* are often paired. Most users of *Collage* view the *Révision de grammaire* and the *Cahier d'exercices oraux et écrits* as the pivotal elements of the program and use them with one or more of the other books. Here are some possible combinations.

1. *Lectures littéraires, Révision de grammaire,* and *Cahier d'exercices* develop an appreciation of literary texts while providing related grammar review and practice.
2. *Variétés culturelles, Révision de grammaire,* and *Cahier d'exercices* present historical and contemporary aspects of French culture, in France and in other French-speaking countries, with integrated grammar review and practice.
3. *Conversation/Activités, Révision de grammaire,* and *Cahier d'exercices* emphasize oral proficiency at the intermediate and advanced levels, based on the corresponding grammar chapters, through a wide variety of activities including skits, trivia bowl, word games, discussion topics, spontaneous role-playing, and much more.

Supplements to *Collage*

- The *Cahier d'exercices oraux et écrits* is a combined workbook and lab manual. The workbook portion contains exercises to supplement those in the student grammar text. Exercises have been revised to make them more meaningful; for example, language is often used in real-life contexts. As they practice vocabulary and grammar in this edition, students are encouraged to express their own ideas whenever possible. The third edition also includes activities based on authentic materials and a new section, *La composition française,* designed to build paragraph- and essay-writing skills. The laboratory program offers a new section that focuses on listening comprehension. Other activities have been added or rewritten to offer more listening practice. New sketch-based activities should make laboratory work more interesting for students. (A *Tapescript* for the laboratory program and cassette or reel-to-reel tapes (on loan) are provided free to institutions that adopt *Collage.* Cassette tapes are also available for students to purchase.)
- The *Instructor's Manual* has been enriched. It offers ideas about teaching with authentic materials and about conducting group work in the classroom, guidelines for testing, suggestions for constructing a course syllabus and lesson-planning, and a set of detailed, page-by-page comments on how to use the *Collage* series in the classroom. We hope that new instructors will find these suggestions especially useful.
- Two *computer-assisted instructional programs* are available with this edition: an interactive program with a game format that emphasizes communication in French, *Jeux communicatifs* (available for Apple IIe™ and IIc™ computers), and a program featuring all the single-response grammar exercises in *Révision de grammaire, McGraw-Hill Electronic Language Tutor* (MELT— available for IBM™, Macintosh™, Apple IIe™ and IIc™ computers).
- A video program about the French Revolution, *Pleins Feux sur la Révolution,* is available to adopters of *Collage.*
- A set of slides, with an accompanying manual containing questions and commentary, is available to each department adopting *Collage.*

The authors wish to thank the following people who have assisted with the third edition of *Collage*:

- Christiane Dauvergne, who contributed to Chapters 4, 7, 10, and 12 of *Variétés culturelles*.
- Frédérique Chevillot, Annick Manhen, and Sylvie Château, who read the manuscript for linguistic and cultural accuracy.
- Patricia Brand, Margaret Heady, Nadia Turk, Véronique Selou, and Elisabeth Tornier, instructors at the University of Colorado who have taught with *Collage* and who offered many insights gleaned from using the books in the classroom.
- Suzanne Carnegie, a second-year French student who provided insights from a student's viewpoint.

The following reviewers generously offered suggestions and constructive criticism that helped shape the third edition. The inclusion of their names here does not constitute an endorsement of the *Collage* program or its methodology.

Harriet Allentuch, *SUNY*; Catherine J. Barrier, *Rutgers University*; John Boitano, *Columbia University*; Marylin C. Brown, *Eastern Connecticut State University*; Robert Corum, Jr., *Kansas State University;* Vincent J. Errante, *Columbia University*; Cheryl Henson, *University of Utah*; Marie France Hilgar, *University of Nevada*; Hannelore Jarausch, *University of North Carolina, Chapel Hill*; Clelland E. Jones, *University of Utah;* Mary R. Kaufman, *University of California at Davis*; Sister Helen Kilzer, *University of Mary*; Earl D. Kirk, *Baker University*; Natalie Lefkowitz, *Michigan State University*; Susan Leger, *Northern Illinois University*; James Madison, *U.S. Military Academy*; Claire-Lise Malarte, *University of New Hampshire*; Milorad Margitic, *Wake Forest University*; Martine Meyer, *University of Wisconsin, Milwaukee*; W. Michael, *University of Utah*; Marie Rose Myron, *Adelphi University*; Mary Jo Netherton, *Morehead State University*; Kenneth Rivers, *Rollins College*; Rosemarie Scullion, *University of Iowa, Iowa City*; William D. Shenk, *Columbia University*; Stuart Smith, *Austin Community College*; Mary Ann Soloman; Emese Soos, *Tufts University*; Yvonne C. Stebbins, *Sinclair Community College*; Karen Temple-Higgins, *Clatsop Community College*; Marie-Chantal Walker, *Brigham Young University*; Dr. Margaret M. Willen, *Eastern New Mexico University*; J. Thomas York, *Kearney State College.*

We especially want to thank Eirik Børve and Thalia Dorwick of McGraw-Hill, who have supported our endeavors during the last twelve years, and Leslie Berriman, who assisted us with the third edition. We are grateful to the McGraw-Hill editorial production and design staff, most especially to Richard Mason for excellent editorial and design suggestions, and also to Jamie Sue Brooks, Karen Judd, and Phyllis Snyder. A special debt of gratitude is owed to Eileen LeVan, our editor, whose attention to the changes in the field of foreign language teaching encouraged us to make *Collage* more interactive.

Finally, we would like to thank our families and friends, whose constant support and patience have sustained us through three editions of the *Collage* series. Special thanks are due Charles Baker; his unerring eye for detail and his personal interest in the quality of our work have been invaluable.

Preface to *Révision de grammaire*

Collage: Révision de grammaire reviews basic grammatical structures and vocabulary and introduces more advanced material appropriate for intermediate French courses. It is designed to be used independently in a review of French grammar or to serve as a core text with one or more of the other texts of this coordinated program: *Variétés culturelles, Lectures littéraires,* and/or *Conversation/Activités.*

Collage: Révision de grammaire is organized as follows:

- *Termes grammaticaux.* This explanation of basic grammar terms used in both French and English precedes the grammar chapters.
- *Chapitre préliminaire.* This brief introductory chapter provides immediately accessible material and exercises for the first few days of class.

The main chapters of the text have the same organization.

Mots et expressions   This thematic vocabulary list provides students with words they need to discuss the chapter theme. Vocabulary was chosen both to give students the words and expressions necessary for everyday communication in French-speaking countries, and to enable students to do the chapter exercises. This section concludes with reinforcement exercises. To do the grammar exercises in the chapter effectively, students should first master the words in *Mots et expressions.*

Structures   The principal part of each chapter contains new grammatical structures, follow-up exercises, and activities. These sections place special emphasis on those grammatical concepts students will need to express themselves orally and in writing at the intermediate level of proficiency, as defined by the American Council on the Teaching of Foreign Languages (ACTFL). More advanced grammar is presented as well for recognition only. We encourage instructors to tailor grammar presentations to the needs of their students. Exercises progress in level of difficulty for each topic; even the more mechanical early exercises, however, provide examples of language used in a coherent context. They are meaningful whenever possible, and they encourage students to focus on content as well as form. Later exercises in the series tend to be open-ended, encouraging students to express their own ideas or to work together in pairs or groups. See the *Instructor's Manual* for ideas on how to conduct group work effectively in the classroom.

Reprise This section contains a set of review exercises that help students synthesize what they have learned in the chapter. It includes questions for guided conversation, personalized questions soliciting students' views, and role-playing activities to help students solidify their speaking skills.

Encore une fois A second review section contains exercises combining the grammar of the preceding chapter with the vocabulary of the present chapter. In general, these exercises provide focused rather than open-ended practice.

L'actualité Based an a piece of realia taken from a French or Francophone source (excerpts from magazines or newspapers, brochures, advertisements, and the like), this section exposes students to brief examples of authentic French; it has been chosen to provide more information about, or a different viewpoint on, the chapter theme. One of the aims of *L'actualité* is to show students that they can read authentic French easily, thereby helping them make the transition to reading longer passages, both literary and nonliterary. A brief concluding section includes comprehension questions or pair/group work where appropriate.

The *Appendices* at the end of the book have been simplified.

Changes in the Third Edition

• Grammar presentations have been somewhat simplified, without omitting important information.
• Most mechanical exercises have been contextualized: focused exercises practicing forms and uses are now built around a coherent narrative, thus requiring students to read for meaning as well as form. Recent studies of language learning suggest that students retain grammar and vocabulary presented in context better than that presented randomly.
• Most series of exercises conclude with open-ended activities requiring interaction among students and creative language use. These activities are preceded by transitional exercises to help students progress from manipulating forms to expressing their own ideas.
• Realia that illustrate grammatical concepts or chapter themes provide models of natural language use and up-to-date cultural information. These realia originate in both French and Francophone magazines, advertisements, brochures, programs, and the like. Authentic materials expose students to French used in everyday contexts, thereby helping them to develop the skills they need to read French literature and other prose.

Termes grammaticaux

This brief presentation of grammatical terminology is meant to facilitate your study of *Collage: Révision de grammaire,* in which the grammar explanations are in French, and to remind you of some of the similarities of structure in English and French.

The Sentence (*La Phrase*)

A. A simple sentence expresses a complete thought and is made up of one word or a group of words that form one clause (**une proposition**). A simple sentence may contain:

1. a verb (**un verbe**)

   Leave!   Partez!

2. a subject (**un sujet**) and a verb

   John is eating.   Jean mange.

3. a subject, verb, and direct object (**un objet direct**)

   John is eating an apple.   Jean mange une pomme.

4. a subject, verb, direct object, and indirect object (**un objet indirect**)

   John gives an apple to Mary.   Jean donne une pomme à Marie.

5. a subject, verb, and object of a preposition (**un objet de préposition**)

   John is going out with Mary.   Jean sort avec Marie.

6. a subject, verb, and adverb (**un adverbe**)

   John is walking fast.   Jean marche vite.

7. a subject, verb, and predicate noun (**un nom employé comme adjectif**)

   Mary is a lawyer.   Marie est avocate.

8. a subject, verb, and predicate adjective (**un adjectif**)

   Mary is talented.   Marie est douée.

B. A complex sentence (**une phrase composée**) contains more than one clause.

1. An independent clause (**une proposition indépendante**) stands alone as a complete thought. There may be more than one in a sentence.

   Paul has a dog, and Mary has a cat.   Paul a un chien et Marie a un chat.

2. A main clause (**une proposition principale**) is independent but can have one or several subordinate clauses (**une proposition subordonnée**) that depend on it to complete the meaning. The subordinate clause is introduced by a conjunction (**une conjonction**) such as *that* (**que**), *because* (**parce que**), *if* (**si**), or *when* (**quand**).

   He will come to see me (main clause) before I leave (subordinate clause).   Il viendra me voir (proposition principale) avant que je ne parte (proposition subordonnée).

3. A subordinate clause introduced by a relative pronoun (**un pronom relatif**) is called a relative clause (**une proposition relative**).

   The boy who is over there is my brother.   Le garçon qui est là-bas est mon frère.

Gender and Number (*Le Genre et le nombre*)

French nouns, articles, adjectives, and pronouns show gender (masculine or feminine) and number (plural or singular).

A. A noun (**un nom**) is a person, place, or thing.

   The director sends the telegram to Paris.   Le directeur envoie le télégramme à Paris.

B. An article (**un article**) is a determiner that precedes the noun.

1. The definite article (**l'article défini**) *the* (**le, la, les**) indicates a particular person, place, thing, or general concept.

   The professor and the students discuss capitalism in the classroom.   Le professeur et les étudiants discutent du capitalisme dans la salle de classe.

2. The indefinite article (**l'article indéfini**) *a, an* (**un, une, des**) indicates an indefinite person, place, or thing.

   A woman is buying postcards in a tobacco shop.   Une femme achète des cartes postales dans un tabac.

3. The partitive article (**l'article partitif**) *some* (**du, de la, de l'**) indicates a part of a whole. *Some* is not always expressed in English, but it is always expressed in French.

   I'm having (some) bread, (some) salad, and (some) water.   Je prends du pain, de la salade et de l'eau.

C. An adjective (**un adjectif**) is a word that describes a noun or pronoun.

1. Adjectives indicate qualities of the noun: size, shape, color, age, etc.

> *The pretty cat chases the little gray mouse.*
>
> Le joli chat poursuit la petite souris grise.

2. Possessive adjectives (**les adjectifs possessifs**) *my, your, his, her, our, their* (**mon, ton, son, notre, votre, leur,** etc.) show possession of a person or thing.

> *Your kids and my kids are picking on their kids.*
>
> Tes gosses et mes gosses embêtent leurs gosses.

3. Interrogative adjectives (**les adjectifs interrogatifs**) *which, what* (**quel, quels, quelle, quelles**) are used to ask a question about a noun.

> *Which pen and which papers do you want?*
>
> Quel stylo et quelles feuilles de papier veux-tu?

4. Demonstrative adjectives (**les adjectifs démonstratifs**) *this, that, these, those* (**ce, cet, cette, ces**) point out or indicate a noun.

> *I like this hat, this scarf, and these gloves.*
>
> J'aime ce bonnet, cette écharpe et ces gants.

5. Indefinite adjectives (**les adjectifs indéfinis**) *each, several, all, no, a few,* etc. (**chaque, plusieurs, tout, aucun, quelques,** etc.) indicate a vague idea of quantity or quality of the noun.

> *She bought several dresses and a few blouses.*
>
> Elle a acheté plusieurs robes et quelques chemisiers.

D. A pronoun (**un pronom**) is a word used in place of one or more nouns. Pronouns are divided into the following groups.

1. Subject pronouns (**les pronoms sujets**) *I, you, he, she, it, one, we, you, they* (**je, tu, il, elle, on, nous, vous, ils, elles**) replace the noun representing the person or thing that performs the action of the verb.

> *The students are studying French.*
>
> Les étudiants étudient le français.
>
> *They are studying French.*
>
> Ils étudient le français.

2. The reflexive pronouns (**les pronoms réfléchis**) *myself, yourself, himself, herself, ourselves, yourselves, themselves* (**me, te, se, nous, vous**) are direct or indirect object pronouns representing the same person as the subject.

> *Susie hurt herself. Her parents blamed themselves.*
>
> Susie s'est fait mal. Ses parents se sont blâmés.

3. The direct object pronouns (**les pronoms objets directs**) *me, you, her, him, it, us, them* (**me, te, le, la, nous, vous, les**) replace the direct object noun and answer the questions "What?" or "Whom?"

> *They study the lesson. They study it.*
>
> Ils étudient la leçon. Ils l'étudient.

4. The indirect object pronouns (**les pronoms objets indirects**) *to me, to you, to her, to him, to us, to them* (**me, te, lui, nous, vous, leur**) replace the noun object following the preposition **à** and answer the question "To whom?" The indirect object is generally a person.

We are speaking to Olivier and Bénédictine. We are speaking to them.	Nous parlons à Olivier et à Bénédictine. Nous leur parlons.

5. The adverbial pronoun (**le pronom adverbial**) **y** replaces **à** + *a thing, place, or idea.* **En** replaces **de** + *a person, place, or thing.*

You think about your future. You think about it.	Vous pensez à votre avenir. Vous y pensez.
They need money. They need some.	Elles ont besoin d'argent. Elles en ont besoin.

6. The disjunctive pronouns (**les pronoms disjoints**) *me, you, him, her, us, them* (**moi, toi, lui, elle, soi, nous, vous, eux, elles**) replace a noun object of a preposition.

I work with them.	Je travaille avec eux.

7. The demonstrative pronouns (**les pronoms démonstratifs**) *this one, that one, these, those* (**celui** [**-ci**], **celle** [**-là**], etc.) replace a noun and point out a particular person or thing.

Here are two books. This one is interesting but that one is boring.	Voici deux livres. Celui-ci est intéressant mais celui-là est ennuyeux.

8. The indefinite pronouns (**les pronoms indéfinis**) *everyone, something,* etc. (**tout le monde, quelque chose,** etc.) represent an indeterminate person or thing.

Everyone should speak French.	Tout le monde devrait parler français.

9. The relative pronouns (**les pronoms relatifs**) *who, that, whom, which* (**qui, que, lequel, dont,** etc.) represent a noun previously mentioned and introduce a relative clause.

The woman (that) I saw is French.	La femme que j'ai vue est française.

10. The interrogative pronouns (**les pronoms interrogatifs**) *who, what, whom, which, whose* (**qui, que, quoi,** etc.) ask a question about a person or thing.

What do you prefer?	Qu'est-ce que vous préférez?

11. The possessive pronouns (**les pronoms possessifs**) *mine, yours,* etc. (**le mien, le tien,** etc.) indicate the possession of a person or thing and replace a noun.

I like my dress, but I adore yours.	J'aime ma robe, mais j'adore la tienne.

La France et le monde francophone

Lucerne, une station touristique très fréquentée
(Suisse) © D. AND J. HEATON/STOCK, BOSTON

*Un festival médiéval à Malestroit, ancienne ville
fortifiée (Bretagne)* © CHIP AND ROSA MARÍA PETERSON

Gordes: un village perché au sud-est de la France (Vaucluse) © PETER MENZEL/STOCK, BOSTON

Un marché en plein air à Tétouan au Maroc
© BERYL GOLDBERG

Henri Matisse: Intérieur à Nice FOUR BY FIVE

Un manège: On trouve aussi à Paris des endroits pour les enfants. © DAWN WOODS

Port-au-Prince, capitale de Haïti, au bord de la Mer des Caraïbes © CHIP AND ROSA MARÍA PETERSON

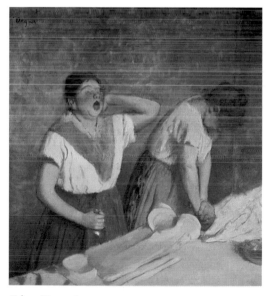

Edgar Degas: Les repasseuses FOUR BY FIVE

Le bonhomme de neige, symbole du Carnaval au Québec
© STUART COHEN/COMSTOCK

Sonia Delaunay: Prismes isotiques (1914) MUSEE NATIONAL D'ART MODERNE, PARIS/ART RESOURCE

La Géode à la Cité des Sciences et de l'Industrie (Paris) © MARK ANTMAN/THE IMAGE WORKS

Pili Pili Mulongoy (Zaïre): combat entre un crocodile et un serpent
HARMON FOUNDATION/THE NATIONAL ARCHIVES

Chapitre
préliminaire

Salut. Comment vas-tu?

Objectifs

- Le pronom sujet
- Le présent de l'indicatif des verbes réguliers (introduction)
- L'interrogation
- Le présent de l'indicatif de cinq verbes irréguliers

- L'adverbe
- Les articles définis et indéfinis
- Les noms et les adjectifs

tructures

Le pronom sujet

Définition   Un pronom sujet remplace un nom comme sujet du verbe.

> Gisèle parle bien français. **Elle** parle bien français.
> Mes amis sont très occupés. **Ils** sont très occupés.

Formes

PERSONNE	SINGULIER	PLURIEL
1	je (j')	nous
2	tu	vous
3	il, elle, on	ils, elles

> **J'**aime bien travailler.
> **Nous** connaissons Paul depuis longtemps.

Emplois

A. Un pronom sujet remplace le nom sujet et prend le genre et le nombre de ce mot.

> Paul travaille en ville. **Il** travaille en ville.
> Yvette et sa sœur restent ici. **Elles** restent ici.

A noter: A la troisième personne du pluriel, on emploie **ils** s'il <u>s'agit</u> de personnes de sexe différent.

> Julie et Daniel attendent l'autobus. **Ils** attendent l'autobus.

B. On vouvoie[1] les personnes qu'on ne connaît pas bien, les gens plus âgés et les gens d'une position plus élevée.

> Pardon, Madame, savez-**vous** où se trouve la poste?
> Monsieur, avez-**vous** l'heure, s'il vous plaît?

C. On tutoie[2] les enfants, les membres de la famille, les amis et les animaux domestiques. Depuis quelques années, les étudiants et les gens qui travaillent ensemble se tutoient aussi.

> Ma petite, est-ce que **tu** aimes voyager en train?
> Martin, quand rentres-**tu** au bureau?

D. Le pronom **on** peut signifier **nous, vous, ils, une personne** ou **les gens en général.** Avec **on,** le verbe est toujours à la troisième personne du singulier.

> **On** dit que l'anglais est facile.   *They say English is easy.*
> **On** va au cinéma ce soir?   *Are we going to the movies tonight?*

Le présent de l'indicatif des verbes réguliers (introduction)

Définition   Le mode indicatif indique une action ou un état réel et certain. Le présent de l'indicatif exprime une action qui se passe au moment où l'on parle.

> Le professeur **donne** les livres aux étudiants.
> Les étudiants **finissent** le chapitre.
> Ils **rendent** leurs livres à la bibliothèque.

---

[1]**vouvoyer:** dire **vous** à quelqu'un
[2]**tutoyer:** dire **tu** au lieu de **vous** à quelqu'un

Formation des verbes réguliers

On distingue trois groupes de verbes classés selon la terminaison de l'infinitif:
parler (-er), **finir (-ir)** et **rendre (-re)**.

Groupe 1: verbes en *-er* Pour former le présent des verbes en **-er**, on
ajoute les terminaisons **-e, -es, -e, -ons, -ez, -ent** au radical de l'infinitif.

par*ler* → **parl-**			étudi*er* → **étudi-**		
je parle	nous parl**ons**		j' étudie	nous étudi**ons**	
tu parl**es**	vous parl**ez**		tu étudi**es**	vous étudi**ez**	
il elle on } parle	ils elles } parl**ent**		il elle on } étudie	ils elles } étudi**ent**	

> Je **parle** déjà anglais et j'**étudie** le français.
> Vous **aimez** les langues mais vous n'**étudiez** pas le russe.

Groupe 2: verbes en *-ir* Pour former le présent des verbes réguliers en **-ir**,
on ajoute les terminaisons **-is, -is, -it, -issons, -issez, -issent** au radical de
l'infinitif.

fin*ir* → **fin-**			
je fin**is**		nous fin**issons**	
tu fin**is**		vous fin**issez**	
il elle on } fin**it**		ils elles } fin**issent**	

> Tu **finis** la leçon.
> Ils **choisissent** des cours cette semaine.

Groupe 3: verbes en *-re* Pour former le présent des verbes réguliers en **-re**,
on ajoute les terminaisons **-s, -s, -, -ons, -ez, -ent** au radical de l'infinitif.

ren*dre* → **rend-**			
je rend**s**		nous rend**ons**	
tu rend**s**		vous rend**ez**	
il elle on } rend		ils elles } rend**ent**	

Elle **rend** les devoirs le vendredi.
Nous ne **perdons** pas notre temps.

Mise au point

A. Une réunion à la française. Une jeune Française, Sophie, explique à des copains américains comment les jeunes de son pays s'amusent le week–end. Ses copains américains, Erica et Jessica, lui répondent. Complétez les phrases avec les verbes de la colonne de droite.

discuter
aimer
manger
danser
chanter
jouer
inviter
penser
raconter

SOPHIE: Je _____1 me retrouver avec mes amis. On _____2, on _____3 et on _____4 ensemble.

Mon ami Jean-Pierre a une cabane près de l'océan. Il _____5 souvent des copains. Son amie Marie-France est amusante. Elle _____6 toujours des histoires intéressantes. Moi, je _____7 de la guitare et nous _____8 tous ensemble. Qu'est-ce que vous _____9 de cela? Les jeunes Américains sont très différents, n'est-ce pas?

ERICA: Tu _____10! Les Américains et les Français ne sont pas si différents!

bavarder
écouter
parler
perdre

JESSICA: Nous _____11 de la musique, nous _____12 mais bien sûr nous ne _____13 jamais notre temps!

Cette soirée est vraiment réussie! OWEN FRANKEN/STOCK, BOSTON

B. Ça m'énerve! Avec un(e) camarade de classe lisez le modèle à haute voix, puis à tour de rôle changez les pronoms sujets du pluriel au singulier et vice versa.

MODELE: VOUS: **Nous attendons** depuis une heure.
IL (ELLE): **J'attends** depuis une heure.

1. Vous perdez patience.   2. Je ne réfléchis pas souvent.   3. Nous entendons trop de bruit.   4. Elle ne répond pas à mes questions.   5. Tu me rends triste. 6. Il ne réussit pas ce semestre.

L'interrogation

Les formes interrogatives

A. On utilise l'inversion du pronom sujet et du verbe pour poser une question.

Tu arrives demain. → **Arrives-tu** demain?

A noter: A la troisième personne du singulier, on ajoute **-t-** entre le verbe et le pronom si le verbe se termine par une voyelle.

Il aime danser. → **Aime-t-il** danser?
Marie chante bien. → Marie **chante-t-elle** bien?

B. On n'utilise pas l'inversion après les expressions interrogatives **est-ce que**, **qu'est-ce que** et **qu'est-ce qui**.

Est-ce que nous commençons la leçon maintenant?
Qu'est-ce que tu fais?
Qu'est-ce qui se passe?

C. Pour poser une question introduite par un mot interrogatif, on peut utiliser l'inversion du pronom sujet et du verbe ou on peut ajouter l'expression **est-ce que** sans inversion.

Quand **partent-elles**?
Quand **est-ce qu'elles partent**?

Les mots interrogatifs

On emploie les mots interrogatifs pour interroger quelqu'un.

| Comment | *How* | **Comment** vous appelez-vous? —Je m'appelle Yves. |
| Quand | *When* | **Quand** arrivent-ils? —Demain. |

Qui (*sujet et objet direct*)	*Who, Whom*	**Qui** parle deux langues? **Qui** aimes-tu? —J'aime Paul.
Où	*Where*	**Où** habite-t-elle? —A Paris.
Pourquoi	*Why*	**Pourquoi** attendons-nous ici?
Combien (de)	*How much,* *How many*	**Combien** coûte un ticket? **Combien d'**argent dépensez-vous par mois? **Combien de** tickets achète-t-elle?
Que (*objet direct*)	*What*	**Que** manges-tu? —Je mange un sandwich.
Quel(s), Quelle(s)	*Which*	**Quels** cours choisit-il? **Quelles** leçons prépares-tu?
Est-ce que		**Est-ce que** vous étudiez l'espagnol?
Qu'est-ce que (*objet direct*)	*What*	**Qu'est-ce que** vous mangez? —Je mange une pomme.
Qu'est-ce qui (*sujet*)	*What*	**Qu'est-ce qui** se passe? —Rien.
Qu'est-ce que c'est?	*What is that?*	**Qu'est-ce que c'est?** —C'est un stylo.
Lequel, lesquels, laquelle, lesquelles	*Which one(s)*	Voilà trois voitures. **Laquelle** préfères-tu?

Mise au point

A. Renseignez-vous. Par groupes de deux, posez-vous mutuellement les questions qui correspondent aux réponses données. Donnez des réponses personnelles.

MODELES: Je m'appelle Marc. →
    IL (ELLE): Comment t'appelles-tu?
      VOUS: Je m'appelle Marc.

Je n'étudie pas le japonais. →
    VOUS: Etudies-tu le japonais?
    IL (ELLE): Non, je n'étudie pas le japonais.

1. Je choisis toujours des cours stimulants. 2. Le livre coûte dix francs.
3. Nous aimons nos professeurs. 4. J'étudie le français parce que j'aime les langues. 5. Nous avons un examen demain. 6. Les examens sont souvent difficiles.

B. Les copains et les copines. Travaillez avec un(e) camarade de classe. Afin de faire connaissance, posez-lui des questions selon les modèles. Demandez….

MODELES: what his (her) name is →
    IL (ELLE): Comment t'appelles-tu?
      VOUS: Je m'appelle Jason.

when he (she) arrives in class →
      VOUS: Quand arrives-tu en classe?
    IL (ELLE): J'arrive en classe à dix heures moins cinq.

1. whether he (she) likes studying French
2. whether he (she) is studying Spanish too

3. why he (she) is studying at this university
4. what he (she) is studying this semester
5. where he (she) is living this year
6. whether or not he (she) likes his (her) room/apartment
7. which one of his (her) classes he (she) prefers

C. L'humour écolier. Mettez-vous en groupes de trois. Etudiez le dessin humoristique, et faites ensemble une liste d'autant de questions que possible sur le dessin humoristique. Puis, en travaillant avec un autre groupe, posez et répondez à toutes les questions écrites par chaque groupe. Le groupe qui a trouvé le plus de questions gagne.

MODELE: QUESTION: Qui parle à la directrice d'école?
               REPONSE: Le père parle à la directrice d'école.

Le présent de l'indicatif de cinq verbes irréguliers

aller		**avoir**		**dire (à)**		**être**		**faire**	
to go		*to have*		*to say*		*to be*		*to do*	
je	vais	j'	ai	je	dis	je	suis	je	fais
tu	vas	tu	as	tu	dis	tu	es	tu	fais
il		il		il		il		il	
elle	va	elle	a	elle	dit	elle	est	elle	fait
on		on		on		on		on	
nous	allons	nous	avons	nous	disons	nous	sommes	nous	faisons
vous	allez	vous	avez	vous	dites	vous	êtes	vous	faites
ils		ils		ils		ils		ils	
elles	vont	elles	ont	elles	disent	elles	sont	elles	font

Je **suis** américaine. J'**ai** dix-huit ans. Je **fais** des études à l'université.
Il **dit** qu'il **va** en classe.
Vous n'**êtes** pas fatigué? Où **allez**-vous après le cours?

VOUS AVEZ DU TALENT.   NOUS AVONS DU TALENT.

SOCIÉTÉ GÉNÉRALE
CONJUGUONS NOS TALENTS.

Mise au point

A. Les copains et les copines. Vous voulez en savoir plus sur votre camarade de classe ainsi que son (sa) camarade de chambre. A tour de rôle, posez-vous des questions selon le modèle.

> MODELE: aller en classe tous les jours →
> VOUS: Est-ce que tu vas en classe tous les jours?
> IL (ELLE): Oui, je vais en classe tous les jours. Et ton (ta) camarade de chambre?
> VOUS: Non, il (elle) ne va pas en classe le vendredi, parce qu'il (elle) n'a pas cours.

1. être content(e) de ton emploi du temps.   2. avoir des cours intéressants ce semestre   3. faire du sport le week-end   4. aller au cinéma le samedi soir   5. être satisfait(e) de la vie à présent

B. Impressions sur l'Amérique. Jean-Luc est un jeune Français qui fait ses études aux Etats-Unis. Vous l'interviewez pour le journal. Avec un(e) camarade de classe, jouez les deux rôles selon le modèle. Ensuite, inversez les rôles et continuez l'interview.

MOTS INTERROGATIFS	VERBES UTILES
Est-ce que	aimer les Etats-Unis
Où	habiter

Qu'est-ce que	étudier
Pourquoi	parler si bien anglais
Qui	admirer
Quand	rentrer en France

> MODELE: VOUS: Est-ce que tu aimes les Etats-Unis?
> JEAN-LUC: Ah, oui, les Etats-Unis sont un pays extraordinaire.

C. Les copains et les copines. Vous voulez en savoir encore plus sur votre camarade de classe. Travaillez ensemble et posez-vous des questions selon le modèle.

> MODELE: pourquoi / être à l'université →
> VOUS: Pourquoi es-tu à l'université?
> IL (ELLE): Je suis à l'université parce que je m'intéresse à la littérature.

1. où / faire les devoirs
2. combien de cours / suivre le mardi
3. quand / faire du sport
4. où / aller le week-end
5. que / faire le vendredi soir

L'adverbe

Voici les adverbes les plus courants.

ADVERBES DE...			
Fréquence	*Quantité*	*Lieu*	*Manière*
parfois	assez	ici	bien
souvent	beaucoup	là	mal
toujours	beaucoup trop	là-bas	vite
	peu		
	trop		

Position

A. Les adverbes se placent généralement *après* le verbe conjugué.

Mes amis parlent **bien** français.
Ils étudient **beaucoup.**

B. A la forme négative, les adverbes se placent généralement après **pas.**

>Nous n'habitons pas **ici.**
>Vous n'allez pas **souvent** au gymnase.

Mise au point

A. Choisissez l'adverbe de fréquence qui s'impose.

Nous dînons _____¹ au restaurant, mais pas très _____² parce que ça coûte cher. Le samedi soir nous prenons _____³ la même chose—de la pizza!

B. Choisissez l'adverbe de quantité qui convient.

Une personne heureuse travaille _____¹, mange _____², marche _____³, ne boit pas _____⁴ et s'amuse _____⁵.

C. Choisissez l'adverbe de lieu ou de manière qui s'impose.

— Où est le restaurant?
— Il est _____¹, de l'autre côté de la rue.
— Allons-y! Attention! Cette voiture roule trop _____². Elle va t'écraser!
— Merci! Cette personne conduit vraiment très _____³. On peut traverser maintenant.
— Enfin, nous sommes _____⁴. Qu'est-ce que tu vas prendre?
— Oh, moi, j'aime _____⁵ leurs sandwichs au jambon.
— Où est le serveur?
— Il est _____⁶, juste derrière toi!

Les articles définis et indéfinis

Les tableaux ci-dessous donnent les formes et les contractions de l'article défini et de l'article indéfini.

		L'ARTICLE DEFINI		AVEC LA PREPOSITION **à**		AVEC LA PREPOSITION **de**	
	MASCULIN	le		au		du	
	FEMININ	la	*the*	à la	*to/at/in the*	de la	*of/from/about the*
AVEC VOYELLE OU **h** MUET		l'		à l'		de l'	
	PLURIEL	les		aux		des	

>L'homme parle **à la** dame et **aux** autres invités.
>Ils parlent **de la** pluie et **du** beau temps.
>**Les** gens parlent souvent **des** vacances.

	L'ARTICLE INDEFINI			AVEC LA NEGATION	
MASCULIN	un ⎫			(pas) de ⎫	
FEMININ	une ⎬	*a, an*		(pas) d' ⎭	*not any*
PLURIEL	des ⎭	*some*			

Nous avons **des** amis ici à Lyon, mais nous n'avons pas **d'**amis à
    Nice.
Tu n'as pas **d'**amis ici, mais tu as **un** oncle à Paris.
Ils ont **une** classe aujourd'hui, mais ils n'ont pas **de** classe demain.

A noter: On garde l'article indéfini après le verbe **être** à la forme négative.

Je suis **une** personne calme; je ne suis pas **une** personne méchante.

Mise au point

A.   Dans la salle de classe. Employez l'article défini ou les contractions avec **à**
et **de** qui s'imposent.

Il est huit heures et demie. _____[1] professeur est déjà dans _____[2] salle de
classe. _____[3] étudiants arrivent. Ils disent «Bonjour» _____[4] professeur. Le
professeur sourit _____[5] étudiants. _____[6] classe commence _____[7] heure
précise. _____[8] porte s'ouvre. _____[9] étudiante qui entre en retard n'a pas
_____[10] air heureux. _____[11] professeur dit «Entrez, entrez, prenez place. Je suis
en train de parler _____[12] politique _____[13] Etats-Unis.» _____[14] jeune fille
s'installe devant _____[15] professeur et s'assied tout de suite.

B.   Les copains et les copines. La vie de votre camarade de classe et de ses

C'est trop drôle! BERYL GOLDBERG

ami(e)s vous intéresse vraiment. Travaillez avec un(e) camarade de classe et interrogez-le/la selon le modèle. Ensuite inversez les rôles.

> MODELE: tu / avoir beaucoup d'ami(e)s →
>> VOUS: Est-ce que tu as beaucoup d'ami(e)s à l'université?
>> IL (ELLE): Oui, j'ai beaucoup d'ami(e)s à l'université.

1. ils (elles) / habiter la résidence universitaire
2. vous / donner parfois des soirées ensemble
3. vous / regarder des films ensemble
4. tu / avoir un compact-disc
5. tu / aimer la musique classique
6. tes ami(e)s / avoir un téléviseur avec une vidéo
7. vous / regarder des cassettes-vidéo ensemble

Les noms et les adjectifs

On forme le féminin des noms et des adjectifs réguliers en ajoutant **e** au masculin. On forme le pluriel du masculin et du féminin en ajoutant un **s** au singulier. Si le masculin se termine en **-s,** le pluriel ne change pas.

	SINGULIER	PLURIEL
MASCULIN	peti**t**	peti**ts**
FEMININ	petit**e**	petit**es**

François et **Françoise** ont des **amis américains** et des **amies françaises.**
L'**Allemand** est **blond;** l'**Allemande** est **brune.**
Les **étudiants** sont **intelligents** et les **étudiantes** sont **brillantes.**
J'ai des cousins **français** et des cousines **anglaises.**

Mise au point

A. Changez les mots en italique au masculin ou au féminin, selon le cas.

> MODELE: *Le petit Japonais* va au Japon. → La petite Japonaise va au Japon.

1. *Le grand Anglais* va souvent en Angleterre.
2. *L'amie* de Jacques est toujours *fatiguée* parce qu'*elle* est *malade.*
3. *Les Français* ont *des cousins américains.*
4. *Les Allemandes* ont *des amies japonaises.*
5. *Les mauvais étudiants* ne disent rien en français.
6. *La blonde* est très *élégante.*

7. *Les assistants* sont *forts* en maths.
8. *Le voisin* de Marie est *déprimé.*
9. Ce sont des *amies sûres.*
10. *Les commerçants* sont parfois *prudents.*

B. Description. Travaillez avec un(e) camarade de classe. Vous allez tous (toutes) les deux parler du président des Etats-Unis et de sa femme.

> MODELE: être blond / brun →
>> VOUS: Est-ce que le président est blond ou brun?
>> IL (ELLE): Il est brun.
>> VOUS: Et sa femme?
>> IL (ELLE): Elle est blonde.

1. être grand / petit
2. être charmant / désagréable
3. être prudent / imprudent
4. être très aimé / peu aimé
5. être républicain / démocrate

C. Interview. Dans ce chapitre vous avez interviewé des camarades de classe. Maintenant, interviewez une personne que vous ne connaissez pas encore, puis présentez-la à la classe. Suivez les deux modèles.

L'interview avec l'étudiant(e)

> MODELE: comment / s'appeler →
>> VOUS: Comment t'appelles-tu?
>> IL (ELLE): Je m'appelle ——— .

1. où / habiter maintenant
2. avec qui / habiter
3. quel âge / avoir
4. qu'est-ce que / étudier
5. quand / avoir cours aujourd'hui
6. pourquoi / aimer étudier les langues

La présentation à la classe

> MODELE: Je vais vous présenter mon voisin.
> Il s'appelle Thomas. Il habite
> dans la résidence universitaire…, etc.

La vie de tous les jours

Vite ou nous allons être en retard pour le déjeuner!
STUART COHEN/STOCK BOSTON

Objectifs

- Le présent de l'indicatif (suite)
- Les verbes irréguliers
- L'interrogation (suite)

- La négation
- Les verbes pronominaux
- Constructions particulières avec le présent

*M*ots et expressions

LE MATIN

aller à la messe/au temple/à la synagogue to go to mass/to church/to synagogue
debout standing; **être debout** to be up, be standing up
faire la grasse matinée to sleep late
faire sa toilette to wash and get ready
prendre une douche chaude (froide) to take a hot (cold) shower
ranger to arrange, tidy
le réveil alarm clock
(se) réveiller to wake up
sonner to ring

LE SOIR

(s')amuser to amuse (to have a good time)
la boîte de nuit nightclub
se détendre to relax
les distractions (*f.*) entertainment
fréquenter (un lieu) to visit (a place) frequently, "hang out" (at a place)

rendre visite à (une personne) to visit (someone)
se reposer to rest
la soirée party
visiter (un endroit) to visit (a place)

PENDANT LA JOURNÉE

la circulation traffic
se déplacer, aller en voiture/en autobus/à pied/à bicyclette to get around, to go by car/by bus/on foot/by bicycle
l'emploi (*m.*) **à mi-temps/à plein-temps/à temps partiel** half-time/full-time/part-time job
être de bonne (mau-vaise) humeur to be in a good/bad mood
être surmené(e) to be overworked
les heures (*f.*) **de pointe** rush hours
manquer (prendre) l'autobus to miss (to take) the bus

la place libre (occupée) empty (occupied) seat
prendre l'avion to take (go by) plane, fly
prendre le bateau to go by boat
quotidien(ne) daily
(se) rencontrer to meet

LA NUIT

avoir sommeil to be sleepy; **tomber de sommeil** to be dead tired
le bain (chaud) (hot) bath
(se) coucher to put to bed (to go to sleep)
(s')endormir to put to sleep (to go to sleep)
faire de beaux rêves to have nice dreams
faire des cauchemars to have nightmares
se mettre au lit to go to bed
passer une nuit blanche to stay up all night

Emplois

A. Trouvez l'équivalent de chaque expression en italique.

1. Vendredi Michel va dans *un lieu où on peut boire et danser,* puisque ses amis donnent *une fête* pour une amie.
2. Il *n'a pas l'habitude d'aller* en boîte de nuit mais il *se distrait* énormément.
3. Quand il rentre chez lui, il ne peut pas *trouver le sommeil* parce qu'il *est extrêmement fatigué* à cause de son travail. Il *ne s'assied pas* de toute la journée.
4. Samedi matin Michel *se lève tard,* puis vers dix heures *il se lave et se brosse les dents,* et ensuite il *met* sa maison *en ordre.*
5. Il fait sa gymnastique *qu'il fait chaque jour,* puis il s'habille et il *va voir* des gens qui sont de bons amis.

B. Donnez une courte définition de chaque expression en français.

1. les distractions   2. coucher les enfants   3. faire de beaux rêves   4. passer une nuit blanche   5. avoir sommeil   6. se mettre au lit   7. faire des cauchemars   8. tomber de sommeil   9. se détendre   10. être debout   11. se rencontrer

C. Les habitudes personnelles. Tout le monde a ses petites manies. Complétez les phrases avec les mots qui conviennent.

1. Afin de me _____ à une heure déterminée à l'avance, j'utilise un _____ qui _____ à six heures et demie.
2. Après un sauna, c'est rafraîchissant de prendre une _____ froide. Si on est très fatigué le soir, un _____ chaud est toujours bienvenu.
3. Si on est catholique, on va à la _____ le dimanche. Si on est protestant, on va au _____ le dimanche. Et si on est juif, on va à la _____ le samedi.
4. Une personne qui sourit est de _____ _____. Une personne qui a l'air surmené est probablement de _____ _____.
5. Nous aimons visiter un _____ tranquille le week-end afin de nous _____ un peu.

D. Le travail et les transports. Complétez les phrases suivantes avec les mots qui conviennent.

1. Si on travaille quarante heures par semaine, on a un _____ à _____ _____. Si on travaille vingt heures par semaine on a un _____ à _____ _____.
2. D'habitude, les gens qui travaillent se _____ en ville en _____ ou en _____. Mais la plupart des étudiants vont à l'université à _____ ou à _____.
3. Si l'on travaille beaucoup à l'étranger, on prend l'_____ pour voyager. D'habitude, on prend le _____ pour faire une croisière.
4. Aux Etats-Unis, les _____ _____ _____ sont entre sept heures et huit heures du matin et entre cinq heures et six heures du soir. Pendant ces heures la _____ sur les boulevards est intense.
5. A sept heures et demie du matin, toutes les _____ dans l'autobus sont _____. A trois heures de l'après-midi, la plupart des _____ sont _____.
6. Si on _____ le bus, il faut attendre l'arrivée de l'autobus suivant. Moi, je n'aime pas _____ l'autobus.

tructures

Le présent de l'indicatif (suite)

Verbes qui changent d'orthographe

Plusieurs verbes réguliers subissent des changements d'orthographe au présent de l'indicatif.

A. Avec les verbes en **–cer** et **–ger,** comme **commencer, remplacer, influencer, manger, voyager, plonger** et **protéger,** le radical est modifié à la forme **nous** pour ne pas changer la prononciation devant le **o** de la terminaison.

c → ç		g → ge	
je commence	nous commençons	je mange	nous mangeons
je remplace	nous remplaçons	je voyage	nous voyageons

B. Quelques verbes en **–er** changent d'orthographe aux formes **je, tu, il, ils.** Les formes **nous** et **vous** gardent toujours le radical de l'infinitif.

1. Les verbes en **–yer** changent **–y–** en **–i–** devant un **e** qui n'est pas prononcé.

INFINITIF	FORMES **je, tu, il, ils**	FORMES **nous, vous**
payer, essayer	paie, paies, paie, paient	payons, payez
employer, envoyer, nettoyer	emploie, emploies, emploie, emploient	employons, employez
ennuyer	ennuie, ennuies, ennuie, ennuient	ennuyons, ennuyez

2. Les verbes avec **e** dans l'avant-dernière syllabe changent **e** en **è** devant une terminaison muette.

INFINITIF	FORMES **je, tu, il, ils**	FORMES **nous, vous**
lever	lève, lèves, lève, lèvent	levons, levez
mener, amener, emmener, promener	mène, mènes, mène, mènent	menons, menez

3. La plupart des verbes en **–eler** et **–eter** prennent **–ll–** ou **–tt–** devant une

terminaison muette et **-l-** ou **-t-** devant une terminaison prononcée.

INFINITIF	FORMES **je, tu, il, ils**	FORMES **nous, vous**
appeler épeler	appelle, appelles, appelle, appellent	appelons, appelez
jeter, rejeter	jette, jettes, jette, jettent	jetons, jetez
Exceptions: acheter: j'achète, tu achètes, il achète, nous achetons, vous achetez, ils achètent geler: je gèle, tu gèles, il gèle, nous gelons, vous gelez, ils gèlent		

4. Les verbes avec **é** dans l'avant-dernière syllabe ont **è** devant une terminaison muette et **é** devant une terminaison prononcée.

INFINITIF	FORMES **je, tu, il, ils**	FORMES **nous, vous**
espérer, préférer, exagérer, suggérer, considérer, posséder, répéter	espère, espères, espère, espèrent	espérons, espérez

Mise au point

A. Employez la forme correcte du verbe entre parenthèses.

1. Nous (*protéger*) nos enfants. Nous (*commencer*) à leur apprendre l'anglais. Nous les (*influencer*) beaucoup.
2. Vous (*employer*) beaucoup de gens. Vous (*payer*) bien vos employés. Vous (*essayer*) de leur donner beaucoup de temps libre.
3. Tu (*nettoyer*) ta chambre. Tu (*jeter*) de vieux livres. Tu (*ennuyer*) tes voisins avec tout ce bruit.

B. Que faire? Dites ce que vous et vos amis faites dans les cas suivants. Utilisez les verbes entre parenthèses. Faites attention à la prononciation de chaque verbe.

MODELE: Vous voulez savoir écrire le vocabulaire. (épeler) →
J'épelle tous les mots.

1. Votre copain va dans une surprise-partie. Vous voulez l'accompagner. (amener)   2. Votre copine raconte des histoires en les embellissant de beaucoup de détails. (exagérer)   3. Vos camarades sortent en hiver sans anorak. (geler)   4. Vous invitez des amis à votre fête d'anniversaire. (célébrer)   5. Il vous faut quelque chose à manger. (acheter)   6. Vous gardez les enfants de vos amis qui veulent aller au cinéma. (emmener)

Les verbes irréguliers

A. Quelques verbes en **–ir,** comme **dormir, mentir, partir, sentir, sortir** et **servir,** prennent les terminaisons **-s, -s, -t, -ons, -ez, -ent;** on laisse tomber la consonne finale du radical au singulier.

dormir				partir			
je	dors	nous	dorm**ons**	je	pars	nous	part**ons**
tu	dors	vous	dorm**ez**	tu	pars	vous	part**ez**
il elle on } dort		ils elles } dorm**ent**		il elle on } part		ils elles } part**ent**	

> Tu **sers** du café au lait tous les dimanches matins.
> Vous ne **mentez** jamais quand vous vous **sentez** à l'aise.

B. Les verbes **ouvrir, découvrir, offrir, souffrir** et **cueillir** se conjuguent comme **parler.**

> Je m'**offre** un petit cadeau quand je **souffre** trop d'être seule.
> Nous **accueillons** des invités chez nous tous les samedis soirs.

ouvrir				offrir			
j'	ouvre	nous	ouvr**ons**	j'	offre	nous	offr**ons**
tu	ouvres	vous	ouvr**ez**	tu	offres	vous	offr**ez**
il elle on } ouvre		ils elles } ouvr**ent**		il elle on } offre		ils elles } offr**ent**	

C. Le verbe **prendre** et ses dérivés **apprendre, comprendre, reprendre** et **surprendre** ont un radical irrégulier au pluriel.

prendre			
je	prends	nous	prenons
tu	prends	vous	prenez
il elle on } prend		ils elles } pren**n**ent	

**Air Charter
La compagnie qui prend
les vacances au sérieux.**

Cet étudiant **comprend** bien quand nous **reprenons** les structures
grammaticales pour une deuxième fois.
Par contre, elles **apprennent** moins vite.

D. Certains verbes irréguliers ont un changement de radical au présent de
l'indicatif, mais leurs terminaisons sont prévisibles. Les terminaisons de ce
groupe sont:

je	**–s**	nous	**–ons**
tu	**–s**	vous	**–ez**
il		ils	
elle }	**–t**	elles }	**–ent**
on			

1. Quelques-uns de ces verbes ont un radical au singulier et un autre radical
   au pluriel.

combattre	je **combat**s	nous **combatt**ons
mettre	je **met**s	nous **mett**ons
conduire	je **condui**s	nous **conduis**ons
construire	je **construi**s	nous **construis**ons
connaître	je **connai**s	nous **connaiss**ons
paraître	je **parai**s	nous **paraiss**ons
craindre	je **crain**s	nous **craign**ons
rejoindre	je **rejoin**s	nous **rejoign**ons
écrire	j'**écri**s	nous **écriv**ons
décrire	je **décri**s	nous **décriv**ons
lire	je **li**s	nous **lis**ons
suivre	je **sui**s	nous **suiv**ons
vivre	je **vi**s	nous **viv**ons
savoir	je **sai**s	nous **sav**ons

Tu **sais** que tu ne **connais** pas ces gens-là.

Pierre **lit** un roman. Odette et Christian **lisent-ils** aussi?

Je **crains** les serpents. Et vous? **Craignez**-vous les serpents?

A noter: **Connaître** et **paraître** gardent l'accent circonflexe devant **-t**: il connaît, elle paraît.

2. **Croire** et **voir** ont un radical aux formes **je, tu, il, ils** et un autre radical aux formes **nous** et **vous.**

croire	je **crois**	nous **croy**ons
	ils **croi**ent	
voir	je **voi**s	nous **voy**ons
	ils **voi**ent	

Crois-tu à l'existence des OVNI (objets volants non identifiés)?

Elle **voit** le taxi là-bas. Le **voyez**-vous?

3. D'autres verbes irréguliers ont un radical au singulier, un radical aux formes **nous** et **vous** et un troisième radical à la forme **ils** et **elles.**[1]

tenir	je **tien**s	nous **ten**ons	ils **tienn**ent
venir	je **vien**s	nous **ven**ons	ils **vienn**ent
boire	je **bois**	nous **buv**ons	ils **boiv**ent
devoir	je **dois**	nous **dev**ons	ils **doiv**ent
recevoir	je **reçoi**s	nous **recev**ons	ils **reçoiv**ent
pouvoir	je **peux**	nous **pouv**ons	ils **peuv**ent
vouloir	je **veux**	nous **voul**ons	ils **veul**ent

Il **peut** venir ce soir. **Pouvez**-vous venir aussi?

Il **reçoit** des invités. Elles en **reçoivent** aussi.

Emplois du présent de l'indicatif

On emploie le présent de l'indicatif pour:

1. exprimer des actions qui se passent ou des sentiments qui existent au moment où l'on parle

Je **suis** fatigué; je **vais** me coucher maintenant.

2. exprimer des actions habituelles

---

[1] Voir les tableaux des verbes irréguliers dans l'appendice C.

Il **va** chez le dentiste tous les six mois.
Le vendredi nous **mangeons** toujours du poisson.

3. exprimer des vérités absolues

Le soleil **se lève** le matin.
La terre **est** ronde.

4. exprimer une action qui va se passer immédiatement

Un moment, j'**arrive**!   *Wait a minute, I'll be right there!*
Il **part** tout de suite.   *He's leaving right away.*

Mise au point

A. Faites des phrases complètes en employant les mots ci-dessous.

1. je / ouvrir / la fenêtre
2. nous / souffrir / de la chaleur au mois d'août
3. vous / dormir / dix heures chaque nuit
4. tu / partir toujours / à l'heure
5. le serveur / servir / les plats aux clients
6. nous / sortir / le vendredi soir
7. je / apprendre / deux langues étrangères
8. ils / vouloir bien comprendre / le français
9. vous / paraître / fatigués aujourd'hui
10. ils / savoir / toutes les réponses

B. Une Parisienne. Janine Gavignet décrit sa vie quotidienne. Complétez l'exercice avec les verbes qui se trouvent à droite ou entre parenthèses.

Je ____ [1] à Paris dans un bel appartement. Je ____ [2] à La Défense dans un gratte-ciel. Mon mari ____ [3] un poste dans un lycée à Montparnasse. Tous les matins, nous ____ [4] le métro à six heures et demie, et nous ____ [5] chez nous à sept heures du soir.

    Le matin, les gens dans le métro ne ____ [6] pas. Le soir, on ____ [7] beaucoup de monde dans le métro. Les gens ____ [8] les bras pleins de paquets. Tout le monde ____ [9] un parapluie à la main. Je ____ [10] beaucoup l'animation du métro et les gens qui (*descendre*), (*monter*), (*entrer*) et (*sortir*).

avoir
prendre
rentrer
habiter
travailler
aimer
sourire
avoir
voir
tenir

C. Renseignez-vous. En choisissant des sujets dans la liste A et des verbes dans la liste B, vous allez dire ce que vous ou vos amis faites en général. Puis, votre camarade de classe doit intervenir avec une question logique.

MODELE: moi, je / connaître des restaurants... (où? quelle sorte?) →
         VOUS: Moi, je connais des restaurants en ville.
     IL (ELLE): Est-ce que tu veux aller au restaurant ce soir? →
         VOUS: Oui, je veux bien.

A	B
moi, je	conduire trop vite... (quand?)
ma sœur	devoir étudier... (quand?)
vous	connaître des restaurants... (où? quelle sorte?)
mes copains (copines)	rejoindre des amis... (où?)
ma voisine	boire quand il fait chaud
mon ami(e)	écrire des lettres... (quand?)
tu	suivre un cours de...
nous	ne pas pouvoir travailler... le week-end

D. Voici quelques proverbes français. Quels sont leurs équivalents en anglais? En connaissez-vous d'autres?

1. Comme on fait son lit, on se couche.
2. Tout est bien qui finit bien.
3. Premier vient, premier prend.
4. Qui ne risque rien n'a rien.
5. L'exception confirme la règle.
6. La fin justifie les moyens.

E. Comment reconnaître un Français? Voici un dessin humoristique qui caricature la France. Trouvez-y tout ce qui caractérise la France et les Français, puis ajoutez-y les éléments qui correspondent le mieux à l'idée que vous vous faites personnellement des Français. Ensuite, faites un dessin original qui caricature les Américains. (Vous pouvez découper des illustrations de magazines pour en faire un collage.)

Ronald Searle (tiré du livre «Pardong, M'sieur», chez Denoël).

L'interrogation (suite)

A. Dans la langue parlée, on emploie souvent **est-ce que** sans inversion, une phrase déclarative avec l'intonation montante ou **n'est-ce pas** pour poser une question.

> **Est-ce que** nous partons tôt?
> Ils ne savent pas conduire? (*intonation montante*)
> Tu reviens demain, **n'est-ce pas?**

B. Si le sujet est un pronom, on peut aussi employer l'inversion du pronom et du verbe pour poser une question.

> **Venez-vous** chez moi ce soir?
> **Veux-tu** te reposer maintenant?

A noter: On n'emploie pas l'inversion avec **je,** on préfère employer **Est-ce que je...?**

> **Est-ce que je** dois arriver à six heures?

A la troisième personne du singulier, on ajoute **-t-** entre le verbe et le pronom si le verbe se termine par une voyelle.

> **Aime-t-il** conduire?
> **Va-t-elle** à pied au marché?

C. A la troisième personne du singulier et du pluriel, si le sujet est un nom, on garde le nom avant le verbe et on ajoute le pronom sujet après le verbe inversé.

> **Marie** voyage-t-**elle** souvent?
> **Jacques et Louis** fréquentent-**ils** ce café?
> **Cette place** est-**elle** libre?

LES ANTIBIOTIQUES SONT-ILS ENCORE EFFICACES?

Mise au point

Drôles de questions. Trouvez chacun cinq activités plutôt exceptionnelles que vous pratiquez! Posez des questions à la classe afin de trouver au moins un(e) camarade faisant la même chose. Le gagnant du jeu est celui qui termine le premier.

MODELES: La liste personnelle

ETUDIANT: Je lis des romans policiers chaque soir avant de m'endormir. J'aime manger des sandwichs au beurre de cacahuètes avec des cornichons et des bananes. (etc.)

Les questions (Essayer d'utiliser toutes les formes interrogatives que vous pouvez.)

ETUDIANT: Est-ce que tu lis des romans policiers chaque soir? Tu lis des romans policiers chaque soir? Lis-tu des romans policiers chaque soir?

La négation

Les négations dans le tableau ci-dessous sont formées de deux éléments qui entourent le verbe.

NEGATION	ORDRE DES MOTS DANS LES PHRASES NEGATIVES
ne... pas *not*	Il **n**'a **pas** sommeil.
ne... jamais *never*	Je **ne** manque **jamais** l'autobus.
ne... plus *no longer, no more*	La place **n**'est **plus** occupée.
ne... guère *hardly, scarcely*	Nous **ne** sommes **guère** fatigués.
ne... que[2] *nothing but*	Ils **ne** font **que** travailler jour et nuit.

Dans les phrases interro-négatives inversées, le premier élément de la négation précède le verbe et le deuxième élément suit le pronom sujet inversé.

ORDRE DES MOTS DANS LES QUESTIONS
N'a-t-il **pas** sommeil?
Ne manques-tu **jamais** l'autobus?
La place **n**'est-elle **plus** occupée?
Ne font-ils **que** travailler jour et nuit?

---

[2]**Ne... que** (*Only*) employé avec des noms est traité à la page 259.

A noter: Avec les questions négatives, on emploie souvent **est-ce que** à la place de l'inversion.

Est-ce que tu **ne** manques **jamais** l'autobus?

Emplois particuliers

A. **Jamais** employé tout seul veut dire *never* ou *ever*.

Fais-tu **jamais** la grasse matinée?   *Do you ever sleep late?*
—**Jamais!**   —*Never!*

B. Dans une réponse affirmative à une question négative, on emploie **si** à la place de **oui**.

Ne voit-il **pas** l'autobus qui arrive? —**Si,** il voit l'autobus qui arrive.
Ne prenez-vous **pas** cette place? —**Si,** je la prends.

A noter: Après une négation, l'article indéfini (**un, une, des**) et l'article partitif (**du, de la, de l'**) se réduisent à **de**.[3]

J'ai **un** roman à lire. Je n'ai plus **de** romans à lire.
Nous mangeons **des** sandwichs. Nous ne mangeons pas **de** sandwichs.

Trois étudiantes sortent du cours de philo.   BERYL GOLDBERG

---

[3] L'article indéfini est traité à la page 46. L'article partitif est traité à la page 78.

Peut-on maigrir sans se priver? Non
Peut-on maigrir sans se priver beaucoup? Oui

La méthode WEMS (Weight Eaters Medical System)
assistée par ordinateur permet pour la première fois d'obtenir un régime sur mesure
conforme à vos goûts, à vos désirs et à vos habitudes nutritionnelles.

Mise au point

A. L'air du temps. Il était une fois deux géants. L'un était gentil et l'autre était méchant. Dans le jardin du gentil géant c'était toujours l'été. Dans celui du méchant géant c'était toujours l'hiver. En utilisant les expressions ci-dessous, décrivez leurs jardins.

Expressions utiles: le soleil / briller / neiger; faire chaud / faire froid; faire beau / faire mauvais; les oiseaux / chanter;…

B. Les copains et les copines. Travaillez avec un(e) camarade de classe. Vous voulez vérifier certaines choses avec l'aide de votre camarade. A tour de rôle, mettez les questions à la forme négative, puis répondez affirmativement selon le modèle.

> MODELE: Aimes-tu prendre des douches froides?
> VOUS: **N'aimes-tu pas** prendre de douches froides?
> IL (ELLE): **Si, j'aime** prendre des douches froides.

1. Ranges-tu ta chambre tous les jours?   2. Es-tu toujours de bonne humeur?   3. Vas-tu dans une boîte de nuit de temps en temps?   4. As-tu des cauchemars pendant la nuit?   5. Passes-tu des nuits blanches de temps en temps? Pourquoi?

Les verbes pronominaux

Définition   Un verbe pronominal est un verbe qui se conjugue toujours avec un pronom. Le pronom réfléchi peut être l'objet direct ou indirect.

s'aimer →	Nous **nous** aimons.	*We love each other.*
s'écrire →	Nous **nous** écrivons des lettres. *(objet indirect)*	*We write letters to each other.*
s'entendre →	C'est une personne qui **s'**entend bien avec tout le monde.	*He's someone who gets along with everybody.*

Formes et position

A. Le pronom réfléchi désigne la même personne que le sujet. Il se met devant le verbe, sauf à l'impératif affirmatif.[4]

LA FORME AFFIRMATIVE	LA FORME NEGATIVE
je **me** lave	je **ne me** lave **pas**
tu **te** laves	tu **ne te** laves **pas**
il elle **se** lave on	il elle **ne se** lave **pas** on
nous **nous** lavons	nous **ne nous** lavons **pas**
vous **vous** lavez	vous **ne vous** lavez **pas**
ils elles **se** lavent	ils elles **ne se** lavent **pas**

Je **m'**habille bien pour sortir, mais tu **ne t'**habilles **pas** bien.
Nous **nous rasons** tous les jours, mais ils **ne se** rasent **jamais.**

B. A la forme interrogative on préfère employer **est-ce que** avec les verbes pronominaux.

> **Est-ce que** tu t'achètes un ticket de cinéma?
> **Est-ce qu'**ils s'amusent au parc?

A noter: Si on emploie l'inversion, le pronom réfléchi précède le verbe et le pronom sujet suit le verbe.

> **Vous** reposez-vous assez?   **Ne vous** reposez-vous **pas** assez?
> **S'**aiment-ils beaucoup?   **Ne s'**aiment-ils **pas**?

C. A la forme infinitive le pronom réfléchi s'accorde avec le sujet du verbe principal et se place directement devant l'infinitif.

> Tu dois **te** lever à cinq heures, si tu veux **te** raser avant de partir.

Mise au point

A. Donnez la forme pronominale de chaque infinitif ou de chaque verbe conjugué.

> MODELE: laver → se laver
> je lève → je me lève

1. vous aimez   2. écrire   3. nous embrassons   4. elle habitue
5. ils sourient   6. tu amuses

---

[4] L'impératif est traité au chapitre 6.

B. Mettez les phrases à la forme négative en utilisant une expression négative (**pas, plus, jamais**).

MODELE: Ils se quittent. → Ils ne se quittent **plus.**

1. Nous nous comprenons bien.   2. Vous vous téléphonez tous les jours.
3. On se voit le vendredi.   4. Je me coupe les cheveux moi-même.   5. Tu te réveilles de bonne heure.

C. Ajoutez la forme correcte du pronom réfléchi devant l'infinitif.

1. Je dois _____ lever à cinq heures, mais mon mari ne se lève pas avant huit heures.
2. Ils veulent _____ écrire tous les jours quand ils ne sont pas ensemble.
3. Nous voulons _____ voir quand nous sommes à Paris.
4. Tu vas _____ ennuyer en classe si tu ne prépares pas la leçon.

Emplois des verbes pronominaux

Il y a trois groupes de verbes pronominaux: les verbes à sens réfléchi, les verbes à sens réciproque et les verbes pronominaux à sens idiomatique.

A. Avec les verbes à sens réfléchi le sujet fait l'action sur lui-même.

VERBE A SENS REFLECHI	TRADUCTION
se baigner	*to bathe*
se brosser	*to brush*
se coiffer	*to fix his/her hair*
se couper	*to cut oneself*
s'habiller	*to dress, get dressed*
se laver	*to wash*
se maquiller	*to put on makeup*
se moucher	*to blow his/her nose*
se peigner	*to comb his/her hair*
se raser	*to shave*
se réveiller	*to wake up*

Elle **se réveille, se lave** et **s'habille.** Il **se rase, se baigne** et **se peigne.**

A noter: On utilise l'article défini avec les parties du corps après un verbe réfléchi.

Elle se brosse **les** dents. Tu te laves **la** figure.

B. Certains verbes pronominaux ont un sens réciproque, c'est-à-dire que deux ou plusieurs personnes font des actions réciproques l'une sur l'autre ou les unes sur les autres. Dans ce cas il faut traduire le pronom réfléchi par *each other*.

VERBES A SENS RECIPROQUE	TRADUCTION
s'aimer	*to love each other*
se comprendre	*to understand each other*
s'écrire	*to write to each other*
s'embrasser	*to kiss each other*
se promettre	*to promise each other*
se quitter	*to leave each other*
se rencontrer	*to meet each other*
se sourire	*to smile at each other*
se téléphoner	*to telephone each other*
se voir	*to see each other*

Michel et Anne **s'aiment** beaucoup; ils **s'embrassent** souvent.
Vous comprenez-vous bien?

A noter: La combinaison des pronoms **on se** peut avoir un sens réciproque.

On se voit tous les jours. − Nous nous voyons tous les jours.

C. Certains verbes changent de sens à la forme pronominale: ce sont des verbes à sens idiomatique. En voici une liste partielle.

SENS ORIGINAL	SENS IDIOMATIQUE
aller *to go*	s'en aller *to leave, go away*
amuser *to amuse*	s'amuser *to have a good time*
débrouiller *to disentangle*	se débrouiller *to manage, get by*
demander *to ask*	se demander *to wonder*
dépêcher *to send quickly*	se dépêcher *to hurry*
ennuyer *to bother, annoy*	s'ennuyer *to get bored*
entendre *to hear*	s'entendre *to get along*
habituer quelqu'un à *to get someone into the habit of*	s'habituer à *to get used to*
inquiéter *to alarm*	s'inquiéter *to worry*
mettre *to put (on)*	se mettre à *to begin*
tromper *to deceive*	se tromper (de) *to be wrong (about)*
rendre compte de *to account for*	se rendre compte de *to realize*

Les spécialistes se trompent aussi

PAR Jo COUDERT

Si leur avis contredit votre intuition ou votre expérience, méfiez-vous.

Il **s'en va** demain; il **va** aller en Europe.
Je **m'ennuie** aujourd'hui, mais je ne veux pas t'**ennuyer.**

Mise au point

A. Leçon de logique. Terminez les phrases avec un verbe pronominal d'après le modèle.

> MODELE: La mère lave son enfant, puis... →
> La mère lave son enfant, puis elle se lave.

1. Je baigne mon fils; puis...
2. Le père lave les cheveux à sa fille, puis...
3. Vous habillez le petit garçon, puis...
4. Tu promènes ton bébé, puis...
5. Elle prépare le petit déjeuner à sa famille, puis...

B. Conclusions à tirer. En utilisant un verbe pronominal, dites ce que vous et vos amis faites dans les cas suivants.

Verbes utiles: se couper, se faire couper les cheveux, se raser, se laver, se moucher.

> MODELE: Vous avez les cheveux très sales. →
> Je me lave les cheveux.

1. Vous avez les mains sales. 2. Votre amie a les cheveux trop longs.
3. Votre copain fait la cuisine et le couteau glisse tout d'un coup. 4. Vos copines sont enrhumées. 5. Votre camarade de chambre a la barbe trop longue.

C. Histoires d'amour. Danielle parle à sa meilleure amie de son «petit ami». Complétez les phrases avec les formes correctes des verbes entre parenthèses.

DANIELLE: Nous sommes tellement heureux ensemble. Nous (*se voir*) chaque après-midi.

SOPHIE: Est-ce que vous (*se téléphoner*) tous les soirs?

DANIELLE: Ah oui, et on (*se promettre*) des choses folles.

SOPHIE: Quand vous (*se rencontrer*) après les cours, que faites-vous?

DANIELLE: Tu ne le croiras pas, mais nous (*se sourire*) et nous (*se regarder*) tendrement.

SOPHIE: (*Se comprendre*)-vous vraiment si bien?

DANIELLE: Bien sûr, et nous (*ne... jamais se disputer*). Nous n'allons jamais (*se quitter*).

SOPHIE: Tu connais mes amis Marie et Noël? Ils vont (*se marier*) au mois de juin.

DANIELLE: J'allais justement te dire que Rémi et moi, nous allons (*se marier*) aussi.

SOPHIE: Sans blague! Vous allez (*se marier*) bientôt! Quelle surprise!

*Qu'est-ce qu'on fait? On
joue aux dames, on regarde
la télé, on va faire un tour
ou on se dispute?*

D. Vous partagez une chambre avec un(e) camarade. En utilisant des verbes
pronominaux, dites ce que vous faites quand:

> MODELE: il (elle) part pour le week-end. (se débrouiller) →
> Je me débrouille tout seul (toute seule).

1. il (elle) met la musique trop fort. (s'en aller)
2. il (elle) semble mécontent(e). (se parler)
3. il (elle) vous invite dîner avec ses parents. (s'amuser)
4. il (elle) rentre à quatre heures du matin sans vous en prévenir. (s'inquiéter)
5. vous ne vous réveillez pas à l'heure le matin parce qu'il (elle) a emprunté
   votre réveil. (se fâcher)

E. Les copains et les copines. Travaillez avec deux camarades de classe.
Posez-vous des questions à tour de rôle. Comparez vos réponses. Avez-vous
l'habitude de faire les mêmes choses?

1. Est-ce que tu t'habitues à la vie universitaire?
2. Est-ce que tu te demandes pourquoi il faut suivre des cours de langues
   étrangères?
3. Est-ce que tu te débrouilles assez bien à l'université? Et tes amis?
4. Est-ce que tu t'inquiètes si tu obtiens de mauvaises notes?
5. Est-ce que tu t'entends bien avec ton (ta) camarade de chambre?
6. Toi et tes amis, est-ce que vous vous amusez quand vous sortez ensemble?

Constructions particulières avec le présent

A. Pour souligner le fait que l'action se déroule au moment où l'on parle et
qu'elle a une certaine durée, on emploie le présent d'**être en train
de** + *infinitif.*

Elle **est en train d'écrire** un roman.	She's in the process of writing a novel.
Nous **sommes en train de découvrir** une solution.	We're in the process of finding a solution.

B. Pour exprimer le passé récent, on emploie le présent de **venir de** + *infinitif*.

Je **viens de trouver** un poste.	I (have) just found a job.
Il **vient de lire** la lettre.	He (has) just read the letter.

C. Pour exprimer le futur proche, on emploie le présent d'**aller** + *infinitif*.

Je **vais aller** à la banque demain.	I'm going to go to the bank tomorrow.
Ils **vont trouver** la réponse.	They're going to find the answer.

D. On emploie le présent avec **depuis** pour exprimer une action continue qui a commencé dans le passé et qui dure encore au présent.

1. On emploie le présent avec **depuis quand** (dans la question) et **depuis** (dans la réponse).

> **Depuis quand** êtes-vous ici? —Je suis ici **depuis** lundi.
> *How long have you been here? —I've been here since Monday.*

> **Depuis quand** habitez-vous à Paris? —J'habite ici **depuis** 1980.
> *How long have you been living in Paris? —I have been living here since 1980.*

2. On emploie le présent avec **depuis combien de temps** (dans la question) et **ça fait... que, il y a... que, voilà... que** ou **depuis** (dans la réponse).

Depuis combien de temps travaillez-vous ici?	How long have you been working here?
Ça fait cinq ans **que** je travaille ici.	
Il y a cinq ans **que** je travaille ici.	
Voilà cinq ans **que** je travaille ici.	I have been working here for five years.
Je travaille ici **depuis** cinq ans.	

Mise au point

A. En ce moment... A tour de rôle, discutez avec un(e) camarade de classe ce que vous faites en ce moment. Répondez en utilisant **être en train de**.

MODELE: Qu'est-ce que tu lis en ce moment? →
Je suis en train de lire un roman d'Annie Ernaux.

1. Qu'est-ce que tu apprends cette semaine? 2. Que fait ton (ta) camarade de chambre aujourd'hui? 3. Pour quel cours fais-tu un devoir cette semaine? 4. Pour quel examen révises-tu en ce moment?

B. En arrière. On va faire les choses que les autres viennent de faire. Avec un(e) camarade de classe, suivez le modèle.

> MODELE: je / trouver un emploi →
> VOUS: Je vais trouver un emploi. Et toi?
> IL (ELLE): Moi, je viens de trouver un emploi.

1. nous / courir dix kilomètres
2. je / gagner une compétition
3. mes amis / faire un disque
4. je / acheter une voiture
5. je / me reposer
6. ta camarade / ranger sa chambre
7. nous / répéter la réponse

C. Jeu de questions. Voici des réponses. Posez les questions correspondantes.

1. Je viens de manger. 2. Nous venons d'aller à la banque. 3. Nous allons aller au cinéma ce soir. 4. Le professeur vient de dire «Attention!». 5. Mon frère vient d'arriver.

D. Les copains et les copines. Travaillez avec un(e) camarade. A tour de rôle, posez-vous des questions et répondez-vous selon le modèle.

> MODELE: depuis quand / habiter →
> —Depuis quand habites-tu ici?
> —J'habite ici depuis 1981.

1. depuis quand / étudier ici
2. depuis combien de temps / sortir avec ton ami(e)
3. depuis quand / connaître le professeur
4. depuis combien de temps / savoir nager
5. depuis quand / travailler
6. depuis combien de temps / apprendre le français

Reprise

A noter: Les exercices de cette partie reprennent les structures grammaticales de ce chapitre.

A. Conversation dirigée.

1. En ville, comment vous déplacez-vous? Avez-vous une voiture ou une bicyclette? Peut-on se déplacer facilement à pied? A quelles heures la circulation est-elle la plus intense? Si vous devez vous déplacer pendant les heures de pointe, êtes-vous de bonne ou de mauvaise humeur? Avez-vous un emploi? Travaillez-vous à temps partiel ou à plein-temps? Etes-vous souvent surmené(e)?

2. Le soir, quelles distractions préférez-vous? Aimez-vous sortir ou préférez-vous vous reposer? Préférez-vous les soirées en famille ou les soirées passées dans des boîtes de nuit? Quelles sortes d'endroits fréquentez-vous le plus souvent?

3. Quand vous rentrez le soir, que faites-vous généralement? A quelle heure vous couchez-vous? Avant de vous endormir, lisez-vous un magazine ou regardez-vous la télé? En général, faites-vous de beaux rêves? Qu'est-ce qui vous donne parfois des cauchemars? Dormez-vous généralement bien ou mal? Passez-vous souvent des nuits blanches à étudier, à danser ou à discuter avec vos amis? A partir de quelle heure tombez-vous de sommeil?

B. Interview. Une étudiante française visite les Etats-Unis pour la première fois. Elle va faire un reportage sur la vie quotidienne en Amérique. Elle s'intéresse à beaucoup de choses. Posez ses questions d'après le modèle. Puis, répondez-lui en exprimant votre opinion.

> MODELE: à quelle heure / les Américains / se lever le matin →
> ELLE: A quelle heure les Américains se lèvent-ils le matin?
> VOUS: Les Américains se lèvent d'habitude à sept heures.

1. pourquoi / les Américains / faire la grasse matinée / le dimanche matin
2. comment / les jeunes Américains / se détendre / le soir
3. quelles distractions / les Américains / aimer en général
4. où / les Américains / aller pour s'amuser / le week-end
5. quels lieux / les Américains / fréquenter / d'habitude

C. Ma famille. Mettez les phrases suivantes à la forme négative.

1. Je prends une douche le matin.   2. Vous vous réveillez tôt.   3. Mon frère fait la grasse matinée.   4. Nous nous endormons devant la télé.   5. Mes parents prennent un bain chaud tous les soirs.   6. Je me repose assez.

D. Les habitudes—un reflet de la personnalité? Mettez les questions suivantes à la forme négative. Puis posez-les à un(e) camarade de classe. D'après ses réponses, analysez son caractère.

1. As-tu souvent un emploi à plein-temps?   2. Ranges-tu ta chambre de temps en temps?   3. Te sers-tu d'un réveil?   4. Es-tu surmené(e)?   5. Es-tu debout depuis cinq heures?

E. Les copains et les copines. A tour de rôle, interviewez un(e) camarade de classe en lui demandant s'il (si elle)...

1. vient en classe tous les jours   2. conduit une belle voiture   3. écrit souvent à ses parents   4. sait parler russe   5. connaît bien ses professeurs

6. met toujours un manteau quand il fait froid   7. reçoit beaucoup de courrier (*mail*)   8. peut toujours trouver une bonne place en classe   9. suit des cours intéressants   10. craint les serpents

F.   Une petite histoire de famille. Complétez les phrases avec les formes correctes des verbes entre parenthèses.

1.   Les Chereau (*se lever*)[1] à cinq heures et demie.
2.   Papa dit: Est-ce que tu vas (*se coiffer*)[2] maintenant? Je veux (*se raser*)[3]. Maman répond: Non, mais je vais (*se maquiller*)[4] très vite.
3.   On (*se réunir*)[5] autour de la table. On (*se préparer*)[6] des bols de chocolat chaud. Après le petit déjeuner, Maman dit aux enfants: Vous allez (*s'habiller*).[7]
4.   Puis tout le monde (*s'entasser dans: to pile into*)[8] la voiture.
5.   On (*s'arrêter*)[9] pour laisser descendre les enfants à l'école.
6.   Une fois en ville, Papa et Maman (*s'embrasser*)[10] et Papa dit à Maman: Nous (*se retrouver*)[11] dans un bon restaurant à midi, d'accord?
7.   Ils (*se quitter*)[12] et (*s'en aller*)[13] travailler.
8.   A midi, ils (*se dépêcher*)[14] de finir leur travail.
9.   Ils (*se rencontrer*)[15] dans un bon restaurant.
10.   M. Chereau (*s'offrir*)[16] un steak-frites et Madame (*se contenter*)[17] d'une quiche lorraine.

G.   Voici le début d'une journée typique. Avec un(e) camarade de classe, racontez ce que font les personnes illustrées sur le dessin, ce qu'ils sont en train de faire. Vous pouvez également inventer une suite.

MODELES: Alain est en train d'aller à son travail. Il tend la main pour aider Christine à monter dans l'autobus. Ils vont peut-être se marier.

Gaston vient de gagner à la loterie nationale. Il s'en va à Tahiti avec son chien Kiki. Ils vont s'amuser énormément.

Eckard   Gretchen   Gaston   Kiki   Christine   Alain   Charles   Georges   Cendrillon   Le Prince Charmant

*L'*actualité

Voici un article où il s'agit d'une femme qui a décidé de travailler à la maison afin de concentrer sur un même lieu sa vie professionnelle et sa vie privée. Muriel est graphologue, ce qui veut dire qu'elle étudie les lois physiologiques et psychologiques des écritures. Elle travaille pour des entreprises qui, lorsqu'elles recrutent de nouveaux employés, veulent avoir davantage d'informations sur leur caractère et leur personnalité. Lisez l'article, puis répondez aux questions qui le suivent.

**MURIEL GOLDBAUM
GRAPHOLOGUE :**

LA CONCENTRATION

Cheveux courts, yeux verts, sourire-éclat,[a] Muriel a tout d'une jeune femme bien dans sa vie, bien dans ses choix. Et à coup sûr,[b] elle ne regrette pas le temps où, professeur d'histoire-géo, elle devait chaque matin prendre son petit cartable[c] et le chemin de l'école. Diplômée de la Société de graphologie, elle a monté son cabinet il y a tout juste trois ans, et travaille pour une douzaine d'entreprises et trois gros cabinets de recrutement.[d] Elle a bien pensé un temps ouvrir un cabinet à l'extérieur, mais a finalement préféré opter pour une solution-gain de temps : consacrer à son travail une pièce entière de son appartement. « A 8 h 15 au plus tard je suis à ma table de travail. A midi, la petite reste à la cantine. Quant au soir, nous avons organisé des tours de garde avec d'autres parents, ce qui fait qu'excepté le lundi où je suis de sortie d'école, je peux travailler jusqu'à 18 h 30 - 19 h sans lever le nez. » Le mari de Muriel, architecte, travaille, lui, à l'extérieur. Mais comme elle l'explique, chacun réagit en fonction de son propre tempérament : « ce qu'il me faut avant tout, c'est pouvoir me concentrer. Et puis il y a aussi les questions d'indépendance, d'autonomie, de liberté. Aussi pour rien au monde je ne changerai ! » Seule ombre au tableau : les copains qui ont parfois tendance à s'imaginer que parce que l'on travaille chez soi, on est toujours disponible pour les écouter... « Il faut savoir dire non, expliquer que l'on est occupé. »

[a]sourire... *bright smile*
[b]à... *certainly*
[c]*school bag*
[d]cabinets... *employment agencies*

Qu'en pensez-vous?

1. Pourquoi Muriel travaille-t-elle chez elle?
2. D'après Muriel, quels sont les avantages de travailler chez soi?
3. Quels problèmes rencontre-t-elle?
4. Depuis combien de temps son cabinet est-il chez elle?
5. Combien d'heures travaille-t-elle par jour?

6. Que fait le mari de Muriel? Où travaille-t-il?
7. Si un jour vous décidez de travailler chez vous, quelle sorte de travail allez-vous faire?
8. Selon vous, quels sont les avantages de travailler à la maison? Et les inconvénients?
9. Travaillez avec un(e) camarade de classe et essayez de dresser une liste de professions qu'on peut, à l'heure actuelle, exercer à domicile.

La culture, c'est ce qu'il faut pour qu'une journée de travail soit une vraie journée de vie.

Jacques Duhamel, cité par Jacques Rigaud dans *Le Monde*

Famille et amis

Veux-tu goûter ma glace?

Objectifs

- L'article défini
- L'article indéfini
- Le nom

- L'adjectif qualificatif
- L'adjectif possessif

Mots et expressions

EN FAMILLE

l'aîné(e) older, oldest child

le cadet (la cadette) younger, youngest child

se comporter to behave

l'éducation (*f.*) **des enfants** children's upbringing

être bien/mal élevé(e) to be well-mannered/ill-bred

le fils (la fille) unique only child

faire le ménage/la vaisselle to do the cleaning/the dishes

insupportable unbearable

LA VIE A DEUX

cohabiter to live together

se débrouiller to manage, get by

l'époux (l'épouse) spouse

faire un voyage de noces to go on a honeymoon

le (la) féministe feminist

se fiancer to get engaged

(fonder) un foyer (to start) a home and family

garder son indépendance to stay single

le jeune ménage young married couple

les jeunes mariés newly-weds

la libération de la femme women's liberation

libéré(e) liberated

se marier (avec) to get married (to)

partager to share

le phallocrate male chauvinist

les travaux (*m.*) **ménagers** housework

AVEC LES AMIS

être/tomber amoureux (-euse) to be/to fall in love

avoir rendez-vous avec to have a date (appointment) with

le (la) célibataire unmarried person

le copain (la copine) friend

les jeunes (*m.*) young people

la jeune fille teenager, young woman

le jeune homme/les jeunes gens young man/young men

le petit ami (la petite amie) boyfriend (girl-friend)

(s')embrasser to kiss (each other)

(se) rencontrer to meet (each other)

sortir seul/à deux/en groupe/avec quelqu'un to go out alone/as a couple/in a group/to date

Emplois

A. Trouvez l'équivalent de chaque expression.

1. donner un baiser (*kiss*) à quelqu'un
2. l'ami, l'amie
3. personnes mariées depuis peu
4. se conduire
5. vivre en union libre
6. avoir, faire quelque chose en commun
7. les travaux domestiques
8. le jeune couple

B. Complétez les phrases avec les mots qui conviennent.

1. J'ai dix-sept ans. Ma sœur_____ a vingt-deux ans et ma sœur _____ a quinze ans.
2. D'habitude, le père et la mère s'occupent de l' _____ des enfants.
3. Je n'ai ni frères ni sœurs; je suis une fille _____.
4. Les enfants _____ savent dire «s'il vous plaît» et «merci».
5. Chez moi, mon père fait la _____ et ma mère fait le _____.
6. Ce soir, j'ai _____ avec mon petit _____. Nous sommes très _____ l'un de l'autre.
7. Le vendredi après-midi, je _____ mes amis au café.
8. Les _____ filles sortent souvent à _____ pour faire du shopping ensemble.
9. Les jeunes _____ sortent _____ ou en _____ prendre un pot le vendredi soir.
10. En France, Simone de Beauvoir a travaillé et a écrit pour soutenir la _____ de la femme.

C. Trouvez le contraire.

1. divorcer
2. rentrer
3. supportable, aimable
4. les vieux
5. une personne mariée

D. Donnez une courte définition en français de chaque expression.

1. libéré
2. sortir avec quelqu'un
3. garder son indépendance
4. un phallocrate
5. l'époux, l'épouse
6. se fiancer
7. un voyage de noces
8. fonder un foyer
9. se débrouiller
10. une féministe

tructures

L'article défini

Définition   L'article défini introduit le nom et indique le genre (masculin ou féminin) et le nombre (singulier ou pluriel) du nom.

le frère, **les** frères   **la** sœur, **les** sœurs   **l'**oncle, **les** oncles

Formes

L'article défini a des formes masculines et féminines et des formes contractées avec les prépositions **à** et **de**.

	L'ARTICLE DEFINI	**à** + *article défini*	**de** + *article défini*
MASCULIN SINGULIER	le l'	au à l'	du de l'
FEMININ SINGULIER	la l'	à la à l'	de la de l'
PLURIEL	les	aux	des

Je rencontre **le** neveu.   Tu parles **au** neveu.   Il parle **du** neveu.

Je rencontre **l'**époux.   Tu parles **à l'**époux.   Il parle **de l'**époux.

Je rencontre **la** femme.   Tu parles **à la** femme.   Il parle **de la** femme.

Je rencontre **les** copains.   Tu parles **aux** copains.   Il parle **des** copains.

Devant une voyelle ou **h** muet, **le** et **la** deviennent **l'**. Devant **h** aspiré, **le** et **la** ne changent pas: **le héros, la hache, le huit.**

Exceptions: **le** onze, **la** onzième leçon

Emplois

A.   On emploie l'article défini, comme en anglais, devant un nom spécifique.

> **La** première valse est pour **les** nouveaux mariés, ensuite **les** autres dansent.
> **Le** frère aîné de Jean épouse **la** sœur cadette de Monique.

A noter: En français, on répète l'article devant chaque nom d'une série de noms.

> Nous invitons **les** grands-parents, **les** tantes et **les** oncles.

B.   Par contraste avec l'anglais, on emploie l'article défini:

1.   avec les noms abstraits et les noms de groupe

> Dites-moi pourquoi **la** vie est belle.
> **Les** chiens sont fidèles.

> **66** Il avait le
> nez de Bogart,
> la taille de Bogart,
> la voix de Bogart,
> et ressemblait à
> Raymond Barre **99**

2. avec les dates (si le nom du jour est précisé, l'article le précède)

> Mon anniversaire est **le** 31 mai.
> Nous nous sommes mariés **le** jeudi 28 juin 1979.

3. avec les jours et les périodes habituels

> **Le** dimanche, la famille rend visite aux grands-parents.
> Les copains s'amusent **le** week-end.
> Sa femme travaille **le** soir.

A noter: Quand on parle d'un jour précis, on n'emploie pas l'article.

> La cérémonie va avoir lieu di-
> manche soir.
>
> Les nouveaux mariés s'en vont
> jeudi.

> *The ceremony will take place (this)*
> *Sunday evening.*
>
> *The newlyweds are leaving (this)*
> *Thursday.*

4. avec les parties du corps, quand le possesseur est évident

> Je me lave **les** cheveux le matin et je lave **les** cheveux de ma fille le
> soir.
> Sophie a mal à **la** tête et mal **aux** oreilles.

5. avec un titre ou un nom propre précédé d'un adjectif

> Monsieur **le** président, pouvons-nous commencer la réunion?
> **La** jeune Françoise s'intéresse au féminisme.

6. avec les poids et les mesures

> Le fromage coûte 25 francs **le** kilo.
> Ce tissu coûte 20 francs **le** mètre.

A noter: Pour mesurer le temps on n'emploie pas d'article, mais on emploie
la préposition **par.**

> Je travaille huit heures **par** jour/semaine/mois/an.

Pour mesurer la vitesse à laquelle roule une voiture, on emploie **à l'heure**.

La voiture roule à 100 kilomètres **à l'heure**.

7. avec les disciplines académiques

J'étudie **l'**art, **les** mathématiques et **la** chimie.
Nous apprenons **le** français et **l'**arabe.

A noter: L'article n'est pas nécessaire avec le verbe **parler**.

Ma mère ne parle pas allemand, mais elle parle bien français.

Mise au point

A. La promenade du dimanche. Comme beaucoup de familles, la famille Perrin s'en va à la campagne le dimanche. Complétez l'histoire avec les articles définis qui s'imposent.

1. Souvent, _____ dimanche, les Perrin font une promenade en voiture.
2. M. Perrin prépare _____ pique-nique (*m.*).
3. _____ enfants prennent leurs affaires et montent dans _____ vieille Peugeot.
4. M. Perrin conduit prudemment, mais _____ autres conducteurs bloquent _____ rue.
5. _____ circulation est intense _____ dimanche parce que beaucoup de familles quittent _____ ville.
6. Les Perrin vont à _____ campagne où ils admirent _____ nature.

B. Portraits. Etudiez bien les phrases suivantes, puis complétez-les avec l'article défini ou avec une forme contractée de l'article, si nécessaire.

1. Tu vois _____ jeunes gens là-bas? _____ blond est mon frère.
2. Regarde là-bas! _____ aîné et _____ cadette jouent ensemble aux cartes.
3. Mon frère a envie de découvrir _____ monde.
4. Nous téléphonons (à) _____ grands-parents, (à) _____ oncles, et (à) _____ tantes ce week-end.
5. Je suis né _____ 25 novembre 1963.
6. _____ mardi je vais rencontrer _____ copine d'Alain.
7. Mes cousins et moi sortons toujours ensemble _____ vendredi soir.
8. Julien a trop lu, il a mal (à) _____ yeux.
9. Monsieur _____ directeur est en retard!
10. _____ jeune Gaston est mal élevé.
11. _____ beurre coûte dix francs _____ kilo.
12. Ma femme travaille huit heures par _____ jour et elle gagne trois mille francs par _____ mois.
13. Je n'aime pas rouler à 150 kilomètres à _____ heure.
14. Ma belle-sœur étudie _____ psychologie, _____ sociologie et _____ sciences économiques.
15. Je ne parle pas _____ chinois, mais je parle bien _____ espagnol.

L'article indéfini

Définition L'article indéfini, comme l'article défini, indique le genre et le nombre du nom.

      un copain, **des** copains   **une** copine, **des** copines

Formes

L'article indéfini a trois formes.

	SINGULIER	PLURIEL
MASCULIN	un	des
FEMININ	une	

      J'ai **un** frère, **une** sœur et **des** cousins.

Emplois

A. Au singulier, on emploie l'article indéfini, comme en anglais, avec les noms non spécifiques.

      Comptent-ils faire **un** voyage de noces?
      Un homme et une femme est un film français.

B. Au pluriel, l'article indéfini est toujours exprimé en français; en anglais, il est souvent omis.

      Les jeunes mariés font toujours **des** économies.
      Avez-vous **des** parents français?

C. On répète l'article indéfini devant chaque nom d'une série de noms.

      J'ai **un** chat, **une** chienne et **un** poisson rouge.
      Nous avons **des** oncles, **des** tantes et **des** grands-parents à Paris.

D. Dans une phrase négative, **un, une** ou **des** devient **de** devant le nom.

      Tu n'as pas **de** petit ami?
      Ils n'ont pas **d'**enfants.

A noter: A la forme négative, l'article défini ne change pas.

      Je n'aime pas **les** féministes.

E. Après **ce** suivi du verbe **être,** on emploie un article quand il s'agit d'un nom de profession, de nationalité, de religion ou d'idéologie politique, seul ou accompagné d'un adjectif.

C'est **un** médecin, ce n'est pas **un** dentiste.
Ce sont **des** Italiennes, ce ne sont pas **des** Espagnoles.
C'est **un bon** Catholique.
C'est **un** républicain **légendaire.**

A noter: On omet l'article indéfini avec les professions, les nationalités, les re-
ligions et les idéologies politiques employées comme adjectifs (attributs) après
les verbes **être, devenir** et **rester.**

Catherine Deneuve est **française.** N'est-elle pas **actrice**?
Mon fiancé n'est pas **catholique,** il est **protestant.**

F.   Si l'adjectif précède le nom au pluriel, **des** se réduit à **de:**

Ce sont **de** vraies féministes.
Elles ont **d'**autres idées.
J'ai **de** jeunes amis français.

Si le nom précède l'adjectif au pluriel, on garde **des.**

Ce sont **des** féministes radicales.

A noter: Si l'adjectif et le nom forment *presque* un nom composé—comme
jeunes gens (*young men*) ou **jeunes filles** (*young women*)—on garde **des.**

J'invite **des** jeunes gens et **des** jeunes filles.

Une famille assiste à un baptême à Paris. PETER MENZEL

Mise au point

A. Complétez les phrases avec les formes correctes de l'article indéfini, si c'est nécessaire.

1. Je ne suis plus _____ agnostique, je suis _____ musulmane.
2. J'aimerais avoir _____ grand-mère et _____ grand-père qui me donnent _____ cadeaux.
3. Nous achetons _____ machine à laver et _____ réfrigérateur.
4. Avez-vous _____ amis français?
5. Je n'ai pas _____ cousines, mais j'ai _____ cousins.
6. Ce sont _____ Canadiens, ce ne sont pas _____ Américains.
7. Invites-tu _____ jeunes gens sympathiques à la soirée?
8. Tu as _____ gentils parents et _____ frères insupportables!
9. Elle n'a pas _____ rendez-vous ce soir.

B. Bavardage. Complétez le dialogue avec l'article défini, l'article indéfini ou une forme contractée de l'article, si c'est nécessaire.

JEAN: _____ oncle de Paul va bientôt en Californie. Il est _____ acteur.
ANNE: Sais-tu qu'il vient ici _____ 8 juin? Il va épouser _____ cousine de Marie.
JEAN: C'est vrai? Quand est-ce que _____ mariage va avoir lieu?
ANNE: _____ cérémonie civile va avoir lieu _____ vendredi prochain et _____ cérémonie religieuse _____ samedi 6 juin.
JEAN: Je me demande si _____ jeune couple va passer sa lune de miel aux Etats-Unis.
ANNE: Oui, quelle chance! Et, ensuite, ils vont habiter _____ petite ville au nord de Los Angeles.
JEAN: Vont-ils devenir _____ Américains?
ANNE: Certainement! Et ensuite elle va étudier _____ médecine et il va jouer dans _____ film à Hollywood!

C. Portraits. En utilisant le vocabulaire dans les listes, imaginez les personnalités et les relations du jeune couple sur la photo.

MODELE: Voici un jeune couple italien qui vient de se marier à Rome. →

A	B	C
la jeune femme	français	visiter la ville
le jeune homme	italien	descendre dans un hôtel
les fiancés	espagnol	dîner dans un restaurant
les nouveaux mariés	indépendant	trouver un appartement
la lune de miel	artiste	acheter des souvenirs
la fête de mariage	musicien	s'aimer passionnément
le voyage en avion	heureux	s'embrasser dans la rue
?[1]	?	?

---

[1] Un point d'interrogation à la fin d'une liste vous rappelle que vous pouvez ajouter vos propres mots ou expressions.

J'espère que la photo sera réussie! SPENCER GRANT/STOCK, BOSTON

D. Etudiez bien le dessin humoristique ci-dessous. Quel est le métier de l'homme qui parle? Pourquoi pense-t-il que son fils sera au Club Med? Ce dessin humoristique vous fait-il rire? Pourquoi ou pourquoi pas? Créez un dessin humoristique semblable.

Le nom

Définition   Un nom désigne une personne, un animal, une chose ou une idée. Il est généralement accompagné d'un article ou d'un adjectif.

un **bébé**	ma **maison**
l'**oiseau**	cette **philosophie**

Formes

Le Genre

A.   Les noms de personnes et d'animaux

1.   Certains noms changent totalement de forme selon leur genre.

LES PERSONNES

MASCULIN	FEMININ
un mari, un homme	une femme
un père	une mère
un fils	une fille
un frère	une sœur
un neveu	une nièce
un oncle	une tante

LES ANIMAUX

MASCULIN	FEMININ
un bœuf	une vache
un coq	une poule
un cheval	une jument

2.   D'autres noms de personnes ne changent pas de forme quel que soit leur genre.

un(e) enfant	un(e) partenaire
un(e) camarade	un(e) concierge
un(e) touriste	un(e) guide
un(e) artiste	un(e) astronaute
un(e) secrétaire	

3.   Certains noms sont toujours masculins, surtout les noms de professions.

un ange	un écrivain
un amateur	un médecin
un architecte	un peintre
un professeur	un premier ministre
un ingénieur	un mannequin
un juge	

Renoir est **un peintre** français.
Ma femme est **un** bon **médecin.**

4. Certains noms de personnes sont toujours féminins.

> **La personne** qui est venue est mon meilleur ami.
> Jean-Paul Belmondo est **une vedette** de cinéma célèbre.

5. Certains noms de personnes forment le féminin sur le masculin en ajoutant un **-e.**

MASCULIN	FEMININ
un ami	une amie
un cousin	une cousine
un Américain	une Américaine
un avocat	une avocate

6. D'autres noms de personnes ont un changement de terminaison au féminin.

Les «restaurants rapides» se multiplient dans les grandes villes. MARK ANTMAN/THE IMAGE WORKS

MASCULIN	FEMININ	EXEMPLES
-an	**-anne**	un paysan, une paysanne
-er, -ier	**-ère, -ière**	un boulanger, une boulangère
		un pâtissier, une pâtissière
-eur	**-euse**	un danseur, une danseuse
-ien, -éen	**-ienne, -éenne**	un gardien, une gardienne
		un lycéen, une lycéenne
-on	**-onne**	un patron, une patronne
-teur	{ **-trice**	un acteur, une actrice
	{ **-teuse**	un chanteur, une chanteuse
	A noter:	un cadet, une cadette
		un veuf, une veuve
		un loup, une louve
		un époux, une épouse
		un jumeau, une jumelle

B. Les noms de choses

1. Les noms de choses sont soit du genre masculin soit du genre féminin. La terminaison indique souvent le genre.

MASCULIN		FEMININ	
-age	le ménage	**-ade**	la promenade
-ail	le travail	**-ance**	la connaissance
-aire	l'itinéraire	**-ée**	l'idée
-al	le journal	**-esse**	la vieillesse
-eau	le chapeau	**-ette**	la fourchette
-et	le secret	**-ie**	la psychologie
-ier	le sentier	**-sion**	la conclusion
-isme	l'idéalisme	**-té**	la beauté
-ment	le gouvernement	**-tion**	la nation
-oir	le soir	**-tude**	la certitude
EXCEPTIONS			
	la page		le lycée
	l'image (*f.*)		le musée
	la plage		le parapluie
	l'eau (*f.*)		
	la peau		

2. Les jours et les saisons, les langues, les arbres, les couleurs et les métaux sont masculins.

le mardi	le sapin
le printemps	le noir
le français	le platine

3.   Certains noms changent de sens en changeant de genre.

le critique / la critique	*critic / critical work*
le livre / la livre	*book / pound*
le tour / la tour	*tour / tower*
le poste / la poste	*employment / post office*

Le nombre

A.   Le pluriel des noms

1.   On forme le pluriel de la plupart des noms en ajoutant **-s** au singulier.

SINGULIER	PLURIEL
le copain	les copains
la soirée	les soirées
l'ami	les amis

A noter: Le pluriel de l'expression **le jeune homme** est **les jeunes gens.**

2.   Si le nom singulier se termine par **s, x** ou **z** il ne change pas au pluriel.

SINGULIER	PLURIEL
l'époux	les époux
le fils	les fils
le gaz	les gaz

3.   Voici un tableau des terminaisons particulières.

TERMINAISON DU SINGULIER	PLURIEL EN **-x**	PLURIEL EN **-s**
-ail	coraux, émaux, travaux, vitraux	détails
-al	chevaux, journaux	bals, carnavals, festivals, récitals
-au	fabliaux	
-eau	châteaux, manteaux	
-eu	feux, neveux	bleus, pneus
-ou	bijoux, cailloux, choux, genoux, hiboux, joujoux, poux	sous, trous

A noter: Le pluriel de **l'œil** est **les yeux.**
Le pluriel de **le ciel** est **les cieux.**

4. On emploie les mots suivants seulement au pluriel: **les fiançailles** (*f.*), **les gens** (*m.*).

B. Le pluriel des noms composés

1. Un nom composé est formé de deux ou de plusieurs mots réunis par un trait d'union (-).

la grand-mère	l'arc-en-ciel
le faire-part	le timbre-poste

2. En général, les noms et les adjectifs d'un nom composé prennent **-s** au pluriel.

le grand-parent	les grands-parents
la petite-fille	les petites-filles
la belle-mère	les belles-mères

A noter: Si le sens du mot s'oppose à l'accord, les noms ne changent pas au pluriel.

un tête-à-tête	des tête-à-tête (une personne s'adresse à une autre)
un gratte-ciel	des gratte-ciel (un seul ciel)

3. Les verbes et les adverbes d'un nom composé sont invariables au pluriel.

le va-et-vient	les va-et-vient
l'arrière-grand-oncle	les arrière-grands-oncles

Mise au point

A. Personnes célèbres. Travaillez avec un(e) camarade de classe et identifiez la nationalité et la profession des personnes suivantes.

MODÈLE: François Mitterrand. →
C'est un Français. Il est homme politique.

1.	Catherine Deneuve	a.	astronaute
2.	Mikhaïl Baryshnikov	b.	juge
3.	Sally Ride	c.	acteur (actrice)
4.	Le Corbusier	d.	homme (femme) politique
5.	Yoko Ono	e.	chanteur (chanteuse)
6.	Jean-Paul Sartre	f.	écrivain
7.	Margaret Thatcher	g.	architecte
8.	Sandra Day O'Connor	h.	danseur (danseuse)

B. Définitions. Mettez les phrases au masculin. Par écrit, faites attention aux changements orthographiques.

1. Une divorcée est une femme qui n'est plus mariée.
2. Une veuve est une femme dont le mari est mort.

3. Les nièces de mes tantes sont mes cousines.
4. Une épouse est une femme mariée.
5. La cadette de la famille Rocard est la troisième enfant.
6. Une fille unique n'a ni frères ni sœurs.

C. Le français: langue de contrastes. Donnez le masculin ou le féminin de chaque mot. Faites une petite phrase pour le définir.

> MODELE: boucher → Un boucher est un homme qui travaille dans une
> boucherie.
> Une bouchère est une femme qui travaille dans une
> boucherie.

1. jumeau
2. danseur
3. veuf
4. directeur

5. boulanger
6. patron
7. boutiquier
8. avocat

D. Jeu de genre. Devinez le genre des mots suivants et donnez la forme correcte de l'article indéfini.

1. _____ vitrail
2. _____ naissance
3. _____ habitude
4. _____ drapeau
5. _____ canal

6. _____ matinée
7. _____ infusion
8. _____ bonnet
9. _____ organisme
10. _____ condition

E. Jeu de nombre. Donnez la forme correcte du pluriel de chaque nom et de son article.

1. un œil
2. un jeune homme
3. un journal
4. un cheveu
5. un fils

6. un morceau
7. le bijou
8. le travail
9. un cheval
10. le festival

F. Les copains et les copines. Travaillez avec un(e) camarade de classe et à tour de rôle posez-vous des questions sur vos familles. Ajoutez quelques renseignements à votre réponse.

> MODELE: combien / tu / avoir des tantes et des oncles →
> VOUS: Combien de tantes et d'oncles as-tu?
> IL (ELLE): J'ai trois tantes et deux oncles. Et toi?
> VOUS: Je n'ai pas de tantes et je n'ai pas d'oncles. Mes parents étaient fils et fille uniques.

1. tu / être / le cadet (la cadette) ou l'aîné(e) de la famille
2. tu / avoir / un chien ou un autre animal
3. tu / aller / parfois chez tes grands-parents
4. tu / connaître des parents éloignés
5. tu / avoir un cousin préféré (une cousine préférée)

G. Où se rencontrent-ils? Regardez le graphique ci-dessous tiré du magazine *Recherche*. De quoi s'agit-il?

1. Est-ce que beaucoup de Français se rencontrent dans des lieux privés?
2. Où les enseignants (professeurs, instituteurs) rencontrent-ils leurs épouses (conjoints)?
3. Où les ouvriers non-qualifiés (sans formation spéciale) rencontrent-ils leurs conjoints?
4. Selon cette enquête, les différences de classe sociale sont-elles très évidentes?
5. Pensez-vous qu'un graphique pareil peut être construit pour les Etats-Unis?
6. Où vos parents se sont-ils rencontrés?
7. Soyez créateurs (créatrices) et construisez des dessins et un triangle qui démontrent les professions des femmes et où elles rencontreraient leurs conjoints.

[a] *distributor*
[b] *manager*
[c] *foreman*
[d] *skilled laborers*

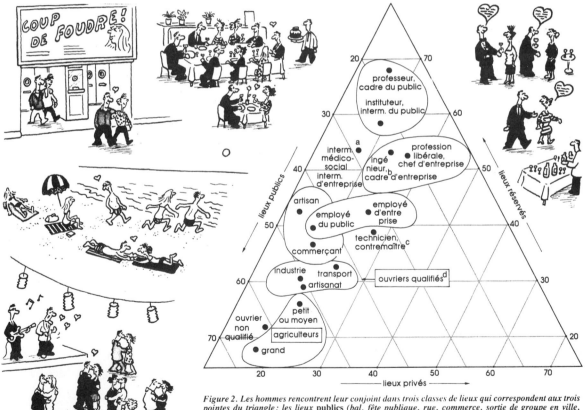

Figure 2. Les hommes rencontrent leur conjoint dans trois classes de lieux qui correspondent aux trois pointes du triangle : les lieux publics *(bal, fête publique, rue, commerce, sortie de groupe en ville, cinéma, voisinage); les lieux* réservés *(association, lieu d'étude, lieu de travail, concert, sortie de groupe au restaurant, sport, lieu de vacances, boîte, animation culturelle); les lieux* privés *(domicile privé, fête de famille, fête entre amis).*
Le triangle des rencontres fait apparaître toute la pyramide sociale. Dans les professions intellectuelles, près de 70 % des hommes ont découvert leur conjoint dans un lieu réservé alors que 60 % des agriculteurs et des ouvriers non qualifiés ont eu recours à un lieu public. Les chefs d'entreprises, cadres du privé et professions libérales, se reconnaissent davantage dans la sociabilité des lieux privés. Une figure identique peut être construite à partir des récits et des professions des femmes.

L'adjectif qualificatif

Définition   L'adjectif qualifie un nom ou un pronom et s'accorde en genre et en nombre avec le nom ou le pronom.

> J'ai un **gentil** neveu. Il est **charmant.**
> Ma nièce **américaine** est une féministe **convaincue.**
> Les **jeunes** mariés sont très **amoureux.**
> Mes sœurs sont **originales.**

Formes

Le genre

A.   On ajoute un **e** au masculin de la plupart des adjectifs pour former le féminin.

MASCULIN	FEMININ
idiot	idiote
original	originale
bleu	bleue
fatigué	fatiguée
vrai	vraie
gris	grise
brun	brune
américain	américaine
libertin	libertine
partisan	partisane

Exceptions: bas, basse
épais, épaisse
gras, grasse
gros, grosse
las, lasse

A noter: Les seuls adjectifs en **-eur** qui forment leur féminin régulièrement sont

extérieur(e)	antérieur(e)
intérieur(e)	inférieur(e)
majeur(e)	postérieur(e)
meilleur(e)	supérieur(e)
mineur(e)	ultérieur(e)

B.   Si un adjectif masculin se termine par **e** non accentué, il ne change pas au féminin.

MASCULIN ET FEMININ

calme	moderne
insupportable	sympathique
large	triste

C. Certains adjectifs ont des changements au féminin qui peuvent être prédits, comme ceux des noms.

MASCULIN	FEMININ	EXEMPLES
-el, -eil	**-elle, -eille**	naturel, naturelle; pareil, pareille
-er, -ier	**-ère, -ière**	cher, chère; premier, première
-et	**-ette**	coquet, coquette
-eur	**-euse**	travailleur, travailleuse
-f	**-ve**	sportif, sportive
-ien	**-ienne**	ancien, ancienne
-on	**-onne**	bon, bonne
-teur	{ **-trice**	conservateur, conservatrice
	-teuse	menteur, menteuse
-x	**-se**	heureux, heureuse; jaloux, jalouse

Exceptions: concret, concrète
complet, complète
discret, discrète
doux, douce
faux, fausse
inquiet, inquiète
roux, rousse
secret, secrète

D. Quatre adjectifs ont deux formes au masculin singulier, l'une devant une consonne et l'autre devant une voyelle ou **h** muet, mais une seule forme au masculin pluriel.

MASCULIN SINGULIER		MASCULIN PLURIEL	FEMININ SINGULIER ET PLURIEL
+ *consonne*	+ *voyelle* + **h** muet		
beau	bel	beaux	belle(s)
fou	fol	fous	folle(s)
nouveau	nouvel	nouveaux	nouvelle(s)
vieux	vieil	vieux	vieille(s)

C'est un **beau** cadeau.   Ce sont de **beaux** cadeaux.
C'est un **nouvel** ami.   Ce sont de **nouveaux** amis.

E. Les adjectifs suivants sont irréguliers.

MASCULIN	FEMININ	MASCULIN	FEMININ
blanc	blanche	grec	grecque
franc	franche	public	publique
frais	fraîche	gentil	gentille
sec	sèche	long	longue
favori	favorite	malin	maligne

Le nombre

On forme le pluriel des adjectifs comme on forme le pluriel des noms.

MASCULIN		FEMININ	
Singulier	*Pluriel*	*Singulier*	*Pluriel*
blond	blonds	blonde	blondes
faux	faux	fausse	fausses
bas	bas	basse	basses
idéal	idéaux	idéale	idéales

Exceptions: banal, banals   glacial, glacials
fatal, fatals   natal, natals
final, finals

Position des adjectifs qualificatifs

A. La plupart des adjectifs suivent le nom.

1. les adjectifs qui indiquent la couleur, la nationalité ou la religion

> La famille a un chat **gris** et une chienne **noire** et **blanche**.
> J'ai des cousins **français** et des cousines **allemandes**.
> Lis-tu un journal **catholique**?

2. les adjectifs qui sont longs et pas très communs

> Les jeunes rejettent les rôles **traditionnels.**
> C'est un couple **indépendant.**

A noter: Les adjectifs **excellent, superbe** et **véritable** précèdent souvent le nom.

> C'est un **excellent** skieur.
> C'est un **véritable** phénomène.

B. Certains adjectifs courts et communs précèdent *généralement* le nom.

ADJECTIFS QUI PRECEDENT GENERALEMENT LE NOM			
autre	jeune	petit	vrai
beau	joli	premier	
gentil	mauvais	vieux	
grand	nouveau	vilain	

Je voudrais faire un **autre** voyage.
Le **petit** garçon cause avec sa **nouvelle** amie.

C. Certains adjectifs changent de sens selon leur position.

ADJECTIF	DEVANT LE NOM: SENS FIGURE OU SUBJECTIF	APRES LE NOM: SENS PROPRE OU OBJECTIF
ancien(ne)	un ancien ministre *a former minister*	des meubles anciens *antique furniture*
bon(ne)	une bonne réputation *a good reputation*	un homme bon *a charitable man*
certain(e)	une certaine chose *a particular thing*	une chose certaine *a sure thing*
cher (chère)	une chère amie *a dear friend*	une robe chère *an expensive dress*
dernier (-ière)	la dernière semaine *the last week (last in a series)*	la semaine dernière *last week (just past)*
même	la même page *the same page*	la page même *the page itself*
pauvre	la pauvre tante *the unfortunate aunt*	un étudiant pauvre *a poor student*
seul(e)	un seul homme *one man only*	un homme seul *a man alone (by himself)*

L'accord des adjectifs qualificatifs

A. L'adjectif s'accorde en genre et en nombre avec le nom ou pronom qu'il qualifie.

La **jeune fille** est **conservatrice.**
Mon ami a les **cheveux bruns.**

B. Si un adjectif qualifie deux noms du même genre, il s'accorde en genre et en nombre avec les noms.

L'**aînée et la cadette** sont toutes les deux **blondes.**
Quelques **acteurs et chanteurs renommés** participent au festival.

C. Si un adjectif qualifie deux noms de genre différent, on utilise la forme du masculin pluriel.

Mes cousins et mes cousines sont très **sportifs.**
J'achète **une jupe et un chemisier bleus.**

Mise au point

A. Associations. Travaillez avec un(e) camarade de classe et faites que les adjectifs s'accordent avec les noms qu'ils qualifient.

MODELE: une femme / original → une femme originale

1. une vie / passionnant
2. une histoire / idiot
3. une étude / complet
4. une personne / curieux
5. des lettres / consolateur
6. les plages / breton
7. des relations / amical
8. une patronne / agressif
9. une employée / travailleur
10. une copine / parisien

B. Stéréotypes. Changez de genre les expressions suivantes, puis terminez la phrase selon votre imagination.

MODELE: Le vieux monsieur sympathique... →
La vieille dame sympathique embrasse les petits enfants.

1. Le beau petit chien...
2. Un jeune pâtissier gourmand...
3. Le bel Italien sentimental...
4. Le vieil oncle protecteur...
5. Un petit garçon paresseux...
6. Un jeune marié amoureux...

C. Cousin, cousin. Deux jeunes gens font le portrait de leur cousin Pierre. Bernard aime bien Pierre. Stéphane le trouve plutôt énervant. Imaginez que Stéphane a entendu la description de Bernard. Refaites le paragraphe selon Stéphane, en remplaçant tous les adjectifs en italique par des antonymes. Attention à la place des adjectifs en refaisant les phrases.

antipathique	méchant	petit
désagréable	noir	stupide
ennuyeux	paresseux	trompeur
gros	passif	vilain
indiscret		

BERNARD: Je vais faire le portrait de mon *gentil* cousin, Pierre. C'est un garçon *sympathique*. C'est un ami *discret* et *sincère*. Il est *intelligent* et *travailleur*. Mon *beau* cousin est *grand* et *mince*. Il a les cheveux *blonds*. Pierre est *actif*. Il sort avec des femmes *intéressantes*. Voudriez-vous faire la connaissance de cette personne *agréable*?

D. Sens propre ou figuré? Traduisez l'adjectif en italique, puis ajoutez-le avant ou après le nom, selon le cas.

1. Son _____ mari _____ s'occupe des enfants. (*former*)
2. J'aime bien son nouvel époux; c'est un _____ homme _____. (*charitable*)
3. Chantal s'achète des _____ vêtements _____. (*expensive*)
4. Les jeunes veulent tous faire la _____ chose _____. (*same*)

5.   Mon _____ oncle _____ divorce pour la deuxième fois. (*unfortunate*)
6.   La _____ semaine _____ de mai nous partons en voyage. (*last*)
7.   *Un _____ sourire _____* est un roman de Françoise Sagan. (*particular*)
8.   C'est vraiment la _____ solution _____. (*only*)

E.   Les copains et les copines. Travaillez avec un(e) camarade de classe et à tour de rôle faites une description physique l'un(e) de l'autre. Décrivez vos yeux, vos cheveux et vos vêtements d'après le modèle.

> MODELE: VOUS: Tu as les yeux gris, les cheveux courts et frisés.
> Tu portes une robe bleue.
> IL (ELLE): Et toi, tu as...

F.   Vos impressions. Faites une liste de dix qualités différentes que vous pensez avoir quand vous êtes en classe, à la maison, avec des amis, dans une boum, etc. Puis faites-en une liste semblable pour votre voisin(e). Ensuite comparez vos listes et discutez-en. Est-ce que votre camarade de classe vous voit de la même façon que vous? Est-ce que vous voyez votre camarade comme il (elle) se voit?

> MODELE: VOUS: En classe, je suis énervé. Et toi, tu es drôle.
> IL (ELLE): Mais non, en classe toi, tu as l'air calme, et moi, je suis sérieux (sérieuse)!

G.   Jeu d'accord. Mettez l'adjectif entre parenthèses à la forme correcte.

1.   Cécile et René sont très (*intelligent*).
2.   Je préfère les films et les pièces de théâtre (*amusant*).
3.   As-tu une sœur et un frère (*aîné*)?
4.   Connaissez-vous des personnes qui ont une voiture et un bateau (*neuf*)?
5.   Je n'aime pas les discothèques et les cafés (*bruyant*).

L'adjectif possessif

Définition   L'adjectif possessif précède le nom et indique un rapport de possession.

J'aime **ma** petite amie.
Nous aimons **notre** indépendance.

Formes

Personne	NOM SINGULIER		NOM PLURIEL	
	Masculin	*Féminin*		
1 je	mon	ma (mon)[a]	mes	*my*
2 tu	ton	ta (ton)[a]	tes	*your*

Personne	NOM SINGULIER		NOM PLURIEL	
	Masculin	*Féminin*		
3 il, elle, on	son	sa (son)ᵃ	ses	*his, her, its*
1 nous	notre		nos	*our*
2 vous	votre		vos	*your*
3 ils, elles	leur		leurs	*their*

ᵃ**Mon, ton, son** s'emploient devant un nom féminin qui commence par une voyelle ou un *h* muet: **mon époux, mon épouse; ton ami, ton amie; son habit, son habitude.**

Emploi

L'adjectif possessif varie selon la personne du possesseur et prend le genre et le nombre de l'objet possédé.

Alain parle à **sa** sœur.	*Alain is talking to his sister.*
Marie parle à **son** père.	*Marie is talking to her father.*
Mettez le livre à **sa** place.	*Put the book in its place.*
Ils aiment **leurs** parents.	*They love their parents.*

Mise au point

A. Portraits. Décrivez les membres de votre famille ou vos amis en utilisant des mots au singulier ou au pluriel.

MODELE: Ma sœur est très indépendante. Elle ne veut pas se marier. →

A	B
moi	célibataire(s)
ma sœur	mariée(s)
mon frère aîné	phallocrate(s)
ma/notre mère	féministe(s)
mon/notre père	amoureux/amoureuse(s)
l'amie de mon frère	fiancé(e)s
les copains de ma cousine	libéré(e)s
les parents de mes copines	conservateur(s)/conservatrice(s)
la sœur de mon copain	indépendant(e)s
ma copine	sympathique(s)
?	?

B. Qu'en pensez-vous? Voici quelques noms d'artistes de bandes dessinées et de personnages qui y figurent. Dites si vous aimez ou non une bande dessinée particulière et ses personnages, et dites pourquoi.

MODELE: J'aime bien la bande dessinée de Greg Howard parce que ses personnages sont réels. Sally et sa fille Hilary ressemblent exactement à ma sœur et sa fille, et le papa a un bon sens de l'humour. →

BANDE DESSINEE	PERSONNAGES
Schulz—Peanuts	Charlie Brown, Lucy, Snoopy
G.B. Trudeau—Doonesbury	Uncle Duke, Mike, Joanie
Cathy Guisewite—Cathy	Cathy, son père, sa mère, son amie Andrea
Watterson—Calvin et Hobbes	Calvin, Hobbes
Dik Browne—Hagar l'Horrible	Hagar, Helga, Honi
Young & Gersher—Blondie	Dagwood, Blondie
Gary Larson—The Far Side	
Greg Howard—Sally Forth	Sally, Hilary, Dad

C. Les affinités et les antipathies. Travaillez avec un(e) camarade de classe et à tour de rôle dites pourquoi vous aimez ou n'aimez pas les personnes suivantes. Faites attention au genre des noms et des adjectifs.

MODELE: mon père / les hommes gentil / désagréable →
J'aime mon père parce qu'il est gentil. Je n'aime pas les hommes désagréables.

ADJECTIFS POSSIBLES

actif	≠	passif
sympathique	≠	désagréable
amusant	≠	ennuyeux
beau	≠	vilain
bien élevé	≠	mal élevé
conservateur	≠	libéral
travailleur	≠	paresseux
honnête	≠	malhonnête
optimiste	≠	pessimiste
chaleureux	≠	froid

1. mon petit ami (ma petite amie) / les gens
2. ma copine / les jeunes filles
3. mon professeur / les hommes (les femmes)
4. mon copain / les jeunes gens
5. ma mère / les parents
6. mon (ma) camarade de chambre / les étudiants (étudiantes)

D. Les copains et les copines. Travaillez avec deux camarades de classe. A tour de rôle, posez et répondez aux questions.

1. Est-ce que tu appartiens à une famille très traditionnelle ou très originale?
2. Tes parents sont-ils libéraux ou conservateurs? Que font-ils dans la vie?
3. Est-ce que tu appartiens à une famille nombreuse ou es-tu fils (fille) unique? Si tu as des frères ou des sœurs, es-tu l'aîné(e), le (la) deuxième, etc., ou le cadet (la cadette)? Si tu es fils (fille) unique, veux-tu avoir peu ou beaucoup d'enfants?
4. A ton avis, qui doit s'occuper de l'éducation des enfants?
5. Décris tes parents, tes frères, tes sœurs ou tes cousin(e)s.

*C'est une lettre de
tante Jeanne pour
nous annoncer le
mariage de ton cousin
Yves.* ULRIKE WELSCH

eprise

A noter: Les exercises de cette partie reprennent les structures grammaticales de ce chapitre.

A. Conversation dirigée.

1. Quand vous sortez, préférez-vous sortir seul(e), à deux ou en groupe? Sortez-vous régulièrement avec quelqu'un? Quand avez-vous en général rendez-vous avec votre ami(e)? Où est-ce que vous aimez vous rencontrer afin d'être seuls? Quand vous êtes amoureux/amoureuse de quelqu'un, comment votre vie change-t-elle?

2. Pensez-vous que les jeunes qui ne sont pas mariés doivent vivre ensemble? Si un jeune homme et une jeune femme sont amoureux, doivent-ils se marier tout de suite ou vaut-il mieux qu'ils restent fiancés assez longtemps?

B. Etudiez le contexte de chaque phrase, puis employez l'article défini, l'article indéfini ou la contraction qui s'imposent.

_____¹ copains sortent souvent ensemble. Ils vont _____² cinéma, _____³ matchs de rugby, _____⁴ université et parfois _____⁵ piscine. _____⁶ jeune femme qui s'appelle Andrée sort avec _____⁷ jeune homme séduisant. Ils parlent _____⁸ importance _____⁹ relations humaines, _____¹⁰ crise économique et même _____¹¹ socialisme. _____¹² jeune femme s'intéresse _____¹³ féminisme mais _____¹⁴ jeune homme s'intéresse plutôt _____¹⁵ sports.

C. Formes semblables. Trouvez les mots dans la liste de gauche qui forment leur féminin comme ceux de la liste de droite, puis donnez leur forme au féminin.

1. baron
2. berger
3. magicien
4. chercheur
5. collaborateur
6. fermier
7. chômeur
8. aventurier
9. bohémien
10. champion
11. auditeur

a. boulangère
b. danseuse
c. pharmacienne
d. pâtissière
e. patronne
f. actrice

D. Faites des phrases avec les mots ci-dessous en faisant attention aux accords nécessaires.

1. il / donner / une / opinion / définitif / et / faux
2. je / ne... pas / aimer / les / personne / menteur / et / hypocrite
3. les / événement / banal / et / quotidien / être / ennuyeux
4. une / joli / petit / fille / porter / une robe / bleu
5. le / paysan / avoir / des / main / épais / et / gras
6. les / gardienne / avoir / des / idée / original
7. le / enfant / avoir / des / gros / œil / rond
8. le / orphelin / avoir / un / fou / espoir
9. le / beau / âge / c'est / la / jeunesse
10. je / aimer / les / figue / frais / mais / je / ne... pas / aimer / les / figue / sec

E. Chaque phrase a un contexte unique. Etudiez celles-ci, puis trouvez la forme correcte de l'adjectif possessif.

1. Valérie et Marc attendent _____ enfants. _____ fille est toujours en retard mais _____ fils est en général à l'heure.
2. J'aime _____ parents. _____ père est amusant et _____ mère est compréhensive.
3. Vous voulez aller au cinéma avec _____ copains. _____ copine française aime les films étrangers mais _____ copain américain préfère les westerns. Que faire?
4. Tu respectes beaucoup _____ amis. _____ meilleure amie est intelligente et _____ meilleur ami est travailleur.
5. Henri connaît bien _____ voisins. _____ voisine est sportive et _____ voisin est impulsif.
6. Nous allons à tous _____ cours tous les jours. _____ cours de français commence à une heure. _____ cours de tennis commence à trois heures.
7. Elizabeth critique toujours _____ cousins. _____ cousine est mal élevée et _____ cousin est insupportable.

F. Discutez des sujets suivants avec un(e) camarade.

1. Vas-tu te marier? Quand? Sinon, tiens-tu à garder ton indépendance? Si tu es déjà marié(e), depuis quand es-tu marié(e)?

2. As-tu un(e) camarade de chambre? Si oui, depuis quand le (la) connais-tu? Depuis quand vivez-vous ensemble? Vous entendez-vous bien ou mal? Recevez-vous beaucoup d'amis chez vous? Sinon, avec qui habites-tu?

G. Vous êtes conseiller (conseillère) de mariage. Pour éviter le divorce vous essayez d'aider les jeunes fiancés Michel et Anne *avant* le mariage. Travaillez avec deux camarades de classe et faites une interview dans laquelle vous leur demandez d'expliquer pourquoi ils veulent se marier, s'ils vont partager les travaux ménagers, quels sont leurs projets d'avenir, etc. D'après les scènes présentées dans les dessins, envisagez certains problèmes et/ou certaines joies de la vie conjugale. Les jeunes fiancés Michel et Anne doivent donner de bonnes explications et défendre leur désir de se marier. Présentez votre sketch à la classe.

> MODELE: VOUS: Pouvez-vous m'expliquer pourquoi vous voulez vous marier?
>
> MICHEL: Ah, oui, nous nous aimons beaucoup.
>
> ANNE: Oui, c'est vrai! Nous sommes très heureux ensemble.

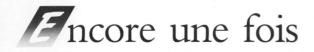ncore une fois

A noter: Les exercices de cette partie reprennent les structures grammaticales du chapitre précédent avec le vocabulaire de ce chapitre.

A. Deux camarades de chambre discutent ce qu'ils (elles) font samedi matin.

> MODELE: payer le loyer cette fois / nettoyer la cuisine →
> L'UN: Moi, je paie le loyer cette fois. Et toi? Qu'est-ce que tu vas faire?
> L'AUTRE: Je nettoie la cuisine.

1. essuyer la table cette fois / préférer faire les lits
2. jeter les ordures ce matin / faire la vaisselle
3. commencer le petit déjeuner maintenant / ne... pas manger ce matin
4. acheter les provisions aujourd'hui / espérer aller au cinéma

B. Les copains et les copines. Interviewez un(e) camarade de classe afin de savoir ce qu'il (elle) fait en général, puis changez de rôles.

> MODELE: combien d'heures / dormir la nuit →
> VOUS: Combien d'heures dors-tu la nuit?
> IL (ELLE): En général, je dors neuf heures la nuit.

1. quand / mentir
2. pourquoi / sortir le samedi soir
3. combien d'étudiants dans la classe / connaître
4. à quelle heure / rejoindre tes amis pour sortir le vendredi

C. Habitudes. Dites que vous ne faites pas les choses suivantes en utilisant différentes négations. Donnez la raison pour laquelle vous ne les faites pas.

1. Je fume des cigarettes. 2. J'étudie la physique. 3. J'étudie le week-end.
4. J'habite chez mes parents. 5. Je dîne au restaurant tous les jours.

D. Réponses personnelles. Travaillez avec un(e) camarade de classe et dites si vous **allez faire** ou si vous **venez de faire** les choses suivantes.

1. étudier 2. manger 3. faire la sieste 4. parler au professeur

E. Terminez les phrases en utilisant un verbe pronominal.

1. Si deux jeunes amants s'aiment...
2. Si deux personnes ne parlent pas la même langue...
3. Si deux personnes sont contentes l'une de l'autre...
4. Si vous êtes enrhumé(e)...
5. Si vous êtes très fatigué(e)...
6. Si vous avez les mains sales...
7. Si votre réveil sonne à six heures...
8. Si on a des problèmes...

*L'*actualité

Voici un extrait d'un magazine qui ressemble un peu à "Dear Abby" et à "Ann Landers" aux Etats-Unis. C'est une lettre écrite par une lectrice du magazine *Sonia*. Le magazine publie la lettre et sollicite des réponses d'autres lectrices (lecteurs).

LA MAIN TENDUE

Vous pouvez les aider

Comme vous, ce sont des lectrices de notre journal. Elles ont un problème et demandent du réconfort. Nous publions ici leur courrier en préservant leur anonymat. Mais si vous pensez pouvoir les aider, écrivez-leur par notre intermédiaire. Nous leur ferons parvenir toutes vos lettres. Et si, comme elles, vous en éprouvez le besoin, écrivez-nous.

La famille est-elle en danger ?

J'ai trente ans, un gentil mari qui a une bonne situation,[a] deux filles de cinq et trois ans. J'ai cessé de travailler pour cause de chômage[b] et pour élever mes enfants. J'aime beaucoup pouponner[c] et je voudrais un troisième enfant. Mon mari aussi.

❝ Fidélité, devoir, ces mots sont périmés pour certains ❞

Seulement, j'hésite car, lorsqu'on regarde autour de soi, on voit de nombreux couples désunis. Des divorces pour « rupture de vie commune », alors qu'il s'agit d'une répudiation pure et simple. On change de conjoint[d] comme de partenaire au tennis et c'est toujours la femme qui fait les frais[e] de la sépara-tion. L'homme s'en tire[f] avec une petite pension et il est prêt à repartir sur de nouvelles bases, souvent avec une femme plus jeune. La fidéli-té, le devoir, ne sont que des mots périmés[g] pour certains. Je ne dis pas ça pour acca-bler[h] le sexe fort. Je parle de ce que je vois, c'est tout. Se retrouver seule, sans mé-tier, ce n'est pas drôle pour une femme. Il me semble que tous ces divorces sont le ré-sultat de la légèreté des mœurs[i] de notre société. L'euphorie de la libération sexuelle a occulté[j] les consé-quences qui en découlent.[k] Ainsi, être mère au foyer devient un risque. Je me dis parfois que c'est déjà une véritable aventure d'élever deux enfants, car je ne vois pas bien comment on pourra résorber tout ce chômage ni quel sera leur avenir.

Je suis mariée depuis six ans et, pour le moment, je n'ai pas de problème de couple, mais sait-on jamais ! J'ai une sœur divorcée avec trois en-fants. Il arrive maintenant que l'on se sépare au bout de[l] vingt ou trente ans de mariage. Ma mère connaît une femme de soixante-trois ans, que le mari a abandon-née sans retraite,[m] sans Sécu-rité sociale, après trente ans de bons et loyaux services. Tout cela donne à réfléchir. La famille est-elle en dan-ger ? Je pense pourtant qu'il n'y a rien de mieux. C'est le refuge idéal contre tous les mauvais coups de la vie. Amies lectrices de *Femme Actuelle*, que pensez-vous de mes réflexions ? Répondez-moi très nombreuses. Merci.

Sonia
Réf. 189.01

[a] une bonne situation *a good job*
[b] chômage *unemployment*
[c] pouponner *pamper babies/ children*
[d] conjoint *spouse*
[e] fait les frais *pays the costs*
[f] s'en tire *gets out of it*
[g] périmés *out-of-date*
[h] accabler *to humiliate*
[i] légèreté des mœurs *lack of morals*
[j] a occulté *hidden*
[k] qui en découlent *that fol-low*
[l] au bout de *at the end of*
[m] sans retraite *without a pension*

Qu'en pensez-vous?

1. Comment Sonia voit-elle le mariage? La vie de famille?
2. Pourquoi n'aime-t-elle pas le divorce?
3. A son avis, quel conjoint souffre le plus du divorce? Pourquoi?
4. Pourquoi considère-t-elle comme un risque d'être mère au foyer?
5. Quels problèmes la mènent à considérer la famille en danger?
6. D'après les renseignements donnés dans la lettre, faites le portrait de Sonia.
7. Sur quels points êtes-vous d'accord avec cette femme?
8. Sur lesquels n'êtes-vous pas d'accord avec elle?
   Est-ce que la plupart de vos amis sont de votre avis?
9. Ecrivez une réponse à Sonia, puis mettez-vous en groupes de deux ou trois et comparez vos réponses. Comment vos réponses diffèrent-elles les unes des autres?

> *Quand on aime, tout est simple: où aller, que faire, tout se règle de soi-même. On n'a plus rien à demander à personne.*
>
> Maxime Gorki, *Les Zikov*

Les Français
à table

Une fête d'anniversaire en plein air.
ULRIKE WELSCH

Objectifs

- Les pronoms objets directs et indirects
- L'article partitif; omission de l'article

- L'adverbe
- Les pronoms adverbiaux
- **Faire** de sens causatif

Mots et expressions

DANS LA CUISINE

l'assiette (*f.*) plate
la casserole saucepan
le cornichon pickle
le couteau knife
la cuillère spoon
le cuisinier (la cuisinière) cook
la cuisinière (cook)stove
faire la cuisine to cook
le four oven
la fourchette fork
mélanger to mix
le placard cupboard
la poêle frying pan
les provisions (*f.*) supplies; groceries
la recette recipe
la tasse cup

tirer to pull
le tiroir drawer
le verre glass
verser to pour

AU RESTAURANT

l'addition (*f.*) bill
la boisson drink
Bon appétit! Enjoy your meal!
la caisse cash register
la carte menu
commander to order (a meal)
le garçon waiter
goûter (à) to taste
le menu list of dishes comprising a meal
la nappe tablecloth

le plat dish; course
le pourboire tip
la serveuse waitress
le service (non) compris tip (not) included
la serviette napkin
le set de table placemat
le sommelier (la sommelière) wine steward (wine stewardess)

Emplois

A. Trouvez l'équivalent de chaque expression.

1. mixer
2. armoire
3. les personnes chargées de servir les clients dans un restaurant
4. apprécier par le sens du goût
5. les personnes chargées de servir le vin dans un restaurant
6. l'argent que le client donne à la personne qui sert le repas

7. une liste des ingrédients et l'explication nécessaires pour préparer un plat
8. servir un liquide
9. l'endroit où on met couteaux et fourchettes
10. un chef
11. cuisiner
12. concombre dans du sel et du vinaigre

B. Donnez une courte définition de chaque expression en français.

1. la carte
2. le menu
3. commander
4. Bon appétit!
5. Le service est compris.
6. la boisson
7. la caisse
8. la cuisinière

C. Les bonnes manières. Complétez les phrases avec les mots qui conviennent.

1. Si nous invitons des amis à dîner chez nous, nous nous servons de notre plus jolie _____ ou de nos plus jolis _____ de table.
2. Nous mangeons la soupe avec une _____ et la salade avec une _____. Nous coupons la viande avec un _____.
3. Nous servons la viande et les frites sur une _____.
4. Nous servons le vin dans un _____ et le café dans une _____.
5. Nous nous servons d'une _____ pour nous essuyer la bouche pendant le repas.

D. Au restaurant. Complétez les phrases avec les mots qui conviennent.

1. Avant de préparer un repas, le chef achète des _____.
2. Le _____ du jour varie selon les spécialités du chef.
3. Le chef fait mijoter la soupe dans une _____ et fait frire un steak dans une _____.
4. Il fait cuire ses gâteaux dans un _____ électrique.
5. Le propriétaire du restaurant indique sur la carte que le _____ est _____ ou non compris.
6. Quand les clients règlent l'_____, ils paient le total de leurs dépenses pour le repas.

tructures

Les pronoms objets directs et indirects

Définition Un pronom objet désigne et remplace un nom. Il peut être l'objet direct ou l'objet indirect du verbe.

Les bûches de Noël sont toujours joliment décorées. BERYL GOLDBERG

Achètes-tu les gâteaux à la pâtisserie? —Non, Paule **les** achète.
Qui parle aux serveuses? —Les clients **leur** parlent.

Formes

A. A la troisième personne le pronom objet direct a trois formes et le pronom objet indirect a deux formes.

	PRONOM OBJET DIRECT	PRONOM OBJET INDIRECT
MASCULIN	le (l')	lui
FEMININ	la (l')	
PLURIEL	les	leur

Aimes-tu la glace? —Je **l'**adore!
Donnes-tu la glace à Marc? —Oui, je **lui** donne la glace.

B. Pour les autres personnes et pour le pronom réfléchi **se,** on emploie les mêmes formes pour les objets directs et indirects.

PRONOMS OBJETS DIRECTS ET INDIRECTS	
me (m')	nous
te (t')	vous
se (s')	se (s')

OBJET DIRECT

Jacques **me** voit.
Je **t'**invite.
Ils **se** regardent.
Paul **nous** cherche.
Marie **vous** appelle.

OBJET INDIRECT

Jean **me** donne le pain.
Je **t'**écris.
Il **se** brosse les dents.
Anne **nous** parle.
Yves **vous** lit la lettre.

Emplois

Le pronom objet direct

A. Le pronom objet direct désigne ou remplace l'objet direct et répond à la question **Qui?** ou **Que?**

> Tu écoutes **le serveur**? (Qui écoutes-tu?) —Oui, je **l'**écoute.
> Vas-tu payer **mon dîner**? (Que vas-tu payer?) —Oui, je vais **le** payer.

B. Les verbes suivants, construits avec une préposition en anglais, prennent toujours un objet direct en français: **attendre, chercher, écouter, payer, regarder.**

> Le maître d'hôtel attend-il les garçons? —Oui, il **les** attend.
> Cherches-tu ta mère? —Oui, je **la** cherche.

C. Le pronom objet neutre **le** peut remplacer une idée exprimée par un mot ou un groupe de mots.

> Veux-tu m'aider? —Si tu **le** veux.
>
> Penses-tu préparer le dîner tout seul? —Non, je ne **le** pense pas.

> *Do you want to help me? —If you like.*
>
> *Do you plan to prepare dinner all by yourself? —No, I don't think so.*

Le pronom objet indirect

A. Le pronom objet indirect désigne ou remplace l'objet indirect seulement quand il s'agit d'une personne et quand il répond à la question **A qui?**[1]

> Tu parles **à Alain**? (A qui parles-tu?) —Oui, je **lui** parle.

B. Les verbes qui prennent un objet indirect sont surtout des verbes de communication et d'interaction entre personnes.[2]

1. Il y a des verbes qui prennent uniquement un objet indirect.

obéir à
parler à

rendre visite à
répondre à

ressembler à
téléphoner à

---

[1] Voir le pronom adverbial **y**, page 87, pour **à** + *chose*.
[2] **Penser à** + *personne* est suivi du pronom disjoint (voir p. 144).

Je vais rendre visite à mes grands-parents. Je vais **leur** rendre visite.
Elle ressemble à sa mère. Elle **lui** ressemble.

2.   D'autres verbes peuvent prendre en même temps un objet direct (chose) et un objet indirect (personne).

acheter	emprunter	prêter	
apporter	envoyer	promettre	
apprendre	expliquer	rendre	+ quelque chose
donner	montrer	servir	à quelqu'un
écrire	offrir	vendre	

Elle sert la glace à son ami. Elle **lui** sert la glace. Elle **la lui** sert.
Le serveur apporte le vin aux clients. Le serveur **leur** apporte le vin. Il **le leur** apporte.

Position et ordre des pronoms objets

A.   Dans les phrases déclaratives, négatives et interrogatives, les pronoms objets précèdent le verbe qu'ils complètent. Quand il y a plus d'un pronom objet, ils suivent l'ordre indiqué ci-dessous.[3]

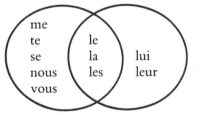

Il achète la glace. Il **l'**achète.
Je ne vous offre pas les fraises. Je ne vous **les** offre pas.
Servez-vous le vin? **Le** servez-vous?
Ne donnes-tu pas le dessert à Papa? Ne **le lui** donnes-tu pas?

B.   Si un pronom objet est l'objet de l'infinitif, il précède l'infinitif.

Nous voulons recopier la recette. Nous voulons **la** recopier.
Nous n'allons pas la donner au chef. Nous n'allons pas **la lui** donner.

Mise au point

A.   Le pique-nique. Vous et vos copains allez faire un pique-nique. Travaillez avec un(e) camarade de classe et à tour de rôle posez les questions suivantes. Répondez en substituant le pronom object direct selon le modèle.

---
[3] Voir l'impératif affirmatif à la page 162.

MODELE: VOUS: Invitons-nous les copains? (oui)
IL (ELLE): Oui, nous **les** invitons.

1. Paul, paies-tu la bière? (oui)
2. Joëlle, cherches-tu ton panier? (non)
3. Attendons-nous Christine et Jacques? (oui)
4. Marie prépare-t-elle la salade? (oui)
5. Prenons-nous la voiture? (non)
6. Apportons-nous les assiettes et les serviettes? (oui)
7. Etes-vous prêts à partir? (oui)

B. Dans un petit restaurant. Le serveur est en train de servir ses clients. Travaillez avec un(e) camarade de classe, et à tour de rôle transformez les phrases en substituant le pronom objet indirect qui s'impose aux mots en italique.

MODELE: VOUS: Le garçon parle *à la serveuse.*
IL (ELLE): Le garçon **lui** parle.

1. Le serveur donne le croque-monsieur *à la dame blonde.*
2. Il ne donne pas de vin *à cette dame.*
3. Il sert du potage *au vieux monsieur.*
4. Il apporte des assiettes et des verres *aux jeunes femmes.*
5. Il ne sert pas d'eau *aux messieurs.*
6. Il n'apporte pas de serviettes *aux chefs.*
7. Donne-t-il un steak *à ce jeune homme?*
8. Il ne sert pas de salade *à ces clients.*
9. Il jette des coups d'œil *à la femme qui entre.*
10. Il demande un pourboire *à ces touristes.*

C. Que fait le personnel d'un restaurant? Travaillez avec un(e) camarade de classe, et à tour de rôle répondez **oui** ou **non** aux questions en employant deux pronoms objets.

1. Est-ce que la serveuse apporte les assiettes aux clients? 2. Le chef donne-t-il la poêle au cuisinier? 3. Le sommelier explique-t-il la carte de vin aux clients? 4. L'hôtesse sert-elle la tarte aux invités? 5. Le garçon apporte-t-il l'addition à la cliente? 6. Le maître d'hôtel offre-t-il le meilleur apéritif aux employés? 7. La sommelière montre-t-elle la vieille bouteille de vin aux clients?

D. Les copains et les copines. Vous venez de vous fâcher avec votre ami(e). Travaillez avec un(e) autre camarade de classe. Posez-vous les questions ci-dessous, puis répondez-y en employant des pronoms objets.

1. Tu dis que ton ami(e) et toi, vous vous êtes disputé(e)s? Est-ce que tu vas lui parler du problème? 2. Qu'est-ce que tu vas lui dire? 3. Penses-tu qu'il (elle) va te comprendre? 4. Est-ce que tu vas lui demander pardon?
5. Comment vas-tu arranger la situation? 6. Penses-tu que vous pouvez vous entendre après tout cela? 7. Comment est-ce que je peux t'aider à régler la situation?

L'article partitif; omission de l'article

L'article partitif

Définition L'article partitif désigne une partie plus ou moins limitée de quelque chose. C'est pourquoi l'article partitif n'a pas de pluriel.

> Je voudrais **de la** crème.
> Avez-vous **du** sucre?
> Elle boit **de l'**eau.

Formes

L'article partitif se forme avec la préposition **de** et l'article défini (**le, la, l'**).

MASCULIN	FEMININ	DEVANT VOYELLE OU **h** MUET
du	de la	de l'

> Le week-end, maman prend **du** porto.
> Papa préfère boire **de la** vodka.
> Les enfants boivent **de l'**orangeade.

Emplois

A. On emploie l'article partitif pour indiquer la partie d'un tout.

> Je voudrais **du** bœuf. (pas le bœuf entier, seulement un morceau)
> Il a mangé **de la** tarte. (pas toute la tarte)
> Elle a pris **du** melon. (pas tout le melon)

A noter: Avec les verbes de préférence—**aimer, préférer, détester, adorer**—on emploie l'article défini pour exprimer un goût en général.

> J'adore **les** abricots et **la** crème fraîche.
> Elle n'aime pas **les** carottes et elle déteste **le** céleri.

B. On emploie l'article partitif avec des choses que l'on ne peut pas compter.

> Je voudrais **du** beurre.
> C'est un chef qui a **de l'**imagination.

A noter: En anglais on omet souvent *some* ou *any*, mais en français on ne peut pas omettre l'article partitif.

> Bois-tu de l'eau minérale avec le repas?   *Do you drink mineral water with the meal?*

C. **Des** est un article indéfini. Il est parfois traité comme partitif, mais son singulier est toujours **un** ou **une**.

> Quand je vais au marché, j'achète **des** fruits.
> Je mange **un** fruit à chaque repas.

Omission de l'article

A. Comme pour l'article indéfini, on emploie **de** au lieu de l'article partitif après un verbe à la forme négative.[4]

> Prenez-vous du sucre? —Non, merci, je ne veux pas **de** sucre.
> Voulez-vous de la crème? —Non, merci, je ne prends pas **de** crème.

Exception: On garde la forme composée de l'article partitif et l'article indéfini singulier ou pluriel après le verbe **être**.

> Ce n'est pas **de la** crème, c'est **du** fromage.
> Ce ne sont pas **des** myrtilles, ce sont **des** groseilles.
> Ce n'est pas **une** mangue, c'est **une** papaye.

B. Après les adverbes et les expressions de quantité on emploie **de** sans article.

---

[4] Voir l'article indéfini à la page 46.

UN PEU DE VIN, ÇA CHANGE TOUT.

ASSOCIATION NATIONALE
INTERPROFESSIONNELLE
DES VINS DE TABLE ET DE PAYS.

assez de	*enough of*
beaucoup de	*a lot of, many, much*
pas mal de	*quite a few of, quite a bit (of)*
peu de	*few, little*
trop de	*too much, too many (of)*
un peu de	*a little (of)*
une boîte de	*a can of*
une bouteille de	*a bottle of*
une cuillerée de	*a spoonful of*
un kilo de	*a kilo of*
un morceau de	*a piece of*
un pot de	*a jar (pot) of*
une tasse de	*a cup of*
une tranche de	*a slice of*
un verre de	*a glass of*

Tu bois peu **d'**alcool.
Il achète un pot **de** cornichons.

Exceptions: On garde la préposition **de** et l'article défini avec **bien** (*many*), **encore** (*some more*), **la majorité** et **la plupart** (*most*).

La plupart **des** potages sont bons.
La majorité **des** Français boivent du vin.
Elle voudrait encore **du** lait.

Mise au point

A. Une publicité. Trouvez des exemples de l'article partitif, de l'article indéfini et de l'article défini dans la publicité *Orangina*. Puis répondez aux questions suivantes.

1. Buvez-vous parfois de l'Orangina? du Coca? du thé glacé? de la limonade?
2. Comment expliquez-vous le jeu de mots dans la publicité?
3. D'après la publicité pourquoi boit-on de l'Orangina?

Naturelle et sophistiquée

Elle boit de l'*O!* pour la légèreté.

Fruitillante et pulpeuse.

Elle boit de l'*O!* pour le plaisir.

Orangina Light,

La pulpe de l'orange,

Le naturel du goût

Avec tout le plaisir d'une boisson

Allégée en calories

6 FOIS MOINS DE CALORIES

4. Faites une publicité en français pour votre boisson préférée. Dessinez-la et écrivez son texte. Comparez la vôtre avec celles de deux camarades de classe, et essayez d'améliorer les trois publicités. Présentez la meilleure à la classe.

B. C'est logique. Etudiez la liste A et déterminez les personnes ou les groupes qui mangent les aliments de la liste B et qui boivent les boissons de la liste C. Puis faites des phrases complètes et comparez-les avec celles d'un(e) camarade de classe afin de déterminer si vous êtes d'accord.

MODELE: Aux Etats-Unis, ce sont les enfants qui mangent des sandwichs et qui boivent du lait. →

A	B	C
les végétariens	le pâté	l'eau minérale
les gourmets	les nouilles	le lait
les gourmand(e)s	le tofu	la bière
les enfants	les escargots	le vin
les fanas de santé	le gâteau au	le Coca Cola
les mannequins	chocolat	le jus de fruit
les non-sportifs	les légumes	le thé
(sportives)	le biftek	les boissons au
les «yuppies»	les sandwichs	yaourt

C. Plats régionaux. Voici deux recettes. Complétez-les en ajoutant les articles partitifs qui s'imposent.

1. Pour faire un cassoulet, il faut _____ porc, _____ haricots, _____ lard, _____ oignons, _____ persil, _____ ail, _____ thym, _____ mouton, _____ tomates, _____ vin blanc et _____ bouillon.
2. Pour faire une salade niçoise, il faut _____ laitue, _____ tomates, _____ olives, _____ pommes de terre, _____ poivrons, _____ thon à l'huile, _____ anchois, _____ œufs durs, _____ céleri, _____ haricots verts et _____ sauce vinaigrette.

D. Traduction. Traduisez cette recette pour les petits pois à la française.

To make French-style green peas, you need (*il faut*) lettuce, butter, water, sugar, salt, pepper, 500 grams of peas, parsley, and some onions. You don't need any cheese.

E. Tu es ce que tu manges. Interrogez un(e) camarade de classe afin de connaître ses habitudes alimentaires. Ensuite commentez ses habitudes.

> MODELE: manger / viande / riz →
> VOUS: Manges-tu de la viande ou préfères-tu le riz?
> IL (ELLE): Je mange de la viande.
> VOUS: Je ne mange pas de viande, je préfère le riz.

1. boire / café / jus de fruits
2. manger / margarine / beurre
3. boire / lait écrémé / lait entier
4. commander / glace à la vanille / yaourt
5. boire / boissons alcoolisées / boissons non-alcoolisées
6. vouloir / eau minérale / Coca Cola

F. Le lassi. Etudiez la recette *Le Lassi*. Soulignez les expressions de quantité dedans. Puis suivez la même recette pour faire un milkshake à l'américaine.

> **LE LASSI**
> C'est la boisson indienne traditionnelle : battez un litre de lait fermenté avec une dizaine de glaçons et deux verres d'eau glacée. Salez ou sucrez selon vos goûts. Battez à nouveau juste avant de servir.

G. Jeu. Vous connaissez-vous en fruits et en légumes exotiques? Définissez l'aliment mentionné d'après le modèle.

> MODELE: un kiwi / fruit → Un kiwi, est-ce un fruit ou un légume?
> Un kiwi, ce n'est pas un légume, c'est un fruit.

1. une noix de coco / fruit
2. un poireau / légume
3. une échalote / légume
4. un céleri-rave / légume
5. un jicama / légume
6. un litchi / fruit
7. une tomate / ?

H. Conversation dirigée.

1. D'habitude, quelle boisson buvez-vous? Si vous buvez un café, le préférez-

L'heure de l'apéritif dans un petit village de Dordogne BERYL GOLDBERG

vous noir ou avec du sucre et du lait? Prenez-vous souvent du dessert? Quel est votre dessert préféré? Quel est votre parfum préféré (le chocolat, la vanille, la menthe, le moka)? Faites-vous de la pâtisserie chez vous? Si oui, que faut-il pour faire un gâteau au chocolat?

2. Quelle est la différence entre un gourmet et un(e) gourmand(e)? Connaissez-vous déjà la cuisine française? Citez quelques ingrédients typiques de la cuisine française. Préparez-vous parfois des dîners élégants chez vous ou préférez-vous les repas simples? Comment faut-il servir un dîner élégant? Quels vins faut-il servir avec les différents plats?

3. Quelle est la différence entre la carte et le menu dans un restaurant en France? Qu'est-ce qu'on souhaite aux autres avant de commencer à manger en France? En France, le service est presque toujours compris dans l'addition. Quelle est la coutume aux Etats-Unis?

4. Quand on met la table, qu'est-ce qu'on utilise? Préférez-vous vous servir d'une nappe ou de sets de table? Quelle est la façon correcte de se tenir à table en France et aux Etats-Unis? Par exemple, où faut-il mettre les mains? Dans quelle main faut-il tenir la fourchette, le couteau?

I. Les copains et les copines. On associe souvent un certain aliment ou une boisson à une occasion précise. Quelle est l'habitude de votre famille les jours cités ci-dessous? Travaillez avec un(e) camarade de classe et décrivez vos repas de fête et autres. Dites aussi si ça vous plaît ou si ça ne vous plaît pas.

> MODELE: VOUS: Le jour de mon anniversaire, ma mère me prépare mon plat préféré. Nous prenons du saumon, des épinards et du riz. Et bien sûr, nous prenons aussi du gâteau aux noisettes. J'adore ça. Et toi, qu'est-ce que tu prends le jour de ton anniversaire?

TOUR DE MAIN
Givré, ce verre

Enduisez les bords du verre à pied avec du citron puis retournez-le dans une soucoupe remplie de sucre. Vous pouvez aussi mélanger le sucre à du sirop coloré (menthe, grenadine, etc.). Dans ce cas, il est inutile de mouiller le verre préalablement.

le jour de votre anniversaire
à la fête du Nouvel An
le vendredi soir
à un match de foot

à Thanksgiving
le dimanche
au cinéma

J. Tour de main. Givré, ce verre. Etudiez le dessin et répondez aux questions.

1. Trouvez des articles définis, indéfinis et partitifs dans le dessin, et expliquez pourquoi on les a utilisés.
2. Dans ce tour de main on utilise du sucre. Connaissez-vous une pratique semblable pour la boisson mexicaine «la margarita»? Si oui, quel est le produit qu'on utilise pour givrer le verre?
3. Inventez des recettes de boissons dans lesquelles vous enduisez les bords du verre avec du sucre. Si vous pouvez le faire, servez-en à votre classe.

L'adverbe

Définition Un adverbe est un mot invariable qui modifie un verbe, un autre adverbe ou un adjectif.

> Nous dînons **parfois** au restaurant.
> C'est **assez** cher, donc nous n'y allons pas **très fréquemment**.

Les adverbes de manière

A. La plupart des adverbes de manière se forment à partir des adjectifs et se terminent en **-ment.** Ils répondent à la question **Comment?**

1. Si l'adjectif se termine par une voyelle, on ajoute **-ment** pour former l'adverbe.

rare → rarement
confortable → confortablement
vrai → vraiment

absolu → absolument
spontané → spontanément
passionné → passionnément

Exceptions: énorme → énorm**é**ment; aveugle → aveugl**é**ment

2. Si l'adjectif se termine par une consonne, on ajoute **-ment** au féminin de l'adjectif.

heureux → heureusement
vif → vivement

premier → premièrement
naturel → naturellement

Exceptions:

bref, brève → brièvement
gentil → gentiment
confus → confusément

précis → précisément
profond → profondément

3. Si l'adjectif se termine par **-ant** ou **-ent,** on forme l'adverbe en remplaçant les terminaisons par **-amment** ou **-emment** (/amã/).

constant → constamment	intelligent → intelligemment
suffisant → suffisamment	apparent → apparemment
bruyant → bruyamment	patient → patiemment

Exception: lent → lent**ement**

B.   D'autres adverbes de manière sont **bien, mal** et **vite.**

> C'est un bon chef, il cuisine **bien.**
> C'est une mauvaise cuisinière, elle cuisine **mal.**

Adverbes qui marquent le temps, la fréquence, la quantité ou le lieu

ADVERBES DE...			
Temps	*Fréquence*	*Quantité*	*Lieu*
aujourd'hui	parfois	assez	ici
demain	souvent	beaucoup	là
hier	toujours	beaucoup trop	là-bas
maintenant		peu	nulle part
tard		trop	partout
tôt			quelque part
déjà			
enfin			

Position

A.   La plupart des adverbes courts et communs suivent le verbe.

> Nous mangeons **bien.**
> Faites-vous **souvent** la cuisine?

B.   Les adverbes de fréquence se placent généralement après le verbe conjugué. **Parfois** peut se placer au début de la phrase.

> Penses-tu **toujours** à manger?
> **Parfois,** j'ai envie d'aller à la Tour d'Argent à Paris.

C.   Les adverbes de temps **aujourd'hui, hier** et **demain** se placent au début ou à la fin de la phrase.

> **Aujourd'hui,** nous allons au marché.
> Faites-vous les courses **demain**?

D.   Certains adverbes longs et communs peuvent se placer au début ou à la fin de la phrase: **heureusement, malheureusement, premièrement, finalement, généralement.**

Heureusement, le service est **déjà** compris.

Nous ne pouvons pas avoir une réservation ce soir, **malheureusement.**

E. Les adverbes de lieu se placent généralement après l'objet direct.

Je vais mettre le livre de cuisine **là-bas.**

Elle ne trouve sa belle nappe **nulle part.**

Mise au point

A. Voici des adjectifs usuels. Formez leurs adverbes correspondants.

MODELE: doux → doucement

1. franc 2. sérieux 3. parfait 4. complet 5. vrai 6. facile 7. certain 8. évident 9. heureux 10. gentil 11. constant 12. lent 13. sec 14. fréquent 15. brillant

B. Jeu de sens. Donnez le contraire.

MODELE: fréquemment → rarement

1. malheureusement 2. clairement 3. impatiemment 4. prudemment 5. rapidement

C. Voici une liste de personnes qui font certaines choses d'une façon remarquable. Décrivez ce qu'elles font en employant chaque fois un adverbe de manière différente.

1. Mon amie est danseuse, elle danse _____ .
2. Jacques est français, il parle _____ français.
3. Nous sommes fatigués, nous travaillons _____ .
4. Vous adorez la politique internationale, vous en discutez _____ .
5. Louise et Charles sont amoureux, ils s'aiment _____ .
6. Tu as un joli appartement, tu vis _____ .
7. J'ai une guitare spéciale, je joue _____ .
8. Elles sont riches, elles voyagent _____ .
9. Nous sommes imaginatifs, nous écrivons _____ .
10. Vous aimez cuisiner, vous faites _____ la cuisine.

D. Etudiez tous les contextes, puis choisissez l'adverbe de lieu qui convient: **là-bas, quelque part, ici, là, partout, nulle part.**

1. Veux-tu aller _____ ce soir?
2. Je cherche _____ mes sets de table.
3. Le restaurant que vous cherchez est _____ .
4. Viens _____ , je veux te parler.
5. Es-tu _____ ? —Bien sûr, je suis _____ .
6. Elle ne trouve la recette _____ .

E. Mettez l'adverbe entre parenthèses à sa place.

1. Nous dînons dans un bon restaurant. (aujourd'hui)
2. Mes amis nous invitent chez eux. (parfois)
3. On va acheter des croissants à la pâtisserie. (maintenant)
4. Elle commence son régime. (demain)
5. Déjeunes-tu à la cantine? (souvent)
6. Notre oncle s'occupe d'un restaurant en Provence. (toujours)
7. C'est un bon chef. Il cuisine. (bien)
8. Le week-end, on ne prend pas son petit déjeuner. (tôt)
9. Ils ont faim. (déjà)
10. Voilà notre dîner. (enfin)

F. Votre santé! Les conséquences de vos actions. Etudiez les phrases, puis ajoutez les adverbes de quantité qui conviennent le mieux.

1. Si on mange _____, on grossit.
2. Si on mange _____, on maigrit.
3. Il faut manger _____ pour vivre.
4. Si on boit _____ de vin, on a mal à la tête.
5. Je ne veux pas grossir, donc je marche _____ .

Les pronoms adverbiaux

Le pronom adverbial **y**

Définition   Le pronom adverbial **y** représente une chose, une idée ou un lieu. Il ne représente jamais une personne.

> Vas-tu **à la pâtisserie Pons**? —Oui, j'**y** vais.
> Répondez-vous toujours **aux coups de téléphone**? —Non je n'**y** réponds pas toujours.

Emplois

A.   **Y** remplace des noms de lieu précédés d'une préposition de lieu—**chez, sur, sous, dans, en, à,** etc.—et se traduit par *there*.

> Est-ce que Marcel va **à Aix-en-Provence**? —Oui, il **y** va.
> Allez-vous **en ville**? —Non, nous n'**y** allons pas.
> Dînons-nous **chez eux**? —Oui, nous **y** dinons.
> Va-t-il voyager **dans le Midi**? —Non, il ne va pas **y** voyager.

Exception: La préposition **par** est suivie de **là** ou d'**ici.**

> Je passe par la rue de Seine. Je passe par **là.**

B.   **Y** remplace seulement **à** + *une chose ou une idée* et se traduit par *it* ou *about it.*

Je réponds **à la lettre.** J'**y** réponds.
Tu penses **à l'amour.** Tu **y** penses.[5]

Le pronom adverbial **en**

Définition   Le pronom adverbial **en** remplace un lieu, une chose, une idée et quelquefois une personne.

> Venez-vous **de Paris**? —Oui, j'**en** viens.
> As-tu **des provisions**? —Non, je n'**en** ai pas.
> Ont-ils **des amis français**? —Oui, ils **en** ont.

Emplois

A.   **En** remplace **de** + *un nom de lieu.* Il se traduit par *from there.*

> Revenez-vous **de Strasbourg**? —Oui, nous **en** revenons.
> Est-ce que vous partez **d'Angoulême**? —Non, nous n'**en** partons pas.

B.   **En** veut dire *some, any, of it, of them.* Il remplace:

1.   l'article partitif + *nom de chose*

> Il boit **de la bière.** Il **en** boit.
> Nous achetons **du pain.** Nous **en** achetons.

2.   l'article indéfini pluriel + *nom de chose ou de personne*

> Tu manges **des sandwichs.** Tu **en** manges.
> Je connais **des chefs.** J'**en** connais.

3.   les expressions de quantité et les nombres. Il faut répéter le nombre ou l'expression de quantité quand on emploie le pronom adverbial **en.**

> Elle commande **trois desserts.** Elle **en** commande **trois.**
> Il ne mange pas trop **de sucre.** Il n'**en** mange pas **trop.**

4.   les objets des verbes ou des expressions qui prennent toujours la préposition **de** + *une chose.*
    a.   les expressions idiomatiques avec **avoir**

avoir besoin de	*to need (to)*
avoir envie de	*to want (to), feel like*
avoir l'habitude de	*to be used to*
avoir honte de	*to be ashamed of*
avoir l'intention de	*to intend*
avoir peur de	*to be afraid of*

> J'ai besoin de crème. J'**en** ai besoin.
> Il a envie de dessert. Il **en** a envie.

---

[5] Voir **penser** + *le pronom disjoint,* pages 142–144.

b. **être** + adjectif + **de** + *une chose, une idée ou un infinitif*

être content, heureux, ravi de	*to be happy (about, to)*
être désolé, triste de	*to be sad (about, to)*
être fâché de	*to be angry about*
être fier de	*to be proud of*

Je suis fier de réussir. J'**en** suis fier.
Ils sont contents de leur succès. Ils **en** sont contents.

c. certains verbes qui exigent la préposition **de** avec un nom de chose:[6]
parler de, se passer de, profiter de, se servir de, se souvenir de, etc.

Je me passe de pain. Je m'**en** passe.	*… I go without it.*
Il ne se sert pas d'un couteau. Il ne s'**en** sert pas.	*… He doesn't use one.*

Position et ordre des pronoms objets

Les pronoms adverbiaux précèdent le verbe qu'ils complètent, comme tous les autres pronoms objets. S'ils se trouvent devant le même verbe, **y** précède toujours **en**.

ORDRE DES PRONOMS OBJETS[7]										
me te se nous vous	devant	le la les	devant	lui leur	devant	**y**	devant	**en** + *verbe*		

Il mange des fraises. Il **en** mange.
Je compte aller à Paris. Je compte **y** aller.
Il y a des fruits au marché. Il **y en** a au marché.
Il me donne du fromage. Il **m'en** donne.
Elle se met au travail. Elle **s'y** met.

Mise au point

A. Un voyage dans le Midi. Quelques amis vous expliquent leur prochain voyage en France. Refaites les phrases en remplaçant les mots en italique par le pronom adverbial qui convient.

---

[6] Pour les personnes, voir les pronoms disjoints, pages 142–144.
[7] Sauf avec l'impératif affirmatif. Voir pages 162–164.   Donnez-**les-moi**. Ne **me les** donnez pas.

1. En septembre, nous allons *en Europe*. 2. Nous comptons aller *à Nice*.
3. Nos amis niçois nous invitent *chez eux*. 4. Nous les verrons bientôt *en France*. 5. Nous allons faire un voyage *dans le Midi*. 6. Nous passerons *par Arles*. 7. Nous pensons *à notre voyage* depuis longtemps.

B. Le pays natal. Une jeune femme parle de ses amis bretons. Refaites les phrases en remplaçant les mots en italique par le pronom adverbial qui convient.

1. Mes copains viennent *d'Alençon*. 2. Ils boivent toujours beaucoup *de cidre*.
3. Ils connaissent *un chef breton*. 4. Il a l'habitude *de faire le marché lui-même*.
5. Il est toujours ravi *de voir mes copains*. 6. Quand ils sont ensemble ils parlent *du bon vieux temps*. 7. Ils se souviennent *de leur jeunesse*. 8. Ils sont fiers *de leur région*.

C. Transformez les phrases en employant les pronoms adverbiaux (**y** ou **en**) qui s'imposent.

1. Nous répondons toujours au téléphone. 2. Je suis content de tes progrès.
3. Tu ne penses pas à la cuisine marocaine? 4. J'ai envie de pizza. 5. Je reviens d'Alsace. 6. Elle ne mange pas assez de légumes. 7. Elles vont à Bordeaux.

D. Pays de vin. Vous faites des projets pour visiter des régions de vignobles. Répondez aux questions en employant les pronoms adverbiaux **y, en** ou **là** selon le cas.

> MODELE: Vas-tu à New York? (non) → Non, je n'y vais pas.

1. Vas-tu voyager en France? (oui)
2. Comptes-tu passer par Paris? (non)
3. Veux-tu aller en Bourgogne? (oui)
4. Vas-tu descendre tout de suite en Côte d'Or? (non)
5. Veux-tu goûter au vin de Bourgogne? (oui)
6. Comptes-tu faire d'autres dégustations de vin? (oui)
7. Vas-tu rester dans la région? (non)
8. As-tu l'intention d'aller en Aquitaine? (oui)
9. As-tu envie de visiter plusieurs châteaux? (oui)
10. Vas-tu revenir de France en juin? (non)

E. Les copains et les copines. A tour de rôle, interviewez un(e) camarade de classe afin d'apprendre à quoi il(elle) s'intéresse, à quoi il(elle) pense, ...

> MODELE: s'intéresser à la cuisine →
> VOUS: Est-ce que tu t'intéresses à la cuisine?
> IL (ELLE): Oui, je m'y intéresse beaucoup. Et toi?
> VOUS: Non, je ne m'y intéresse pas du tout.

1. penser souvent à la politique 2. penser parfois aux problèmes écologiques
3. s'intéresser au cinéma français 4. faire attention aux matchs de sport internationaux 5. s'intéresser à la psychologie 6. faire attention aux développements technologiques

F. Vie de famille. Interviewez un(e) camarade de classe afin d'apprendre ce que ses parents ont l'habitude de faire.

> MODELE: offrir beaucoup de cadeaux →
> > VOUS: Est-ce que tes parents t'offrent beaucoup de cadeaux?
> > IL (ELLE): Oui, ils m'en offrent beaucoup. Et tes parents?
> > VOUS: Non, ils ne m'en offrent jamais.

1. poser beaucoup de questions 2. envoyer peu d'argent 3. donner une voiture chaque année 4. écrire une lettre par semaine 5. promettre beaucoup de choses 6. prêter de l'argent 7. offrir souvent des conseils

Faire de sens causatif

Définition   Dans l'expression **faire** + *infinitif*, **faire** est utilisé comme auxiliaire et a un sens causatif.

> La chaleur **fait fondre** le chocolat.
> Le chef **fait préparer** la sauce par l'apprenti.

Emplois

A.   **faire** + *infinitif* = *to cause something to happen, to make something happen*

> Le froid **fait geler** l'eau.   *The cold makes water freeze.*
> Le chef **fait cuire** l'omelette.   *The chef cooks the omelet.*

B.   **faire** + *infinitif* (+ **par/à**) = *to have something done (by someone else), to make someone do something*

> Je **fais faire** un gâteau   *I'm having a birthday cake made*
> d'anniversaire (par le   *(by the baker).*
> pâtissier).

A noter: En français on emploie **par** ou **à** pour indiquer l'agent, c'est-à-dire la personne ou la chose qui fait l'action.

> Je **fais lire** la recette par (à) la   *I'm having the cook read the recipe.*
> cuisinière.

La position des pronoms objets avec **faire** de sens causatif

Les pronoms objets précèdent toujours **faire** dans la construction causative.[8]

> Elle fait laver la voiture. Elle **la** fait laver.
> Elle ne fait pas manger sa fille. Elle ne **la** fait pas manger.

---

[8] Sauf à la forme affirmative de l'impératif. Voir page 162.

A noter: On emploie **laisser** + *infinitif* pour exprimer *to let something happen, to let someone do something.* Les pronoms objets précèdent toujours **laisser,** comme avec **faire.**

La cuisinière laisse refroidir la sauce. Elle **la** laisse refroidir.
Le garçon laisse partir le client. Le garçon **le** laisse partir.

Mise au point

A. Au restaurant chacun a sa place et son rôle. Faites des phrases avec **faire** + *infinitif* d'après le modèle.

MODELE: le maître d'hôtel / les clients entrent →
Le maître d'hôtel fait entrer les clients.

1. l'hôtesse / les invités rient
2. le chef / le steak grille
3. le cuisinier / les pommes de terre cuisent
4. le sommelier / le vin est servi

B. Dans la cuisine d'un restaurant. Transformez les phrases en remplaçant les mots en italique par des pronoms objets.

1. La chaleur fait fondre *le beurre*. 2. La cuisinière ne fait pas dorer *les oignons*. 3. Le chef laisse mijoter *le lapin*. 4. Nous leur faisons laver *les légumes*. 5. Vous ne lui faites pas boire *le lait*. 6. Le garçon laisse parler *la cliente*. 7. Ils vous font laver *les pommes*. 8. Je lui fais couper *la tarte*.

C. Les copains et les copines. Travaillez avec un(e) camarade de classe et à tour de rôle posez des questions et répondez-y.

MODELE: faire les gâteaux →
VOUS: Fais-tu tes gâteaux ou est-ce que tu les fais faire?
IL (ELLE): Je les fais moi-même. (Je les fais faire.)

1. laver la voiture 2. développer les photos 3. réparer les chaussures
4. faire des photocopies 5. envoyer des fleurs

D. Le civet de lapin. Un chef aime préparer le lapin en civet, sa spécialité. Etudiez la liste A et la liste B. Qui fait faire les choses suivantes et à qui? Faites des phrases complètes, et puis mettez-les dans l'ordre approprié pour raconter l'histoire.

A	B
la serveuse	faire préparer un menu spécial
le chef	faire acheter les lapins, le vin et les oignons
l'apprenti	faire servir le civet de lapin
le cuisinier	faire cuire les oignons et le lapin
	faire mijoter le lapin

eprise

A noter: Les exercices de cette partie reprennent les structures grammaticales de ce chapitre.

A. Conversation dirigée.

1. Y a-t-il de bons restaurants français dans votre ville? Si oui, quel y est le prix moyen d'un repas? Quelle est la spécialité de la maison? Si vous dînez dans un bon restaurant français, prenez-vous des escargots ou des cuisses de grenouille? Commandez-vous du vin blanc, du vin rouge ou du champagne? Si vous sortez pour un bon dîner, quel genre de restaurant choisissez-vous en général? Combien de fois par an sortez-vous dans un bon restaurant?

2. Etes-vous végétarien(ne) ou mangez-vous de la viande? Si vous êtes végétarien(ne), quels aliments mangez-vous? Evitez-vous le sucre? Mangez-vous de la farine blanche ou de la farine complète? Buvez-vous des boissons qui contiennent de la caféine ou préférez-vous les tisanes? Que pensez-vous de la mode des «produits naturels»? Quels produits naturels achetez-vous habituellement? Quels produits laitiers utilisez-vous quotidiennement? Y a-t-il une épicerie en ville où l'on peut acheter des produits naturels?

B. Les copains et les copines. Travaillez avec un(e) camarade de classe et dites comment vous recevez vos ami(e)s chez vous.

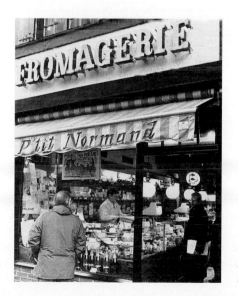

Ce brie a l'air très bon. Donnez-m'en 250 grammes, s'il vous plaît.
MIKE MAZZASCHI/STOCK, BOSTON

MODELE: envoyer des invitations →
VOUS: Est-ce que tu leur envoies des invitations?
IL (ELLE): Oui, je leur en envoie. Non, je ne leur en envoie pas.

1. offrir l'apéritif 2. servir la salade au début du repas 3. faire boire du vin
4. présenter les légumes avec la viande 5. faire goûter des fromages français
6. préparer plusieurs desserts

C. Un dessert délicieux. Complétez la recette en employant les articles
(définis, indéfinis ou partitifs) qui s'imposent.

Pour faire une mousse au chocolat, il faut _____ sucre, _____ chocolat, une
cuillerée _____ kirsch, _____ beurre, _____ œufs et _____ crème. Mais il ne faut
pas _____ vanille. Si vous faites attention à la ligne, il ne faut pas manger trop
_____ mousse, puisque ça fait grossir.

D. Faisons les courses ensemble. Vous téléphonez à Madeleine et elle vous
raconte ce qu'elle va faire cet après-midi. Employez les articles (définis, indéfinis ou partitifs) qui s'imposent.

Je vais faire _____ courses. Je n'ai pas _____ argent, donc je vais passer à la
banque. Ensuite je vais aller à l'épicerie où je vais acheter un kilo _____ fromage (j'adore _____ fromage), _____ eau minérale, une boîte _____ thon (je
déteste _____ thon, mais ça ne fait pas grossir!), un pot _____ olives et _____
laitue. Puis, je vais aller chez le boucher où je vais acheter une tranche _____
jambon et _____ biftek. Je ne vais pas acheter _____ côtelettes d'agneau, parce
que c'est trop cher. Après, chez le boulanger, je vais acheter _____ croissants et
beaucoup _____ petits pains pour le petit déjeuner. Chez le marchand de vin je
vais chercher _____ vin rouge et aussi une petite bouteille _____ vin blanc (je
préfère _____ vin blanc). Veux-tu m'accompagner?

E. Les copains et les copines. A tour de rôle, travaillez avec un(e) camarade
de classe afin d'apprendre comment ou quand vous faites les choses suivantes.

MODELE: comment / manger →
VOUS: Comment manges-tu?
IL (ELLE): Je mange vite (bien, rarement, etc.).

1. comment / faire la cuisine 2. quand / se lever 3. combien d'argent /
gagner 4. comment / danser 5. comment / parler français 6. quand / écrire
des compositions 7. combien / étudier

F. Les copains et les copines. A tour de rôle, interviewez un(e) camarade de
classe avec les questions ci-dessous. Vous allez répondre en employant des
pronoms adverbiaux (**y, en** ou **là**) dans votre réponse.

1. Combien de bons restaurants connais-tu? 2. Quand vas-tu dans un bon
restaurant? 3. Quand penses-tu à manger? 4. As-tu besoin de provisions?
5. Es-tu content(e) d'avoir un Restau-U sur le campus? 6. Passes-tu par la
cafétéria aujourd'hui? 7. Bois-tu trop de bière le weekend? 8. Manges-tu
trop de choses sucrées? 9. As-tu souvent envie de pizza?

G. L'addition pour Madame, s'il vous plaît. Analysez la bande dessinée avec deux camarades. Qui est le monsieur? Qui est la dame? Où travaillent-ils? Pourquoi le garçon donne-t-il tout au monsieur? Pourquoi le monsieur donne-t-il tout à la dame? Comment cette situation représente-t-elle des changements d'habitudes récents? Maintenant, inventez la conversation qui a lieu, et présentez-la à la classe. Servez-vous des phrases suivantes ou inventez des phrases.

> MODÈLE. LE MONSIEUR. C'est bien aimable de m'inviter déjeuner avec vous.
>
> LA DAME: Oh, vous savez, c'est à la charge de ma société; cela fait partie des frais.
>
> LE GARÇON: Je vais vous montrer votre table, monsieur.

ncore une fois

A noter: Les exercices de cette partie reprennent les structures grammaticales du chapitre précédent avec le vocabulaire de ce chapitre.

A. Employez les articles ou les adjectifs possessifs qui s'imposent.

1. Quand je mange, je me sers d'____ fourchette, d'____ couteau et d'____ cuillère.
2. ____ cuisine est très moderne, nous avons ____ nouvelle cuisinière électrique.
3. Le chef met ____ tartes dans ____ four.
4. Vous versez ____ vin dans ____ verres ____ invités.
5. Peux-tu me donner ____ recette pour faire ____ glace? Elle est très bonne.

B. Jeu de genre. Mettez les expressions suivantes au féminin.

1. un bon cuisinier français 2. le sommelier compétent 3. les garçons séduisants et polis 4. un homme ambitieux et puissant 5. un client patient

L'actualité

Aux Etats-Unis on connaît depuis longtemps les distributeurs automatiques vendant boissons, sandwichs, etc. Dans cette lecture vous allez en découvrir un qui est tout à fait français. Lisez ce petit article, puis mettez-vous en groupe de deux ou trois afin de répondre aux questions qui le suivent.

C'EST NOUVEAU

SERVICE BAGUETTE MAGIQUE

Pas de Français, dit-on, sans béret basque et baguette sous le bras. En fait, ce Français-là est aussi rare que la baguette fraîche, croustillante[a] et blonde. Mais voici qu'une fée[b] gourmande (et bonne en marketing) met à notre disposition ses baguettes magiques. A toute heure, toute la semaine, une aubaine[c] pour les lève-tôt et les couche-tard ! Elles sont confectionnées[d] par votre boulanger, qui les glisse dans un astucieux[e] distributeur automatique. Celui-ci les réchauffe[f] au four à micro-ondes[g] avant de vous les livrer dans un étui.[h] Et il rend même la monnaie ![i] **Pain-service**, *devant certaines boulangeries, Paris, province. De **2,10 F** à **4 F** env.*

[a] *crunchy*
[b] *fairy*
[c] *windfall*
[d] *prepared, made*
[e] *clever*
[f] *reheats*
[g] four à... *microwave oven*
[h] *bag*
[i] rend... *gives change*

Qu'en pensez-vous?

1. Combien vaut une baguette dans un distributeur automatique?
2. Qui se sert de ces distributeurs automatiques?
3. Qu'est-ce que les mots «lève-tôt» et «couche-tard» vous indiquent sur la mode habituelle de faire les courses en France?
4. Comparez cette machine aux autres machines services que vous connaissez aux Etats-Unis.
5. Quelles préférences culturelles peut-on deviner à base des machines services que l'on trouve dans un pays?
6. Pourquoi l'image du Français avec le béret basque et la baguette sous le bras est-elle devenue démodée?
7. D'après ce que vous connaissez de la culture française, quelles autres machines services françaises pouvez-vous imaginer?

*C*ertaines choses sont bonnes en petites quantités et mauvaises à fortes doses. Par exemple: le sel, la levure et l'hésitation.

Le Talmud

La France
d'autrefois

*Cité de Carcassonne:
tour de la justice*
J. DIEUZAIDE/RAPHO
PHOTO RESEARCHERS,
INC.

Objectifs

- Le passé composé: Formation
- Ordre des éléments au passé composé
- L'accord du participe passé: Verbes conjugués avec **avoir**
- L'accord du participe passé: Verbes conjugués avec **être**
- Le passé composé: Emplois
- Le comparatif
- Le superlatif

Mots et expressions

LA SOCIETE

le bourgeois (la bourgeoise) middle-class man (woman)

la bourgeoisie middle class

le châtelain (la châtelaine) owner of chateau

le chevalier knight

la cour court

courtois(e) courtly, courteous

l'époque (*f.*) **(à l'époque de)** epoch, era, age (at the time of)

le marchand (la marchande) merchant

la noblesse nobility

le palais palace

le paysan (la paysanne) peasant, farmer

le peuple the nation, the masses

régner to reign

la reine queen

(se) réunir to reunite; to get together

le roi king

le royaume kingdom

le siècle century

le trésor treasure

LE CONFLIT

l'armée (*f.*) army

la bataille battle

(se) combattre to fight, combat

la conquête conquest

conseiller to advise, counsel

le conseiller (la conseillère) advisor, counselor

la défaite defeat

envahir to invade

(s')évader to escape

faible weak

la forteresse fortress, stronghold

la guerre war

la lutte fight, struggle

la patrie homeland, country, native country

le pouvoir power, influence

le prisonnier (la prisonnière) prisoner

puissant(e) powerful

remporter (sur) to win

la révolte rebellion

se révolter (contre) to rebel (against)

le soldat soldier

la victoire victory

Emplois

A. Trouvez l'équivalent de chaque expression.

1. la nation à laquelle on appartient 2. un commerçant (une commerçante)
3. fort 4. mettre ensemble, réconcilier 5. exercer le pouvoir monarchique
6. la perte d'une bataille 7. une accumulation de choses précieuses 8. la
classe dominante du régime capitaliste 9. «_____ oblige» veut dire que la noblesse crée le devoir de faire honneur à son nom. 10. lutter contre 11. un
homme qui travaille la terre 12. un château fort 13. un citoyen d'un bourg

B. Trouvez le contraire.

1. l'accord
2. la soumission, le conformisme
3. l'échec, la défaite
4. se résigner, obéir
5. perdre
6. déconseiller
7. une personne libre
8. robuste

C. Trouvez l'intrus.

1. conquistador   conquérir   conquis   conquête   conque
2. royaume   royauté   rognon   roi   reine
3. châtelaine   château   castel   chat   châtelet
4. vase   s'évader   évasion   évadé   évasif
5. palais   pâle   palatial   paladin   palatin

D. Complétez les phrases avec les mots qui conviennent.

1. Lancelot était un _____ de la Table ronde.
2. La _____ de Cent Ans a eu lieu entre les Anglais et les Français.
3. La _____ de Versailles était splendide.
4. Louis XIV, roi de France de 1643 à 1715, a exercé un _____ absolu.
5. Sous Napoléon l'_____ française a gagné la _____ d'Iéna.

$\mathcal{S}$tructures

Le passé composé: Formation

Définition   Le passé composé exprime une action ou un état qui a commencé
ou qui s'est terminé à un moment précis du passé.

>   La cloche **a sonné** à sept heures.
>   Le garde **est parti** à sept heures et quart.
>   La prisonnière **s'est évadée** à sept heures et demie.

Le passé composé est formé de deux parties: le participe passé du verbe et
l'auxiliaire.

OBJECTIF SEOUL 88

On n'a jamais fini d'aller plus loin

IMPRIMANTES
CHAMPIONNES
D'EUROPE

Le participe passé

A. On forme le participe passé de *tous* les verbes en **-er** avec **-é.**

> **parlé** (parler)   **allé** (aller)   **étudié** (étudier)

B. On forme le participe passé des verbes réguliers en **-ir** avec **-i.**

> **fini** (finir)   **choisi** (choisir)   **rougi** (rougir)

Irréguliers:

> **conquis** (con-   **mort** (mourir)   **souffert** (souffrir)
>   quérir)   **offert** (offrir)   **tenu** (tenir)
> **couru** (courir)   **ouvert** (ouvrir)   **venu** (venir)
> **couvert** (couvrir)

C. On forme le participe passé de la plupart des verbes en **-re** avec **-u.**

> **fondu** (fondre)   **corrompu** (corrompre)
> **perdu** (perdre)   **vaincu** (vaincre)
> **rendu** (rendre)

A noter: Dans les verbes suivants, la terminaison du participe passé est en **-u,** mais il y a un changement de radical.

> **bu** (boire)   **paru** (paraître)
> **connu** (connaître)   **plu** (plaire)
> **cru** (croire)   **tu** (se taire)
> **lu** (lire)   **vécu** (vivre)

Irréguliers: Les participes passés irréguliers suivants sont groupés selon la terminaison.

> **conduit** (conduire)   **mis** (mettre)
> **dit** (dire)   **pris** (prendre)
> **écrit** (écrire)   **ri** (rire)

fait (faire)　　　　　　　　　　**suivi** (suivre)

craint (craindre)　　　　　　　**été** (être)
éteint (éteindre)　　　　　　　**né** (naître)
rejoint (rejoindre)

D. La plupart des verbes en **–oir** ont le participe passé en **-u.**

fallu (falloir)　　　　　**vu** (voir)　　　　　　　**voulu** (vouloir)

A noter:　Dans les verbes suivants, il y a un changement de radical.

aperçu (apercevoir)　　　　　**pu** (pouvoir)
dû (devoir)　　　　　　　　　**reçu** (recevoir)
eu (avoir)　　　　　　　　　　**su** (savoir)
plu (pleuvoir)

Irrégulier:　**assis** (asseoir)

L'auxiliaire

L'auxiliaire du passé composé est le verbe **avoir** ou le verbe **être** au présent de l'indicatif.

A. La plupart des verbes se conjuguent avec **avoir** aux temps composés.

parler	
j' ai parlé	nous avons parlé
tu as parlé	vous avez parlé
il	ils
elle } a parlé	elles } ont parlé
on	

Le professeur **a choisi** le texte.
Nous **avons étudié** l'histoire de France.

B. Dix verbes intransitifs (qui ne prennent pas d'objet direct) se conjuguent avec **être** aux temps composés.[1] Dans ces verbes, le participe passé s'accorde avec le sujet. Il peut être masculin ou féminin, singulier ou pluriel.

aller　　　　　　　　**naître**
arriver　　　　　　　**partir**
devenir　　　　　　　**rester**
entrer　　　　　　　　**tomber**
mourir　　　　　　　　**venir**

---

[1] Voir l'accord du participe passé avec **être,** page 110.

aller	
je suis allé(e)	nous sommes allé(e)s
tu es allé(e)	vous êtes allé(e)(s)
il elle est allé(e) on	ils elles sont allé(e)s

Louis XIV **est né** en 1638.
Il **est mort** en 1715.

A noter: Les dérivés de ces verbes se conjuguent aussi avec **être** (**revenir, rentrer, repartir,** etc.).

C. Les verbes **descendre, monter, passer, rentrer, retourner, sortir** peuvent se conjuguer avec **être** ou **avoir.** Remarquez que le sens du verbe change selon l'auxiliaire.

être: intransitif (sans objet)[2]

Je suis descendu au sous-sol.
I went down to the basement.

Elle est montée à la tour.
She went up to the tower.

Vous êtes passé par Rouen.
You went through Rouen.

Tu es rentré tard.
You went home late.

Nous sommes retournés à Paris.
We went back to Paris.

Ils sont sortis du palais.
They went out of the palace.

avoir: transitif (avec objet)

J'ai descendu la bouteille à la cave.
I took the bottle down to the cellar.

Elle a monté les boîtes dans sa chambre.
She took the boxes up to her room.

Vous avez passé un jour à Rouen.
You spent a day in Rouen.

Tu as rentré le drapeau.
You brought in the flag.

Nous avons retourné la chaise.
We turned the chair around.

Il a sorti l'argent de sa poche.
He took the money out of his pocket.

A noter: Si le verbe est conjugué avec **être,** il est généralement suivi d'une préposition. Si le verbe est conjugué avec **avoir,** il prend un objet direct sans préposition.

---

[2] Voir l'accord du participe passé des verbes conjugués avec **être,** page 110.

D. Tous les verbes pronominaux se conjuguent avec **être** aux temps composés.[3]

s'amuser			
je me	suis amusé(e)	nous nous	sommes amusé(e)s
tu t'	es amusé(e)	vous vous	êtes amusé(e)(s)
il s'	est amusé	ils se	sont amusés
elle s'	est amusée	elles se	sont amusées
on s'	est amusé(e)(s)		

La France et l'Angleterre **se sont opposées** pendant des siècles.
Le Roi Arthur et la Reine Guenièvre **se sont** beaucoup **aimés.**

Mise au point

A. Un peu d'histoire personnelle. Mettez les verbes au passé composé et complétez les phrases en suivant l'exemple.

MODELE: je / voir un serpent / je / avoir peur →
La première fois que j'ai vu un serpent, j'ai eu peur.

1. je / faire du jogging / il / pleuvoir
2. mes copains (copines) / devoir faire un exposé oral / ils (elles) / rire
3. tu / comprendre toute une phrase en français / tu /être content(e)
4. nous / apercevoir un arc-en-ciel / nous / sourire
5. vous / suivre un cours de calcul / il / falloir beaucoup étudier

B. Dîner entre amis. Le week-end dernier, vous avez invité des ami(e)s à dîner. Un(e) camarade de classe vous interroge sur la soirée. Répondez à ses questions.

MODELE: tu / écrire des faire-part pour inviter tes ami(e)s? →
IL (ELLE): As-tu écrit des faire-part pour inviter tes ami(e)s?
VOUS: Oui, j'ai écrit des faire-part.

1. ils / répondre par téléphone ou par lettre?
2. à quelle heure / tu / recevoir tes invités?
3. qu'est-ce que / vous / manger?
4. qu'est-ce que / vous / boire?
5. les invités / t'offrir un cadeau?

C. DR. & MRS. P. VANDERTRAMP. Voici un truc pour vous aider à vous souvenir des verbes conjugués avec **être** au passé composé. Chaque lettre dans le nom DR. & MRS. P. VANDERTRAMP représente la première lettre d'un verbe: D = devenir, R = rentrer, etc. Faites parler le docteur et sa femme en vous servant des verbes dans l'ordre indiqué.

---

[3] Voir l'accord du participe passé des verbes pronominaux, page 110.

MODELE: MRS. V.: Je suis devenue plus patiente quand j'ai épousé mon mari.

              MR. V.: Elle est rentrée de Paris le soir même avant le mariage.

LES SUJETS   LES VERBES

je / tu / nous	**d**evenir	**d**escendre
nos enfants	**r**entrer	**e**ntrer
notre fille	**m**ourir	**r**evenir
ta / ma mère	**r**etourner	**t**omber
notre fils	**s**ortir	**r**ester
mes / tes frères	**p**asser	**a**ller
mes / tes sœurs	**v**enir	**m**onter
ton / mon père	**a**rriver	**p**artir
	naître	

D. A chacun ses occupations. Travaillez avec un(e) camarade de classe et trouvez l'auxiliaire (**avoir** ou **être**) qui s'impose. Expliquez votre choix.

1. Nous _____ descendus à la cave.
2. Ils _____ descendu les bouteilles de vin à la cave.
3. Elle _____ sorti l'argent de son portefeuille.
4. Je _____ sortie avec mon ami.
5. Vous _____ retournés à l'hôtel.
6. Tu _____ retourné la chaise.
7. Elles _____ passé une semaine en France.
8. Il _____ passé par Paris.
9. Nous _____ monté les valises dans la chambre.
10. Je _____ monté au premier étage.
11. Elle _____ rentrée à minuit.
12. Ils _____ rentré les chaises pour la nuit.

E. Qui est coupable? Quelques étudiants se sont trompés, se sont embarrassés ou ont oublié de faire quelque chose d'important. Choisissez des éléments parmi chacune des listes suivantes et faites des phrases au passé composé qui expriment cela.

je	se lever	trop tard pour aller en classe
ma copine	se réveiller	la première fois / sortir ensemble
nous	ne pas se raser	à midi et demie
mes copains	s'embrasser	quand ils ont vu le prof
vous	ne pas se laver les cheveux	pour éviter de voir ses parents
mon frère	se dépêcher	depuis trois jours
		sans dire un mot à personne
		?

Ordre des éléments au passé composé

A. A la forme négative et à la forme interrogative du passé composé, on utilise l'auxiliaire à la forme négative ou interrogative et on ajoute le participe passé.

FORME NEGATIVE	FORME INTERROGATIVE
L'armée **n'a pas** envahi la ville.	L'armée **a-t-elle** envahi la ville?
Elle **n'est pas** allée si loin.	**Est-elle** allée si loin?
Elle **ne s'est pas** arrêtée là-bas.	**S'est-elle** arrêtée là-bas?
QUESTION NEGATIVE	
L'armée **n'a-t-elle pas** envahi la ville?	
N'est-elle pas allée en Allemagne?	
Ne s'est-elle pas arrêtée là-bas?	

A noter: Dans une question négative, on emploie souvent **est-ce que.**

> **Est-ce que** l'armée **n'a pas** envahi la ville?

B. On place l'adverbe dans une phrase au passé composé selon les règles suivantes.

1. Les adverbes de fréquence et les adverbes de quantité se placent entre l'auxiliaire et le participe passé aux temps composés. A la forme négative, l'adverbe suit généralement **pas.**

   Le soldat a **beaucoup** souffert.   Le soldat n'a pas **beaucoup** souffert.
   Il a **déjà** fait la guerre.   Il n'a pas **encore** fait la guerre.

2. Si l'adverbe est long, on le place généralement au début ou à la fin de la phrase.

   Finalement, il s'est évadé.   **Finalement,** il ne s'est pas évadé.
   Il s'est évadé **immédiatement.**   Il ne s'est pas évadé **immédiatement.**

3. Les adverbes de temps et de lieu suivent le participe passé.

   Il est parti **hier.**   Il n'est pas parti **hier.**
   Nous nous sommes levés **tôt.**   Nous ne nous sommes pas levés **tôt.**
   Il l'a laissé **ici.**   Il ne l'a pas laissé **ici.**

Mise au point

A. La Guerre de Trente Ans. Cette guerre religieuse et politique a commencé en 1618. Avec un(e) camarade de classe formez des questions négatives, puis répondez en employant **si.**

MODELE: Cette guerre a eu pour causes essentielles l'antagonisme entre
protestants et catholiques. →
VOUS: Cette guerre n'a-t-elle pas eu pour causes essentielles
l'antagonisme entre protestants et catholiques?
IL (ELLE): **Si,** elle a eu pour causes essentielles l'antagonisme entre protestants et catholiques.

1. La Guerre de trente ans se divise en quatre périodes.
2. Le roi de Bohème a été vaincu en 1620.
3. Christian IV de Danemark s'est mis à la tête des luthériens.
4. Gustave-Adolphe de Suède a été tué à Lützen.
5. Le cardinal de Richelieu est intervenu contre la maison d'Autriche.
6. Les victoires françaises ont décidé l'Autriche à signer la paix.

B. Mettez les phrases suivantes à la forme négative.

MODELE: Je suis resté à la maison. → Je ne suis pas resté à la maison.

1. J'ai descendu le drapeau. 2. Tu es revenu au château. 3. Vous êtes allé à
la forteresse. 4. Nous avons fait une promenade. 5. Il est tombé de cheval.
6. Il a découvert le trésor. 7. Tu t'es amusé à la soirée.

C. Un peu d'expérience personnelle. En utilisant des verbes de la liste A et
des adverbes de la liste B, faites des phrases au passé composé d'après le
modèle. Faites attention à la place des adverbes.

MODELE: J'ai bien préparé mon examen d'histoire. →

A	B
étudier l'histoire de France	ne... pas encore
apprendre les noms de quelques	déjà
rois et de quelques reines	finalement
suivre un cours d'histoire	une fois
intéressant	brièvement
visiter des châteaux en France	parfois
lire un roman courtois qui	beaucoup
s'appelle *La Mort d'Artur*	hier
faire une rédaction sur la	souvent
Révolution française	
préparer mon examen d'histoire	

D. Les copains et les copines. Travaillez avec un(e) camarade de classe et, à
tour de rôle, posez-vous des questions d'après le modèle afin d'avoir quelques
renseignements l'un(e) sur l'autre.

MODELE: vivre / toujours ici →
VOUS: As-tu toujours vécu ici?
IL (ELLE): Oui, j'ai toujours vécu ici.
ou
Non, je n'ai pas toujours vécu ici.

1. apprendre quelque chose de nouveau / la semaine dernière
2. suivre un très bon cours / le semestre dernier
3. apprendre à conduire / au lycée
4. sortir / souvent l'année dernière
5. venir visiter le campus / avant d'être accepté(e)

L'accord du participe passé: Verbes conjugués avec *avoir*

En général, le participe passé des verbes conjugués avec **avoir** est invariable. Cependant, il s'accorde en genre et en nombre avec un objet direct *qui précède le verbe.* L'objet direct peut être:

A. un pronom objet direct: **le, la, les**

Nous avons vu les châteaux.   Nous **les** avons **vus.**
Les Français ont fait la guerre.   Ils **l'**ont **faite.**

B. le pronom relatif **que**[4]

Les châteaux **que** nous avons **visités** étaient beaux.
La bataille **que** les soldats ont **perdue** était décisive.

Dinan: vue de la forteresse PIERRE BERGER/PHOTO RESEARCHERS, INC.

---

[4] Les pronoms relatifs sont traités au chapitre 8.

C. l'adjectif interrogatif **quel (quels, quelle, quelles)** suivi d'un nom

> **Quels musées** avez-vous **aimés**?
> **Quelle ville** ont-ils **prise**?

D. le pronom interrogatif **lequel (lesquels, laquelle, lesquelles),** *which one(s)*[5]

J'ai loué une chambre dans le château.	**Laquelle** as-tu **louée**?
Nous avons payé les marchands.	**Lesquels** avez-vous **payés**?

Mise au point

A. Hier vous avez déménagé de votre résidence universitaire dans un appartement. Votre camarade de chambre est très précis(e) et vous a posé toutes sortes de questions. Avec un(e) camarade de classe jouez les deux rôles en répondant avec des pronoms objets directs et en faisant attention à l'accord du participe passé.

> MODELE: descendre les boîtes →
> IL (ELLE): As-tu descendu les boîtes?
> VOUS: Oui, je les ai descendues.

1. apporter les chaises 2. mettre les valises dans la voiture 3. prendre la lampe 4. fermer les fenêtres 5. éteindre les lumières

B. Complétez les phrases avec les formes correctes du passé composé des verbes entre parenthèses.

1. Quels livres d'histoire _____-vous _____ (*lire*)?
2. Les réformes que le roi _____ (*faire*) sont insuffisantes.
3. Les tableaux que nous _____ (*voir*) étaient anciens.
4. Henri IV a épousé une princesse. —Laquelle _____-t-il _____ (*épouser*)?
5. Quelles guerres _____-vous _____ (*étudier*)?
6. Quelles lettres le roi _____-t-il _____ (*écrire*)?
7. Quels conflits la Réforme _____-t-elle _____ (*causer*)?
8. L'armoire qu'elle _____ (*ouvrir*) était ancienne.
9. J'ai trouvé de vieux manuscrits. —Lesquels _____-vous _____ (*trouver*)?
10. Les questions que le prof d'histoire _____ (*poser*) étaient difficiles.

C. Un coup d'œil sur l'histoire. En utilisant un pronom objet direct, répondez à chaque question en suivant l'exemple.

> MODELE: Christophe Colomb a-t-il découvert l'Amérique? →
> Oui, il l'a découverte.

1. Léonard de Vinci a-t-il peint la Joconde? 2. Les Européens ont-ils conquis

---

[5] Les pronoms interrogatifs sont traités au chapitre 11.

l'Amérique? 3. Benjamin Franklin a-t-il découvert l'électricité? 4. George Sand a-t-elle écrit l'histoire de sa vie? 5. Madame Curie a-t-elle découvert le radium? 6. Les frères Lumière ont-ils inventé la photographie en couleur?

L'accord du participe passé: Verbes conjugués avec *être*

Verbes intransitifs

Le participe passé des verbes intransitifs conjugués avec **être** s'accorde en genre et en nombre avec le sujet du verbe. Ces verbes ne prennent jamais d'objet direct ou indirect.

Je suis **arrivé(e).**
Marie, es-tu **rentrée** tard?
Il est **né** le 16 mai.
Elle est **née** hier.
Pierre et moi, nous sommes **partis.**

Mesdames, êtes-vous **restées** longtemps?
Ils sont **revenus** d'Europe.
Les deux sœurs sont **allées** à Paris.

A noter: Avec le pronom **on**, le participe passé peut s'accorder avec la personne ou les personnes que le pronom remplace.

Nous, on est **allés** au Louvre.

Verbes pronominaux

A. Le participe passé des verbes pronominaux s'accorde en genre et en nombre avec le pronom réfléchi, si le pronom réfléchi est l'**objet direct.**

Je me suis **lavé(e).**
Anne, tu t'es **levée** tôt! Mais Pierre s'est **levé** tard.
Nanette et moi (*f.*), nous nous sommes **amusées.**
Gérard et Georges, vous êtes-vous **réveillés** de bonne heure?
Elles se sont **maquillées.**
Ils se sont **rasés.**

A noter: On fait toujours l'accord avec les verbes **se tromper de, s'en aller** et **se souvenir de.**

Elle s'est **trompée** de chemin.
Nous nous en sommes **allés.**
Elles se sont **souvenues** de l'adresse.

B. Avec les verbes pronominaux suivants, il n'y a pas d'accord. (Le pronom réfléchi est l'objet indirect.)

s'acheter

se demander

se dire

se donner

s'écrire

s'offrir

se parler

se plaire

se promettre

se rendre compte

se ressembler

se sourire

se téléphoner

Nous **nous** sommes téléphoné. (**nous** = objet indirect)

Elle **s'**est offert une robe. (**se** = objet indirect; **robe** = objet direct)

C. S'il y a deux objets, le pronom réfléchi est toujours l'objet indirect.

1. Si l'objet direct suit le verbe, il n'y a pas d'accord.

Elle **s'**est brossé les cheveux. (**se** = objet indirect; **les cheveux** = objet direct)

Marie **s'**est cassé la jambe. (**se** = objet indirect; **la jambe** = objet direct)

Elles **se** sont rendu compte de cela. (**se** = objet indirect; **compte** = objet direct).

2. Mais, si l'objet direct précède le verbe, le participe passé s'accorde en genre et en nombre avec cet objet direct.

Nous nous sommes lavé les mains. Nous nous **les** sommes **lavées.**

Je me suis acheté une robe. **La robe** que je me suis **achetée** est bleue.

Je me suis offert des livres. **Quels livres** est-ce que tu t'es **offerts?**

Mise au point

A. La vie de château. Mettez les phrases au passé composé.

1. Nous allons à Versailles lundi. 2. Vous restez à l'hôtel près du palais.
3. J'arrive seule. 4. Le prince naît au château. 5. La cour devient riche et célèbre. 6. Les gens viennent voir le palais. 7. La princesse sort du château.
8. Elle part pour quelques jours. 9. Elle tombe de cheval. 10. Elle meurt à la campagne.

B. Expliquez pourquoi il y a accord ou pourquoi il n'y a pas d'accord entre le participe passé et le pronom réfléchi en déterminant si le pronom réfléchi est l'objet direct ou indirect.

1. Elle s'est maquillée. 2. Je me suis amusée. 3. Il s'est lavé la figure.
4. Nous nous sommes téléphoné. 5. Ils se sont quittés. 6. Vous vous êtes rencontrés. 7. Ils se sont parlé. 8. Elles se sont dit «bonjour». 9. Elle s'est brossé les dents. 10. Tu t'es arrêté.

C. Un début de journée. Mettez les phrases au passé composé.

1. Je me réveille à six heures. 2. Vous vous levez à sept heures. 3. D'abord elle se lave, puis vous vous lavez. 4. Tu te rases la barbe, puis tu te brosses la

moustache.   5. Ils se regardent dans la glace.   6. Elle ne se sourit pas.
7. Nous ne nous disputons jamais, puisque nous nous amusons bien ensemble.   8. Gisèle s'habille vite.   9. Elle s'en va.   10. Elle s'achète un croissant.
11. Ils se parlent et se donnent rendez-vous pour midi.

D.   Une journée bien remplie de la famille Fantin. A l'aide des verbes et des sujets des listes A et B, racontez la journée que la famille Fantin a passée hier. Attention à l'ordre des phrases.

MODELE: se lever tôt → Toute la famille Fantin s'est levée tôt hier matin.

LISTE A

se réunir à cinq heures et demie
    du soir
préparer le café et servir du pain
    avec du beurre
s'amuser ensemble pendant le
    déjeuner au bistro
se promener ensemble
se téléphoner et se donner
    rendez-vous
s'habiller et sortir pour courir
    six kilomètres
aller au travail
rentrer à la maison
prendre une douche

LISTE B

Monsieur Fantin
Madame Fantin
Gisèle
Geneviève

Le passé composé: Emplois

Le passé composé exprime plusieurs nuances différentes.[6]

A.   une action ou un état entièrement terminés dans le passé; le commencement ou la fin *peuvent* être précisés.

As-tu vu le conseiller hier? —Je l'**ai vu** entre une heure et deux heures.

Did you see the counselor yesterday? I saw him between one and two.

B.   une action au passé répétée un nombre de fois spécifié

L'année dernière, nous **sommes allés** trois fois à Eurodisneyland.

Last year, we went to Eurodisneyland three times.

C.   une succession d'actions entièrement terminées dans le passé

---

[6] Voir **depuis** avec le présent à la page 33.

Samedi dernier, Sophie et Jacques **ont dîné** en ville, **ont visité** un musée et **se sont** vraiment bien **amusés.**	*Last Saturday, Sophie and Jacques ate downtown, visited a museum, and really had a good time.*

A noter: Le passé composé est l'équivalent de trois temps différents en anglais.

Ils sont sortis ensemble.
$\left\{ \begin{array}{l} \textit{They went out together.} \\ \textit{They did go out together.} \\ \textit{They have gone out together.} \end{array} \right.$

Mise au point

A. Panorama historique. Voici quelques faits historiques et quelques personnages qui ont marqué l'histoire de la France. Mettez les verbes entre parenthèses au passé composé.

1. Le Moyen Age (*durer*) de 800 à 1500.
2. La Renaissance française (*commencer*) à la fin du quinzième siècle et (*se développer*) pendant le seizième siècle.
3. Louis XIV (*être*) roi de 1643 à 1715.
4. Voltaire, qui (*écrire*) *Candide*, (*vivre*) de 1694 à 1778.
5. Victor Hugo (*influencer*) la littérature française du dix-neuvième siècle.
6. Colette, le célèbre écrivain, (*naître*) en 1873 et (*mourir*) en 1954.

B. Travaillez avec un(e) camarade de classe et à tour de rôle dites que vous avez fait les actions suivantes. Suivez le modèle.

Tapisserie des Gobelins: les milles fleurs ROBERT DOIS-NEAU/RAPHO/PHOTO RESEARCHERS, INC.

MODELE: l'année dernière / faire du ski / six fois →
L'année dernière j'ai fait du ski six fois.

1. ce matin / téléphoner à un ami / plusieurs fois
2. hier / nous / aller à la cafétéria / trois fois
3. le week-end dernier / sortir avec des copines /deux fois
4. la semaine dernière / rendre visite à des amis /quatre fois
5. l'été dernier / avoir cinq accidents de cheval

C. Qu'avez-vous fait? D'après le modèle, faites des phrases complètes qui expliquent ce que les personnes suivantes viennent de faire.

MODELE: samedi dernier / je / faire le marché / passer chez le coiffeur /
aller à la poste / rentrer vers trois heures de l'après-midi →
Samedi dernier j'ai fait le marché, je suis passée chez le coiffeur, je suis allée à la poste et je suis rentrée vers trois heures de l'après-midi.

1. ce matin / nous / se lever / prendre notre petit déjeuner / quitter la maison à sept heures
2. avant-hier / les athlètes / courir 5 kilomètres / nager vingt longueurs / faire du vélo / se coucher de bonne heure
3. dimanche dernier / je / aller au temple / dîner avec une amie / jouer au tennis / étudier trois heures

D. Les copains et les copines. Travaillez avec un(e) camarade de classe et, à tour de rôle, posez-vous les questions suivantes et répondez-y d'après le modèle.

MODELE: combien de temps / étudier le français →
VOUS: Combien de temps as-tu étudié le français?
IL (ELLE): J'ai étudié le français (pendant) trois ans.

1. combien de temps / vivre dans ta ville natale
2. combien de temps / regarder la télé hier soir
3. combien de temps / dormir cette nuit
4. combien de temps / parler au téléphone
5. combien de temps / attendre quelqu'un hier

E. Bavardage. Deux amies discutent d'un voyage organisé que l'une d'elles a fait la semaine précédente. Mettez leur conversation au passé composé.

DANIELLE: Où vas-tu?
LILIANE: Je vais à la campagne avec des copains.
DANIELLE: Par où passez-vous?
LILIANE: Nous passons par un petit village.
DANIELLE: Est-ce que vous visitez le village?
LILIANE: Oui, nous visitons la belle église du village.
DANIELLE: Est-ce que la visite te plaît?
LILIANE: Oui, nous descendons dans la crypte et nous montons dans les tours.

DANIELLE: Et après où allez-vous?
LILIANE: Nous rentrons à l'hôtel.
DANIELLE: Restez-vous longtemps dans le village?
LILIANE: Non, nous retournons tout de suite à Paris.

F. Une époque incomparable. Par groupes de deux, découvrez ce que Charles VIII et François Ier ont fait pendant leurs règnes.

1. En 1494 Charles VIII (*mener*) son armée en Italie.
2. Il (*trouver*) l'Italie merveilleuse.
3. Il (*s'apercevoir*) que les Italiens étaient plus avancés dans les arts que les Français.
4. Ce voyage (*marquer*) pour la France le passage du Moyen Age à la Renaissance.
5. François Ier (*devenir*) roi en 1515.
6. Il (*continuer*) la guerre en Italie.
7. Il n'(*avoir*) pas beaucoup de succès et il (*perdre*) des batailles.
8. La civilisation italienne l'(*impressionner*) beaucoup et il (*retourner*) souvent en Italie.
9. Ce roi brillant (*inviter*) beaucoup d'artistes et d'architectes italiens en France.
10. On (*construire*) la plupart des châteaux de la Loire pendant la Renaissance.

G. Les copains et les copines. Travaillez avec un(e) camarade de classe et à tour de rôle renseignez-vous sur vos familles respectives.

1. Où vos ancêtres ont-ils habité?
2. Quand vos ancêtres sont-ils partis d'Europe? d'Asie? d'Amérique du Sud? d'Afrique? d'Australie?
3. Avez-vous des parents qui sont restés en Europe? en Afrique? en Asie? en Australie? en Amérique du Sud? Avez-vous jamais écrit ou téléphoné à ces parents?
4. A quelle époque votre famille est-elle venue aux Etats-Unis?
5. Dans quelle région des Etats-Unis votre famille s'est-elle installée? dans le nord? dans le sud? dans l'est? dans l'ouest?

Le comparatif

Définition Le comparatif sert à comparer deux personnes, deux choses ou deux groupes. On distingue trois degrés du comparatif: la supériorité **(plus),** l'égalité **(aussi** ou **autant)** et l'infériorité **(moins).**

Henri est **plus** calme **que** Pierre.
Marie lit **aussi** souvent **que** Charles.
Mes enfants travaillent **autant que** leurs amis.
Louis a **moins** de tableaux **qu'**Elise.

Formes

A. Le comparatif de la plupart des adjectifs, des adverbes, des noms et des verbes est régulier. L'adjectif s'accorde en genre et en nombre avec le nom qu'il qualifie.

	SUPERIORITE *more . . . than*	EGALITE *as (much)(many) . . . as*	INFERIORITE *less . . . than / fewer . . . than*
Adjectifs et Adverbes	plus... que	aussi... que	moins... que
Noms	plus de... que	autant de... que	moins de... que
Verbes	...plus que	...autant que	...moins que

Hélène est **aussi** grande **que** Jeanne.
Elle court **moins** vite **que** sa sœur.
Il a eu **plus de** succès **que** ses amis.
Je parle **autant que** les autres étudiants.

B. Quelques adjectifs et adverbes ont des formes irrégulières.

1. Les adjectifs **bon/mauvais** et les adverbes **bien/mal** ont des formes irrégulières.

			SUPERIORITE	EGALITE	INFERIORITE
Adjectif	bon(ne) *good*		meilleur(e) *better*	aussi bon(ne) *as good*	moins bon(ne) *not as (less) good*
	mauvais(e) *bad*		plus mauvais(e) pire *worse*	aussi mauvais(e) *as bad*	moins mauvais(e) *not as (less) bad*
Adverbe	bien *well*		mieux *better*	aussi bien *as well*	moins bien *less well*
	mal *badly*		plus mal (pis) *worse*	aussi mal *as badly*	moins mal *less badly*

Il a trouvé une **bonne** place: elle a trouvé une **meilleure** place.
Je parle **bien** mais il parle **mieux** que moi.
Cet exemple est **plus mauvais (pire)** que les autres.
Elle danse **mal** mais je danse **plus mal** qu'elle.

ENCORE PLUS FORT QUE
"LA NUIT DES ENFANTS ROIS"

LENTERIC
LA GUERRE DES CERVEAUX
ROMAN

LE BEST-SELLER DE L'ÉTÉ

Edition°1   OLIVIER ORBAN

2. L'adverbe **peu** n'a qu'un seul comparatif d'infériorité: **moins.**

Vous travaillez **peu** mais nous travaillons **moins** que vous.

Mise au point

A. Que pensez-vous? Complétez les phrases avec les comparatifs de supériorité, d'égalité ou d'infériorité qui s'imposent.

1. Les collines sont _____ hautes que les montagnes.
2. Les livres sont _____ chers que les magazines.
3. Le chien est _____ petit que l'éléphant.
4. Le Pôle Nord est _____ froid que le Pôle Sud.
5. Le vin français est _____ (bon) que le vin américain.
6. Les Parisiens conduisent _____ (bien) que les New Yorkais.

B. La comparaison est inutile. Votre ami(e) est toujours en compétition avec vous. Vous essayez de l'apaiser, mais il (elle) contredit systématiquement ce que vous dites. Jouez les deux rôles avec un(e) camarade de classe.

> MODELE: être intelligent →
> VOUS: Il me semble que vous êtes moins intelligent(e) que moi.
> IL (ELLE): Non, je suis plus intelligent(e) que toi.

1. être un bon étudiant (une bonne étudiante)
2. jouer bien au tennis
3. avoir des amis
4. travailler
5. écrire
6. être sportif (sportive)

C. Stéréotypes. En vous servant des stéréotypes, faites des phrases avec le comparatif selon le modèle.

MODELE: Les enfants ont **plus de** jouets que les personnes du troisième âge. Les personnes du troisième âge ont **moins de** jouets que les enfants. →

A	B
Les joueurs de football américain	avoir des vêtements
Les skieurs	avoir du temps libre
Les étudiants	avoir des voitures
Les professeurs	avoir de l'argent
Les hommes	avoir des jouets
Les femmes	avoir des muscles
Les enfants	avoir de la patience
Les personnes du troisième âge	avoir des problèmes

D. Encore des bavardages. Faites des phrases en traduisant le comparatif des verbes.

1. Je lis _____ toi. (*more than*)
2. Elle voyage _____ lui. (*as much as*)
3. Nous parlons _____ nos amis. (*as well as*)
4. Chantal danse _____ Gisèle. (*worse than*)
5. Je mange _____ vous. (*less than*)
6. J'écris _____ elle. (*as much as*)

E. Les copains et les copines. Nous avons la tendance de nous comparer aux autres. En travaillant avec un(e) camarade de classe, comparez-vous à vos amis et aux membres de votre famille.

A	B
mon petit ami (ma petite amie)	être riche
mon meilleur ami (ma meilleure amie)	faire du sport
	être courageux
ma sœur (mon frère)	apprendre vite
mes cousin(e)s	avoir du temps libre
tout le monde	avoir des problèmes
	travailler

Le superlatif

Définition   Le superlatif sert à comparer une ou plusieurs personnes ou choses avec un groupe. On distingue deux degrés du superlatif: la supériorité **(le plus)** et l'infériorité **(le moins).**

Paris est **la plus** belle ville **du** monde.
Paul va au musée **le plus** souvent.

C'est à Versailles qu'il y a **le plus de** jardins.
C'est moi qui travaille **le moins.**

Formes

A. Le superlatif de la plupart des adjectifs, des adverbes, des noms et des verbes est régulier. Il est toujours précédé de l'article défini. L'adjectif s'accorde en genre et en nombre avec le nom qu'il qualifie.

SUPERIORITE (the most)	INFERIORITE (the least)
le la ⎫ **plus** + *adjectif* les ⎭	le la ⎫ **moins** + *adjectif* les ⎭
le plus + *adverbe*	**le moins** + *adverbe*
le plus de + *nom*	**le moins de** + *nom*
verbe + **le plus**	*verbe* + **le moins**

Ce sont les problèmes **les plus difficiles.**
J'ai travaillé **le plus** longtemps.
Tu as pris **le moins de** temps.
Elle a étudié **le moins.**

B. Le superlatif de supériorité de **bon, mauvais, bien** et **mal** est irrégulier comme au comparatif.

	SUPERIORITE	INFERIORITE
bon(ne) *good*	le/la/les meilleur(e)(s) *the best*	le/la/les moins bon(ne)(s) *the least good*
mauvais(e) *bad*	le/la/les plus mauvais(e)(s) le/la/les pire(s) *the worst*	le/la/les moins mauvais(e)(s) *the least bad*
bien *well*	le mieux *the best*	le moins bien *the least well*
mal *badly*	le plus mal (le pis) *the worst*	le moins mal *the least badly*

Nous avons trouvé **les meilleures** places possibles.
C'est Simone qui écrit **le mieux.**

C. Le superlatif d'infériorité de **peu** et **petit** est irrégulier.

peu → le moins	*the least*
petit → le moindre (sens abstrait)	*the slightest, the least*

Qui a mangé **le moins?**
Je n'en ai pas **la moindre** idée!

Emplois

Le superlatif des adjectifs

A. Avec le superlatif des adjectifs, l'article défini s'accorde en genre et en nombre avec le nom qu'il qualifie.

le plus beau pont
la plus belle ville
les plus beaux musées

B. L'adjectif reste généralement à sa place normale. Si l'adjectif suit le nom, il faut *répéter* l'article défini.

le plus jeune roi	le roi **le plus aimé**
la plus jolie reine	la reine **la plus célèbre**
les plus vieux bâtiments	les bâtiments **les plus renommés**

C. S'il y a deux adjectifs, il faut répéter le superlatif.

Henri IV était le roi **le plus** aimé et **le plus** admiré.

D. On peut employer l'adjectif possessif avec le superlatif des adjectifs. Il remplace alors l'article défini.

sa meilleure amie
leurs pires ennemis

Le superlatif des adverbes   L'article défini est invariable avec le superlatif des adverbes.

Il a régné **le** plus longtemps.
Elle parle **le** moins clairement.

Le superlatif des noms

A. L'article défini est invariable avec le superlatif des noms.

C'est moi qui ai eu **le** moins d'ennuis.

B. Avec le superlatif des noms, on prononce le **s** de **plus:** /plys/.

C'est elle qui a eu le plus de succès.

Le superlatif des verbes   Avec les verbes on emploie **le plus** ou **le moins** qui sont invariables. On prononce le **s** final de **plus.**

Jacques travaille **le plus;** je travaille **le moins.**

L'emploi de la préposition *de*   De (du, de la, de l', des) s'emploie avec le superlatif pour indiquer *in* ou *of.*[7]

C'est la cathédrale la plus intéressante **de** France.
Montréal est la plus belle ville **du** Canada.
C'est la statue la plus connue **des** Etats-Unis.
C'est le plus vieux monument **de** Paris.
C'est la plus haute montagne **de la** région.
Jacques est le plus gentil **de** mes amis.

---

[7] Les prépositions avec les noms géographiques sont traitées au chapitre 10.

Mise au point

A. Meilleur... ou pire? Donnez le superlatif de supériorité ou d'infériorité de l'adjectif indiqué.

1. Le vin français est _____ vin du monde. (+, bon)
2. Je n'en ai pas _____ idée. (−, petit)
3. La cour de Louis XIV est _____ du monde. (+, connu)
4. La guerre est _____ catastrophe (*f.*) qui existe. (+, mauvais)
5. C'était à Versailles qu'il y avait la cour _____ de l'époque. (+, somptueux)
6. «Le jour _____» est le titre d'un film historique. (+, long)

B. Certaines personnes sont vraiment uniques. Donnez le superlatif de supériorité ou d'infériorité de l'adverbe indiqué.

1. Il conduit _____ de toute l'équipe. (+, vite)
2. Il parle _____ de toute la classe. (−, bien)
3. Je sors _____ de mes amis. (−, fréquemment)
4. Cet auteur écrit _____ de tous. (+, bien)
5. Nous faisons de la gymnastique _____ possible. (+, souvent)
6. C'est elle qui a dormi _____. (+, longtemps)

C. Une vie d'extrêmes. Vous avez un ami extrêmement débauché. Décrivez-le et choisissez, selon le verbe proposé, le superlatif d'infériorité ou de supériorité.

    MODELE: manger → Mon ami mange le plus possible.

1. boire	3. courir	5. étudier
2. dormir	4. danser	6. faire la fête

D. Comparaisons. Vous avez deux amies. Suzanne a de nombreuses qualités, Marie en a moins. Décrivez-les en vous servant du superlatif des mots suivants.

    MODELE: argent → C'est Suzanne qui a le plus d'argent. C'est Marie qui en a le moins.

1. amis	3. vacances	5. imagination
2. talent	4. patience	6. intelligence

*R*eprise

A noter: Les exercices de cette partie reprennent les structures grammaticales de ce chapitre.

A. Les copains et les copines. Travaillez avec un(e) camarade de classe et discutez des sujets suivants.

1. Est-ce que tu t'intéresses à l'histoire? Explique.

2. As-tu jamais étudié l'histoire de l'Europe? Commente.
3. Quels autres cours d'histoire as-tu suivis? L'histoire des Etats-Unis? de l'Afrique? de l'Asie?
4. As-tu toujours eu de bonnes ou de mauvaises notes en histoire? Pourquoi?
5. Quelle période de l'histoire préfères-tu? La préhistoire? L'histoire du Moyen Age? L'histoire de la Révolution française? L'histoire contemporaine?

B. Rédaction.

Comment la société du Moyen Age était-elle divisée? Quel roi et quelle reine de l'époque de la littérature courtoise connaissez-vous? (Leur royaume s'appelait Camelot.) Comment s'appelait le jeune chevalier français qui est tombé amoureux de la reine? Pouvez-vous citer le nom du magicien et de la fée de l'histoire? Pourquoi le roi s'est-il servi d'une table ronde pour réunir ses chevaliers? Quels ont été les effets de la courtoisie sur notre civilisation?

C. Henri IV. Avec un(e) camarade de classe, racontez l'histoire de la vie de ce roi de France en mettant les phrases au passé composé.

1. Henri de Navarre devient Henri IV, roi de France, en 1589. 2. Il se convertit au catholicisme. 3. Sous son règne les guerres de religion cessent et la France retrouve la stabilité. 4. Le peuple aime beaucoup Henri IV. 5. Le rêve de paix d'Henri IV s'accomplit. 6. On appelle ce roi «Henri le Grand».

D. Le Roi-Soleil. Par groupes de deux, racontez les événements principaux qui ont marqué le règne de ce personnage extraordinaire en mettant les phrases au passé composé.

1. Louis XIV, le Roi-Soleil, perd son père à l'âge de cinq ans. 2. Sa mère devient régente et prend Mazarin comme ministre. 3. Le jeune roi souffre des troubles de la Fronde. 4. Il se marie avec Marie-Thérèse d'Autriche. 5. Il se transforme vite en monarque absolu. 6. Il est responsable d'une longue suite de guerres. 7. Son fils, Louis, meurt deux ans avant lui.

E. Louis XVI. Avec votre camarade de classe, racontez le triste destin de ce roi. Utilisez les verbes de la colonne de droite au passé composé.

1. Louis XVI _____ à Versailles en 1754.
2. Il _____ Marie-Antoinette en 1770.
3. Ils _____ quatre enfants.
4. La reine ne _____ jamais l'appui du peuple.
5. Une grave crise financière _____ lieu pendant son règne.
6. Les Français _____ contre le roi.
7. On l' _____ prisonnier.
8. On l' _____ en 1793.

exécuter
se retourner
avoir
épouser
naître
recevoir
faire

F. Les copains et les copines. Comparez vos talents en suivant le modèle.

MODELE: parler français →
       VOUS: Je parle mal français. Et toi?
     IL (ELLE): Je parle bien français.
       VOUS: Alors, tu parles mieux français que moi.

1. chanter
2. danser
3. skier

4. nager
5. jouer au basket

G. Il faut de tout pour faire un monde. Comparez les deux personnages des bandes dessinées en vous servant de noms, d'adjectifs, d'adverbes ou de verbes.

1. Dithers/Dagwood
2. Garfield/Odie
3. Wonderwoman/Diana Prince
4. Superman/Clark Kent
5. Cathy/Andrea

6. Hagar/Lucky Eddy
7. Sir Rodney/le Roi
8. Calvin/Hobbes
9. Helga/Honie
10. Loretta/Leroy Lockhorn

H. Comparaisons... ou rivalités? Par groupes de deux ou trois personnes, comparez vos camarades de classe en vous servant des questions ci-dessous.

1. Qui est le plus grand? la plus grande? 2. Qui parle le mieux français? 3. Qui a le moins d'ennuis? 4. Qui est le meilleur étudiant en sciences? la meilleure étudiante? 5. Qui a le plus d'argent? 6. Qui vient en classe le moins souvent? 7. Qui chante le mieux?

*E*ncore une fois

A noter: Les exercices de cette partie reprennent les structures grammaticales du chapitre précédent avec le vocabulaire de ce chapitre.

A. Un dîner royal. Taillevent, le cuisinier du roi en 1375, prépare un dîner splendide pour l'anniversaire de Charles VI. Il demande au roi ce qu'il veut manger. Avec un(e) camarade de classe, jouez les deux rôles d'après le modèle.

> MODELE: les champignons / le pâté →
> > TAILLEVENT: Majesté, préférez-vous les champignons ou le pâté?
> > CHARLES VI: Je ne veux pas de champignons. Donnez-moi du pâté.

1. le saumon / la sole
2. le poulet / le lapin
3. le bœuf / le porc

4. le mouton / le veau
5. les oignons / les épinards

B. Le mot juste. Refaites les phrases suivantes en remplaçant la préposition et le nom par la forme correcte de l'adverbe.

> MODELE: Les reines s'habillent *avec élégance.* →
> Les reines s'habillent *élégamment.*

1. Les paysans ont discuté *avec calme.* 2. Le chevalier aime la princesse *avec*

passion. 3. L'armée a vaincu l'ennemi *avec difficulté.* 4. Le châtelain et la châtelaine se sont parlé *avec gentillesse.* 5. La conseillère a écouté le récit *avec patience.*

C. La vie de Jeanne d'Arc. Avec un(e) camarade de classe racontez les événements importants de la courte vie de Jeanne d'Arc. Construisez des phrases en employant **faire** de sens causatif d'après le modèle.

MODELE: Charles VII / faire donner une armée à Jeanne d'Arc →
Charles VII a fait donner une armée à Jeanne d'Arc.

1. Jeanne d'Arc / faire libérer Orléans assiégé par les Anglais
2. elle / faire sacrer le roi à Reims
3. les Anglais / faire juger la jeune fille par un tribunal religieux
4. ils / faire brûler vive la Pucelle à Rouen
5. on / la faire canoniser en 1920

L'actualité

Les jardins de Paris. La France est un pays où l'on retrouve son histoire. Les châteaux, les statues de ses héros et héroïnes, les champs de bataille souvent devenus des parcs, reflètent bien son passé. Dans les articles suivants vous allez découvrir quelques lieux «historiques» de Paris.

LES ARENES DE LUTECE[a]

Les Arènes de Lutèce, construites à la fin du 1er siècle après Jésus-Christ virent[b] les exhibitions et les combats d'hommes et d'animaux jusqu'à la fin du IIIe siècle. Elles pouvaient accueillir 17 000 personnes. Ensevelies au fil des temps[c] sous des constructions diverses, elles ne furent[d] redécouvertes qu'en 1870.

Dominés d'une couronne d'ar-bres, les gradins[e] en pierre de tailles se développent autour d'une vaste aire sablée.[f]

On peut remarquer sous les premiers gradins, des "carcères" (cages à animaux) s'ouvrant directement sur la piste. Les arènes offrent une enclave insolite et très calme au cœur d'un quartier animé. Des spectacles y sont donnés durant l'été. On ne manquera pas d'y admirer un arbre curieux et rare : le fau de Verzy ou hêtre tortillard qui doit son surnom à ses branches tordues et retordues sur elles-mêmes.

[a] ancien nom de Paris [b] passé simple de **voir** [c] Ensevelies... *Buried as time went by* [d] passé simple d'**être** [e] *tiers* [f] aire... *sandy area*

Les Arènes de Lutèce MARK ANTMAN/THE IMAGE WORKS

LE CHAMP-DE-MARS

Le Champ de Mars s'étend des pieds de la très célèbre Tour Eiffel jusqu'à la sobre façade de l'Ecole Militaire.

Avant d'être un jardin, le Champ de Mars fut[a] un terrain de manœuvres. C'est ici que, le 14 juillet 1790, à l'occasion du premier anniversaire de la prise de la Bastille,[b] est célébrée la fête de la Fédération[c] qui rassemble 300 000 personnes. De 1867 à 1937, le Champ de Mars sert de cadre[d] à plusieurs expositions universelles. Transformé en jardin en 1907, il se compose d'une vaste pelouse[e] centrale entourée de haies d'arbustes et de bosquets.[f] Vous y découvrirez de très beaux sujets : cédrelier de Chine, arbre à feuilles en cœur, tulipier de Virginie, oranger des Osages et bien d'autres encore. L'été, la musique éclatante des fanfares vous conduira vers le kiosque à musique. Les enfants viennent, tout au long de l'année applaudir Guignol dans un petit théâtre de marionnettes caché sous les frondaisons.

[a] passé simple de *'être*   [b] ancienne prison
[c] *national holiday*   [d] *setting*   [e] *lawn*   [f] *copses*

Le Champ de Mars WILL MCINTYRE/PHOTO RESEARCHERS, INC.

LE PARC DU RANELAGH

Avant de devenir le rendez-vous favori des enfants des beaux quartiers, le parc du Ranelagh fut durant près d'un siècle un haut lieu de divertissements et de plaisirs pour le «Tout Paris».[a] En 1774 s'y ouvrit un établissement de danse «le petit Ranelagh», du nom d'un lord irlandais qui avait créé à Londres un bal public, dont la renommée traversa bien vite la Manche.[b]

Marie-Antoinette venait y danser incognito... bientôt suivie par les sans-culottes,[c] les Incroyables[d] et les Merveilleuses,[e] puis plus tard, les lorettes et autres demoiselles de petite vertu... Le parc du Ranelagh compose aujourd'hui, entre le Bois de Boulogne et la ville, une halte végétale à la fois simple et raffinée. Un kiosque à musique d'inspiration contemporaine y a récemment été construit.

[a] *in-crowd in Paris* [b] *English Channel* [c] *violent republicans during the French Revolution* [d] *a group of overly stylish men during the French Directory (1795–1799)* [e] *ultra-fashionable women during the French Directory*

Le Parc du Ranelagh MATTHIEU JACOB/THE IMAGE WORKS

Qu'en pensez-vous?

Travaillez avec un(e) camarade de classe et essayez de trouver dans les textes les noms, les explications ou les dates correspondants à la description ci-dessous.

- la conquête romaine de la Gaule
- le vaste terrain où se faisaient les manœuvres militaires et les revues de troupes
- la forteresse construite à Paris de 1370 à 1382 qui est devenue une prison d'Etat et qui a été détruite par le peuple de Paris le 14 juillet 1789
- la reine de France et l'épouse de Louis XVI; elle mourut sur l'échafaud

- sous le Directoire, le nom donné à des jeunes gens de l'opposition royaliste qui mettaient une grande affectation dans leur habillement et leur langage
- les femmes élégantes qui vers 1795 adoptèrent une mode excentrique inspirée de l'antiquité
- depuis le XVIIIe siècle un haut lieu de promenade et de divertissements entre Paris, Neuilly et Boulogne

Comparez l'âge et l'histoire de ces parcs et jardins avec ceux que vous connaissez chez vous.

Penser, contre son temps, c'est de l'héroïsme. Mais le dire, c'est de la folie.

Eugène Ionesco, *Tueur sans gages*

La vie scolaire

Vivement ce devoir terminé!
PETER MENZEL/STOCK, BOSTON

Objectifs

- L'imparfait
- L'imparfait par rapport au passé composé

- Les pronoms disjoints
- L'adjectif démonstratif
- Le pronom démonstratif

*M*ots et expressions

AVANT L'UNIVERSITE

aller à l'école primaire to go to grade school

l'élève (*m., f.*) grade or high school student

l'instituteur (l'institutrice) elementary school teacher

le lycée junior, senior high school

le lycéen (la lycéenne) high school student

A L'UNIVERSITE

aller en cours to go to class

assister à to attend (a class, function, etc.)

la bibliothèque library

la bourse scholarship

la cité universitaire campus, university area

la conférence lecture

corriger to correct

le cours en amphi large lecture class

doué(e) talented, gifted

s'entraîner to practice

être censé(e) to be supposed to

être collé(e) à un examen to fail a test

être reçu à un examen/ réussir à un examen to pass a test

l'examen (*m.*) **(final) (partiel)** (final) (midterm) exam

facultatif (facultative) not required

faire des études (de + *noun***)** to be studying (something)

faire la queue to wait in line

faire un exposé to give an oral report

l'interrogation (*f.*) **(écrite) (orale)** (written) (oral) quiz

laisser tomber to drop

la leçon particulière private lesson

la librairie bookstore

la matière (school) subject (matter)

mettre des notes to give grades

obligatoire required

passer un examen to take a test

préparer un examen to study for a test

rater to fail, to do incorrectly

la rédaction composition

la résidence universitaire dormitory

le restaurant universi-
taire (Restau-U) (R-U)
  student cafeteria

réviser to review
sécher un cours to cut a
  class

suivre un cours to take a
  course

Emplois

A. Trouvez à l'aide des mots ci-dessus le contraire des mots ci-dessous.

1. ne pas avoir de succès à un examen 2. aller à un cours 3. pas intelligent 4. obligatoire 5. ne pas attendre son tour 6. apprendre pour la première fois 7. ne pas s'exercer

B. Complétez les phrases avec les mots qui conviennent.

1. Les examens _____ ont lieu au milieu du semestre, les examens _____ ont lieu à la fin du semestre. Quand je dois _____ un examen, je révise avec mes amis. Je suis toujours très nerveux quand je dois _____ un examen. Les professeurs n'aiment pas _____ les mauvais examens, parce que ça prend trop de temps. Si j'ai une bonne note, je serai _____ à l'examen. Mais, si j'ai une mauvaise note, je serai _____ .

2. Les étudiants américains _____ environ quatre cours par semestre. S'ils ne veulent pas avoir de zéros, ils doivent _____ à tous leurs cours. En général, ils habitent dans des _____ qui se trouvent à la _____ universitaire. Ils déjeunent souvent au _____ parce que c'est pratique et pas cher.

3. A la _____ on achète des livres, à la _____ on les emprunte pour deux semaines.

4. Il y a une _____ ce soir. Le conférencier va parler de la France.

5. Préférez-vous faire un _____ devant la classe ou écrire une longue _____ ?

C. Trouvez les mots qui correspondent aux définitions suivantes.

1. l'endroit où on va après l'école maternelle et avant le lycée
2. un enfant qui va à l'école primaire
3. une personne qui enseigne des enfants

4. là où étudient les jeunes de dix à dix-huit ans
5. un sujet académique
6. évaluer, relever les fautes
7. une somme d'argent offerte à un étudiant (une étudiante) pour payer ses études
8. étudier
9. une classe d'une centaine d'étudiant(e)s ou plus
10. abandonner un cours
11. un examen écrit ou oral
12. une leçon où un étudiant (une étudiante) travaille seul(e) avec un prof

tructures

L'imparfait

Définition   L'imparfait est un temps simple qui situe dans le passé un état ou une action en train de s'accomplir. Ni le début ni la fin de l'état ou de l'action ne sont précisés.

Autrefois, j'**étais** étudiant au lycée Louis-le-Grand.
On **allait** au lycée six jours par semaine.

Formation

A.   Pour former l'imparfait on ajoute les terminaisons **-ais, -ais, -ait, -ions, -iez, -aient** au radical de la forme **nous** du présent de l'indicatif.

donner nous donn~~ons~~				finir nous finiss~~ons~~			
je	donn**ais**	nous	donn**ions**	je	finiss**ais**	nous	finiss**ions**
tu	donn**ais**	vous	donn**iez**	tu	finiss**ais**	vous	finiss**iez**
il elle on	} donn**ait**	ils elles	} donn**aient**	il elle on	} finiss**ait**	ils elles	} finiss**aient**

rendre nous rend~~ons~~			
je	rend**ais**	nous	rend**ions**
tu	rend**ais**	vous	rend**iez**
il elle on	} rend**ait**	ils elles	} rend**aient**

A noter: La prononciation de la terminaison des formes **je, tu, il** et **ils** est la même: **-ais, -ait, -aient**.

Exception: Le radical du verbe **être** est irrégulier à l'imparfait.

être			
j'	étais	nous	étions
tu	étais	vous	étiez
il elle on	} était	ils elles	} étaient

B. Certains verbes subissent des changements d'orthographe.

1. Dans les verbes en **-cer, c** devient **ç** devant les terminaisons **-ais, -ait, -aient**.

annoncer			
j'	annonçais	nous	annoncions
tu	annonçais	vous	annonciez
il elle on	} annonçait	ils elles	} annonçaient

2. Dans les verbes en **-ger** on ajoute **-e-** devant les terminaisons **-ais, -ait, -aient**.

corriger		
je corrig**e**ais	nous corrigions	
tu corrig**e**ais	vous corrigiez	
il	ils	
elle } corrig**e**ait	elles } corrig**e**aient	
on		

A noter: Les verbes dont le radical se termine par **i** ont **-ii-** dans les formes **nous** et **vous: nous étudiions, vous étudiiez; nous riions, vous riiez.**

Emplois généraux de l'imparfait

Quand on emploie l'imparfait, l'accent est mis sur la scène que l'on décrit; l'action des verbes à l'imparfait semble continuer et on ne connaît pas le résultat de l'action.

> C'**était** midi. Devant la porte du Restau-U, quelques étudiants **parlaient** à la police. Tout le monde les **regardait** parce qu'on **voulait** voir ce qui se **passait.**

A. En général, on emploie l'imparfait pour marquer un état ou une action habituel. Les expressions suivantes indiquent une action habituelle.

autrefois	*formerly*
chaque mois (année, jour, saison)	*each month (year, day, season)*
d'habitude	*usually*
en général	*generally*
habituellement	*habitually, usually*
tous les jours	*every day*
tout le temps	*all the time*
le + *jour* (le lundi)	*on + day (on Monday[s])*
le matin	*mornings, in the morning*
l'après-midi	*afternoons, in the afternoon*
le soir	*evenings, in the evening*
le week-end	*weekends, on the weekend*

> Quand j'**étais** petit, ma famille **partait** en vacances chaque été. En général, nous **allions** au bord de la mer.

> *When I was little, my family used to go on vacation every summer. Generally, we would go (went) to the seashore.*

B. On emploie l'imparfait pour la description d'actions et d'états physiques ou émotionnels (le temps, l'âge, l'heure ou l'état d'âme).

> Il **était** quatre heures de l'après-midi. Il **faisait** froid dehors.
> Paul **était** triste parce qu'il n'**avait** pas de copains à l'université.

A noter: Les verbes qui indiquent un état d'esprit (**penser, savoir, vouloir, espérer**) et les verbes **avoir, être** et **devoir** s'emploient généralement à l'imparfait.

> Je **pensais** à mon ami qui **était** malade.
>
> *I was thinking about my friend who was sick.*

C. On emploie l'imparfait pour indiquer une action ou un état qui durent indéfiniment dans le passé.

> Les étudiants **faisaient** la queue parce qu'ils **attendaient** l'ouverture de la salle. Ils se **parlaient,** ils **riaient** et ils s'**amusaient.**

A noter: L'imparfait a quatre équivalents en anglais.

$$\text{j'allais} \begin{cases} \textit{I was going} \\ \textit{I would go} \\ \textit{I used to go} \\ \textit{I went} \end{cases}$$

Emplois particuliers

A L'imparfait peut indiquer un souhait ou une suggestion.

> Ah! Si j'**étais** riche!
>
> *Oh, if only I were rich!*
>
> Et si on **séchait** les cours aujourd'hui?
>
> *How about cutting classes today?*

B. On emploie l'imparfait avec l'expression **pendant que** pour indiquer la simultanéité de deux actions.

> Pendant que je **passais** mon examen, mes amis **étaient** au café.

C. On emploie l'imparfait avec les expressions **être en train de** et **venir de** au passé.[1]

> J'**étais en train de** préparer un exposé.
>
> *I was in the process of preparing an oral report.*
>
> Je **venais de** voir mon prof de maths.
>
> *I had just seen my math professor.*

D. On emploie l'imparfait après un **si** de condition.[2]

> Si j'**étudiais** sérieusement, j'aurais de bonnes notes.
>
> *If I studied seriously, I would have good grades.*

---

[1] On emploie **être en train de** et **venir de** + *infinitif* uniquement au présent et à l'imparfait.
[2] Voir page 171.

Mise au point

A. Un garçon parle de sa jeunesse. Refaites son récit à l'imparfait.

1. quand / je / avoir six ans / ma mère / me laisser / tous les matins à la porte de l'école
2. nous / arriver / toujours avant les autres / car / elle / devoir être à son bureau de bonne heure
3. chaque matin / je / attendre tranquillement l'arrivée des autres petits garçons
4. ensuite / on / faire ensemble un bruit terrible devant la porte
5. la maîtresse / ouvrir toujours la porte en souriant
6. d'habitude nous / s'asseoir tous sagement / nous / écrire / nous / lire / et / nous / réciter des poèmes
7. chaque fois que / je / devoir répondre / je / rougir
8. les cours / finir habituellement à midi
9. on / rentrer chez soi / et / on / faire un énorme repas
10. après le déjeuner / je / jouer dans le jardin / où / les roses / fleurir

B. Le Commissaire Maigret. Le commissaire arrive pour enquêter sur un meurtre à la cité universitaire de Paris. Il interroge un étudiant qui a entendu les coups de fusil. Travaillez avec un(e) camarade de classe et créez une ambiance mystérieuse en choisissant les adjectifs et les verbes qui conviennent et en mettant les verbes à l'imparfait.

VERBES		ADJECTIFS
avoir (deux fois)	faire	sombre
cacher	rôder (*to prowl*)	noir
être (trois fois)	parler	étrange
vouloir	éclairer	mystérieux
savoir	pleuvoir	sinistre
se sentir		

MAIGRET: Qu'est-ce qui s'est passé ce jour-là?

L'ETUDIANT: 1. Il _____ sept heures du soir.   2. Il _____ froid et il _____.   3. Il y _____ peu de passants dans la rue.   4. Un homme _____ habillé en _____ _____ autour du bâtiment.   5. Il _____ l'air _____.   6. Il _____ quelque chose dans la poche de son imperméable.   7. Je _____ au gardien quand il est entré.   8. Il s'est précipité dans l'escalier.   9. Quelques instants après, j'ai entendu un coup de fusil.   10. Nous sommes montés au premier étage.   11. La lampe _____ mal.   12. Le couloir _____ très _____.   13. Nous sommes entrés dans la chambre où nous avons trouvé le corps.   14. La fenêtre _____ ouverte.   15. Nous ne _____ pas que faire.   16. Nous nous _____ perdus.   17. Je _____ poursuivre l'assassin mais le gardien m'a demandé de prévenir la police.

C. Une année à l'étranger. Voici une interview avec une étudiante américaine qui vient de passer un an à l'université de Grenoble. Elle nous parle de ce qu'elle faisait quand elle était en France. Travaillez avec un(e) camarade de classe et mettez les verbes entre parenthèses à l'imparfait.

L'INTERVIEWER: Vous (*être*) en quelle année?

L'ETUDIANTE: Je (*être*) en troisième année, et je (*suivre*) des cours à la Faculté des Lettres.

L'INTERVIEWER: Où (*habiter*)-vous pendant que vous (*être*) à Grenoble?

L'ETUDIANTE: J'(*habiter*) dans une résidence qui se (*trouver*) dans la cité universitaire. Mais beaucoup d'étudiants étrangers (*louer*) une chambre chez une famille française.

L'INTERVIEWER: Comment est-ce que vous vous (*déplacer*)?

L'ETUDIANTE: Je (*prendre*) l'autobus ou parfois je (*faire*) de l'auto-stop.

L'INTERVIEWER: Quel temps (*faire*)-il à Grenoble pendant votre séjour?

L'ETUDIANTE: Parfois il (*faire*) beau, mais en hiver il (*neiger*) et au printemps il (*pleuvoir*).

L'INTERVIEWER: Où (*prendre*)-vous vos repas?

L'ETUDIANTE: Je (*prendre*) mes repas soit au Restau-U soit dans un petit restaurant où l'on (*pouvoir*) payer avec les tickets de R-U.

L'INTERVIEWER: Que (*faire*)-vous pour vous détendre?

L'ETUDIANTE: Je (*aller*) au cinéma et je (*danser*) dans des discothèques avec mes copains.

L'INTERVIEWER: Ne (*faire*)-vous jamais le touriste?

L'ETUDIANTE: Certainement, parfois le week-end je (*visiter*) de vieilles chapelles, des musées ou des châteaux.

D. Les copains et les copines. Travaillez avec un(e) camarade de classe et, à tour de rôle, posez-vous des questions afin de savoir ce que vous faisiez quand vous étiez plus jeune.

MODELE: tu / aller à l'école primaire publique ou dans une école privée →

VOUS: Quand tu étais petit(e), allais-tu à l'école primaire publique ou dans une école privée?

IL (ELLE): Quand j'étais petit(e), j'allais à l'école primaire publique.

1. à quelle heure / tu / se lever le matin pour aller à l'école
2. tu / être bon(ne) ou mauvais(e) élève
3. tes instituteurs (institutrices) / être toujours aimables
4. tu / leur obéir toujours
5. tu / avoir beaucoup de copains / copines

E. Rédaction. Faites une rédaction sur votre vie au lycée. Commentez:

Quels cours suiviez-vous au lycée? En quelle matière étiez-vous le plus fort (la plus forte)? Avec quels profs vous entendiez-vous le mieux? Comment s'appelait votre meilleur ami (meilleure amie) au lycée? Quelles sortes de clubs y avait-il dans votre lycée?

L'imparfait par rapport au passé composé

On doit souvent choisir entre le passé composé et l'imparfait; dans ce cas, il faut se souvenir des aspects généraux des deux temps de verbes. Quand on raconte une histoire au passé, on emploie *l'imparfait* pour décrire la scène (l'état des choses, le temps, l'heure, les actions secondaires); l'action continue indéfiniment, et l'on n'en apprend pas le résultat. En employant le *passé composé* on met l'accent sur l'action principale de la scène, on limite l'action dans le temps, et on en connaît le résultat.

> Ce jour-là, il **pleuvait** (*description de la scène, du temps*). Je **remontais** (*action secondaire*) dans ma voiture la rue Pigalle, quand tout d'un coup une femme **a traversé** (*action principale, soudaine, qui interrompt*) la rue sans me voir. J'**ai freiné** (*action principale, soudaine*), les pneus **ont crissé** (*action principale, soudaine*) parce que les pavés **étaient** (*description de la scène*) mouillés. Heureusement, elle **a sauté** (*action principale, soudaine*) sur le trottoir et je ne l'**ai** pas **renversée** (*le résultat de l'action est connu*).

Voici des combinaisons typiques qui vous aideront à déterminer le temps du verbe à choisir.

A. L'action habituelle est à l'imparfait. L'action qui marque une interruption dans l'habitude ou la routine est au passé composé.

> D'habitude Suzanne **assistait** à ses cours, mais lundi elle **est allée** se promener dans le parc.

> *Suzanne usually attended her classes, but on Monday she went for a walk in the park.*

B. La description d'action et d'états physiques ou émotionnels qui apportent des informations secondaires sur la situation est à l'imparfait. L'action principale ou soudaine est au passé composé.

> Il **était** environ deux heures. On **était** à la cantine. On **discutait** et on **s'amusait**. Tout d'un coup un étudiant **a sauté** sur une table et **a crié:** «Faisons la grève!»
>
> J'**étais** triste, alors j'**ai téléphoné** à ma meilleure amie et je **me suis sentie** beaucoup mieux.

> *It was about two o'clock. We were in the cafeteria. We were talking and having fun. All at once a student jumped up on a table and yelled: "Let's go on strike!"*
>
> *I was feeling sad, so I called my best friend and I felt much better.*

C. La condition ou la situation qui *dure* au passé pendant un temps indéfini est à l'imparfait. L'action qui *interrompt* cette durée est au passé composé.

Nous **dormions** profondément quand le téléphone **a sonné**.	*We were sound asleep when the telephone rang.*

A noter: On emploie l'imparfait avec **depuis, depuis quand** et **depuis combien de temps** pour indiquer une action commencée dans le passé et qui dure. L'action au passé composé marque l'interruption.[3]

Depuis quand **étudiiez**-vous quand Annick **est arrivée?** J'**étudiais** depuis une heure et demie.	*How long had you been studying when Annick arrived? I had been studying since one thirty.*

Récapitulation

L'IMPARFAIT	LE PASSE COMPOSE
Aspects généraux	
L'accent est mis sur la scène que l'on décrit	L'accent est mis sur l'action principale de la scène
L'action continue	L'action est limitée dans le temps (le début et/ou la fin peuvent être précisés)
Le résultat de l'action n'est pas connu	Le résultat de l'action est connu
Aspects spécifiques	
Action habituelle	*Interruption dans l'habitude*
Mots clés	*Mots clés*
autrefois	un jour
chaque	une fois, deux fois
en général	mais, ce (jour)-là
d'habitude	plusieurs fois
tout le temps	un + *une expression*
le + *une expression de temps:* **le samedi**	*de temps:* **un samedi**
Description	*Action principale*
Information secondaire sur:	*Information principale sur:*
un état physique	une action soudaine
un état d'esprit	une action répétée un certain nombre de fois
le temps	une succession d'actions
l'âge	
l'heure	

[3] L'emploi de **depuis** avec le présent est traité au chapitre 1.

L'IMPARFAIT	LE PASSE COMPOSE
Aspects spécifiques	
Etat qui dure indéfiniment	Action qui l'interrompt
Mots-clés	*Mots-clés*
pendant que depuis quand depuis combien de temps depuis	soudain tout d'un coup le lendemain

Mise au point

A. Au lycée. Travaillez avec un(e) camarade de classe et parlez-lui des choses que vous faisiez habituellement quand vous étiez au lycée. Puis racontez-lui un événement exceptionnel, drôle, bizarre ou surprenant qui s'est seulement passé une fois. Ensuite inversez les rôles.

MODELE: le samedi soir / je / sortir toujours avec des copains (copines)
(un samedi) →
VOUS: Le samedi soir je sortais toujours avec des copains (copines) de mon lycée.
IL (ELLE): Est-ce que cela s'est toujours passé sans exception?
VOUS: Mais non, un samedi j'ai rencontré un très beau garçon (une très jolie jeune fille) à la piscine et il (elle) m'a demandé de sortir avec lui (elle) samedi soir. Alors, j'ai téléphoné à mes copains (copines) et je leur ai demandé de m'excuser.

1. le matin / mes copains et moi / étudier à la bibliothèque (un matin)
2. d'habitude / je / réussir à mes examens (une fois)
3. le dimanche / je / rester chez moi (un dimanche)
4. d'habitude / nous / assister à tous nos cours (une semaine)

B. Un accident. Voici la description d'une belle journée d'automne interrompue par un accident. Choisissez les verbes qui conviennent et mettez-les à l'imparfait ou au passé composé selon le contexte.

1. heurter (*to run into*)
2. être (*trois fois*)
3. appeler
4. briller
5. arriver
6. changer
7. tomber
8. aider
9. avoir (peur)
10. se casser

Un jour d'octobre mon ami et moi _____ assis à la terrasse d'un café à Nice. Il _____ environ deux heures de l'après-midi. Le soleil _____. Les feuilles _____ de couleur. Ce _____ magnifique. Tout d'un coup, une bicyclette _____ une voiture dans la rue. Le cycliste _____ et _____ la jambe. Je _____ très peur. Je

_____ la police et l'ambulance. Ils _____ très vite. Nous les _____ à mettre la victime dans l'ambulance.

C. Excusez-moi, mais…. Le professeur travaillait avec Elise et Alain dans son bureau, mais il y a eu toutes sortes d'interruptions. Décrivez-les selon le modèle.

> MODELE: le professeur / parler… le téléphone / sonner →
> Le professeur parlait quand le téléphone a sonné.

1. Elise / lire… quelqu'un / frapper à la porte
2. Alain / poser des questions… un autre professeur / entrer
3. le professeur / essayer de répondre… ses livres / tomber de son bureau
4. Alain / corriger ses fautes… son stylo / se casser
5. Elise / écouter Alain… la cloche / sonner
6. ?

D. Les copains et les copines. Travaillez avec un(e) camarade de classe et posez-vous des questions selon le modèle. Utilisez des pronoms objets ou adverbiaux dans vos réponses.

> MODELE: suivre ton cours de biologie / le laisser tomber (trois semaines) →
> VOUS: Depuis combien de temps suivais-tu ton cours de biologie quand tu l'as laissé tomber?
> IL (ELLE): Je **le** suivais depuis trois semaines quand je **l'**ai laissé tomber.

1. être dans l'amphi / en partir (dix minutes)
2. faire ton exposé / perdre la voix (cinq minutes)
3. écrire ta rédaction / la finir (plusieurs heures)
4. assister à tous tes cours / décider de les sécher (le début de l'année)
5. faire la queue / voir ton copain (un quart d'heure)

E. Un voyage de rêve. Une étudiante américaine qui a passé l'année en France raconte une de ses expériences. Mettez les verbes entre parenthèses à l'imparfait ou au passé composé. Attention à l'accord du participe passé.

Le jour où nous (*arriver*) en France, il (*pleuvoir*) mais il ne (*faire*) pas froid. On (*passer*) une semaine à Paris, on (*visiter*) des monuments et on (*manger*) dans des restaurants formidables. Moi, j'(*avoir*) la chance d'avoir déjà une amie française. Elle m'(*inviter*) à passer le week-end dans son château près de la Loire. Je n'(*hésiter*) pas un instant! Elle m'(*amener*) chez elle en voiture. Nous (*passer*) par le village pour chercher la vieille domestique qui s'(*appeler*) Luce. Luce nous (*accueillir*) avec un grand sourire et nous (*accompagner*) au château. Elle nous (*préparer*) un délicieux dîner, puis elle nous (*monter*) une bouteille de vin de la cave. Nous (*être*) en train de boire le vin quand Luce (*revenir*) nous montrer notre chambre. Les lits (*être*) tout prêts; sur une table il y (*avoir*) deux petites tasses, une cafetière et un petit pot de lait. Je (*regarder*) ce luxe avec étonnement quand Luce (*se mettre*) à rire; elle (*être*) contente d'émerveiller une Américaine.

F. Un récit. Inventez une scène originale en commençant vos phrases avec les expressions suivantes. Employez le passé composé *et* l'imparfait.

1. Quand j'avais douze ans…
2. Un jour…
3. Mes copains (copines)…
4. Mon instituteur (institutrice)…
5. Le lendemain…
6. D'habitude, on…
7. Mais, cette fois-ci…
8. Ensuite…
9. Finalement,…

G. Rédaction. Décrivez un événement inoubliable de votre vie, quelque chose d'inattendu ou de remarquable. Indiquez le lieu, le temps qu'il faisait, votre âge et dans quel état d'esprit vous vous trouviez.

MODÈLE: Un jour quand j'**avais** onze ans, j'**étais** allongé(e) au soleil dans une chaise longue sur la terrasse. Je **lisais** un roman policier. Tout d'un coup, Maman **s'est précipitée** sur moi. Elle **m'a dit:** «Regarde, **tu as gagné** un prix pour ton essai sur la Constitution.» J'**étais** tellement surpris(e). →

Les pronoms disjoints

Définition   Les pronoms disjoints, c'est-à-dire séparés du verbe, sont les formes accentuées des pronoms personnels. Ils s'emploient seuls ou après une préposition et ne désignent que des personnes.

—Où habitait Jacques quand il était étudiant?
—**Lui,** il avait de la chance. Il habitait à la cité universitaire.
—Et **toi?**
—**Moi,** j'habitais en ville.

Formes

moi	nous
toi	vous
lui	eux
elle	elles
soi	

On travaille pour **soi.**
Je n'ai pas confiance en **eux.**
Toi et moi, nous faisions de la géologie.

Emplois

On emploie les pronoms disjoints uniquement pour les personnes:

1. après **c'est** et **ce sont**

$$\text{C'est} \begin{cases} \text{moi.} \\ \text{toi.} \\ \text{lui.} \\ \text{elle.} \\ \text{nous.} \\ \text{vous.} \end{cases} \quad \text{Ce sont} \begin{cases} \text{eux.} \\ \text{elles.} \end{cases}$$

A noter: Si le pronom disjoint est l'antécédent du pronom relatif, le verbe s'accorde avec la personne du pronom disjoint.

> C'est **nous** qui **faisons** des études d'ingénieur.
> Ce sont **elles** qui **sont** étudiantes en langues étrangères.

2. comme sujet coordonné à un autre sujet

> Stéphane et **moi,** nous avons fait des mathématiques.
> Sylvie et **toi,** vous avez fait de la physique.

3. pour mettre en valeur un nom ou un pronom

> **Eux,** ils aiment bien étudier la psychologie.
> Anne et Claire, **elles** aussi, sont douées en science.

4. après le comparatif

> Pierre était plus content que **vous.**
> Nous séchions le cours moins souvent qu'**eux.**

5. avec l'adjectif indéfini **-même** (*self*)

> Vous préparez l'examen **vous-même.**
> Ils font la cuisine **eux-mêmes.**

6. avec **ni... ni... ne**[4]

> Ni **toi** ni **moi** n'étions forts en chimie.
> Ni **lui** ni **elle** ne savent parler deux langues.

7. à la place de **me** et **te** à la forme affirmative de l'impératif[5]

> Envoyez-la-**moi.**
> Assieds-**toi.**

8. après les prépositions (**de, avec, chez, derrière, devant, à côté de, à cause de, en face de, pour,** etc.)

---

[4] La négation est traitée au chapitre 10.
[5] L'impératif est traité au chapitre 6.

Le prof était content de **lui**.
Vous étudiiez avec **moi.**
Elle enseignait pour **vous.**
On s'asseyait derrière **eux.**

9. après les expressions suivantes qui, au lieu de prendre un objet direct ou indirect, prennent un objet de préposition:[6]

s'adresser à	*to inquire*
avoir confiance en	*to have confidence in*
être à	*to belong to*
faire attention à	*to pay attention to*
s'habituer à	*to become accustomed to, get used to*
s'intéresser à	*to be interested in*
penser à	*to think about, think of*

Le livre était à **lui.**
Tu ne pensais pas à **moi?**
Nous nous intéressions à **elle.**

A noter: Si l'objet de la préposition est une chose ou une idée, on emploie le pronom adverbial **y.**[7]

Vous faites attention à la grammaire. Vous **y** faites attention.
Elle s'est habituée au cours. Elle s'**y** est habituée.

Notez dans les phrases suivantes la différence entre les pronoms adverbiaux qui remplacent des objets (à gauche) et les pronoms disjoints qui remplacent des personnes (à droite).

Je pense à mon examen.	Je pense à mon petit ami.
J'y pense.	Je pense à lui.
Tu t'intéresses à cette classe.	Tu t'intéresses à cette fille.
Tu t'y intéresses.	Tu t'intéresses à elle.
Elle s'habitue à cet horaire.	Elle s'habitue à ces instituteurs.
Elle s'y habitue.	Elle s'habitue à eux.
Je parle du cours.	Je parle de mon professeur.
J'en parle.	Je parle de lui.

Mise au point

A. Un échec au laboratoire. Quelqu'un a raté une expérience dans le laboratoire de chimie. Le prof veut savoir qui est responsable. Tout le monde re-

---

[6] Contrastez avec la liste des verbes suivis d'un objet indirect, à la page 75–76.
[7] Voir **y** à la page 87–88.

porte la faute sur quelqu'un d'autre. Expliquez cela d'après le modele.

MODELE: je / elle → Ce n'est pas moi qui suis responsable. C'est elle.

1. il / tu
2. nous / vous
3. elle / il
4. ils / elles
5. tu / ils
6. vous / il
7. je / ils
8. ils / je

B. Donnez les formes du pronom disjoint avec l'adjectif défini **-même.**

1. je   2. tu   3. il   4. on   5. ils

C. Une bonne excuse. Pensez à un jour où votre professeur a manqué votre cours. Puis dites ce que lui (elle), vous et vos camarades de classe avez fait ce jour-là.

MODELE: Ce jour-là, le prof est resté chez lui (chez elle) parce qu'il (elle) avait la grippe. →

D. Des soucis. Vous avez des ennuis cette année et vous en parlez à un conseiller (une conseillère) dans votre résidence universitaire. Avec un(e) camarade de classe, jouez chacun un rôle d'après le modèle.

MODELE: VOUS: J'ai des problèmes. Je n'ai pas confiance en mes parents.
IL (ELLE): Pourquoi n'avez-vous pas confiance en eux?
VOUS: Je n'ai pas confiance en eux parce que....

VERBES	PERSONNES
avoir confiance en	votre petit ami (petite amie)
être à	vos professeurs
être habitué(e) à	vos parents
penser à	votre meilleur ami (meilleure amie)
s'intéresser à	
s'adresser à	

E. Mais qui est-ce? Le cercle français de l'université donne une soirée pour Mardi Gras. Tout le monde porte un masque et un costume, donc personne ne se reconnaît. Complétez le dialogue en donnant des réponses logiques et en utilisant des pronoms disjoints.

ALBERT: Qui est-ce? C'est toi, Marie?
CAROLINE: Non,...
ALBERT: Où sont Jean et Blaise? Je pensais à eux et je me demandais s'ils viendraient ce soir.
CAROLINE: ...
ALBERT: Ah, les voilà. Ils sont habillés comme des jumeaux!
JEAN: Tiens, bonjour! C'est vous, Albert et Caroline?
ALBERT: Oui,...
BLAISE: Merci! Nous les avons faits nous-mêmes.

HISTOIRE DROLE

Tonton interroge Bernard sur ses progrès à la petite école :
— Combien font deux et deux ?
— Quatre ! répond aussitôt le petit garçon.
Son oncle lui donne quatre pièces de un franc que Bertrand empoche, contrarié, en murmurant !
— Si j'avais su, j'aurais dit que cela fait sept.

L'adjectif démonstratif

Définition L'adjectif démonstratif désigne un nom de personne ou de chose. Il s'accorde avec le nom en genre et en nombre.

> J'aimais bien **ce** cours.
> Elle a reçu **cette** bourse.
> **Ces** matières sont toutes obligatoires.
> **Cet** anthropologue a donné une conférence.

Formes

	SINGULIER		PLURIEL
	+ consonne	*+ voyelle* *ou* **h** *muet*	
MASCULIN	ce	cet	ces
FEMININ	cette		ces
	this, that		*these, those*

Je te dis que ce coquillage pèse une tonne! MARY M. THACHER/PHOTO RESEARCHERS, INC.

Emplois

A. L'adjectif démonstratif attire l'attention sur le nom qu'il qualifie, mais pour un Français il n'y a pas de différence spatiale entre *this* et *that*.

Ce physicien a découvert un nouveau procédé.	*This (That) physicist discovered a new process.*
Cette musicienne est très connue.	*This (That) musician is very well known.*
Ces ingénieurs étudient l'électricité.	*These (Those) engineers study electricity.*

B. On peut distinguer entre deux ou plusieurs personnes ou choses en ajoutant **-ci** (*here*) ou **-là** (*there*) au nom.

Ce prof-ci est aussi populaire que **ce prof-là**.
Ces interrogations-ci sont plus difficiles que ces **interrogations-là**.

Mise au point

A. Achats. Vous achetez des fournitures scolaires à la librairie. Votre ami(e) vous demande ce que vous allez acheter et vous lui répondez en suivant le modèle.

MODELE: livre →
IL (ELLE): Vas-tu acheter ce livre-ci?
VOUS: Non, je vais acheter ce livre-là.

1. du papier
2. une agrafeuse
3. des stylos
4. un compas
5. des cahiers
6. une gomme
7. un dictionnaire
8. des crayons de couleur

B. Les copains et les copines. Vous préparez votre emploi du temps pour le semestre avec un ami (une amie). Comparez certains cours d'après le modèle.

MODELE: cours d'histoire / non / − bon →
VOUS: Moi, je vais suivre ce cours d'histoire. Et toi?
IL (ELLE): Ah, non, ce cours d'histoire-ci est moins bon que ce cours-là.

1. cours de chimie / oui / + bon
2. cours de biologie / non / − intéressant
3. cours de mathématiques / oui / + important
4. cours de physique / non / − difficile
5. cours de psychologie / oui / + passionnant
6. cours de littérature / oui / + dur

Le pronom démonstratif

Définition   Le pronom démonstratif variable remplace un nom de personne ou de chose spécifique et s'accorde en genre et en nombre avec son antécédent.

> Cet exposé était trop long; **celui-ci** est parfait.
> Cette interrogation était écrite; **celle-ci** est orale.
> Ces étudiants ont été reçus; **ceux-là** ont été collés.

Le pronom démonstratif invariable n'a pas d'antécédent spécifié.

> **C'**est bien.
> **Ça** dépend.
> J'aime **ceci** mais je n'aime pas **cela.**

Formes

Les pronoms démonstratifs variables **celui, ceux, celle, celles** peuvent être masculins ou féminins, singuliers ou pluriels, selon le genre et le nombre de ses antécédents. Les pronoms démonstratifs variables sont toujours suivis d'un mot qualificatif comme **–ci, –là, de, qui, que, où, dont.**

	SINGULIER	PLURIEL
MASCULIN	celui...	ceux...
FEMININ	celle...	celles...
	this one, that one, the one	*these, those, the ones*

Les pronoms démonstratifs invariables **ce, ceci, cela, ça** sont neutres parce qu'ils n'ont pas d'antécédent spécifié.

Emplois

A.   Le pronom démonstratif variable est toujours suivi d'un mot ou d'une proposition qui en complète le sens.

1.   On utilise **–ci** ou **–là** pour distinguer entre deux personnes ou deux choses.

> Ce prof-ci est plus gentil que **celui-là.**
>
> *This professor is nicer than that one.*

Ces notes-ci sont meilleures que **celles-là.**	*These grades are better than those.*

2. On utilise la préposition **de** pour indiquer la possession.

Les étudiants font plus attention à leurs problèmes qu'à **ceux de** leurs professeurs.	*Students pay more attention to their own problems than to their professors' (those of their professors).*

3. On utilise certains pronoms relatifs **(qui, que, où** ou **dont)**[8] pour souligner la différence entre les choses et les personnes.

Aimes-tu cette librairie? —Non, **celle que** j'aime est en ville.	*Do you like this bookstore? —No, the one I like is downtown.*
Ces examens sont très durs mais **ceux dont** parle le professeur sont encore plus durs.	*These exams are very hard, but the ones the professor is talking about are even harder.*

B. Le pronom démonstratif invariable (neutre) s'emploie comme sujet ou comme objet du verbe.

On emploie **ce** comme sujet du verbe **être**[9] et **cela, ça** comme sujet de n'importe quel autre verbe.

1. On emploie **ce** + **être** + *adjectif masculin* pour reprendre l'idée d'une proposition précédente.

Cette conférencière connaît bien son sujet, **c'est facile** à voir.
Préparez votre examen, **c'est** très **important.**

2. **Ce** | **être** + $\begin{cases} article \text{ (ou } déterminatif) + nom \ de \ personne \ ou \ de \ chose \\ pronom \ disjoint \\ nom \ propre \end{cases}$

C'est un bon cours.
C'est mon professeur. **Ce** n'est pas un étudiant.
C'est nous, **ce** n'est pas vous.
C'est Jacques. Et **ce** sont ses camarades de chambre.

A noter: S'il y a un pronom objet devant **être,** on emploie **cela** ou **ça.**

Cela m'est égal.	*That's fine with me.*
Ça y est.	*That's it.*

3. On emploie **cela** ou **ça** suivi de n'importe quel verbe autre que le verbe **être** pour reprendre une idée déjà exprimée.

Vous allez visiter la cité universitaire?	
—Ça dépend.	*It depends.*
—Cela ne vaut pas la peine.	*It's not worth the trouble.*
—Cela me plairait.	*I would like that.*

---

[8] Les pronoms relatifs sont traités au chapitre 8.
[9] Voir l'article indéfini à la page 46.

On emploie **ceci** et **cela** comme objets du verbe pour désigner des choses qui ne sont pas identifiées par un nom et que l'on peut montrer du doigt.

> Aimez-vous **ceci** ou préférez-vous **cela**?
> Je vais acheter **ceci,** mais je ne vais pas prendre **cela.**

Mise au point

A. Les ordinateurs. Regardez la publicité sur l'ordinateur Macintosh. Ensuite, tout en suivant le modèle, travaillez avec un(e) camarade de classe et dites quel ordinateur vous préférez et la raison de cette préférence. Vous pouvez aussi comparer leurs qualités et leurs défauts.

MODELE: VOUS: J'aime l'ordinateur IBM parce que **celui-ci** est rapide.
IL (ELLE): Moi, je préfère **celui-là.** Il est très utile.
VOUS: Mais **celui-là** est plus cher!

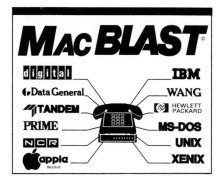

B. En cours. Décrivez votre cours de physique. Complétez les phrases avec **ce** ou **ça.**

1. Qui est-_____ ?
2. _____ est Mme Duclos, mon prof de physique.
3. Est-_____ un bon cours?
4. _____ n'est pas mon cours favori, et _____ est bien dommage parce que _____ est un cours obligatoire.
5. Et les examens? _____ va?
6. Ne m'en parle pas. _____ sont de vrais cauchemars. Mais _____ m'est égal parce que Mme Duclos m'aime bien.

C. Employez **ceci** ou **cela/ça.**

1. _____ ne vaut pas la peine.
2. Vous allez dîner au R-U? —_____ dépend.
3. Comment _____ va? —_____ va bien.
4. Je n'ai pas fini la leçon. —_____ ne fait rien.
5. _____ lui est tout à fait égal.
6. Qu'est-ce que vous préférez? _____ ou _____? —Je préfère _____ .

D. Des goûts et des couleurs on ne dispute point. Voici un dessin humoristique. Comparez les deux jeunes gens en utilisant des adjectifs démonstratifs. Comparez leur coiffure, leurs vêtements, leur âge, leur goût en lecture, etc. Suivez le modèle.

> MODELE: **Ce garçon-ci** a une coiffure bizarre mais **celui-là** n'a presque pas de cheveux! →

eprise

A noter: Les exercices de cette partie reprennent les structures grammaticales de ce chapitre.

A. Au café. Une Française parle de sa jeunesse. Mettez le paragraphe au passé en employant le passé composé et l'imparfait.

Mes copains et mes copines ont l'habitude de se rencontrer après le déjeuner au Café Montaigne. A chaque rencontre tout le monde se serre la main ou s'embrasse. Les étudiants et les étudiantes rient, discutent et font des projets. Un jour, je lis un magazine dans le café quand François entre et met un franc dans le juke-box. Le juke-box ne marche pas. François y donne un coup de pied et un disque se met à tourner. François s'assied à côté de moi et me dit «Salut». J'appelle la serveuse et lui demande d'apporter un «Schweppes tonic» à mon ami. Il fait très beau dehors. Après une demi-heure nous quittons le café et nous nous baladons sur le boulevard. Nous nous arrêtons à la Maison des Jeunes. Nous voyons des amis qui discutent près de l'arrêt d'autobus. Ils nous voient. Ils nous sourient et nous invitent chez eux.

B. Les copains et les copines. Travaillez avec un(e) camarade de classe et à tour de rôle discutez ce que vous faisiez habituellement quand vous étiez au lycée. Utilisez les expressions ci-dessous.

MODELE: je / étudier pendant au moins ＿＿＿ heures… chaque soir →
VOUS: Quand j'étais au lycée, j'étudiais pendant au moins deux heures chaque soir. Et toi?
IL (ELLE): Moi, je n'étudiais pas chaque soir.
ou
Moi, j'étudiais pendant une heure chaque soir.

ACTION HABITUELLE	MOTS CLES
1. je / avoir des interrogations écrites (orales)	chaque vendredi
2. je / bien préparer mes examens	en général
3. les profs / me mettre de bonnes (de mauvaises) notes	d'habitude
4. je / sécher des cours (ne… pas sécher de cours)	le lundi
5. je / être un étudiant sérieux (une étudiante sérieuse)	d'habitude

C. Jeu d'action et d'interruptions. Les personnes suivantes étaient occupées quand d'autres personnes les ont dérangées. Terminez les phrases en employant le passé composé.

1. Il était trois heures et demie de l'après-midi. Les étudiants s'amusaient sur la terrasse devant l'université…
2. Samedi, le président de la République avait mal à la tête…
3. Mon camarade parlait au téléphone…
4. Il pleuvait dehors. Nous étions assis ensemble au R-U…
5. M. et Mme Dupuy attendaient leurs enfants…

D. Preuve d'imagination. Faites des phrases en utilisant les expressions suivantes.

1. C'est moi qui…
2. à côté d'elles
3. avoir confiance en eux
4. Son ami(e) et elle + *verbe*
5. lui-même
6. Ni toi ni moi
7. Nous sommes plus… que
8. derrière vous

*E*ncore une fois

A noter: Les exercices de cette partie reprennent les structures grammaticales du chapitre précédent avec le vocabulaire de ce chapitre.

A. Questions en classe. Répondez aux questions en désignant des personnes de la classe et en employant des pronoms disjoints.

> MODELE: LE PROFESSEUR: Qui a reçu A à toutes les interrogations écrites?
> L'ETUDIANT(E): C'est elle qui a reçu A à toutes les interrogations écrites.

1. Qui a eu A à toutes les interrogations écrites?   2. Qui a reçu une bourse?
3. Qui a assisté à la dernière conférence?   4. Qui a fait la queue toute la nuit pour acheter des tickets de concert?   5. Qui a raté un examen récemment?
6. Qui a reçu une bonne note cette semaine?   7. Qui a mis des notes aux étudiants?

B. Les copains et les copines. Travaillez avec un(e) camarade de classe. Commentez les qualités et les défauts de votre camarade en tant qu'étudiant(e). Il (elle) acceptera ou n'acceptera pas votre constatation. Suivez le modèle.

> MODELE: VOUS: Toi, tu travailles plus sérieusement que tous (toutes) les autres étudiant(e)s.
> IL (ELLE): Mais non, je ne travaille pas plus sérieusement qu'eux (elles).
> *ou*
> Moi, je pense que tout le monde travaille aussi sérieusement que moi.

C. Interviewez un(e) camarade (de classe) afin d'apprendre ce qu'il (elle) fait maintenant, ce qu'il (elle) faisait autrefois et ce qu'il (elle) a fait de temps en temps. A la fin, dites ce qui vous a surpris le plus.

> MODELE: où / habiter / maintenant
> quand avoir cinq ans
> l'été dernier →
> VOUS: Où habites-tu maintenant?
> IL (ELLE): J'habite dans une résidence près d'ici.
> VOUS: Où habitais-tu quand tu avais cinq ans?
> IL (ELLE): J'habitais à Saint-Louis.
> VOUS: Où as-tu habité l'été dernier?
> IL (ELLE): J'ai habité dans un appartement avec deux ami(e)s.

1.   quels cours / suivre / ce semestre
       à l'école primaire
       le semestre passé
2.   avec qui / sortir / maintenant
       au lycée
       le week-end passé
3.   où / étudier / maintenant
       il y a six ans
       hier soir
4.   où / faire du sport / cette année
       quand / être au lycée
       la semaine dernière

5. est-ce que / connaître ton (ta) camarade de chambre / déjà au lycée
à l'université

actualité

L'informatique à l'école. En France comme aux Etats-Unis l'informatique devient essentielle. On apprend aux enfants à se servir des microordinateurs dès l'école primaire. Lisez le petit article sur les enfants et les ordinateurs, puis avec un(e) camarade de classe répondez aux questions et discutez l'influence de l'ordinateur dans votre propre formation scolaire.

Informatique :[a]
gadget ou nécessité

PLAISIR, RIGUEUR ET PATIENCE

A l'école élémentaire, l'ordinateur est utilisé de deux manières différentes. En premier lieu comme cahier d'exercice... un peu amélioré.[b] L'enfant se sert d'un logiciel,[c] c'est-à-dire d'un programme dont il suit les instructions. Il y a des logiciels de français, de mathématiques, etc. Le microordinateur offre dans ce cas plusieurs avantages. L'enfant prend plaisir à le manipuler. Ce plaisir lui fait souvent paraître attrayants[d] des exercices qu'il trouverait ennuyeux de faire sur un cahier. De plus, l'enfant, dans son tête-à-tête avec la machine, ne se sent pas jugé quand il rate un exercice. Entre lui et l'ordinateur, la relation est neutre, l'écran[e] peut afficher[f] « Recommence », ce n'est jamais un jugement de valeur qu'il émet,[g] c'est la simple constatation[h] d'une erreur.

En CM1 et CM2,[i] les enfants abordent[j] l'autre utilisation de l'ordinateur : la programmation. Il ne s'agit plus d'utiliser un logiciel qui existe déjà, il leur faut bâtir eux-mêmes un programme. La programmation est un excellent entraînement à la logique, à la rigueur et à la patience.

[a] *computer science*   [b] *improved*   [c] *software*   [d] *attractive, interesting*   [e] *screen* [f] *to display*   [g] *conveys*   [h] *acknowledgment*   [i] cours moyen 1 (8ème) et cours moyen 2 (7ème)   [j] *go on to, tackle*   [k] *sunk*

Qu'en pensez-vous?

1. En France, à quel âge commence-t-on à utiliser un ordinateur à l'école?
2. Quelles sortes de logiciels les enfants utilisent-ils?
3. D'après l'article, quels sont les avantages du microordinateur dans les classes?
4. Qu'est-ce que la programmation?
5. A quel jeu jouent les jeunes sur le dessin humoristique?
6. Sais-tu faire marcher un ordinateur? A quel âge as-tu appris à t'en servir?
7. Te débrouilles-tu en programmation?
8. Décris des expériences que tu as eues en apprenant à utiliser un ordinateur.
9. Quelles étaient les réactions de tes ami(e)s quand ils (elles) apprenaient à manipuler un ordinateur?
10. Où sur le campus peut-on se servir d'un ordinateur?

Ce dont l'homme a le plus besoin, c'est de savoir utiliser ce qu'il sait.

Platon

Villes, villages, provinces

Montfort: la vieille ville haut-perchée
PETER MENZEL

Objectifs

- Les emplois de **tout**
- L'impératif

- Le futur simple
- Le conditionnel présent

Mots et expressions

LA GÉOGRAPHIE

l'agglomération (*f.*) metropolitan area

la campagne countryside; **aller à la campagne** to go to the country

la colline hill

la côte coast

l'est (*m.*) east

le fleuve river

le lac lake

la mer sea; **le mal de mer** sea-sickness; **aller au bord de la mer** to go to the seashore

la montagne mountain; **aller à la montagne** to go to the mountains

le nord north

l'ouest (*m.*) west

le panorama view

le paysage landscape, scenery

le quartier (résidentiel) (residential) neighborhood

la rive bank, shore

le sud south

SUR LA ROUTE

l'autoroute (*f.*) freeway, speedway

avoir la priorité to have the right of way

le carrefour crossroads, intersection

la carte routière roadmap

le code de la route highway rules

le coffre trunk of a car

la contravention ticket, minor violation

doubler to pass

emporter to take (something) along

l'essence (*f.*) gasoline

être en panne to have a breakdown (in a vehicle)

faire de l'auto-stop to hitchhike

faire le plein to fill up

le feu rouge (vert) stop (go) light

garer sa voiture to park one's car

la limitation de vitesse speed limit

le panneau road sign

le piéton (la piétonne) pedestrian

la piste cyclable bike path

se presser to hurry

ralentir to slow down

renverser to hit, run over

rouler to drive, travel along

la (bonne) (mauvaise) route the (right) (wrong) road; **en route** on the way

le virage curve

Emplois

A. Trouvez l'équivalent de chaque expression.

1. la courbe d'une route 2. voyager dans un véhicule 3. une large route sans croisement 4. une personne qui va à pied 5. une petite butte arrondie 6. une concentration de villes 7. une partie d'une ville 8. une indication sur la route 9. ne plus fonctionner 10. une petite étendue d'eau 11. dépasser une autre voiture sur la route 12. le rivage de la mer 13. l'espace à l'arrière d'une auto où l'on met ses bagages 14. un chemin réservé aux cyclistes 15. vue d'ensemble d'une étendue de terre 16. être malade sur un bateau 17. prendre avec soi

B. Trouvez le synonyme.

1. une vue   4. freiner, retarder   7. un mont
2. en chemin   5. se dépêcher   8. un croisement de routes
3. parquer sa voiture 6. aplatir

C. Complétez les phrases avec les mots appropriés.

1. Si on prend la voiture pour voyager, on a besoin d'une carte ____. On ne doit pas dépasser la limitation de ____ et on doit respecter le ____ de la route. Si on roule trop vite, l'agent de police vous donne une ____. Si on n'a jamais conduit une voiture en France, il faut vraiment faire attention parce que les voitures venant de droite ont la ____.

2. La Loire et la Seine sont deux grands ____ français. La Loire va de l'____ vers l'____ et débouche dans l'Atlantique à Nantes, et la Seine va du ____ vers le ____ et débouche dans la Manche au Havre. Plusieurs rivières se jettent dans ces grands fleuves de leur ____ gauche et droite.

D. Les copains et les copines. Travaillez avec un(e) camarade de classe et à tour de rôle répondez aux questions.

1. Quand tu prends des vacances, vas-tu généralement au bord de la mer ou

Eglise romane en Dordogne
BERYL GOLDBERG

à la montagne? Préfères-tu séjourner à la campagne ou en ville? Explique. As-tu jamais fait de l'auto-stop? Si oui, pourquoi? Si non, pourquoi n'en fais-tu pas? Quand tu voyages en voiture et que tu t'arrêtes dans une station-service, fais-tu le plein d'essence toi-même ou le fais-tu faire? Pourquoi?

E. Analysez la photo. Décrivez le paysage de la Dordogne. Aimeriez-vous y habiter? Pourquoi ou pourquoi pas?

Structures

Les emplois de *tout*

Définition   **Tout** peut être utilisé en tant que nom, pronom, adjectif ou adverbe.

> Après avoir mis les bagages dans la voiture, il a regardé **le tout.**
> Est-ce que **tout** était là?
> Oui, **toutes** les valises étaient dans le coffre.
> Finalement, il était **tout** prêt à partir.

Formes

	MASCULIN	FEMININ	INVARIABLE
Nom	le tout		
Pronom	tous (*pl.*)	toutes (*pl.*)	tout
Adjectif	tout, tous	toute, toutes	
Adverbe			tout

Emplois

A.   Comme nom, **le tout** est presque toujours au masculin singulier. Il se trouve dans les expressions suivantes:

le grand **tout**	*the universe*
pas du **tout**	*not at all*
rien du **tout**	*nothing at all*

B.   Comme adjectif, **tout (tous, toute, toutes)** s'accorde en genre et en nombre avec le nom qu'il qualifie, et se trouve devant les formes suivantes:

NOM SANS ARTICLE

avoir **toute** liberté	*to be completely free*
à **tout** âge	*at any age*

| en **tout** cas | *in any case* |

ARTICLE DEFINI

| **toute** la soirée/journée | *all evening/day long* |

ADJECTIF POSSESSIF

| **toutes** mes amies (**tous** mes amis) | *all my friends* |
| prendre **tout** son temps | *to take one's time* |

ADJECTIF DEMONSTRATIF

| **tous** ces gens-là | *all those people* |

C. Comme pronom neutre, **tout** est invariable:

avant **tout**	*above all*
malgré **tout**	*in spite of everything*
C'est **tout.**	*That's all.*
Tout va bien.	*Everything's fine.*

Comme pronoms pluriels, **tous** et **toutes** s'accordent en genre et en nombre avec les noms qui'ils remplacent et peuvent être sujet ou objet.

Les guides sont-ils partis?　{ —**Tous** sont partis ensemble.
　—Ils sont partis **tous** ensemble.

D. Comme adverbe, **tout** reste invariable:

1. devant un autre adverbe

| **tout** près | *very near* |
| **tout** droit | *straight ahead* |

2. devant un adjectif masculin singulier ou pluriel

| Il part **tout** seul. | *He's leaving all alone.* |
| Ils restent **tout** seuls. | *They're staying all alone.* |

3. devant un adjectif féminin singulier qui commence par une voyelle ou un **h** muet

| Il a mangé la tarte **tout** entière! | *He ate the whole pie!* |
| Elle est **tout** heureuse. | *She is very happy.* |

4. devant **à** ou **de**

tout à coup	*suddenly*
tout à l'heure	*shortly*
tout à fait	*absolutely*
tout de suite	*immediately*
tout de même	*all the same*

A noter:　L'adverbe **tout** devient **toute** ou **toutes** devant un adjectif féminin qui commence par une **consonne** ou un **h** aspiré.

Elle est **toute** petite.   *She is very small.*
Elles sont **toutes** honteuses.   *They are very ashamed.*

Mise au point

A. Complétez les phrases avec les formes correctes de **tout.**

1. Parlez _____ doucement, s'il vous plaît.
2. Nous aimons voir nos copains _____ les jours.
3. Elle est _____ heureuse et _____ ravie de partir.
4. Les femmes? Elles sont _____ capables.
5. Les copains? Ils sont _____ venus à la soirée.
6. _____ est bien qui finit bien. (proverbe)
7. Ils ont parlé _____ haut.
8. _____ mes amis aiment voyager.

B. Réponses logiques. Travaillez avec un(e) camarade de classe et à tour de rôle trouvez une réponse logique. Utilisez les listes ci-dessous.

> MODELE: VOUS: Je suis très fatigué ce matin.
>
>   IL (ELLE): Oh, es-tu resté debout **toute la nuit?**

1. Attends-moi, je n'ai pas encore fini. —D'accord, prends _____ .
2. Dépêche-toi. Va téléphoner à la police! —J'y vais _____ .
3. Qu'est-ce que tu as dit?? —Rien _____ .
4. Peux-tu faire ce que tu veux cette année à l'université? —Ah oui, bien sûr, j'_____ .
5. Je suis si malheureuse, rien ne va bien. —Mais si, il faut être optimiste, _____ .
6. Qui est-ce que tu as invité à la soirée? —J'ai invité _____ nos amis et _____ nos amies.

C. Faites des phrases complètes en utilisant les expressions avec **tout.**

1. le grand tout	3. tout à coup	5. tout droit
2. une fois pour toutes	4. tout de même	6. tout à l'heure

D. Les copains et les copines. Travaillez avec un(e) camarade de classe. Préparez une scène de famille entre le père ou la mère et un des enfants. L'enfant demande à sa mère ou à son père s'il peut faire certaines choses. La mère ou le père va dire que non, et l'enfant va répondre en disant que **tous ses amis/toutes ses copines,** etc. peuvent le faire.

> MODELE: L'ENFANT: Maman, est-ce que je peux aller à Cancún pendant les vacances avec mes copines?
>
>   LE PERE (LA MERE): Mais bien sûr que non! Tu sais que tu es trop jeune!
>
>   L'ENFANT: Mais maman, toutes les jeunes filles de ma classe y vont!

L'impératif

Définition L'impératif est le mode qui permet d'exprimer un ordre, un conseil, un souhait ou une prière.

Tourne à droite!
Ralentissez aux carrefours!
Ne **roulez** pas trop vite.

Rapporte-moi un cadeau, s'il te plaît.

N'OUBLIEZ PAS...

Formation

On forme l'impératif à partir de la deuxième personne du singulier **(tu)** et des première et deuxième personnes du pluriel **(nous** et **vous)** du présent de l'indicatif. Le pronom sujet est supprimé.

Formes régulières

	travailler	finir	attendre	se lever
AFFIRMATIF	travaille travaillons travaillez	finis finissons finissez	attends attendons attendez	lève-toi levons-nous levez-vous
NEGATIF	ne travaille pas ne travaillons pas ne travaillez pas	ne finis pas ne finissons pas ne finissez pas	n'attends pas n'attendons pas n'attendez pas	ne te lève pas ne nous levons pas ne vous levez pas

A. A la deuxième personne du singulier des verbes en **-er** (et des verbes comme **ouvrir, souffrir,** etc.) le **s** final est supprimé. A la deuxième personne du singulier des verbes en **-ir** et **-re,** on garde le **s** final.

Tu parles. **Parle!**   Tu obéis. **Obéis!**   Tu attends. **Attends!**

A noter: On garde le **s** final de la forme **tu** des verbes en **-er** devant les pronoms adverbiaux **y** et **en.**

Parle de ton voyage. **Parles-en.**   Va en ville. **Vas-y.**

B. A la forme pronominale, le pronom sujet est supprimé, mais on garde le pronom réfléchi.

Vous vous asseyez. **Asseyez-vous.**   Nous nous pressons. **Pressons-nous.**

Formes irrégulières   Quatre verbes ont des formes irrégulières à l'impératif.

avoir	être	savoir	vouloir
aie	sois	sache	—
ayons	soyons	sachons	—
ayez	soyez	sachez	veuillez[1]

Emplois

A.   L'impératif est employé pour donner un ordre ou une recommandation et pour exhorter ou encourager quelqu'un à faire quelque chose.

> **Fermez** la porte.
> **Prenons** l'autobus.
> **Viens** avec moi, s'il te plaît.

B.   L'impératif est employé dans les formes de politesse, surtout dans les lettres.

> **Ayez** la bonté de m'attendre.
> **Veuillez** accepter mes sentiments respectueux.

Ordre des pronoms objets avec l'impératif

A.   A la forme affirmative de l'impératif, les pronoms objets et adverbiaux suivent le verbe. L'ordre des pronoms après le verbe à l'impératif affirmatif est ainsi: *objet direct* devant *objet indirect* devant **y** ou **en.**

> Regarde les montagnes. Regarde-**les.**
> Expliquez cette histoire au touriste. Expliquez-**la-lui.**
> Allez-**vous-en**!
> Allons en ville. Allons-**y.**
> Donnez-**m'en.**

A noter: On emploie les pronoms disjoints **moi** et **toi** à la place de **me** et **te** à la forme affirmative de l'impératif s'ils sont en position finale.

> Vous m'envoyez l'adresse. Envoyez-la-**moi**!
> Tu t'amuses bien. Amuse-**toi** bien!

B.   A la forme négative de l'impératif, les pronoms objets et les pronoms

---

[1] **Vouloir** est employé uniquement à la deuxième personne du pluriel:
Veuillez vous asseoir. *Please sit down.*

adverbiaux précèdent le verbe. L'ordre des pronoms est le même que dans une phrase déclarative.[2]

Ne **le** faites pas.	N'**en** achète pas.
Ne **lui** parle pas.	Ne **me le** donnez pas.
Ne **nous** asseyons pas.	Ne **t'en** va pas.
N'**y** allez pas.	Ne **le leur** envoyez pas.

Mise au point

A. Vous roulez sur l'autoroute avec un ami qui a quinze ans. Il vous donne de mauvais conseils, votre ange gardien vous en donne de bons. Jouez les deux rôles.

> MODELE: rouler plus vite →
> VOTRE AMI: Roule plus vite!
> VOTRE ANGE GARDIEN: Ne roulez pas si vite!

1. doubler ces voitures
2. être plus agressif
3. prendre cette route à droite
4. se dépêcher
5. dépasser la limitation de vitesse
6. me / laisser conduire
7. s'arrêter ici
8. me / obéir

B. Le code de la route. Qu'est-ce que nous devons faire ou ne devons pas faire pour devenir des conducteurs modèles? Suivez le modèle.

> MODELE: respecter la limitation de vitesse →
> Respectons la limitation de vitesse.
>
> rouler trop vite → Ne roulons pas trop vite.

1. être prudent
2. suivre les autres voitures de trop près
3. s'arrêter aux feux verts
4. savoir reconnaître les panneaux
5. obéir au code de la route
6. conduire sans permis
7. toujours se dépêcher
8. ralentir aux carrefours
9. doubler dans un virage
10. renverser les piétons

C. Bêtises. Votre ami est sur le point de faire des bêtises. Dites-le-lui en donnant une raison logique.

> MODELE: IL (ELLE): Je vais prêter ton auto à ma camarade de chambre.
> VOUS: Mais non, ne la lui prête pas. Elle ne sait pas conduire.

1. Je vais téléphoner à ton petit ami (ta petite amie).
2. Je vais prendre tes notes de classe à la bibliothèque avec moi.
3. Je vais aller à la montagne cet après-midi.
4. Je vais sécher tous mes cours vendredi.
5. Je vais t'accompagner ce soir au cinéma.
6. Je vais t'offrir un chien pour ton anniversaire.

---

[2] Voir page 76.

D. Les copains et les copines. Vous avez un problème d'ordre physique ou émotionnel. Votre camarade de classe essaie de vous aider en donnant quelques solutions logiques. Suivez le modèle:

MODELE: VOUS: J'ai très très faim.

IL (ELLE): Alors, prépare-toi un sandwich et mange-le.

1. J'ai un examen très difficile demain. 2. J'ai mal à la tête. 3. Je suis très fatigué(e). 4. J'ai des ennuis avec mon (ma) camarade de chambre. 5. Ma voiture est en panne.

E. Du calme, du calme... Vous apprenez à conduire à un ami (une amie). Terminez la conversation.

VOUS: Ne me regarde pas! Regarde....

VOTRE AMI(E): Je tourne à gauche?

VOUS: Non,...

VOTRE AMI(E): Moi, j'aime bien rouler vite!

VOUS: Attention, ne...!

VOTRE AMI(E): Que veut dire ce panneau?

VOUS: ...

VOTRE AMI(E): Oh, là, là, ce piéton va traverser la rue devant moi!

VOUS: ...

F. Des panneaux routiers. Travaillez avec un(e) camarade de classe et interprétez les panneaux en utilisant l'impératif. Verbes utiles: klaxonner, dépasser, ralentir, arrêter, faire attention à, rouler, tourner.

MODELE: Ne tournez pas à gauche. →

Le futur simple

Définition Le futur simple marque une action placée dans un moment de l'avenir.

Nous **voyagerons** ensemble cet été.
Il **prendra** la bonne route la prochaine fois.

Formation

A. On forme le futur simple des verbes réguliers en ajoutant les terminaisons **-ai, -as, -a, -ons, -ez, -ont** à l'infinitif. Les verbes en **-re** perdent le **-e** final de l'infinitif.

parler		finir	
je parler**ai** nous parler**ons**		je finir**ai** nous finir**ons**	
tu parler**as** vous parler**ez**		tu finir**as** vous finir**ez**	
il ⎫ elle ⎬ parler**a** ils ⎫ parler**ont** on ⎭ elles ⎬		il ⎫ elle ⎬ finir**a** ils ⎫ finir**ont** on ⎭ elles ⎬	

perdre	
je perdr**ai** nous perdr**ons**	
tu perdr**as** vous perdr**ez**	
il ⎫ elle ⎬ perdr**a** ils ⎫ perdr**ont** on ⎭ elles ⎬	

Ils **arriveront** à huit heures.
Elle **finira** de faire ses valises demain.
Je ne vous **attendrai** pas longtemps.

B. Dans le tableau ci–dessous, les verbes changent d'orthographe au futur simple à cause du **e** muet de l'avant-dernière syllabe. Les terminaisons sont régulières.

LES VERBES COMME:	RADICAL DU FUTUR	TERMINAISONS
lever appeler employer	lèver- appeller- emploier-	**ai, as, a, ons, ez, ont**

J'**amènerai** mon copain, vous **amènerez** vos copains aussi.
Il **renouvellera** ses efforts; ses amis **renouvelleront** leurs efforts aussi.
Elle **s'ennuiera** en province; ses cousines **s'ennuieront** probablement aussi.

A noter: Les verbes comme **espérer** et **préférer** gardent l'orthographe de l'infinitif à toutes les formes du futur.

espérer	
j' esp**é**rerai nous esp**é**rerons	
tu esp**é**reras vous esp**é**rerez	
il esp**é**rera ils esp**é**reront	

C. Plusieurs verbes ont un radical irrégulier au futur, mais les terminaisons sont régulières.

avoir	j'**aur**ai	devoir	je **devr**ai
cueillir	je **cueiller**ai	pleuvoir	il **pleuvr**a
faire	je **fer**ai	recevoir	je **recevr**ai
aller	j'**ir**ai	acquérir	j'**acquerr**ai
savoir	je **saur**ai	conquérir	je **conquerr**ai
être	je **ser**ai	courir	je **courr**ai
falloir	il **faudr**a	envoyer	j'**enverr**ai
tenir	je **tiendr**ai	mourir	je **mourr**ai
valoir	il **vaudr**a	pouvoir	je **pourr**ai
venir	je **viendr**ai	voir	je **verr**ai
vouloir	je **voudr**ai		

Emplois

On emploie le futur:

A. pour exprimer une action ou un état qui se place dans un moment de l'avenir

> **Ferons**-nous du camping le week-end prochain?
> J'**aurai** mon permis de conduire dans un mois.

B. à la place de l'impératif pour adoucir un ordre

> Tu te **dépêcheras** d'aller te coucher.
> Vous **serez** polis avec les invités.

C. dans les propositions subordonnées qui commencent par **après que, aussitôt que, dès que, lorsque** et **quand** si l'action se place dans l'avenir. Si l'action de la proposition principale est au futur ou à l'impératif, les actions des deux propositions ont lieu presque en même temps.

> Quand je **voyagerai** en Europe, je prendrai des trains. — *When I travel in Europe, I'll take the train.*
> Donne-moi un coup de téléphone lorsque tu **arriveras**. — *Telephone me when you arrive.*

D. dans la proposition principale quand la proposition subordonnée commence par **si** de condition (*if*) + un verbe au présent

> Si tu vas à la montagne, tu **pourras** rester dans mon chalet.
> Nous **viendrons** chez vous ce soir si vous voulez.

A noter: Après le **si** de condition suivi du présent, on peut avoir selon le sens le présent, le futur proche, le futur ou l'impératif:[3]

---

[3] Voir aussi chapitre 9, page 241.

$$\text{Si nous faisons du camping,} \begin{cases} \text{nous emportons en général une tente.} \\ \text{nous allons emporter une tente.} \\ \text{nous emporterons une tente.} \\ \text{emportons une tente!} \end{cases}$$

Mise au point

A. Chez une voyante. Une femme veut partir en vacances à la montagne avec son ami. Avant de partir, elle va consulter une diseuse de bonne aventure afin de connaître les résultats de son voyage. Avec un(e) camarade de classe, jouez les deux rôles d'après le modèle.

MODELE: je / être heureux / oui →
LA FEMME: Est-ce que je serai heureuse?
LA DISEUSE: Oui, vous serez heureuse.

1. je / aller en vacances / oui
2. je / faire de l'auto-stop / non
3. je / acheter une voiture / oui
4. mon ami / venir avec moi / oui
5. nous / s'ennuyer ensemble / non
6. nous / s'amuser / oui
7. nous / voir les Alpes / oui
8. nous / célébrer le 14 juillet
   là-bas / non
9. je / ramener des souvenirs / oui

B. Le ton compte pour beaucoup. Votre mère vous donne des ordres d'une façon abrupte. Votre père adoucit ses ordres en employant le futur simple. Avec un(e) camarade de classe, jouez les deux rôles d'après le modèle.

MODELE: être prudent →
VOTRE MERE: Sois prudent.
VOTRE PERE: Tu seras prudent, d'accord?

1. aller déjeuner plus tard
2. être ici à cinq heures
3. tenir ses promesses
4. essayer de faire un effort
5. ne... pas perdre son temps

C. Terminez les phrases de façon originale en employant le futur simple.

1. Aussitôt que nous saurons la réponse,...
2. Lorsque tu pourras faire ce travail,...
3. Quand mes invités partiront,...
4. Si nous allons au bord de la mer,...
5. Je viendrai chez toi lorsque...
6. Les alpinistes conquerront la montagne quand...
7. Ma copine m'enverra le paquet dès que...

D. Rêverie d'hiver. Quand il fait froid en hiver, on aime rêver aux vacances d'été prochaines. Sylvie, qui a déjà séjourné au Club Med, essaie de convaincre son nouveau mari des joies du Club. Complétez les phrases en mettant les verbes de la colonne de droite au futur simple.

1. Si nous prenons nos vacances au printemps, nous ____ au Club Méditerranée à la Guadeloupe.   2. Je ____ te montrer de très belles plages au Club Méditerranée, puisque j'en suis déjà un G.M. («gentil membre»).   3. Les G.O. («gentils organisateurs») ____ bien contents d'accueillir des Américains qui parlent parfaitement le français.   4. Ce ____ merveilleux d'y passer deux semaines; et si on a le temps, on ____ le Club Méditerranée à Cancún au Mexique.

visiter
être (× 2)
pouvoir
aller

partir
nager
faire (× 2)
pouvoir
se bronzer
prendre
être
s'amuser

5. Je ____ de la plongée sous-marine, je ____, je ____ au soleil. 6. S'il y a des voyages organisés, nous ____ à la découverte d'autres villages.   7. On ____ la connaissance d'un tas de gens intéressants, on ____.   8. Aussitôt que nous ____ bien bronzés, nous ____ passer toute la journée au grand air.   9. Le soir on ____ un pot avec les nouveaux amis.

E. Projets de vacances. Vous faites des projets de vacances pour l'été prochain sur la Côte d'Azur. Avec un(e) camarade de classe, terminez la conversation de façon logique.

> VOUS: Visitons la Côte d'Azur…
> VOTRE AMI(E): C'est une bonne idée.…
> VOUS: Quelles villes.…
> VOTRE AMI(E): Je connais un petit village…
> VOUS: Est-ce que la plage…
> VOTRE AMI(E): Oui, et j'ai une amie qui a…
> VOUS: Ecris-lui une lettre pour.…
> VOTRE AMI(E): D'accord, je lui dirai.
> VOUS: Ce seront des vacances…

Le conditionnel présent

Définition   Le conditionnel est un mode qui exprime une action possible qui dépend d'une certaine condition.

> Si je n'avais pas de voiture, je **ferais** de l'auto-stop.
> Nous ne **pourrions** pas y aller si la voiture était toujours en panne.

Éditorial

ALAIN GRIOTTERAY

Si j'étais socialiste…

Formation

A. Pour former le conditionnel présent, on ajoute les terminaisons de l'imparfait **(–ais, –ait, –ions, –iez, –aient)** à l'infinitif. On laisse tomber le **e** final des verbes en **–re** comme au futur.

parler			finir		
je parler**ais**	nous parler**ions**		je finir**ais**	nous finir**ions**	
tu parler**ais**	vous parler**iez**		tu finir**ais**	vous finir**iez**	
il elle on } parler**ait**	ils elles } parler**aient**		il elle on } finir**ait**	ils elles } finir**aient**	

rendre		
je rendr**ais**	nous rendr**ions**	
tu rendr**ais**	vous rendr**iez**	
il elle on } rendr**ait**	ils elles } rendr**aient**	

> Si j'avais du courage, je **doublerais** cette voiture.
> Nous **ralentirions** si les freins marchaient.
> Ils nous **attendraient** en route s'ils avaient le temps.

B. Les verbes qui ont des changements d'orthographe au futur simple ont les mêmes changements au conditionnel présent.

> Il se **lèverait** si tu mettais la radio.
> Nous **appellerions** Paul s'il pouvait nous entendre.
> J'**essaierais** cette route si je savais où elle mène.

A noter: Les verbes comme **espérer** et **préférer** gardent l'orthographe de l'infinitif à toutes les formes au conditionnel présent.

> Nous **répéterions** la question si vous nous écoutiez.

C. Les verbes qui ont un changement de radical au futur simple ont le même changement au conditionnel présent.

> Si j'avais des vacances, je **serais** très content; j'**irais** en France et je **ferais** du ski.

Emplois

A. On emploie le conditionnel avec **devoir, pouvoir** et **vouloir** comme forme de politesse pour formuler une requête ou un désir.

Monsieur, je **voudrais** bien vous parler.
Madame, est-ce que je **pourrais** venir dans votre bureau?
Vous **devriez** vous adresser à la police.

B. On emploie le conditionnel présent dans la proposition principale si la proposition subordonnée commence par **si** de condition (*if*) suivi de l'imparfait.

Nous **irions** au bord de la mer si l'océan était plus près.
S'il pleuvait, il **faudrait** partir tôt.

A noter: La proposition subordonnée peut être sous-entendue.

Je **pourrais** venir demain (si tu voulais).

C. On emploie le conditionnel pour rapporter un fait incertain.

Il y **aurait** un accident sur l'autoroute du sud.	*It appears that there is an accident on the south-bound freeway.*
La police **serait** déjà sur les lieux de l'accident.	*It appears that the police are already on the scene of the accident.*

RECAPITULATION SUR LA CONCORDANCE DES TEMPS				
Conjonction		*Proposition subordonnée*		*Proposition principale*
après que **aussitôt que** **dès que** **lorsque** **quand**	+	le présent le futur	+	le présent le futur
si	+	le présent	+	le présent le futur proche le futur l'impératif
si	+	l'imparfait	+	le conditionnel présent

Mise au point

A. La politesse. Travaillez avec un(e) camarade de classe et employez le conditionnel présent afin d'exprimer les souhaits et les demandes ci-dessous de façon plus polie.

1. Je veux aller à la mer. 2. Peux-tu m'aider, je suis en panne. 3. Vous ne devez pas doubler dans un virage. 4. Nous voulons faire le plein à la prochaine station-service. 5. Pouvez-vous garer votre voiture là-bas?

B. Les copains et les copines. Interviewez un(e) camarade de classe afin de savoir ce qu'il (elle) ferait si ses conditions de vie étaient un peu différentes.

MODELE: avoir de l'argent / que / faire →

VOUS: Si tu avais de l'argent, que ferais-tu?

IL (ELLE): Si j'avais de l'argent, je partirais en Europe.

1. prendre des vacances / où / aller
2. acheter une voiture / quelle marque / choisir
3. recevoir une bourse / comment / se sentir
4. gagner à la loterie / que / vouloir faire
5. être en panne / à qui / téléphoner
6. étudier beaucoup / quelles notes / avoir
7. faire des progrès en français / être heureux
8. pouvoir amener un copain (une copine) / qui / choisir
9. s'ennuyer en classe / que / devoir faire
10. envoyer des fleurs à ton ami(e) / où / les acheter

C. Terminez les phrases de façon logique en employant le conditionnel présent.

1. Si je gagnais à la loterie irlandaise,…
2. Si mes parents étaient millionnaires,…
3. Si tu me prêtais un chalet à Chamonix,…
4. Si les femmes avaient les mêmes libertés que les hommes,…

D. Itinéraire de voyage. Vous êtes déjà en France et vous projetez un voyage avec des copains et des copines. Regardez la carte de France et choisissez la destination de vos vacances. Faites des phrases pour dire quels moyens de transport et quelles formes d'hébergement vous allez choisir et pourquoi.

> MODELE: VOUS: Achetons des motocyclettes pour le voyage. Elles sont si économiques.
>
> IL (ELLE): C'est une bonne idée. Moi, j'aimerais visiter l'Auvergne pour voir les volcans et les belles forêts. Je préfère descendre dans une auberge.

HEBERGEMENT	MOYENS DE TRANSPORT
une tente	un vélo
un hôtel	une motocyclette
une roulotte	une voiture
une auberge	un train
un gîte rural	un autobus
un camping	
une forêt	

Reprise

A noter: Les exercices de cette partie reprennent les structures grammaticales de ce chapitre.

A. Les copains et les copines. Travaillez avec un(e) camarade de classe et discutez des sujets suivants.

1. Quelle est la limitation de vitesse sur les autoroutes américaines?
2. A quelle vitesse roules-tu d'habitude? Si tu étais pressé(e), dépasserais-tu la limitation de vitesse?
3. Quand doit-on ralentir sur la route?
4. Quand tu prends la route, préfères-tu conduire d'une seule traite ou bien t'arrêtes-tu pour admirer le paysage?
5. Quelles routes préfères-tu—les routes de campagne ou les autoroutes? Pourquoi?

B. Au marché en plein air. Vous allez au marché dans un petit village. La marchande vous demande ce que vous voulez et vous lui répondez. Avec un(e) camarade de classe, jouez les deux rôles d'après les modèles. (Les expressions en italique ne changent pas.)

> MODELES: pommes / tout / très sucré / oui / adorer →
>> LA MARCHANDE: *Aimeriez-vous acheter ces* pommes? Elles *sont* toutes très sucrées.
>> VOUS: *Oui, donnez-m'en* 1 kilo. *Je les* adore.
>
> navets / tout / bien blanc / non / détester →
>> LA MARCHANDE: *Aimeriez-vous acheter ces* navets? Ils *sont* tous bien blancs.
>> VOUS: *Non, ne m'en donnez pas. Je les* déteste.

1. poires / tout / très mûr / oui / adorer
2. petits pois / tout / extra-fin / non / détester
3. laitues / tout / bien frais / oui / adorer
4. artichauts / tout / bien tendre / non / détester
5. mandarines / tout / très juteux / oui / adorer

C. Quand je serai grand(e)... Deux jeunes gens qui habitent à la campagne discutent de leur avenir. Mettez leur conversation au futur en suivant le modèle.

> MODELE: quand / être grand / quitter la campagne →
>> PREMIER ENFANT: Quand tu seras grand, quitteras-tu la campagne?
>> DEUXIEME ENFANT: Oui, je quitterai la campagne quand je serai grand.

1. dès que / avoir dix-huit ans / aller en ville
2. aussitôt que / trouver un appartement / déménager
3. quand / avoir de l'argent / acheter une voiture
4. quand / connaître mieux la ville / sortir souvent
5. dès que / faire la connaissance d'une jeune fille / être heureux

D. Traduisez.

1. If we obtain a roadmap, we'll know where we are.
2. You'll be seasick if you cross the Mediterranean.
3. When she parks the car, she'll be able to talk to us.
4. The car on the right has the right of way; the one on the left must wait.
5. The sign I saw was broken. Could you read the one (that) you saw?

E. Faites des phrases d'après le modèle.

> MODELE: si / il / habiter un quartier résidentiel / il / être heureux →
>> S'il habitait un quartier résidentiel, il serait heureux.

1. si / je / être riche / je / aller au bord de la mer
2. si / nous / aller à la montagne / nous / se coucher dans une auberge
3. si / vous / se presser / vous / arriver à l'heure
4. si / elles / avoir le temps / elles / passer chez nous
5. si / il / vouloir venir / il / téléphoner

*E*ncore une fois

A noter: Les exercices de cette partie reprennent les structures grammaticales du chapitre précédent avec le vocabulaire de ce chapitre.

A. A l'agence immobilière. Vous voulez acheter un appartement à Paris. Vous en parlez à un agent qui vous en propose un dans son immeuble, rue Frédéric Mistral. Analysez la photo publicitaire, puis avec un(e) camarade de classe jouez les deux rôles d'après le modèle.

MODELE: arrondissement / être le meilleur →
        VOUS: Quel arrondissement est le meilleur?
      L'AGENT: C'est celui-ci qui est le meilleur.

1. adresse / être la plus recherchée (demandée)
2. immeuble / être le plus joli
3. appartements / être les plus élégants
4. bâtiment / avoir la meilleure isolation
5. agence / vendre ces appartements

B. Au bord de la mer. La France est connue pour ses belles plages. L'une d'entre elles a été immortalisée par Ernest Hemingway dans *The Sun Also Rises*. Récrivez le paragraphe ci-dessous au passé en employant l'imparfait et le passé composé.

Quand nous (*être*) en France, nous (*passer*) le mois d'août sur la Côte Basque où il y (*avoir*) une belle plage. Les montagnes (*être*) tout près aussi. Le village ne (*être*) pas trop envahi par les touristes, en fait, le quartier où (*se trouver*) notre maison (*être*) très calme. Nous (*aller*) tous les jours à la plage où nous (*manger*) des beignets aux abricots qu'une dame (*vendre*). Un jour je (*vouloir*) aller à Hendaye qui (*être*) tout près. Je (*prendre*) mes affaires et je (*monter*) dans le train. Je (*descendre*) à la gare et je (*mettre*) à peu près quinze minutes pour aller à la plage. Quand je la (*voir*), je (*se souvenir*) d'Ernest Hemingway qui l'avait décrite dans un de ses romans.

C. Les belles côtes françaises. Complétez les phrases avec les formes correctes des pronoms démonstratifs.

1. Tout le monde connaît la Côte d'Azur. Mais connaissez-vous la Côte d'Or? C'est _____ qui se trouve en Bourgogne.
2. La Bretagne a trois côtes, _____ de Cornouaille, _____ de Léon, et _____ d'Emeraude.
3. Et dans le nord à Deauville, on trouve _____ de Normandie, la Côte Fleurie.
4. _____ qui est située au sud de la Côte Atlantique s'appelle la Côte des Landes.

D. La bonne entente. Les personnes suivantes font des choses ensemble. Exprimez cela en utilisant des pronoms disjoints.

1. Je vais à la campagne avec _____; alors, elle va à la montagne avec _____ .
2. Nous partageons nos sandwichs avec _____; alors vous partagez vos gâteaux avec _____ .
3. Tu vas au bord de la mer avec _____; alors il va en ville avec _____ .
4. Ils font les courses avec _____; alors, elles préparent le dîner pour _____ .

L'actualité

Les panneaux publicitaires

Voici quelques panneaux et interdictions que vous pouvez voir en France . Regardez-les. Ensuite, situez chaque affiche en écrivant au-dessous des images deux endroits où vous pourriez éventuellement les rencontrer (dans un hôtel, dans la rue, dans un magazine, etc.). Attention: pour certaines affiches il existe plus de possibilités que pour d'autres. Après avoir terminé, tout le monde peut comparer ses résultats pour trouver les meilleures réponses.

MAINTENEZ VOTRE BICYCLETTE EN BON ÉTAT

1. _____
2. _____

« ALLONS-Y LE 27 AOUT, C'EST L'ANNIVERSAIRE DE JOHNSON

1. _____
2. _____

Viéns voir ma Hollande à moi !

1. _____
2. _____

VOUS ALLEZ AUX U.S.A.?

N'EMPORTEZ QUE DES DOLLARS US

1. _____
2. _____

CHASSONS LE GASPI
1 GASPI = 1 LITRE DE CARBURANT GASPILLÉ

1. _____
2. _____

Ne manquez pas notre prochain numéro En vente le 22 mai

1. _____
2. _____

PROMENONS-NOUS DANS PARIS

1. _____
2. _____

n'arrête pas le progrès :

1. _____
2. _____

CHERCHEZ LES SACHETS CHANCEUX DE LOTO CANADA

1. _____
2. _____

Venez rencontrer TOULOUSE LAUTREC, LA GOULUE et les plus grandes célébrités de la Belle Époque

1. _____
2. _____

L a vie est un voyage.
Proust

Le vingtième siècle

Le Minitel est une invention vraiment pratique!
MARK ANTMAN/
THE IMAGE WORKS

Objectifs

- Le présent du subjonctif
- L'emploi obligatoire du sub-jonctif
- Le subjonctif par rapport à l'infinitif

- Le subjonctif par rapport à l'indicatif
- Le subjonctif passé

Mots et expressions

L'ÉCONOMIE ET LES FINANCES

augmenter to increase
la caisse d'épargne sav-ings and loan bank
le carnet de chèques, le chéquier checkbook
la carte de crédit credit card
le compte (en banque) bank account
le coût de la vie cost of living
la crise crisis
la dépense expense
dépenser to spend
dépensier (dépensière) spendthrift
économe thrifty
économiser to save
l'emprunt (*m.*) loan
emprunter to borrow
faire de la monnaie to get change

faire un chèque to write a check
faire des économies to save money
fauché(e) (*fam.*) broke
l'impôt (*m.*) tax
l'ordinateur (*m.*) com-puter
payer par chèque to pay by check
retirer du liquide to withdraw cash
le salaire salary, paycheck

LA POLITIQUE

le candidat (la candidate) candidate
le citoyen (la citoyenne) citizen
l'électeur (l'électrice) voter
élire to elect
être au chômage to be unemployed

être inscrit(e) à to belong to
faire la grève to strike, go on strike
manifester to demonstrate
l'ouvrier (l'ouvrière) worker
le parti political party
politisé(e) committed to a political ideology
réagir to react
le sigle acronym
le syndicat union
voter to vote

Emplois

A. Trouvez le verbe qui correspond à chaque nom.

1. le vote
2. l'élection
3. la réaction
4. la manifestation
5. la dépense
6. l'emprunt
7. l'économie
8. l'augmentation

B. Trouvez l'équivalent de chaque expression.

1. une taxe   2. refuser de travailler   3. machine électronique programmable
4. échanger un billet pour des pièces   5. qui a une opinion politique   6. qui
dépense avec mesure   7. sans argent   8. qui dépense excessivement
9. somme d'argent payable par l'employeur à la fin du mois   10. mettre de
l'argent de côté   11. être sans travail   12. bureau où on dépose de l'argent

C. Complétez les phrases avec les mots appropriés.

1. Depuis que je suis à l'université, j'ai mon propre _____ en banque, donc
   j'ai un _____ de chèques. Quand je n'ai pas _____ assez de liquide sur mon
   compte, je suis obligé(e) de _____ un chèque pour ce que j'achète. Mais, si
   tu me dois de l'argent, ne me _____ pas par chèque, donne-moi du liquide.
2. Quand on voyage en Europe, il vaut mieux avoir une _____ _____ _____,
   par exemple, *L'American Express* ou *la Carte Bleue Internationale*.
3. Partout dans le monde, on trouve que le _____ de la _____ augmente
   chaque année.
4. La majorité des travailleurs français (travailleuses françaises) appartient à un
   _____ pour défendre leurs intérêts professionnels.
5. Les Etats-Unis et l'Europe ont traversé une _____ financière en 1929.

D. Les copains et les copines. Travaillez avec un(e) camarade de classe et à
tour de rôle, posez-vous des questions afin de découvrir ce que vous connaissez en politique.

1. Es-tu inscrit(e) à un parti politique? Auquel?
2. Tes amis sont-ils politisés? Manifestent-ils pour ou contre le gouvernement
   actuel? Ont-ils jamais fait la grève? Pour quelles raisons?
3. As-tu jamais voté? Pour quel candidat ou quelle candidate as-tu voté aux
   dernières élections?
4. Parmi les citoyens des Etats-Unis quel est le pourcentage d'électeurs à ton
   avis? Quel est le pourcentage de votes aux élections présidentielles? Penses-
   tu que tout le monde doit voter? Pourquoi?
5. En France, on peut voter à dix-huit ans. A quel âge peut-on voter chez
   toi?

tructures

Le présent du subjonctif

Définition   Alors que l'indicatif exprime une réalité objective, le subjonctif est le mode qui souligne la subjectivité, c'est-à-dire, la volonté, l'émotion et le doute ou la possibilité. Il est toujours introduit par **que.** Comparez les phrases suivantes.

ᵃ*Le maire de Paris*

INDICATIF (LA CERTITUDE)	SUBJONCTIF (LA SUBJECTIVITE)
Il est vrai que nous **faisons** la grève.	Le syndicat veut que nous **fassions** la grève. (la volonté)
Il sait que vous **voterez** pour lui.	Le candidat est heureux que vous **votiez** pour lui. (l'émotion)
Il est évident qu'elle **viendra.**	Il se peut qu'elle **vienne.** (le doute, la possibilité)

On emploie deux temps du mode subjonctif dans la langue parlée: le présent et le passé.

Formation

Terminaisons   Pour former le présent du subjonctif des verbes, on ajoute les terminaisons **-e, -es, -e, -ions, -iez, -ent** au radical. (Exceptions: **avoir, être.**)

Verbes à un radical   Pour former le présent du subjonctif de la plupart des verbes, on utilise le radical de la troisième personne du pluriel de l'indicatif présent.

	parler: parl-	**finir: finiss-**	**rendre: rend-**
...que je	**parl**e	**finiss**e	**rend**e
...que tu	**parl**es	**finiss**es	**rend**es
...qu'il, elle, on	**parl**e	**finiss**e	**rend**e
...que nous	**parl**ions	**finiss**ions	**rend**ions
...que vous	**parl**iez	**finiss**iez	**rend**iez
...qu'ils, elles	**parl**ent	**finiss**ent	**rend**ent

A noter: Au subjonctif présent, les formes **nous** et **vous** sont identiques à celles de l'imparfait de l'indicatif.

Verbes à deux radicaux   Certains verbes font exception à la règle précédente. Dans ces cas on utilise le radical de la première personne du pluriel de l'indicatif présent pour **nous** et **vous**.

	boire:	**boiv-** **buv-**
…que je		**boi**ve
…que tu		**boi**ves
…qu'il, elle, on		**boi**ve
…que nous		**buv**ions
…que vous		**buv**iez
…qu'ils, elles		**boiv**ent

Voici d'autres verbes qui ont deux radicaux au subjonctif.

acheter	que j'**achète**	que nous **achet**ions
appeler	que j'**appelle**	que nous **appel**ions
croire	que je **croie**	que nous **croy**ions
devoir	que je **doive**	que nous **dev**ions
envoyer	que j'**envoie**	que nous **envoy**ions
jeter	que je **jette**	que nous **jet**ions
mourir	que je **meure**	que nous **mour**ions
payer	que je **paie**	que nous **pay**ions
préférer	que je **préfère**	que nous **préfér**ions
prendre	que je **prenne**	que nous **pren**ions
recevoir	que je **reçoive**	que nous **recev**ions
venir	que je **vienne**	que nous **ven**ions
voir	que je **voie**	que nous **voy**ions

Verbes irréguliers à un radical

	faire: fass-	**pouvoir: puiss-**	**savoir: sach-**
…que je	**fass**e	**puiss**e	**sach**e
…que tu	**fass**es	**puiss**es	**sach**es
…qu'il, elle, on	**fass**e	**puiss**e	**sach**e
…que nous	**fass**ions	**puiss**ions	**sach**ions
…que vous	**fass**iez	**puiss**iez	**sach**iez
…qu'ils, elles	**fass**ent	**puiss**ent	**sach**ent

Verbes irréguliers à deux radicaux

	aller: aill- all-	être: soi- soy-	avoir: ai- ay-	vouloir: veuill- voul-
…que je (j')	**aill**e	**soi**s	**ai**e	**veuill**e
…que tu	**aill**es	**soi**s	**ai**es	**veuill**es
…qu'il, elle, on	**aill**e	**soi**t	**ai**t	**veuill**e
…que nous	**all**ions	**soy**ons	**ay**ons	**voul**ions
…que vous	**all**iez	**soy**ez	**ay**ez	**voul**iez
…qu'ils, elles	**aill**ent	**soi**ent	**ai**ent	**veuill**ent

A noter: Le subjonctif des verbes impersonnels **falloir** et **pleuvoir** est **qu'il faille** et **qu'il pleuve,** respectivement.

Mise au point

A. Etre dans le vent. Que faut-il faire pour suivre la mode aujourd'hui? A tour de rôle expliquez ce qui est de rigueur. Vous pouvez plaisanter ou être ironique. Complétez les phrases avec un verbe au subjonctif.

> MODELE: avoir une belle voiture neuve →
> Il faut que tu **aies** une belle voiture neuve.

1. connaître les meilleurs restaurants 2. connaître par cœur toutes les dernières chansons 3. avoir un ordinateur à la maison 4. acheter des vêtements de marque 5. étudier dans une université renommée 6. être au courant des scandales 7. ?

B. Des personnalités différentes. On peut toujours compter sur vous. Par contre, un de vos amis (une de vos amies) n'aime pas se décider à l'avance. Vous et votre ami(e) parlez aujourd'hui à l'université avec un membre d'un groupe politique. Jouez les trois rôles selon le modèle.

> MODELE: aller à la réunion →
> LE MEMBRE: Est-ce vrai que tu **ailles** à la réunion ce soir?
> VOUS: Oui, je **vais** à la réunion.
> VOTRE AMI(E): Heu, moi, il est peu probable que j'y **aille.**

1. pouvoir aider notre candidat 2. payer les droits d'inscription bientôt 3. venir à la réunion la semaine prochaine 4. aller avec nous parler au président de l'université 5. faire des économies pour donner de l'argent au groupe 6. participer à la manifestation devant la maison du président 7. être tout à fait d'accord avec notre programme

Un distributeur de timbres à Québec EDITH REICHMANN/ MONKMEYER PRESS

C. Un employé (Une employée) de la poste prépare une liste de règles pour les étudiants étrangers qui viennent toujours à son guichet envoyer des paquets. Mettez les phrases au subjonctif d'après le modèle.

> MODELE: Vous venez tôt le matin. (Il vaut mieux que) →
> Il vaut mieux que vous veniez tôt le matin.

1. Vos paquets sont bien emballés. (Je suggère que)
2. Vous mettez de la ficelle. (Il vaut mieux que)
3. Les paquets se perdent. (Il se peut)
4. Vous écrivez l'adresse en rouge. (Je préfère que)
5. Vous arrivez à la poste avant six heures du soir. (Il faut que)
6. Tout le monde comprend les règles. (Il est nécessaire que)
7. Vous payez au guichet. (Je préfère que)

D. Voici une conversation entre deux jeunes gens qui travaillent à la banque. Mettez les verbes qui conviennent au subjonctif présent.

Verbes utiles: faire, discuter, pouvoir, s'occuper, être, prendre.

1. MARC: Je veux que tu _____ de la caisse.
2. HENRI: Penses-tu que je _____ le faire tout seul?
3. MARC: Oui, et j'exige aussi que tu _____ les comptes aujourd'hui.
4. HENRI: C'est dommage que je ne _____ pas plus intelligent, mais je ne comprends rien aux chiffres.
5. MARC: Je suggère que tu _____ ton temps et que tu ne _____ plus.

Verbes utiles: connaître, apprendre, finir, savoir, avoir.

6. HENRI: Mais, n'as-tu pas peur que je _____ des difficultés?
7. MARC: Je veux simplement que tu _____ le travail.
8. HENRI: Est-il important que je _____ me servir de l'ordinateur?
9. MARC: Bien sûr, il faut que tu _____ la technique.
10. HENRI: Alors, je ne vais pas rester ici, à moins que tu ne me _____ à faire marcher cette machine infernale!

L'emploi obligatoire du subjonctif

Si la proposition principale contient un verbe ou une expression impersonnelle qui exprime *la subjectivité,* le verbe de la proposition subordonnée est au subjonctif.

A. On emploie le subjonctif dans la proposition subordonnée s'il s'agit de deux sujets différents et si la proposition principale contient:

1. **des verbes ou des expressions de volonté** qui expriment un ordre, une nécessité, un conseil ou un désir.

aimer mieux que	il est important que
désirer que	il est nécessaire que
exiger que	il est normal que
préférer que	il est préférable que
proposer que	il est temps que
souhaiter que	il est utile (inutile) que
suggérer que	il faut que
vouloir (bien) que	il vaut mieux que

Je veux que **tu apprennes** ta leçon d'histoire.
Il est nécessaire que **j'aille** voir un médecin cet après-midi.

2. **des verbes et des expressions d'émotion ou de sentiment** qui expriment la peur, le bonheur, la colère, le regret, la surprise, ou quelque autre sentiment.

avoir peur que[1]	il est dommage que[2]
craindre que[1]	il est bon que
être content que	il est étonnant que
être désolé que	il est honteux que
être étonné que	il est rare que
être surpris que	il est regrettable que
regretter que	

Je ne suis pas **étonné** qu'elle **parte.**
Il est **dommage** que **tu ne puisses pas** m'accompagner.

---

[1] On emploie le **ne** explétif avec les verbes **avoir peur** et **craindre.** Il n'a pas de valeur négative: **J'ai peur que mon ami ne soit malade.** (*I'm afraid that my friend is sick.*)
[2] Dans la langue parlée on dit souvent **c'est** au lieu de **il est** dans les expressions impersonnelles.

3. **des verbes ou des expressions de doute ou de possibilité**

douter que	il est douteux que
	il est impossible que
	il est improbable que
	il est peu probable que
	il est possible que
	il se peut que
	il semble que

Je **doute** que vos collègues **soient** d'accord.
Il **se peut** qu'il y **ait** une crise financière.

B. On emploie le subjonctif dans la proposition subordonnée après:

1. les conjonctions suivantes. (Le sujet est toujours différent dans les deux propositions.)

à condition que, pourvu que	*provided that*
à moins que... (ne)[3]	*unless*
afin que	*so that, so*
avant que... (ne)[3]	*before*
de crainte que... (ne)[3]	*for fear that*
de peur que... (ne)[3]	*for fear that*
en attendant que	*while, until*
pour que	*in order that, so that*
sans que	*without*

Elle va rester ici en attendant que tu **reviennes.**
Je veux bien t'aider à condition que tu **fasses** un effort.
Paul est-il parti sans que je le **sache?**

POUR QUE L'EAU SALÉE N'AIT JAMAIS LE GOÛT DES LARMES[a]...

Soutenez les Sauveteurs en Mer ! Ce sont des bénévoles compétents et courageux. En mer vous pouvez compter sur eux. A terre ils ont besoin de vous !

[a]*tears*

---

[3]On emploie le **ne** explétif après les conjonctions **à moins que, avant que, de crainte que** et **de peur que.**

2. les conjonctions suivantes. (Le sujet peut être le même ou différent dans les deux propositions.)

bien que	*although*
jusqu'à ce que	*until*
quoi que	*whatever, no matter what*

Quoi que nous **fassions,**

$\begin{rcases} \text{nous allons} \\ \text{les gens vont} \end{rcases}$ épuiser les ressources d'énergie.

Whatever we do,

$\begin{rcases} \textit{we are going} \\ \textit{people are going} \end{rcases}$ *to exhaust our energy resources.*

A noter: On emploie toujours *l'indicatif* avec les expressions suivantes qui expriment un fait considéré comme certain.

ainsi que	*in the same way as, just as, so as*
alors que	*while, whereas*
après que	*after, when*
parce que	*because*
pendant que	*while*
puisque	*since, as*
tandis que	*while, whereas*

Je vais retirer du liquide **parce que j'ai déjà dépensé** tout mon argent.

Lui, il fait toujours des chèques **tandis qu'elle se sert** de sa carte de crédit.

Mise au point

A. Conseils. On nous offre souvent des conseils, donnés par des professeurs, des parents ou des médecins. Trouvez quelle pourrait être la personne donnant sans doute le conseil. Ensuite exprimez-le selon le modèle.

MODELE: faire un exposé oral demain →
LE PROFESSEUR DE FRANÇAIS: Je veux que vous fassiez un exposé oral demain.

1. apprendre toutes les formes irrégulières du subjonctif   2. se souvenir de mon anniversaire cette année   3. boire plus d'eau et moins de boissons sucrées 4. faire des économies ce semestre   5. venir me parler si vous ne comprenez pas les devoirs   6. prendre deux aspirines et me téléphoner demain matin 7. ranger ta chambre de temps en temps

Maintenant, donnez trois autres conseils que vous offrent régulièrement vos parents et vos professeurs.

B. Pour se tenir au courant... Que faut-il faire pour se tenir au courant des affaires nationales et internationales? Terminez les phrases avec imagination.

1. Il faudrait que vous...
2. Il est important que vous...

3. Il sera nécessaire que…
4. Il est inutile que…
5. Il semble qu'on…
6. Il est normal que…
7. Il vaut mieux que…

C. Expressions d'émotion. Votre ami(e) est assez bavard(e) et aime vous raconter tout. Il (Elle) attend à ce que vous lui répondiez avec enthousiasme. Jouez les deux rôles avec un(e) camarade de classe en exprimant le sentiment approprié.

Expressions utiles: être triste, ravi(e), content(e), furieux (furieuse), désolé(e), étonné(e), fâché(e), surpris(e) / il est étonnant, honteux, surprenant, regrettable, bon

MODELE: ne pas / venir à ta soirée ce week-end →
IL (ELLE): Je ne peux pas venir à ta soirée ce week-end.
VOUS: Oh, je suis triste que tu ne puisses pas venir.

1. venir de / obtenir une mauvaise note en maths
2. aller / quitter l'université
3. venir de / acheter une nouvelle Renault
4. aller / me marier ce week-end
5. aller / partir pour l'Europe dans deux semaines
6. ne pas pouvoir / payer mon loyer ce mois-ci

D. Opinions. Dites si vous pensez que les choses suivantes sont possibles ou peu probables en employant des verbes ou des expressions de doute ou de possibilité. Justifiez votre opinion.

MODELE: Les démocrates vont gagner aux prochaines élections. →
Je doute que les démocrates gagnent aux prochaines élections.

1. Tous les citoyens vont voter aux prochaines élections présidentielles.
2. Les étudiants vont faire la grève la semaine prochaine.   3. L'Amérique va devenir communiste.   4. La gauche et la droite vont se mettre d'accord au sujet des impôts sur le revenu.   5. Le pays va élire une femme aux élections présidentielles.

E. Espérances. Tout le monde a des projets pour vous. Avec un(e) camarade de classe, jouez les rôles d'une personne qui donne des ordres ou des conseils et d'une autre qui donne de bonnes raisons. Puis inversez les rôles.

MODELE: votre mère / ne pas vouloir / dépenser tout votre argent →
MA MERE: Je ne veux pas que tu dépenses tout ton argent.
MOI: Mais, maman, il faut quand même que je m'amuse de temps en temps.

LES PERSONNES	LE VERBE DE VOLONTE	LES ACTIONS
1. votre père / mère	aimer mieux	faire le ménage à la maison
2. votre ami(e)	préférer	suivre ses conseils

3. votre banquier   suggérer   faire un emprunt
4. votre camarade   vouloir bien que   ne pas sortir avec
    de chambre   d'autres ami(e)s
5. vos parents   désirer que   être économe
6. ?   ?   ?

F. Echanges. Dans votre famille, on discute de tout. Complétez la conversation suivante en mettant au subjonctif le verbe qui convient.

Expressions utiles: payer son billet, faire un effort pour m'aider, ne rien dire à mes amis, te le demander, être gentil(le) avec moi, partir.

VOTRE MERE: Tu emmènes ton petit frère avec toi au cinéma, d'accord?

VOUS: Je l'emmènerai à condition qu'il _____[1] et pourvu que tu _____.[2]

VOTRE FRERE: Je ne vais pas au cinéma avec Jean à moins qu'il _____.[3]

VOTRE MERE: Ça suffit! Avant que vous (ne) _____,[4] je vais vous préparer quelque chose à manger.

VOUS: Je n'ai pas faim.

VOTRE MERE: Pour une fois, je veux bien que tu _____[5] sans que je _____.[6]

G. Interactions. Voici des situations où on pourrait employer le subjonctif. Discutez-en avec vos camarades de classe.

1. Vous voulez faire une boum avec vos copains. Que faut-il acheter et préparer?

    MODELE: Il faut que nous achetions du vin.

2. Le médecin vient de vous dire que vous êtes en mauvaise santé. Que faut-il faire pour être en bonne santé? Qu'est-ce qu'il ne faut pas faire?

    MODELE: Je suggère que vous fassiez de longues promenades.

3. Un étudiant a manqué deux semaines de cours. Que faut-il qu'il fasse pour se rattraper? Son ami(e) lui donne des conseils.

    MODELE: Il est important que tu ailles voir ton prof.

Le subjonctif par rapport à l'infinitif[4]

A. On emploie le subjonctif avec les verbes de volonté et d'émotion si le sujet du verbe de la proposition subordonnée est différent de celui du verbe de la proposition principale. Si les deux verbes ont le même sujet, le deuxième verbe est à l'infinitif.

1. Avec les verbes de volonté (**aimer mieux, désirer, préférer, souhaiter, vouloir**), l'infinitif suit directement le verbe.

---

[4] Référez-vous à l'emploi obligatoire du subjonctif, pages 185–187, et contrastez les différentes listes.

SUBJONCTIF	INFINITIF
Je désire qu'elle **parte** samedi.	Je désire **partir** samedi.
Il voulait que tu **fasses** ce travail.	Il voulait **faire** ce travail.

2. Après les verbes d'émotion (**avoir peur, craindre, regretter, être** + *adjectif*), **que** introduit le subjonctif et **de** introduit l'infinitif.

SUBJONCTIF	INFINITIF
J'ai eu peur que tu ne te **fasses** mal.	J'ai eu peur de me **faire** mal.
Je suis content que tu **puisses** revenir.	Je suis content de **pouvoir revenir.**
Je regrette qu'il ne la **connaisse** pas.	Je regrette de ne pas la **connaître.**

B. Les conjonctions suivies du subjonctif deviennent des prépositions suivies de l'infinitif si les deux verbes ont le même sujet.

CONJONCTIONS + SUBJONCTIF	PREPOSITIONS + INFINITIF
à condition **que**	à condition **de**
à moins **que**	à moins **de**
afin **que**	afin **de**
avant **que**	avant **de**
de crainte **que**	de crainte **de**
de peur **que**	de peur **de**
en attendant **que**	en attendant **de**
pour **que**	pour
sans **que**	sans

SUBJONCTIF	INFINITIF
Je me repose toujours avant que nous ne **sortions.**	Je me repose toujours avant de **sortir.**
Il travaille pour que nous **ayons** de l'argent.	Il travaille pour **avoir** de l'argent.

C. On emploie le subjonctif avec les verbes et les expressions impersonnels lorsque le sujet du verbe subordonné est précisé. Si le sujet est sous-entendu, il faut utiliser l'infinitif.

1. Avec les verbes **il faut** et **il vaut mieux** l'infinitif suit directement le verbe.

SUBJONCTIF	INFINITIF
Il faut que vous **travailliez** davantage.	Il faut **travailler** pour réussir.

2. Avec les expressions du type **il** + **être** + *adjectif,* **de** remplace **que.**

SUBJONCTIF

Il est important que nous **fassions** les courses avant six heures.

INFINITIF

Il est important de **faire** attention en conduisant la nuit.

Mise au point

A. Les au revoir. Un jeune couple doit se séparer pendant un certain temps. D'après le modèle, jouez le rôle de chacun. Répondez à la forme affirmative ou négative de façon logique.

> MODELE: Je dois partir samedi matin.
> *Non, je ne veux pas que tu **partes.***

1. Je regrette de ne pas pouvoir rester plus longtemps. 2. J'aimerais mieux avoir plus de temps libre. 3. Je préfère passer deux jours avec toi avant de partir. 4. Je suis triste de ne pas avoir de poste ici. 5. Je suis désolé(e) de m'en aller sans toi.

B. La vie de Barnabé. Analysez le dessin humoristique, puis complétez les phrases suivantes.

1. Les poissons rouges veulent que Barnabé…
2. Le petit oiseau veut que… parce que…
3. Les souris veulent que Barnabé leur…
4. Barnabé, lui, regrette…

Maintenant, mentionnez trois ou quatre choses qu'il faut faire pour s'occuper d'un animal domestique tel qu'un chien ou un chat.

> MODELE: Il faut que tu **nettoies** son lit.

Les facéties[a] de Barnabé

ON VEUT UN BOCAL[b] PLUS SPACIEUX!.. ON VEUT UN BOCAL PLUS SPACIEUX!.. ON VEUT…

J'M'ENNUIE! JE VEUX QUE TU M'ACHÈTES UNE COMPAGNE!

IL Y A DES JOURS OÙ JE REGRETTE DE NE PAS AVOIR L'INSTINCT PRÉDATEUR DE MES CONGÉNÈRES[c]!

ON VEUT DAVANTAGE DE GRUYÈRE

© PRISMA

FOISSY

[a]*jokes* [b]*(fish) bowl* [c]*species*

C. Travaillez avec un(e) camarade de classe et discutez de ce que vous devriez faire pour avoir du succès dans la vie. Etes-vous d'accord ou non?

1. Pour avoir du succès dans les relations personnelles...
   a. il faut...
   b. il est important de...
   c. il est nécessaire de...
   d. il est bon de...
   e. il vaut mieux...
   f. il n'est pas nécessaire de...

2. Pour réussir dans ses études...
   a. il faut...
   b. il est important de...
   c. il est nécessaire de...
   d. il est bon de...
   e. il vaut mieux...
   f. il n'est pas nécessaire de...

3. Pour avoir du succès dans son travail...
   a. il vaut mieux...
   b. il faut...
   c. il est bon de...
   d. il est important de...
   e. il n'est pas nécessaire de...

4. Pour avoir du succès dans la vie sportive...
   a. il vaut mieux...
   b. il faut...
   c. il est bon de...

D. Différents points de vue. Vous avez un ami marié (une amie mariée) qui fait certaines remarques au sujet de sa femme (son mari). En tant que célibataire, vous donnez votre réponse. Jouez les deux rôles avec un(e) camarade de classe, puis inversez les rôles.

MODELE:　IL (ELLE): Ma femme (Mon mari) économise de l'argent **pour que nous fassions** des voyages.

VOUS: Et moi, j'économise de l'argent **pour faire** des voyages.

1. Ma femme (Mon mari) travaille **afin que nous soyons** à notre aise.
2. Ma femme (Mon mari) fait l'impossible **pour que nous réussissions.**
3. Ma femme (Mon mari) va à la banque **avant que je ne fasse** les courses.
4. Ma femme (Mon mari) ne dépense pas d'argent **en attendant que j'obtienne** une augmentation de salaire.
5. Ma femme (Mon mari) **a peur que je ne sois** au chômage.

E. Les copains et les copines. Discutez de vos regrets et de vos peurs avec un(e) camarade de classe. Il (Elle) dira ce que vous devriez faire pour vous rassurer.

MODELE: VOUS: J'ai peur de ne pas pouvoir répondre aux questions en
classe.
IL (ELLE): Il faut que tu **ailles** au laboratoire.
VOUS: Je crains d'avoir un accident sur l'autoroute.
IL (ELLE): Il faut que tu **fasses** attention.

VERBES	SITUATIONS
avoir peur de	en classe
craindre de	avec ma famille
regretter de	sur la route
	avec mes amis
	quand je suis seul(e)
	?

Le subjonctif par rapport à l'indicatif

A. Après les expressions d'opinion et les verbes suivants à la forme *négative*
ou *interrogative,* on utilise en général le subjonctif. Si l'expression d'opinion ou
le verbe est à l'affirmatif, on utilise l'indicatif.

EXPRESSIONS D'OPINION	VERBES
il est certain que	croire que
il est clair que	dire que
il est évident que	espérer que
il est probable que	penser que
il est sûr que	trouver que
il est vrai que	
il me (te, lui, nous, vous, leur)	
semble que	

A la forme négative ou interrogative ces expressions laissent sous-entendre une
incertitude ou un doute; voilà pourquoi on emploie le subjonctif. A la forme
affirmative elles indiquent une certaine objectivité ou certitude, d'où l'emploi
de l'indicatif.

SUBJONCTIF (INCERTITUDE)	INDICATIF (CERTITUDE)
Crois-tu qu'il **aille** à la banque?	Je crois qu'il **va** à la banque.
Je ne crois pas qu'il **aille** à la banque.	
Penses-tu qu'il **ait** de l'argent dans son compte en banque?	Je pense qu'il **a** de l'argent dans son compte en banque.
Je ne pense pas qu'il **ait** de l'argent dans son compte en banque.	

Est-il sûr qu'il **puisse** en retirer?   Il est sûr qu'il **peut** en retirer.
Il n'est pas sûr qu'il **puisse** en
  retirer.

A noter: Dans la langue parlée on utilise de plus en plus l'indicatif même à la forme interrogative ou négative.

Crois-tu qu'il **ira** à la banque?
Non, je ne crois pas qu'il y **ira**.

B.   On utilise en général le subjonctif dans certaines propositions relatives lorsque:

1.   le verbe principal est: **chercher, connaître, demander, désirer, vouloir.**

Je **cherche** un candidat qui **sache** parler chinois.

2.   l'antécédent est: **ne... personne, ne... rien, quelqu'un, quelque chose.**

N'y a-t-il **personne** qui **soit** au courant?

3.   les adjectifs **dernier, premier, seul** et **unique,** ainsi que *n'importe quel autre adjectif au superlatif* se trouvent dans la proposition principale:

C'est **le seul** film que je **veuille** voir.
Voici l'ordinateur **le plus perfectionné** que nous **ayons.**

Mise au point

A.   Une journaliste interroge le candidat socialiste aux prochaines élections présidentielles. Jouez le rôle du candidat. Répondez affirmativement aux questions suivantes.

MODELE: LA JOURNALISTE: Est-il certain que vous **ayez** l'appui de la majorité?
          LE CANDIDAT: Oui, il est certain que j'**ai** l'appui de la majorité.

1.   Pensez-vous que les électeurs veuillent un changement radical de régime?
2.   Est-il sûr que votre parti sache défendre les intérêts de tous?
3.   Croyez-vous que le mouvement féministe doive être soutenu?
4.   Trouvez-vous que le chômage soit notre plus gros problème?
5.   Est-il vrai que votre programme puisse mettre fin à la crise économique?

B.   Une étudiante veut convaincre ses amies de l'accompagner à une conférence. Complétez les phrases avec le subjonctif.

1.   Y a-t-il quelqu'un qui (*aller*) à la conférence demain soir?
2.   La conférencière cherche une femme qui (*vouloir*) devenir sénateur.
3.   Elle désire trouver des étudiants qui (*pouvoir*) réveiller la conscience politique de leurs camarades.

4. Est-ce que c'est la seule conférence qui en (*valoir*) la peine ou non?
5. C'est la réunion la plus importante que nous (*avoir*) cette année.

C. Lisez le sondage suivant et en quelques minutes répondez individuellement par *oui* ou par *non* à chacune des questions suivantes. Puis travaillez avec un(e) camarade de classe et posez-vous des questions afin de déterminer pourquoi vous avez répondu par l'affirmative ou par la négative.

	Oui	Non	TOTAL Oui	TOTAL Non
D'après vous, semble-t-il que...				
1. le président actuel des Etats-Unis soit efficace?				
2. le chômage soit un problème majeur?				
3. le terrorisme soit lié à la politique étrangère?				
4. le féminisme soit un mouvement politique?				
5. le socialisme à la française soit une porte ouverte vers le communisme?				
6. le désarmement nucléaire mondial soit nécessaire et possible?				
7. le système bipartite américain soit démodé?				
8. le prochain président des Etats-Unis puisse être une femme?				
9. les syndicats aient une influence importante sur la politique nationale?				
10. le système d'impôts sur le revenu doive être changé?				

MODELE: VOUS: Pourquoi te semble-t-il que le président **soit** efficace?
IL (ELLE): Il me semble qu'il **est** efficace parce qu'il a lutté contre le terrorisme.

Il ne me semble pas qu'il **soit** efficace parce que je n'aime pas ce qu'il a fait quand...

D. Manifestations typiques. Travaillez avec un(e) camarade de classe. Analysez le dessin et étudiez les slogans à la page 196. Puis, posez-vous des questions au sujet des dessins et répondez-y.

MODELE: VOUS: Penses-tu que les ouvriers veuillent que le gouvernement ouvre les usines?
IL (ELLE): Oui, je pense qu'ils veulent que le gouvernement les ouvre.

ou

Non, je ne pense pas qu'ils veuillent que le gouvernement les ouvre.

Le subjonctif passé

Formation

Le subjonctif passé est formé du subjonctif présent de l'auxiliaire **avoir** ou **être** et du participe passé du verbe.

	parler	**venir**	**se lever**
…que je (j')	aie parlé	sois venu(e)	me sois levé(e)
…que tu	aies parlé	sois venu(e)	te sois levé(e)
…qu'il, elle, on	ait parlé	soit venu(e)	se soit levé(e)
…que nous	ayons parlé	soyons venu(e)s	nous soyons levé(e)s
…que vous	ayez parlé	soyez venu(e)(s)	vous soyez levé(e)(s)
…qu'ils, elles	aient parlé	soient venu(e)s	se soient levé(e)s

Il se peut qu'il **ait** déjà **parlé** au candidat.
Je doute qu'elles **soient venues** hier.
Il est possible qu'elle **se soit levée** plus tôt que les autres.

Emplois: Le subjonctif présent par rapport au subjonctif passé

A.   On emploie le *subjonctif présent:*

1.   si l'action du verbe de la proposition subordonnée se déroule *en même temps que* l'action de la proposition principale

Je regrette que tu ne **puisses** pas m'accompagner maintenant.	*I'm sorry (that) you can't accompany me now.*
Il voudrait que je **fasse** le travail aujourd'hui.	*He would like me to do the work today.*

2. si l'action du verbe de la proposition subordonnée se déroule *après* l'action de la proposition principale. Il n'y a ni futur ni conditionnel au subjonctif.

Est-il possible qu'ils s'en **aillent** ce soir?	*Is it possible that they will leave this evening?*
Je doutais qu'il **puisse** vous prêter de l'argent.	*I doubted that he would be able to lend you any money.*

B. On emploie le *subjonctif passé* si l'action du verbe de la proposition subordonnée se déroule *avant* celle du verbe de la proposition principale.

Je suis contente que vous **soyez venus** hier soir.	*I am happy that you came last night.*
Elle avait peur qu'il n'**ait** pas **retiré** assez de liquide.	*She was afraid that he hadn't withdrawn enough cash.*

Mise au point

A. Mettez les phrases au subjonctif passé d'après le modèle.

MODELE: Je regrette que tu ne puisses pas venir cet après-midi.
(ce matin) →
Je regrette que tu n'aies pas pu venir ce matin.

1. Il semble qu'elles dépensent toutes leurs économies aujourd'hui. (hier)
2. Je suis surprise que tu viennes ce soir. (hier soir)
3. Elle est furieuse qu'il s'amuse sans elle ce week-end. (le week-end passé)
4. Tes parents sont contents que tu fasses des économies cette année. (l'année dernière)
5. Il est bizarre qu'ils partent maintenant. (hier)
6. Il est dommage que nous ne nous voyions pas cette semaine. '(la semaine dernière)
7. Il est bien que j'ouvre un compte (en banque) ce semestre. (le semestre passé)
8. Il est possible qu'elles aillent en France cet été. (l'été dernier)

B. Mettez les verbes entre parenthèses au temps du subjonctif qui s'impose.

1. Nous voudrions que tu (*lire*) cet article tout de suite. 2. Il est normal qu'elles ne (*se lever*) pas encore. 3. Je suggère que vous (*aller*) à la banque cet après-midi. 4. Il est bon qu'elle (*rentrer*) à l'heure hier. 5. C'est dommage qu'il (*se casser*) le bras. 6. J'avais peur que vous ne (*être*) malade. 7. Nous étions étonnés qu'il (*partir*) déjà. 8. Il serait préférable qu'ils (*s'en aller*) demain. 9. Il a fallu que je (*rendre*) ce livre à la bibliothèque hier.

C. Soyez poli(e)! Avec un(e) camarade de classe répondez aux situations suivantes de façon appropriée. Laissez votre camarade réagir puis inversez les rôles. Utilisez le subjonctif présent ou passé et des expressions suivantes selon le cas:

> MODELE: Vous avez invité un ami (une amie) chez vous à cinq heures de l'après-midi. Il (Elle) vous téléphone à midi pour vous dire qu'il (elle) ne peut pas venir. →
>
> VOUS: Je regrette que tu ne puisses pas venir chez moi cet après-midi. Tu nous manqueras.
>
> IL (ELLE): Si tu veux, on peut déjeuner ensemble demain.

Il est dommage que	Je regrette que
Il semble que	Je suis content que
Il est triste que	Il est bon que

1. Votre ami(e) a dépensé toutes ses économies hier. Il (Elle) veut vous emprunter de l'argent.
2. Votre ami(e) est allé(e) à une fête sans vous le week-end dernier. Il (Elle) vous dit qu'il (elle) avait essayé de vous téléphoner.
3. Votre ami(e) vous téléphone pour vous dire qu'il (elle) viendra chez vous ce soir.
4. Votre ami(e) était censé(e) vous aider hier. Il (Elle) vous dit aujourd'hui qu'il (elle) a oublié.
5. Votre ami(e) vient d'acheter une nouvelle voiture. Il (Elle) vous dit que vous pouvez l'emprunter ce week-end.

D. Pas de chance! Votre ami(e) vous explique tous les malheurs qui lui sont arrivés hier. Vous lui dites exactement ce que vous ressentez en l'écoutant. Jouez les deux rôles avec un(e) camarade de classe. Ensuite inversez les rôles.

> MODELE: VOTRE AMI(E): Samedi, je me suis cassé la jambe.
>
> VOUS: Oh, je suis désolé(e) que tu te sois cassé la jambe.

1. Hier soir, j'ai manqué la réunion. 2. Ce matin, mon ordinateur est tombé en panne. 3. Le week-end dernier un voleur a pris mon salaire. 4. Cet après-midi je me suis fait mal au genou. 5. Aujourd'hui ma camarade et moi nous nous sommes disputé(e)s.

Reprise

A noter: Les exercices de cette partie reprennent les structures grammaticales de ce chapitre.

A. Travaillez avec deux camarades de classe et discutez de la politique intérieure et extérieure des Etats-Unis. Puis partagez vos conclusions avec la classe. Qu'est-ce qui vous a le plus étonné?

1. La France a un président de la République. Le gouvernement français se compose d'un premier ministre et d'une vingtaine de ministres (par exemple, le Ministre de l'Education, de la Défense ou de l'Intérieur). Il y a aussi un Parlement qui comprend l'Assemblée Nationale (491 députés) et le Sénat (305 sénateurs). La France a plus d'une dizaine de partis politiques. Comment le gouvernement américain est-il organisé? Peux-tu nommer quelques ministres américains? Combien de partis sont représentés au gouvernement américain? Combien de partis y a-t-il aux Etats-Unis?

2. Est-ce que tu t'intéresses à la politique? Es-tu membre d'un parti? duquel? Est-ce que tu suis attentivement les événements politiques de ton pays? du monde? Pourquoi, à ton avis, est-il important de se tenir au courant de ce qui se passe chez soi et dans le monde?

3. Quelles qualités un homme ou une femme politique devrait-il (elle) avoir? A ton avis, la personnalité d'un candidat (d'une candidate) joue-t-elle un rôle plus important dans sa campagne électorale que ses opinions ou ses capacités? Quels hommes ou quelles femmes politiques contemporain(e)s admires-tu le plus? le moins? Pourquoi?

B. Votre famille veut acheter une maison à la campagne. Travaillez avec un(e) camarade de classe et dites ce qu'on doit faire pour pouvoir l'acquérir. Terminez les phrases de façon logique.

1. Il faut faire des économies pour que...
2. Papa et Maman vont parler au banquier parce que...
3. Il est possible que...
4. Nous cherchons une maison qui...
5. Nous n'achèterons pas de maison avant que...
6. La famille va habiter un appartement pendant que...
7. La meilleure maison que nous...
8. Les enfants veulent que...

C. Deux groupes discutent des problèmes de la pollution. Transformez les phrases en substituant les mots entre parenthèses aux mots en italique.

MODELE: *Je pense que* les gens sont au courant de la situation. (Il faut que) →
Il faut que les gens soient au courant de la situation.

1. *Je suis certaine que* le gouvernement prend des mesures. (Nous doutons que)
2. *Il est évident que* l'automobile devient de moins en moins importante. (Nous voulons que)
3. *Je suis sûr que* les consommateurs font un effort pour réduire la consommation. (Il est important que)
4. *Nous croyons que* nos leaders montrent du courage. (Il est temps que)
5. *Nous savons que* vous lisez des articles sur l'énergie. (Nous exigeons que)
6. *Il nous semble que* l'on peut contrôler les usines. (Il semble que)

7. *Il est clair que* les transports publics sont bien organisés. (Il est essentiel que)
8. *Nous espérons que* vous trouverez une solution. (Il se peut que)

D. Faites des phrases au subjonctif présent en vous servant des déclarations ci-dessous. Employez autant de verbes ou d'expressions impersonnelles (de volonté, d'émotion ou de doute) que possible dans vos réponses.

MODELE: **Tu t'en vas** avant qu'ils n'arrivent. →
Il faut que **tu t'en ailles** avant qu'ils n'arrivent.

1. Les Américains sont politisés. 2. Vous n'avez pas de carnet de chèques. 3. Vous touchez votre salaire à la fin du mois. 4. Ils sont toujours en avance aux réunions du syndicat. 5. Elles s'inscrivent au parti gaulliste. 6. Nous élisons un président plus libéral. 7. Tous mes amis sont fauchés. 8. Tu veux faire un nouvel emprunt.

E. Terminez les phrases de façon originale.

1. Je mettrai cet argent à la caisse d'épargne à condition que...
2. Elle ne paie pas ses impôts bien que...
3. Tu as demandé une carte de crédit afin de...
4. L'ordinateur a fait une erreur sans que...
5. Nous payons toujours par chèque pour...

*E*ncore une fois

A noter: Les exercices de cette partie reprennent les structures grammaticales du chapitre précédent avec le vocabulaire de ce chapitre.

A. Comment exprimer un désir ou donner un ordre à quelqu'un. Transformez les phrases en les mettant à l'impératif.

MODELE: *Je veux que vous finissiez vite.* → Finissez vite!

1. Je veux que tu viennes avec moi. 2. Je veux que tu ailles à la banque. 3. Je veux que tu sois économe. 4. Je veux que nous fassions des économies. 5. Je veux que vous sachiez la réponse demain.

B. Tout le monde fait des excuses. Le président d'un parti politique à l'université aimerait que vous et vos amis fassiez certaines choses pour lui. Vous et vos amis lui expliquez que vous feriez ce qu'il veut, si vous aviez le temps. Exprimez cela d'après le modèle.

MODELE: LE PRESIDENT: Je veux que vous votiez cet après-midi. →
              VOUS: Je voterais cet après-midi, si j'avais le temps.

1. Je désire que Paul vote pour notre candidate.   2. Je veux que Sophie et Emmanuelle viennent à la réunion.   3. J'exige que vous fassiez des affiches.   4. Je veux que tu m'aides à écrire des slogans.   5. Je désire qu'Edouard et Georges aillent à la manifestation.   6. J'exige que tu fasses une conférence.

C.   Etant pessimiste, vous doutez que les personnes suivantes fassent ce qu'elles promettent de faire. Votre ami(e) est optimiste et il (elle) est certain(e) qu'elles le feront. Exprimez cela d'après le modèle.

MODELE: je doute / il / faire le travail demain →
              VOUS: Je doute qu'il **fasse** le travail demain.
          IL (ELLE): Bien sûr qu'il **fera** le travail demain!

1.   il est peu probable / elles / recevoir tout le monde samedi soir
2.   je doute / tu / aller à la caisse d'épargne demain matin
3.   il est possible / nous / savoir les résultats ce soir
4.   il est improbable / ils / pouvoir rembourser leur emprunt cette semaine
5.   il est impossible / vous / voir le banquier cet après-midi
6.   il semble / elle / être content de nous voir
7.   je doute / ils / finir les comptes aujourd'hui

D.   Trouvez dans la colonne de droite l'équivalent des expressions données dans celle de gauche. Puis écrivez des phrases complètes en utilisant ces expressions.

1.   tout(e)-puissant(e)
2.   le tout-venant
3.   tout Français
4.   toutefois
5.   tout le village est venu
6.   risquer le tout pour le tout

a.   cependant
b.   dont l'autorité est absolue
c.   tout ce qui se présente dans le désordre
d.   risquer de tout perdre pour pouvoir tout gagner
e.   chaque personne française
f.   il y a eu grande affluence

L'actualité

Quand on voyage dans des pays étrangers, il faut échanger son argent contre des devises étrangères ou se servir d'une carte de crédit internationale. Dans cet article tiré de *Femme actuelle* les Français disent ce qu'ils en pensent. Lisez l'article et à tour de rôle répondez aux questions avec un(e) camarade de classe.

VOTRE ARGENT

Pour régler ses dépenses à l'étranger

On peut, aujourd'hui, voyager dans le monde entier sans aucun souci d'argent. A condition de contacter les établissements bancaires au moins une semaine avant le départ.

A l'étranger, les cartes de crédit internationales peuvent rendre les mêmes services qu'en France : retrait d'espèces[a] et paiement des commerçants. Il n'y a pas d'interbancarité, ce qui signifie que les cartes ne sont utilisables qu'auprès des banques du réseau.[b] Pour les cartes courantes (comme la Visa), les retraits sont limités à l'équivalent de 2 000 francs par période de sept jours consécutifs.

Eviter les fraudes

Chaque opération nécessite la demande d'une autorisation auprès de la banque française ceci pour éviter les fraudes. Attention à ne pas dépasser le montant de retrait autorisé,[c] même de quelques francs : cela peut provoquer un refus d'autorisation total. Deux cartes se partagent l'essentiel du marché français : la carte Visa qui permet des retraits dans 192 000 guichets[d] et 13 000 distributeurs automatiques

UTILISER SON CHÉQUIER [h]

Depuis peu, les Français ont le droit de régler leurs dépenses à l'étranger au moyen de chèques tirés[i] sur leur banque française. Libellés en francs ou en devises étrangères, ces chèques doivent être honorés par votre banque dans les mêmes conditions que ceux émis sur le territoire national.

dans le monde, et la carte Eurocard avec 116 000 guichets. La Visa est peu implantée[e] en Europe du nord et en Allemagne, à l'inverse[f] de l'Eurocard. En revanche,[g] cette dernière a peu de représentants en Afrique et dans les pays du Maghreb. Utilisée pour régler un commerçant à l'étranger, la carte fonctionne exactement comme en France. Visa ainsi que Eurocard sont acceptées en paiement par quelque cinq millions d'établissements dans 160 pays. ■

Agence Liaisons

[a] retrait... *withdrawal of currency*   [b] *network, chain*   [c] montant... *amount of authorized withdrawal*   [d] *bank counters*   [e] *established*   [f] *contrary to*   [g] *On the other hand*   [h] *checkbook*   [i] *drawn, written*

Qu'en pensez-vous?

1. Quels services offrent les cartes de crédit internationales?
2. Quelles cartes de crédit internationales se partagent l'essentiel du marché français et du marché Maghreb?
3. Dans quelle région l'Eurocard est-elle la plus implantée? la moins implantée?
4. Combien de pays acceptent la *Visa* et l'*Eurocard*? Combien d'établissements les acceptent?
5. Les Français peuvent-ils utiliser leur chéquier à l'étranger?
6. Combien à peu près vaut le dollar à Paris? à Rome? à Tokyo? à Londres? Où peut-on en trouver la réponse?

Il faut prendre parti. La neutralité favorise l'oppresseur, jamais la victime. Le silence encourage le persécuteur, jamais le persécuté.

Elie Wiesel, en acceptant le prix Nobel de la paix en 1986.

Spectacles

Ce film-là est, paraît-il, extra! PETER MENZEL

Objectifs

- Les pronoms relatifs
- Les pronoms relatifs indéfinis

- Les expressions indéfinies avec **n'importe**

*M*ots et expressions

CINEMA, THEATRE, MUSIQUE

la caméra movie camera
la chaîne-stéréo stereo (system)
le chef d'orchestre conductor
le cinéma d'essai experimental cinema
le comédien (la comédienne) player, actor (actress)
le comique comedian
le compositeur (la compositrice) composer
le dénouement ending
le dessin animé cartoon
le drame (psychologique) (psychological) drama

l'entracte (*m.*) intermission
faire du théâtre to act
le héros hero; **l'héroïne** heroine
l'intrigue (*f.*) plot
louer une place to reserve a seat
le metteur en scène stage director
la mise en scène setting, staging
monter une pièce to stage a play
le navet (*fam.*) flop (for a movie)
l'ouvreuse (*f.*) usher
la parodie parody
passer un film to show a film

la pièce (à succès) (hit) play
le producteur (la productrice) producer
le public audience, public
le réalisateur (la réalisatrice) movie director
le répertoire repertory
la répétition rehearsal
la représentation show
réputé(e) well-known
tourner (réaliser) un film to shoot (make) a film
le tube (*fam.*) hit song
la vedette star
la version (doublée, originale) (dubbed, original) version

Emplois

A. Trouvez l'équivalent de chaque expression.

1. connu   2. chanson qui a beaucoup de succès   3. personne qui dirige

l'orchestre   4. personne chargée de placer les spectateurs dans une salle de
spectacle   5. réserver une place   6. ensemble des œuvres présentées par une
compagnie théâtrale   7. période de temps qui sépare un acte du suivant
8. principal personnage (masculin ou féminin) d'une aventure   9. film avec la
bande sonore originale   10. film avec une bande sonore dans une langue
différente   11. appareil de radio avec tourne-disque   12. appareil utilisé pour
filmer   13. imitation burlesque d'une œuvre sérieuse   14. présenter un film

B.   Trouvez dans le vocabulaire essentiel un mot de la même famille que chacun des mots suivants.

1. composer
2. dénouer
3. produire
4. dessinateur (dessinatrice)
5. répéter
6. dramatique
7. la comédie

C.   Complétez les phrases avec les mots qui conviennent.

1. Un dramaturge écrit des _____ ; un _____ les _____ .
2. On a _____ le film «Mort sur le Nil» en Egypte. L' _____ de ce film était
   extrêmement compliquée.
3. Un critique juge un film d'après son scénario, sa _____ et sur le jeu des
   acteurs.
4. Tout le monde veut voir une pièce _____
5. Charlie Chaplin était un _____ célèbre.
6. Le _____ assiste à une _____ dans une salle de théâtre.
7. Le _____ choisit les acteurs et les actrices qui joueront dans les films.
8. Quand j'étais au lycée, je _____ du théâtre.
9. Shirley Temple est la plus jeune _____ qui ait reçu un Oscar.
10. Un film qui n'a aucun succès s'appelle un _____ .

tructures

Les pronoms relatifs

Définition   Le pronom relatif établit un lien entre son antécédent (un nom ou
pronom) et la proposition subordonnée relative qui explique cet antécédent.

L'acteur **qui** joue dans ce film est français. (antécédent: **l'acteur**)
C'est lui **que** j'aime. (antécédent: **lui**)
Nous allons voir la pièce **dont** je parlais plus tôt. (antécédent: **la
pièce**)

Formes

La fonction du pronom relatif dans la phrase (sujet, objet direct, objet de préposition) et la catégorie de son antécédent (personne ou chose) déterminent la forme à employer.

		FONCTION			
		Sujet	*Objet*	*Objet de la préposition* **de**	*Objet d'une préposition autre que* **de**
ANTECEDENT	PERSONNE	**qui**	**que, qu'**	**dont**	**qui**
	CHOSE	**qui**	**que, qu'**	**dont**	**lequel lesquels laquelle lesquelles**

PERSONNES

L'actrice qui jouait le rôle a douze ans.

Le comique que j'admire est Fernandel.

Le héros dont je parle est très courageux.

La femme avec **qui** il sort est gentille.

CHOSES

Le film qui a gagné est bon.

La pièce que je préfère est «Tartuffe».

Le tube dont il parle est nouveau.

La caméra avec **laquelle** il tournera le film est japonaise.

Emplois des pronoms relatifs **qui** et **que**

Une phrase contenant une proposition relative se forme à partir de deux phrases simples. On insère la proposition subordonnée relative directement après son antécédent.

> **La réalisatrice** est connue. **Elle** tourne ce film.
> La réalisatrice **qui tourne ce film** est connue.
>
> **Le film** était bon. Nous **l'**avons vu hier soir.
> Le film **que nous avons vu** hier soir était bon.

Sujet du verbe: *qui*   On emploie le pronom relatif **qui** (*who, which, that*) comme sujet du verbe de la proposition subordonnée relative pour les personnes et les choses. Le verbe est à la même personne que l'antécédent. Le pronom **qui** ne s'élide jamais devant une voyelle.

L'acteur a du talent. **Il** joue dans ce film.	L'acteur **qui joue dans ce film** a du talent. *The actor who is playing in this film has talent.*
C'est **moi.** **J'**ai une caméra.	C'est moi **qui ai** une caméra. *It's I who have a movie camera.*
Les westerns sont bons. **Ils** passent cette semaine.	Les westerns **qui passent cette semaine** sont bons. *The westerns that are showing this week are good.*

Objet direct du verbe: *que*   On emploie le pronom relatif **que** (*whom, which, that*) comme objet direct du verbe de la proposition subordonnée relative pour les personnes et les choses. Le pronom relatif objet direct **que** est toujours exprimé en français. Le pronom **que** s'élide devant une voyelle.

Le metteur en scène s'appelle Antoine. Elle **le** préfère.	Le metteur en scène **qu'elle préfère** s'appelle Antoine. *The director (whom) she prefers is called Antoine.*
Les films sont **des films d'amour.** Je **les** aime.	Les films **que j'aime** sont des films d'amour. *The films (that) I like are love stories.*

Mise au point

A.   L'intrigue de *Diva*. Une jeune fille parle du film *Diva* qu'elle a vu le week-end passé. Reliez les deux phrases avec le pronom relatif **qui** ou **que.**

1. Samedi, je suis sortie avec un garçon. Il était très sympathique.
2. Nous sommes allés voir un film français. Nous l'avons beaucoup aimé.
3. Les acteurs étaient français. Nous les avons admirés.
4. L'actrice principale était belle. Elle jouait le rôle d'une cantatrice.
5. L'acteur jouait le rôle d'un facteur. Je l'ai beaucoup aimé.
6. Le facteur avait enregistré son dernier concert. Il adorait la chanteuse.
7. La bande était illégale. Il l'avait enregistrée.
8. Un homme voulait acheter la bande. Il avait beaucoup d'argent.
9. L'intrigue est devenue de plus en plus embrouillée. L'intrigue était très compliquée.
10. Le dénouement était un peu surprenant. Ce dénouement m'a beaucoup plu.

B.   Les copains et les copines. Exprimez vos préférences personnelles avec un(e) camarade de classe en terminant les phrases d'une façon originale. Employez les pronoms relatifs **qui** ou **que.**

MODELE: J'aime les films... →
VOUS: J'aime les films **qui** sont très dramatiques comme
Jean de Florette. Et toi?
IL(ELLE): Moi, j'aime les films **que** l'on voit dans les cinémas
d'essai.

1. J'admire les acteurs...
2. J'adore les actrices...
3. Je préfère les représentations...

4. Je vais voir les pièces...
5. Je viens de voir un navet...

L'emploi du pronom relatif objet de la préposition
de: dont, qui, lequel

A. On emploie le plus souvent le pronom relatif invariable **dont** comme objet de la préposition **de. Dont** remplace:

1. **de** + *nom de chose, personne, lieu (of, about whom, about which).* Voici une liste des verbes courants qui prennent la préposition **de** plus un nom de chose, de personne ou de lieu.

parler de	*to talk about*
entendre parler de	*to hear about*
profiter de	*to profit from, take advantage of*
se servir de	*to use*
se souvenir de	*to remember*
avoir besoin de	*to need*
avoir envie de	*to want*
avoir honte de	*to be ashamed of*
avoir peur de	*to be afraid of*
être certain(e) de	*to be certain of*
être content(e) de	*to be happy with*
être fier (fière) de	*to be proud of*

Le film est censé être bon. }
J'ai entendu parler **du film.** }

Le film **dont j'ai entendu parler** est censé être bon.
The film I've heard about (about which I've heard) is supposed to be good.

La vedette est française. }
Nous parlons **d'elle.** }

La vedette **dont nous parlons** est française.
The star we are talking about (about whom we are talking) is French.

2. **de** + *nombre* ou *quantité* (**de** peut être sous-entendu)

Paris a beaucoup **de cinémas d'essai.** Plusieurs **de ces cinémas** sont célèbres.	Paris a beaucoup de cinémas d'essai **dont** plusieurs sont célèbres. *Paris has lots of art cinemas, several of which are well known.*
La France a **de bons metteurs en scène.** Trois sont internationalement connus.	La France a de bons metteurs en scène **dont** trois sont internationalement connus. *France has good directors, three of whom are known internationally.*

3. **de** + *nom* pour indiquer la possession (*whose*). L'ordre des mots dans la proposition subordonnée relative est: nom + **dont** + *sujet* + *verbe*

L'actrice a l'air très jeune. Je connais **son** fils.	L'actrice **dont** je connais le fils a l'air très jeune. *The actress whose son I know looks very young.*
Agnès Varda va parler à la conférence demain. **Ses films** se jouent actuellement au festival.	Agnès Varda **dont** les films se jouent actuellement au festival va parler à la conférence demain. *Agnès Varda, whose films are currently playing at the festival, is going to speak tomorrow at the conference.*

B.   Après les prépositions composées comme **à côté de, au sujet de, loin de, près de,** etc., il faut employer **qui** pour les personnes et **lequel, laquelle,** etc., pour les choses.

Les acteurs sont au festival. Nous avons eu une conversation au sujet **de ces acteurs.**	Les acteurs **au sujet de qui** nous avons eu une conversation sont au festival. *The actors (whom) we talked about are at the festival.*
Le cinéma était dans le Quartier latin. Nous avons dîné **près de ce cinéma.**	Le cinéma **près duquel** nous avons dîné était dans le Quartier latin. *The movie theater near which we dined was in the Latin Quarter.*
La salle est au premier étage. Je vous attendrai à côté **de cette salle.**	La salle **à côté de laquelle** je vous attendrai est au premier étage. *The room next to which I'll wait for you is on the second floor.*

Mise au point

A. Au festival de Cannes. Le maître de cérémonies présente les gagnant(e)s des prix au public. Jouez son rôle en suivant le modèle.

> MODELE: la vedette du film d'horreur / tous les enfants / avoir peur →
> Voici la vedette du film d'horreur **dont** tous les enfants ont peur.

1. la chanteuse / tout le monde / parler
2. le comédien / le public / être si fier
3. le producteur / toute vedette / avoir besoin
4. le metteur en scène / vous / entendre parler dans tous les journaux
5. l'actrice française / vous / se souvenir certainement

B. La remise des «Oscars». Dans sa colonne quotidienne, un journaliste raconte les faits marquants de la soirée de remise des «Oscars». Reliez les deux phrases en employant le pronom relatif **dont**.

> MODELE: L'arrivée des vedettes a fait la joie du public. La plupart des vedettes étaient habillées par les grands couturiers européens. →
> L'arrivée des vedettes, dont la plupart étaient habillées par les grands couturiers européens, a fait la joie du public.

1. Les meilleurs dessins animés ont reçu les félicitations du jury. Deux de ces dessins animés étaient français.
2. Une dizaine de metteurs en scène étaient présents dans la salle. Plusieurs de ces metteurs en scène étaient des femmes.
3. Quelques films ont été censurés. Certains de ces films étaient vraiment trop osés.
4. Trois westerns ont beaucoup plu aux critiques. L'un de ces westerns était une parodie.
5. Les vedettes de l'année ont charmé le public. Trois de ces vedettes étaient étrangères.

C. Bavardages. Quelques amis se retrouvent à une soirée et ils parlent des invités. Avec un(e) camarade de classe jouez leurs rôles d'après le modèle.

> MODELE: la femme / rencontrer le père →
> VOUS: Qui est la femme là-bas?
> IL (ELLE): C'est la femme dont nous avons rencontré le père.

1. acteur / voir tous les films
2. compositeur / écouter la dernière symphonie
3. comique / admirer le premier spectacle
4. réalisatrice / apprécier la mise en scène
5. vedette / aller voir le nouveau film

D. Devinette. Pensez à un acteur ou à une actrice célèbre. Puis décrivez cette personne selon le modèle en utilisant **qui, que** ou **dont**. Surtout ne dites pas son nom; vos camarades doivent le deviner.

MODELE: Je pense à une jeune actrice dont le père est aussi célèbre. Elle a joué dans le film *Paper Moon*. →
C'est Tatum O'Neil.

E.   Votre monde personnel. Terminez les phrases en décrivant l'endroit où vous habitez, l'endroit où vous travaillez, l'endroit où vous suivez des cours particuliers, etc.

MODELE: Le bâtiment à côte (de)... →
Le bâtiment à côte **duquel** je travaille comprend plusieurs appartements.

1. Les boutiques en face (de)...
2. Le grand magasin à côté (de)...
3. Le café près (de)...
4. L'école à côté (de)...

5. La poste près (de)...
6. L'arrêt d'autobus en face (de)...
7. Les restaurants près (de)...

L'emploi du pronom relatif objet d'une préposition autre que **de: qui, lequel, où**

A.   Pour les personnes

1. Pour les personnes, on emploie généralement le pronom relatif **qui** après la préposition **à**.[1]

Voilà **le metteur en scène.**
J'ai loué mon appartement à **ce metteur en scène.**

Voilà le metteur en scène **à qui j'ai loué mon appartement.**
There's the director to whom I rented my apartment.

La vedette est allemande.
On **lui** a donné le rôle.

La vedette **à qui on a donné le rôle** est allemande.
The star to whom the role was given is German.

2. Pour les personnes, on emploie généralement le pronom relatif **qui** après les prépositions **avec, sans, pour,** etc.

Voici les spectateurs **pour qui** j'ai acheté des tickets.

There are the spectators for whom I bought tickets.

A noter: On peut aussi employer **lequel, lesquels, laquelle, lesquelles** après une préposition (et **auquel, auxquels, à laquelle, auxquelles** après un nom/ des noms) pour désigner une personne, si l'on veut rendre plus clairs le genre et le nombre de l'antécédent.

L'artiste avec **lequel** (**laquelle**) j'ai travaillé a eu un grand succès.
J'ai vu les touristes **auxquels** (**auxquelles**) on a offert les tickets.

---

[1] Voir les pages 76 et 144 pour une liste des verbes suivis de la préposition **à** + *nom*.

3. Il faut employer les formes plurielles **lesquels** et **lesquelles** avec les prépositions **parmi** et **entre**.

> Voici les actrices **parmi lesquelles** on a choisi la vedette.

B. Pour les choses

1. Avec la préposition **à,** on emploie toujours les formes contractées **auquel, auxquels, auxquelles** ou la forme **à laquelle.**

La pièce **à laquelle** elle a assisté était émouvante.	*The play she went to was touching.*
Le travail **auquel** il s'est mis est difficile.	*The work he began is difficult.*

2. Pour les choses, on emploie toujours les pronoms relatifs **lequel, lesquels, laquelle, lesquelles** (*which*) après les prépositions **avec, pour, sur, dans,** etc.

Voici l'appareil-photo **avec lequel** j'ai pris les photos.	*Here's the camera with which I took the pictures.*
J'ai beaucoup aimé le film **dans lequel** il a joué.	*I very much liked the film in which he appeared.*
La raison **pour laquelle** nous avons déjà loué les places est simple.	*The reason (for which/why) we already reserved seats is simple.*

C. Pour le lieu ou le temps

1. On emploie généralement l'adverbe relatif **où** (*where, when*) quand l'antécédent est un lieu ou un temps. **Où** remplace *la préposition + le pronom relatif.*

La scène **où** (**sur laquelle**) elle a paru était bien décorée.	*The stage where (on which) she appeared was well decorated.*

Le village **où** (**dans lequel**) il habitait était dans ce documentaire.

The village where (in which) he lived was in this documentary.

L'année **où** (**pendant laquelle**) il a tourné ce film il a eu des ennuis.

The year (during which) he made this film he had some trouble.

2. **Où** peut être précédé de la préposition **de** ou **par**.

La ville **d'où** elle vient est devenue célèbre.

The city she comes from has become famous.

La région **par où** on est passé était pittoresque.

The region through which we passed was picturesque.

Mise au point

A. Employez le pronom relatif (**qui, que, dont, lequel, où**) qui s'impose.

1. La place _____ j'ai choisie était confortable.
2. Les metteurs en scène européens _____ tournent des westerns sont surtout des parodies.
3. Les producteurs _____ vous parlez sont assez connus.
4. Le musicien _____ ils ont envie n'est pas disponible en ce moment.
5. Les Oscars, pour _____ on vote à bulletin secret, ont été créés en 1927.
6. Les acteurs parmi _____ on a choisi la vedette sont tous français.
7. L'étude _____ l'acteur s'est mis était difficile.
8. Les metteurs en scène _____ les acteurs se fient sont très célèbres.
9. La salle _____ ce film passe est peu fréquentée.
10. Le comique _____ les spectacles sont si drôles travaille dur.

B. Tournage d'un film. Un metteur en scène a l'occasion de tourner un film. Donnez les raisons pour lesquelles il choisit son sujet en reliant les deux phrases.

MODELE: Le sujet est passionnant. Le metteur en scène s'intéresse au sujet. →
Le sujet **auquel** il s'intéresse est passionnant.

1. Les acteurs sont très connus. Il travaille avec eux.   2. La productrice a beaucoup d'argent. Il se fie à elle.   3. Le roman a eu un succès énorme. Il choisit le roman.   4. L'endroit est très joli. L'histoire s'y passe.   5. Le scénariste a reçu un Oscar. Il s'adresse au scénariste.

C. Comparaisons... ou rivalités? Deux anciennes actrices de vaudeville comparent leurs expériences. Etant donné que la première se vante un peu, la deuxième essaie de lui donner la réplique. Terminez les phrases de façon logique en suivant le modèle.

MODELE: LA PREMIERE: L'année **pendant laquelle** j'étais à Paris, le premier ministre est venu me voir.

LA DEUXIEME: Et l'année **où** j'étais à New York, le président est venu me voir.

1. La scène sur laquelle…
   La scène où…
2. Le jour pendant lequel…
   Le jour où…
3. La ville de laquelle…
   La ville d'où…
4. La région par laquelle…
   La région par où…
5. Le mois pendant lequel…
   Le mois où…

D. Descriptions. Vous regardez un magazine de cinéma. Décrivez les personnes que vous voyez sur les photos en utilisant un élément de chaque colonne et le pronom relatif approprié. Commencez par «Voici».

PERSONNES	VERBES
le producteur	envoyer à
les vedettes	trouver des places pour
l'actrice	s'adresser à
le metteur en scène	donner le rôle à
le joueur de football	offrir un million de dollars à
les musiciennes	choisir le meilleur (la meilleure)
les chanteurs	parmi
la patineuse	s'intéresser à
	louer un appartement à

MODELE: Voici les chanteurs **parmi lesquels** on a choisi le meilleur. →

E. *L'Enfant sauvage.* François Truffaut (mort en 1985) était l'un des metteurs en scène français les plus aimés. Son film *L'Enfant sauvage* se base sur la vie d'un enfant que l'on a trouvé vivant seul comme un animal dans la forêt. Remplacez les mots en italique par des pronoms relatifs et reliez les deux phrases. A la fin, résumez brièvement la biographie de l'enfant sauvage.

1. ***L'Enfant sauvage*** est un film. François Truffaut a réalisé *ce film.*
2. C'est une histoire vraie. *Cette histoire* se passe en 1797.
3. Dans la forêt on trouve un enfant. *L'enfant* vit comme un animal sauvage.
4. On emmène l'enfant sauvage à l'Institut des Sourds-Muets. Le docteur Itard le découvre *à l'Institut.*
5. Le docteur emmène chez lui l'enfant. Il s'intéresse à *l'enfant.*
6. L'enfant n'est pas du tout sourd-muet. Le docteur s'occupe de *lui.*
7. L'enfant, Victor, s'enfuit dans la forêt. Il habite près de *la forêt.*
8. On cherche l'enfant. On retrouve *l'enfant* le lendemain matin.
9. Les progrès de Victor sont extraordinaires. *C'est* un enfant intelligent.
10. Victor apprend finalement à parler. On *l'*avait appelé «l'enfant sauvage».

F. Les copains et les copines. Travaillez avec un(e) camarade de classe. A tour de rôle, posez-vous les questions suivantes et répondez-y en utilisant un pronom relatif.

1. Avec qui es-tu allé(e) au cinéma dernièrement?
2. Décris le quartier par où tu es passé(e) en allant au cinéma.

3. Quel film as-tu vu? Admires-tu le réalisateur dont tu as vu le film?
4. En général, vas-tu voir les films pour lesquels on fait beaucoup de publicité? Pourquoi ou pourquoi pas?
5. En général, quel genre de film préfères-tu?
6. Quel est ton acteur préféré? ton actrice préférée?
7. Quelle actrice a joué dans ton film préféré?
8. Quel comique aimes-tu?
9. Quel vieux film admires-tu beaucoup?
10. As-tu envie de tourner un film un jour? Quel genre de film? Quelle serait l'intrigue? Quels acteurs et quelles actrices choisirais-tu comme acteurs principaux?

Maintenant, commentez les réponses de votre camarade.

G. Rédaction. Etes-vous amateur de films étrangers? Ecrivez une rédaction à ce sujet dans le cadre de votre université. Quels genres de films passe-t-on dans votre université? Quels films français avez-vous déjà vus? Quels acteurs ou quelles actrices français(es) connaissez-vous? Préférez-vous voir la version originale sous-titrée ou la version doublée d'un film étranger? Pourquoi?

L'emploi des pronoms démonstratifs devant les pronoms relatifs **qui, que, dont** et **où**

On emploie souvent les pronoms démonstratifs devant un pronom relatif.

Sujet	celui qui, ceux qui celle qui, celles qui	*the one(s) who, the one(s) which/that*
Objet direct	celui que, ceux que celle que, celles que	*the one(s) whom, the one(s) which/that*
Objet de la prép. **de**	celui dont, ceux dont celle dont, celles dont	*the one(s) of whom, the one(s) of which, the one(s) whose*
Prép. + lieu/ temps	celui où, ceux où celle où, celles où	*the one(s) where/when*

La première actrice était bonne, mais **celle qui** l'a remplacée est meilleure.
Veux-tu voir cette comédie? Non, **celle que** je veux voir passe demain.
J'admire cet acteur, mais je n'admire pas **celui dont** tu parles.
Ce théâtre est moderne mais **celui où** nous avons joué hier était démodé.

Mise au point

A. A chacun ses goûts. Votre camarade aime tel ou tel acteur, tel ou tel film. Vous n'êtes pas de son avis, et vous essayez de le (la) convaincre de vos préférences. Suivez bien le modèle.

> MODELE: écouter / chanteur (bon) →
> > VOUS: J'écoute ce chanteur. Et toi?
> > IL (ELLE): Non, celui que j'écoute est meilleur.

1. admirer / actrice (doué)
2. apprécier / réalisateurs (réputé)
3. aimer / critiques françaises (intéressant)
4. adorer / acteur (drôle)
5. préférer / comédiens (amusant)

B. Opinions. Avec un(e) camarade de classe donnez vos opinions sur les sujets suivants. Utilisez une forme de **celui qui** dans vos réponses. A la fin, comparez-les avec celles de votre camarade. Avez-vous quelque chose en commun?

> MODELE: Aimes-tu bien les chanteurs modernes? →
> > Oui, j'aime ceux qui créent leurs propres paroles.

1. Que penses-tu des films français? En général, quel genre de film aimes-tu?
2. Nomme le chanteur que tu admires le plus en ce moment. Et la chanteuse?
3. A ton avis, quelle est la meilleure actrice de cinéma cette année? Le meilleur acteur?
4. Quel genre de programmes de télévision regardes-tu souvent?
5. Quelles sortes de compositions musicales te plaisent?
6. Aimes-tu certaines pièces de théâtre? Lesquelles?

C. Un peu d'histoire. Un professeur de cinéma parle à des étudiants qui ne connaissent pas bien le sujet. Avec un(e) camarade de classe, jouez les deux rôles.

> MODELE: un acteur français / très connu / Louis Jouvet →
> > LE PROFESSEUR: Je parle d'un acteur français qui était très connu.
> > L'ETUDIANT: Je ne connais pas celui dont vous parlez.
> > LE PROFESSEUR: Il s'appelait Louis Jouvet.

1. se souvenir / actrice française / être très élégante / Jeanne Moreau
2. entendre parler / comique / être très drôle / Fernandel
3. parler / film français / être très choquant / *Diabolique*
4. se souvenir / chanteur belge / écrire des chansons-poèmes / Jacques Brel
5. entendre parler / pièce classique / être très belle / *Antigone*

D. Identification. Dites qui sont les acteurs (actrices), les réalisateurs ou les événements suivants en employant une des formes du pronom démonstratif suivi par un pronom relatif.

MODELE: la Comédie française / le New York City Theatre →
Ce sont deux théâtres: la Comédie française est celui qui se trouve à Paris et le New York City Theatre est celui qui se trouve à New York.

1. Catherine Deneuve / Meryl Streep
2. Gérard Depardieu / Robert Redford
3. François Truffaut / Woody Allen

4. les spectacles de café théâtre / les soirées à Radio City
5. le Festival de Cannes / la Cérémonie des Oscars

Les pronoms relatifs indéfinis

Définition   Le pronom relatif indéfini n'a pas d'antécédent spécifique. L'antécédent d'un pronom relatif indéfini est parfois une proposition entière.

> Elle n'a pas reçu d'Oscar, **ce qui** l'a déçue.
> Tu feras **ce que** tu voudras.

Formes

La fonction du pronom relatif indéfini dans la phrase (sujet, objet direct, objet de préposition) détermine la forme à employer. Il est généralement précédé du pronom **ce** qui signifie «la chose», «les choses».

Sujet	ce qui
Objet direct	ce que, ce qu'
Objet de la préposition **de**	ce dont
Objet d'une autre préposition	quoi

> **Ce qui** m'intéresse, c'est le théâtre.
> J'achèterai **ce que** je veux.
> **Ce dont** il a besoin, c'est d'une caméra.
> Nous irons au cinéma, après **quoi** nous irons dîner.

Emplois

A.   On emploie **ce qui** comme sujet du verbe de la proposition relative. **Ce qui** accompagne toujours un verbe au singulier.

Ce qui m'amuse, c'est le cinéma.	*What amuses me is the movies.*
Je ne sais pas **ce qui** lui plaît.	*I don't know what he likes.*
C'est **ce qui** me frappe.	*That's what draws my attention.*

B. On emploie **ce que** comme objet direct du verbe de la proposition subordonnée relative.

Ce que je déteste, c'est aller au cinéma tout seul.	*What I hate is going to the movies alone.*
Je n'aime pas **ce qu'il** dit.	*I don't like what he says.*
C'est **ce que** je préfère.	*That's what I prefer.*

Consommation

Ce que les enfants font de votre argent

Ils dépensent bon an mal an 8 milliards d'argent de poche. Les voilà, en outre, agents d'influence d'une puissance extraordinaire, dictant à leurs parents l'achat de la voiture, du magnétoscope ou de l'ordinateur.

C. On emploie **ce dont** comme objet d'un verbe suivi de la préposition **de**.

Ce dont j'ai envie, c'est de rester chez moi.	*What I want is to stay home.*
Il se rappelle **ce dont** je ne me souviens plus.	*He recalls what (that which) I no longer remember.*
C'est **ce dont** j'ai besoin.	*That's what I need.*

D. On emploie **quoi** comme objet d'une préposition autre que **de**.

On achète le ticket, après **quoi** on entre dans la salle.	*You buy the ticket, after which you enter the auditorium.*
Je ne sais pas **à quoi** il pense.	*I don't know what he's thinking about.*

Dis-moi à quoi tu rêves...

QUEL EST VOTRE PLUS GRAND FANTASME ?

Etre le (la) plus compétent(e)	39 %
Etre le (la) plus aimé(e)	23
Etre le (la) plus drôle	14
Etre le (la) plus intelligent(e)	12
Etre le (la) plus célèbre	3
Etre le (la) plus sexy	2
Etre le (la) plus grand(e)	1
Etre le (la) plus beau (belle)	1
Sans opinion	5

A noter: On emploie **ce à quoi** au début d'une phrase ou avec **c'est.**

Ce à quoi il pense est possible.   *What he's thinking about is possible.*
C'est **ce à quoi** elle pense.   *That's what she's thinking about.*

E.   On peut employer **tout** invariable avec les pronoms relatifs indéfinis.

Tout ce qui se passe
m'intéresse.   *Everything that happens interests me.*

Elle a fait **tout ce qu'**elle pou-
vait.   *She did everything she could.*

J'ai acheté **tout ce dont** j'avais
besoin.   *I bought everything I needed.*

Mise au point

A.   Vos goûts cinématographiques. Travaillez avec un(e) camarade de classe et répondez à tour de rôle aux questions suivantes en employant un pronom relatif indéfini. Suivez bien le modèle.

MODELE: VOUS: Qu'est-ce qui t'amuse?
IL (ELLE): **Ce qui** m'amuse, c'est le cinéma. Et toi?

1. Qu'est-ce qui te plaît?
2. Qu'est-ce qui te gêne?
3. Qu'est-ce qui t'intéresse?
4. Qu'est-ce qui te fatigue?
5. Qu'est-ce qui t'ennuie?

Maintenant changez de rôles et employez **ce que** dans vos réponses.

MODELE: VOUS: Qu'est-ce que tu aimes faire?
IL (ELLE): **Ce que** j'aime faire, c'est aller au cinéma le vendredi soir.

1. Qu'est-ce que tu détestes?
2. Qu'est-ce que tu adores?
3. Qu'est-ce que tu admires?
4. Qu'est-ce que tu cherches?
5. Qu'est-ce que tu attends?

B.   Rubrique cinématographique. Travaillez à deux. Vous interviewez une actrice qui a eu beaucoup de succès. Posez vos questions et répondez-y d'après le modèle.

MODELE: avoir envie / être seule →
VOUS: De quoi avez-vous envie?
ELLE: Ce dont j'ai envie, c'est d'être seule.

1. être contente / mon succès
2. être fière / mon Oscar

3. se souvenir / mon premier rôle important
4. profiter / l'expérience des autres
5. avoir peur / ne... pas avoir de succès

C. Préférences. Qu'est-ce qui vous plaît lorsque vous allez voir un film? Complétez les phrases avec les pronoms relatifs indéfinis ou définis appropriés.

1. _____ me plaît à Paris, ce sont les cinémas.
2. Au cinéma, vous achetez votre ticket, après _____ vous entrez dans la salle.
3. _____ me gêne, c'est le bruit.
4. _____ j'aime voir au cinéma, ce sont les dessins animés _____ l'on passe avant le grand film.
5. _____ mon ami s'intéresse me passionne aussi.
6. A l'entracte _____ j'ai envie, c'est d'acheter les bonbons _____ l'on montre sur l'écran pendant les publicités.
7. Je fais tout _____ je veux faire.
8. _____ nous adorons aussi, c'est le cinéma d'essai _____ l'on passe des films d'amateurs.
9. _____ j'aime assister, c'est aux séances de films d'épouvante _____ l'on passe le week-end à minuit.
10. _____ mon ami préfère, ce sont les films étrangers en version originale.

D. Histoire du cinéma. Terminez ces phrases selon votre opinion personnelle.

1. Ce qui m'intéresse dans l'histoire du cinéma...
2. Tout ce qui se passe dans les films historiques...
3. Ce dont les critiques cinématographiques parlent...
4. Ce que les comiques font...
5. Ce que les metteurs en scène devraient dépeindre...

E. A quoi vous intéressez-vous en matière de cinéma? Avec un(e) camarade, posez-vous des questions à propos du cinéma à un(e) camarade de classe. Chaque réponse commencera par **Ce à quoi**... Puis inversez les rôles. Faites preuve d'imagination dans vos réponses.

Expressions utiles: le cinéma d'essai, la mise en scène, les films d'épouvante/d'amour/d'aventure, les westerns, l'intrigue, le goût du spectateur....

MODELE: penser à / quand tu choisis un film →
VOUS: A quoi penses-tu quand tu choisis un film?
IL (ELLE): **Ce à quoi** je pense, c'est aux acteurs et aux actrices, et à la réputation du metteur en scène.

1. faire attention à / quand tu regardes le film
2. s'intéresser à / quand tu discutes des films avec des amis
3. ne pas s'habituer à / quand tu vas au cinéma
4. penser à / quand tu choisis un film pour quelqu'un d'autre
5. faire attention à / quand tu emmènes des enfants au cinéma

F. Critique cinématographique. Lisez cet extrait de *Pariscope* qui répertorie chaque semaine tous les films et spectacles passant à Paris et dans la région parisienne. Quels sont les films les plus appréciés par les Parisiens et qu'en dit-on? Faites la même chose en parlant des Américains. Qu'est-ce qu'ils aiment voir et qu'est-ce qu'on en dit actuellement?

films — Ce que les Parisiens aiment voir

TITRE	METTEUR EN SCÈNE	ACTEURS	CE QU'ON EN DIT...
TENUE DE SOIRÉE	Bertrand Blier	Gérard Depardieu, Michel Blanc, Miou-Miou	Le mini-scandale du moment. Depardieu amoureux de Michel Blanc, des dialogues gratinés.
ABSOLUTE BEGINNERS	Julien Temple	Eddie O'Connell et David Bowie	Comédie musicale tirée de l'épatant roman de Colin Mac Inness (reparaît chez Folio. Titre : ' Les Blanc-becs. Se veut le "West-Side Story" des années 80. Bowie ressemble au fils caché de Von Stroheim.
PIRATES	Roman Polanski	Walter Matthau	Le grand retour de Polanski. Gros budget, acteurs costauds, abordages et mers du Sud, on en a pour son argent. Tout ce qu'on aime. Tout ce qu'on déteste.
LA FIÈVRE AU CORPS (BODY HEAT)	Lawrence Kasdan	William Hurt Kathleen Turner	Une reprise qui tombe à pic.[a] Les étourdis verront bien mieux l'anatomie de Miss Turner dans ce polar torride que dans les deux "Diamants". Qu'on se le dise!

[a]tomber... *to come in the nick of time*

MODÈLE: Ce que les Parisiens aiment voir, ce sont les films de Bertrand Blier. Ce qu'on en dit, c'est que c'est le mini-scandale du moment.→

Les expressions indéfinies avec *n'importe*

Définition   **N'importe** suivi d'un pronom, adjectif ou adverbe interrogatif s'utilise pour désigner une chose ou une personne quelconque.

Quel film veux-tu aller voir? —**N'importe lequel.**
Moi, j'irais voir **n'importe quel** film de Chaplin.

UNE OPPORTUNITÉ
PEUT SE PRESENTER N'IMPORTE OÙ,
N'IMPORTE QUAND.
LE TOUT C'EST DE SAVOIR OÙ ET QUAND.

LE MONDE
INFORMATIQUE

Formes

n'importe + *pronom*	**n'importe** + *adjectif* + *nom*	**n'importe** + *adverbe*
· n'importe qui *just anyone, anyone at all*	n'importe quel (quels, quelle, quelles) *just any, any + noun + at all*	n'importe comment *any way, no matter how*
n'importe quoi *just anything, anything at all*		n'importe où *anywhere, anywhere at all*
n'importe lequel (lesquels, laquelle, lesquelles) *anyone, just any, any at all*		n'importe quand *anytime, no matter when*

A. On emploie **n'importe qui** pour les personnes et **n'importe quoi** pour les choses. Ils peuvent être sujet, objet direct ou objet de préposition.

> **N'importe qui** peut faire un film.
> Il peut imiter **n'importe qui.**
> Je m'entends bien avec **n'importe qui.**

> **N'importe quoi** me fera plaisir.
> Je mange **n'importe quoi.**
> Il improvise avec **n'importe quoi.**

B. On emploie le pronom **n'importe lequel** (**lesquels, laquelle, lesquelles**) pour les personnes et les choses si on veut indiquer un choix.

> Adores-tu les acteurs? —Oui, j'adore **n'importe lesquels.**
> Quelle tragédie vous touche le plus? —**N'importe laquelle** me touche.

C. On emploie l'adjectif **n'importe quel** (**quels, quelle, quelles**) devant un nom pour les personnes et les choses pour indiquer qu'on a un choix.

> Choisis **n'importe quelle** pièce.
> Elle aime **n'importe quel** film d'épouvante.

D. On emploie **n'importe comment, n'importe où** et **n'importe quand** pour indiquer respectivement la manière, le lieu et le temps.

> Nous partirons **n'importe quand** et nous voyagerons **n'importe comment.**
> Nous passerons un mois **n'importe où.**

Mise au point

A. Employez l'expression avec **n'importe** qui s'impose.

1. Vous allez voir tous les films français?—Oui, _____ .

2. Nous aimons _____ comédie musicale.
3. Si tu es gentil avec moi, je t'offrirai _____.
4. Je sortirai avec _____ pourvu que je puisse aller à la première de ce film!
5. Il partira _____ et il voyagera _____.

B. Les copains et les copines. Vous discutez avec un(e) camarade de ce que vous allez faire ensemble mais hélas, il (elle) n'a pas d'opinion. Jouez les deux rôles avec un(e) camarade de classe selon le modèle.

MODELE: VOUS: Où veux-tu aller ce soir?
         IL (ELLE): N'importe où.
               VOUS: Moi, je veux voir un film en ville.

1. Comment veux-tu aller en ville? 2. Quel film veux-tu voir? 3. Avec qui veux-tu dîner? 4. Qu'est-ce que tu aimerais manger? 5. A quel cinéma préfères-tu aller? 6. Quand est-ce qu'on partira? 7. Où veux-tu aller après le film?

eprise

A noter: Les exercices de cette partie reprennent les structures grammaticales de ce chapitre

A. Savoir-faire au théâtre. Si vous allez au théâtre en France, voici quelques habitudes auxquelles il faut penser. Reliez les deux phrases en employant les formes correctes des pronoms relatifs.

1. Les gens veulent aller au théâtre à Paris. Les gens doivent louer leur place à l'avance.
2. Les pièces commencent généralement à 21 heures. La plupart des pièces se terminent avant le dernier métro.
3. Le prix égale d'habitude le prix d'un repas dans un bon restaurant. On paie ce prix pour aller au théâtre.
4. Il y a d'autres dépenses (*f*). Il faut penser à ces dépenses quand on va au théâtre en France.
5. Il faut donner un pourboire à l'ouvreuse. L'ouvreuse vous conduit à votre place.
6. Il faut payer le vestiaire. Vous laissez votre manteau au vestiaire.
7. Les acteurs et les actrices sont souvent célèbres. On les voit à Paris.
8. La Comédie-Française a un répertoire de grandes pièces classiques. Elle existe depuis 1680.

B. Les copains et les copines. Travaillez avec un(e) camarade de classe et à tour de rôle interrogez-vous afin de connaître vos opinions sur le théâtre.

1. Quel genre de théâtre préfères-tu?
2. Combien de troupes théâtrales y a-t-il dans cette université? dans cette ville?
3. Le répertoire des troupes locales d'amateurs est-il bon?
4. Combien coûte une place au théâtre universitaire? Faut-il réserver une place à l'avance pour y aller?
5. A quel genre de pièce aimes-tu assister? Quelle(s) pièce(s) de théâtre as-tu vu(es) récemment?
6. As-tu déjà joué dans une pièce? dans laquelle? où? quand? Quel rôle as-tu joué?
7. Préfères-tu le cinéma ou le théâtre? Pourquoi? Qu'est-ce que tu aimes au cinéma? Qu'est-ce qui te plaît au théâtre?

C. «On sort ce soir?» Un jeune couple fait des projets pour la soirée. Complétez leur conversation en employant les pronoms relatifs définis ou indéfinis qui s'imposent.

DENISE: Ça te dit d'aller au ciné avec moi? Le film _____ passe au Cinéma Rivoli est très bon.

ALAIN: Quelle sorte de film est-ce? On passe rarement des films _____ j'aime.

DENISE: Celui _____ je parle est américain. C'est un western.

ALAIN: _____ je préfère, c'est regarder la télé.

DENISE: _____ je veux faire, c'est aller au cinéma! Veux-tu vraiment rester à la maison?

ALAIN: _____ je tiens avant tout, c'est à me coucher tôt ce soir.

DENISE: Mais le cinéma _____ je veux aller est très élégant.

ALAIN: Ecoute, _____ j'ai envie, c'est d'être seul ce soir!

DENISE: Mais, _____ je déteste, c'est sortir toute seule!

ALAIN: Alors, téléphone à un ami avec _____ tu pourrais y aller.

D. Employez les expressions indéfinies avec **n'importe** qui s'imposent.

1. Ils parlaient de _____ .
2. Nous travaillons _____ .
3. _____ homme peut devenir célèbre.
4. Les femmes? _____ peut devenir réalisatrice.
5. J'aime bien _____ .

*E*ncore une fois

A noter: Les exercices de cette partie reprennent les structures grammaticales du chapitre précédent avec le vocabulaire de ce chapitre.

A. Dialogue. Travaillez avec un(e) camarade. L'un(e) d'entre vous énonce une idée tandis que l'autre doit lui répondre en donnant son sentiment (étonnement, honte, colère, regret, surprise, tristesse) suivi du subjonctif. Regardez bien le modèle.

> MODELE: VOUS: Mon camarade de chambre ne dit pas ce qu'il pense.
> IL (ELLE): C'est dommage qu'il ne dise pas ce qu'il pense.

1. Tu ne sais pas ce qui compte dans la vie.
2. Je fais parfois des bêtises.
3. Tes amis ont ce dont tu as besoin.
4. Tu choisis ce dont tu as envie.
5. Ton ami(e) a reçu ce que toi, tu mérites.

B. Deux amateurs de films. Deux amis veulent assister à un festival du film fantastique. Terminez les phrases de façon originale.

> PATRICE: Nous louerons des places pour samedi soir à condition que...
> CHRISTINE: J'assisterai à la discussion après chaque film à moins que...
> PATRICE: Alors, il serait bon que nous prenions des notes afin que...
> CHRISTINE: Oui, mais tu dois me promettre de ne pas quitter la salle avant que...
> PATRICE: Savais-tu que le metteur en scène avait refusé trois scénarios de ce film de crainte que...
> CHRISTINE: Le producteur a enfin décidé de financer ce film pour que...
> PATRICE: La version originale a été doublée sans que...

C. Les copains et les copines. Il y a des choses dont vous avez peur. Votre ami(e) réagit à vos craintes. A tour de rôle terminez les phrases et les réponses de façon logique.

1. J'ai peur de...
   C'est dommage que tu...
2. Je crains de...
   Je regrette que tu...
3. J'ai peur de...
   Je suis étonné(e) que tu...
4. Je crains de...
   Il est regrettable que tu...

D. Questions sur le cinéma et le théâtre. Travaillez à deux. Lisez ensemble chaque phrase de l'exercice. L'un(e) d'entre vous transformera la forme affirmative de chaque phrase en forme interrogative tandis que l'autre fera la même chose pour la forme négative.

> MODELE: Il est évident que les acteurs seront au chômage. →
> VOUS: Est-il évident que les acteurs soient au chômage?
> IL (ELLE): Non, il n'est pas évident qu'ils soient au chômage.

1. Il est certain que la version doublée est excellente. 2. Il est clair que l'intrigue est trop compliquée. 3. Il est vrai que le répertoire est difficile. 4. Il est sûr que nous pouvons louer des places. 5. Il est probable que la représentation sera bonne.

E. Choisissez le verbe correct de la liste, puis mettez-le au temps correct du subjonctif, présent ou passé: **manquer, venir, perdre, faire, répéter.**

1. Je suis contente que vous _____ à la représentation hier soir.
2. Il faut que le producteur _____ l'emprunt demain.
3. Le réalisateur veut que nous _____ cet après-midi.
4. Il est possible qu'elles _____ l'audition hier.
5. C'est dommage que tu _____ ta caméra la semaine dernière.

F. Rédaction. Décrivez un film que vous avez beaucoup aimé. Quels étaient les acteurs principaux? Quelle en était l'intrigue? Pourquoi l'avez-vous aimé? Comment ce film a-t-il été accueilli par les critiques?

L'actualité

Lisez la critique de la pièce *Adriana Monti* écrite par Natalia Ginzburg. Ensuite terminez les phrases suivantes en trouvant les réponses correctes dans le texte.

Nathalie Baye, une adorable menteuse.

THÉATRE
ADRIANA MONTI
de Natalia Ginzburg

L'AMOUR PÉTILLANT[a] DE LA VIE

Le charme opère, la pièce est délicieuse. Une jeune femme, une inlassable[b] bavarde, un peu perdue, se marie avec un fils de famille égaré[c] dans une vie laissée à l'abandon. Pourquoi l'a-t-il épousée? Par envie ou par pitié? C'est trois fois rien, me direz-vous, mais c'est mieux que rien. C'est subtil, drôle, intelligent, insolite.[d] Adaptée avec talent par Loleh Bellon, la pièce court hors des sentiers battus.[e] Les personnages, ni caricaturaux, ni objets d'exemple parlent juste, une langue quotidienne, certes, mais jamais ordinaire.

Maurice Bénichou dans le beau décor de Gérard Didier a su créer l'atmosphère de cette pièce entre humour et tendresse. Les interprètes sont tous à citer et d'abord le couple, Nathalie Baye-Patrick Chesnais, elle adorable menteuse, un charme amical, irrésistible, lui, singulier, imprévisible,[f] une drôle de façon de traîner une neurasthénie[g] qui tourne à la bouffonnerie,[h] mais encore Catherine Arditi, la petite bonne si vivante, si vigoureuse, Micheline Presle, la belle-mère snob, délirante et Françoise Rigal, la belle-sœur d'une bienveillance un peu sotte.

Pourquoi l'a-t-il épousée? Par gaieté, répond-il tout à trac.[i] Et c'est bien là le ton de cette pièce où pétille l'amour de la vie. Théâtre de l'Atelier, 21 h.   M. T.

Page réalisée par Constance Poniatowski et Marion Thébaud

[a] *sparkling, vibrant*   [b] *untiring, tireless*   [c] *gone astray*   [d] *unusual*
[e] *sentiers... beaten track*   [f] *unpredictable*   [g] *depression*   [h] *clowning*
[i] *tout... thoughtlessly*

1. C'est une pièce qui est...
2. Il s'agit d'une jeune femme qui...
3. On se demande pourquoi l'homme qui...
4. C'est Loleh Bellon qui...
5. La langue que parlent les personnages...
6. La critique cite Gérard Didier dont le décor...
7. C'est Maurice Bénichou qui...
8. Le couple que...
9. La belle-mère que joue...
10. Cette pièce où...

Ecrivez une petite critique semblable au sujet d'une pièce de théâtre ou d'un film que vous avez vu récemment.

> *Le théâtre est une optique où un rosier réel ne fait point d'effet, il y faut un rosier peint.*
>
> George Sand

Sports et loisirs

*Une partie d'échecs
au grand air.*
IPA/THE IMAGE WORKS

Objectifs

- Le futur antérieur
- Le conditionnel passé
- Le plus-que-parfait

- La concordance des temps dans les phrases de condition

Mots et expressions

SPORTS ET LOISIRS

l'alpiniste (*m., f.*) climber

l'artisan (*m.*) **d'art** craftsperson; **faire de l'artisanat d'art** to do crafts

la balle (de tennis), le ballon (de rugby) (tennis) (rugby) ball

(se) blesser to hurt, wound (oneself)

bricoler to tinker around

le bricoleur (la bricoleuse) person who likes to tinker around

la caravane camper

le championnat championship

la concurrence competition

le concurrent (la concurrente) competitor

le congé leave; **un jour (une semaine) de congé** a day (week) off

la coupe trophy

le coureur (la coureuse) runner

courir to run

la course race

se décontracter to relax

l'entraînement (*m.*) practice

s'entraîner to practice (a sport)

l'entraîneur (*m.*) coach

l'équipe (*f.*) team

être équipé(e) to be equipped

faire de la marche à pied to hike

se fouler (la cheville) to sprain (an ankle)

le gymnase gymnasium

la gymnastique gymnastics, exercises

jouer (aux cartes/aux dames/aux dominos/aux échecs) to play (cards/checkers/dominos/chess)

le joueur (la joueuse) player

le maillot (de bain) jersey, T-shirt (swimsuit)

le match game

la médaille medal

le moniteur (la monitrice) instructor, supervisor

le passe-temps pastime

la pétanque lawn-bowling, bocce

la piscine swimming pool

la randonnée tour, trip, ride; **la randonnée à bicyclette** bike-ride; **la randonnée à pied** hike; **faire une randonnée** to take a tour/trip/ride

le sac de couchage sleeping bag

tirer to shoot

le tournoi tournament

vaincre to beat

Emplois

A. Trouvez l'équivalent de chaque expression.

1. se faire du mal
2. se relaxer
3. une excursion
4. battre, gagner
5. faire partir au moyen d'une arme
6. un divertissement
7. faire une promenade à pied pour le plaisir
8. un jour de vacances
9. s'occuper de petits travaux manuels
10. personne qui fait de la poterie, du tissage, etc.
11. compétition à plusieurs séries d'épreuves
12. personne qui escalade les montagnes
13. une roulotte

B. Complétez les phrases avec les mots qui conviennent.

1. La _____ de tennis américaine a si bien joué qu'elle a gagné le _____ du monde.
2. Quand on gagne un _____, on reçoit une _____.
3. Je joue au rugby avec un _____ et au tennis avec des _____.
4. Si la _____ court plus vite que les autres, elle gagnera la _____ à pied.
5. Les meilleurs _____ dans une épreuve sportive sont ceux qui ont l'esprit de compétition.
6. Il faut _____ si on veut exceller dans un sport.
7. L'_____ de rugby s'occupe de toute l'_____ et de l'_____ des joueurs pendant la saison.
8. Si on veut faire de l'alpinisme, il faut être bien _____.
9. Je ne peux ni marcher ni _____ parce que je _____ la cheville hier.
10. Nous allons au _____ universitaire faire de la _____ aérobique en groupe.

C. Les copains et les copines. Travaillez avec un(e) camarade de classe et à tour de rôle découvrez les goûts sportifs de chacun(e). Cherchez vos points communs.

1. A quels jeux aimes-tu participer? A quels sports d'équipe joues-tu?
2. Préfères-tu participer aux matchs ou regarder les autres jouer? De quels sports as-tu été moniteur (monitrice)?
3. Es-tu bricoleur (bricoleuse)? Qu'aimes-tu faire?
4. Lorsque tu fais du camping, emportes-tu un sac de couchage et une tente ou préfères-tu la caravane?
5. Aimes-tu nager dans une piscine? Y en a-t-il une sur le campus?
6. Fais-tu du vélo? As-tu jamais fait de la course? As-tu jamais porté le maillot jaune du gagnant?
7. As-tu jamais joué à la pétanque? Comment y joue-t-on?
8. Connais-tu les noms de quelques Américain(e)s ou Français(es) qui ont gagné des médailles aux Jeux Olympiques?

tructures

Le futur antérieur

Définition   Le futur antérieur est le temps composé du futur.[1]

> J'**aurai fini** ma gymnastique à midi.
> Quand on **aura gagné** le match, on ira ensemble fêter la victoire.

Formation

On forme le futur antérieur avec le futur simple de l'auxiliaire **avoir** ou **être** et le participe passé du verbe.

jouer	partir	se lever
je (j') aurai joué	serai parti(e)	me serai levé(e)
tu auras joué	seras parti(e)	te seras levé(e)
il / elle / on aura joué	sera parti(e)	se sera levé(e)
nous aurons joué	serons parti(e)s	nous serons levé(e)s
vous aurez joué	serez parti(e)(s)	vous serez levé(e)(s)
ils / elles auront joué	seront parti(e)s	se seront levé(e)s

> Lorsque nous **aurons joué,** nous irons dîner ensemble.
>
> Quand il **sera parti,** je serai content.
>
> Il **se sera** déjà **levé** à dix heures.

> *After we have played, we'll go have dinner together.*
>
> *When he's gone, I'll be happy.*
>
> *He must have already got up at ten o'clock.*

Emplois

On emploie le futur antérieur:

A.   pour marquer une action qui sera terminée à un moment précis dans l'avenir

---

[1] Le futur simple est traité au chapitre 6, pages 165–168.

Il **aura fini** le travail à six heures.	*He will have finished the work by six o'clock.*
Dans un mois ils **auront terminé** leur voyage.	*In a month they will have completed their trip.*

B. pour exprimer un fait passé comme une simple supposition

L'entraîneur n'est pas venu; il **aura manqué** son avion.	*The coach didn't come; he must have missed his plane.*
Tous les joueurs sourient; ils **auront gagné** la coupe.	*All the players are smiling; they must have won the trophy.*

C. dans les propositions subordonnées qui commencent par **aussitôt que, dès que** (*as soon as*), **lorsque, quand, une fois que** et **après que** (*after*). Le futur antérieur marque une action future qui sera terminée avant l'action de la proposition principale. L'action de la proposition principale est au futur simple. (En anglais, on n'emploie pas le futur antérieur dans ce cas.)

Aussitôt que nous **aurons gagné** le jeu, nous ferons la fête.	*As soon as we win the game, we'll have a party.*
Paul sera heureux quand il **aura vaincu** les autres concurrents.	*Paul will be happy after he beats the other competitors.*

Mise au point

A. L'heure du rendez-vous. Plusieurs copains doivent se retrouver au gymnase. Ils ont décidé d'y aller tous ensemble. En mettant les phrases suivantes au futur antérieur, calculez à quelle heure ils doivent fixer leur rendez-vous pour partir ensemble.

MODELE: Monique / finir ses devoirs vers six heures et demie →
Monique aura fini ses devoirs vers six heures et demie.

1. Jean-Pierre / terminer sa répétition à sept heures.
2. Gilles / faire ses courses vers cinq heures.
3. Claudine / achever sa rédaction vers sept heures moins le quart.
4. Didier et Diane / revenir de leur répétition à sept heures et quart.
5. Marie-Madeleine / finir de faire le ménage à cinq heures et quart.
6. Colin / rentrer de son travail à cinq heures et demie. Les copains pourront tous partir ensemble à _____ .

B. Suppositions. Faites des suppositions pour commenter les phrases suivantes. Choisissez des verbes de la liste à droite et mettez-les au futur antérieur.

MODELE: Cette coureuse sourit. → Elle aura gagné la course.

1. Ce pêcheur est content.
2. Ces skieurs n'ont pas fini la course.
3. Cette femme porte un plâtre.
4. Ce nageur est triomphant.
5. Cette monitrice est fière d'elle-même.
6. Ces alpinistes hissent le drapeau.
7. Ces entraîneurs font la fête.
8. Cette équipe revient l'année prochaine.

a. atteindre le sommet
b. attraper beaucoup de poissons
c. se casser la jambe
d. être tombé
e. gagner la coupe
f. remporter la victoire
g. sauver la victime qui se noyait
h. traverser la Manche

C. La vie d'une championne de cyclisme. L'entraîneur d'une équipe de cyclistes encourage sa meilleure cycliste. Choisissez les verbes appropriés et mettez-les au futur simple ou au futur antérieur selon le cas.

Quand vous _____¹ à parcourir de longues distances, vous _____² au championnat du monde. Lorsque vous _____³ tous vos adversaires dans votre région, vous _____⁴ championne de la région. Vous _____⁵ le titre de «championne» dès que vous _____⁶ le record actuel. Quand vous _____,⁷ vous _____⁸ toute fière.

triompher
participer
être (deux fois)
éliminer
mériter
apprendre
battre

Lorsque vous _____⁹ championne du monde, votre carrière _____¹⁰ assurée. Quand vous _____¹¹ les courses cyclistes, vous _____ un commerce de vélos. Aussitôt que le commerce _____¹² prospère vous _____¹³ construire des pistes cyclables dans toutes les villes de la région. Les gens vous _____¹⁴ fort reconnaissants, parce que vous _____¹⁵ beaucoup d'argent à la ville.

offrir
être (deux fois)
devenir (deux fois)
faire
abandonner
acheter

Quand vous _____¹⁶ célèbre, on _____¹⁷ votre nom à une course cycliste. Et quand vous _____,¹⁸ on _____¹⁹ un grand monument en votre honneur dans le jardin public.

élever
devenir
mourir
donner

D. Projets de vacances. Un groupe de copains compte partir faire du camping. Ils font des projets pour les vacances d'été. Employez la forme correcte du futur simple ou du futur antérieur du verbe entre parenthèses. Puis répondez aux questions qui suivent.

JEAN: Quand nous (*finir*) l'année scolaire, nous (*être*) en vacances pendant trois mois!

PAUL: Chouette! Dès que je (*passer*) mon dernier examen, je (*aller*) chercher un nouveau sac de couchage et une tente.

LUC: Quand tu les (*acheter*), tu ne (*avoir*) plus d'argent et tu (*être*) obligé de travailler tout l'été!

PAUL: C'est vrai. Mais aussitôt que je (*faire*) des économies, je (*partir*) dans le Massif Central pour faire du camping pendant deux semaines.

JEAN: Est-ce que je pourrais t'y accompagner? Je suis bien équipé et avant la fin juillet, je (*terminer*) tout mon travail.

LUC: Et toi, Paul, à ce moment-là tu (*s'offrir*) une nouvelle voiture, n'est-ce pas?

PAUL: Tu parles! Je ne (*avoir*) pas assez d'argent pour m'en acheter une. Mais, je (*pouvoir*) quand même partir en stop.

LUC: On (*se donner*) rendez-vous à Périgueux. Et lorsqu'on (*se retrouver*), on (*décider*) de l'itinéraire.

JEAN: D'accord. Dès que nous (*arriver*), nous (*explorer*) un peu la région.

PAUL: Excellente idée! Et aussitôt que nous (*trouver*) l'endroit idéal, nous ne (*bouger*) plus!

1. Qu'est-ce que Paul voudrait faire cet été? 2. Que propose Luc? 3. Dans quelle région de la France vont-ils passer leurs vacances?

E. Les copains et les copines. Travaillez avec un(e) camarade de classe afin de connaître ses projets d'avenir. Posez-lui trois des questions suivantes. Il (Elle) devra y répondre. Ensuite inversez les rôles.

MODELE: aussitôt que / finir ce semestre →
VOUS: Qu'est-ce que tu feras aussitôt que tu auras fini ce semestre?
IL (ELLE): Aussitôt que j'aurai fini ce semestre, je prendrai des vacances.

1. lorsque / terminer tes études
2. une fois que / choisir une carrière
3. aussitôt que / devenir riche
4. dès que / se marier
5. quand / avoir des enfants

Le conditionnel passé

Définition Le conditionnel passé est le temps composé du conditionnel.[2]

J'**aurais** bien **aimé** aller faire du ski.
Elle **se serait fait** mal si elle était tombée.

Formation

On forme le passé du conditionnel avec l'auxiliaire au conditionnel présent et le participe passé du verbe.

---

[2] Le conditionnel présent est traité au chapitre 6.

	jouer	partir	se lever
je (j')	aurais joué	serais parti(e)	me serais levé(e)
tu	aurais joué	serais parti(e)	te serais levé(e)
il elle on	aurait joué	serait parti(e)	se serait levé(e)
nous	aurions joué	serions parti(e)s	nous serions levé(e)s
vous	auriez joué	seriez parti(e)(s)	vous seriez levé(e)(s)
ils elles	auraient joué	seraient parti(e)s	se seraient levé(e)s

Si vous aviez vu Paul, vous **auriez été** fier de lui.
S'il avait plu, elle **serait restée** à la maison.
Si j'étais allé avec eux au match, je **me serais** beaucoup **amusé**.

Emplois

A. On emploie le conditionnel passé pour exprimer une action ou une situation qui ne s'est pas réalisée dans le passé. Elle dépend d'une condition introduite par **si** suivi du plus-que-parfait.

Si j'avais gagné le match, je **serais devenu** champion.

Nous **aurions vu** le championnat si nous étions allés au gymnase.

If I had won the match, I would have become a champion.

We would have seen the championship if we had gone to the gymnasium.

QUELLE PROFESSION AURIEZ-VOUS RÊVÉ EXERCER ?

Médecin sans frontières	32 %
Berger	11
Cosmonaute	9
Navigateur solitaire	8
Prince ou princesse	8
Chanteur à succès	7
Ambassadeur de France	6
Chef de la brigade antigang	5
Président de la République	3
Raider en Bourse	2
Prostituée de luxe	1
Evêque	1
Sans opinion	7

B. On emploie le conditionnel passé pour exprimer un souhait qui ne s'est pas réalisé dans le passé.

J'**aurais** bien **voulu** vous rejoindre, mais j'ai dû rester au bureau.	*I would have liked to join you but I had to stay at the office.*
Il **aurait** bien **aimé** qu'elle finisse son travail, mais elle ne l'a pas fait.	*He would really have liked her to finish her work, but she didn't do it.*

C. On emploie le conditionnel passé pour rapporter un fait incertain. C'est surtout le style des mass-média.

Il y **aurait eu** un accident au stade. Deux concurrents **seraient morts.** Un autre **se serait cassé** la jambe.	*There has been an accident reported at the stadium. Apparently, two competitors have been killed. Another is said to have a broken leg.*

Mise au point

A. Les regrets. Travaillez à deux. En utilisant les expressions des deux listes, exprimez un regret à votre camarade. Il (Elle) devra vous répondre en reprenant votre assertion au conditionnel passé et en donnant une explication. Inversez les rôles.

MODELE: VOUS: Je suis désolé(e) que tu n'aies pas pu participer à la course avec moi.

IL (ELLE): J'aurais bien aimé y participer, mais je me suis foulé la cheville samedi.

A

être désolé(e)
regretter
être déçu(e)
?

B

ne... pas pouvoir vous rejoindre hier soir
ne... pas pouvoir venir cet après-midi
ne... pas pouvoir vous accompagner au gymnase
ne... pas pouvoir partir tôt
ne... pas pouvoir sortir samedi soir
ne... pas pouvoir faire de ski ce week-end
?

B. Histoire de chasse. Deux commerçants discutent de la chasse au mois de janvier. Mettez les verbes entre parenthèses au conditionnel passé, puis répondez aux questions.

M. BECASSE: Je (*aimer*) bien aller chasser le sanglier (*wild boar*) au mois d'octobre.

M. DINDON: C'est dommage que vous n'ayez pas pu y aller. Moi aussi, je (*être*) heureux d'aller à la chasse.

M. BECASSE: Je (*tirer*) probablement sur un vieux sanglier solitaire, et je (*avoir*) de la peine à le rapporter.

M. DINDON: Non, non, non, je vous le jure, vous (*avoir*) de la chance. J'ai entendu dire que les bois de Picardie débordaient de marcassins (*young boars*) cette année.

M. BECASSE: Vous (*venir*) avec moi si je vous en avais parlé assez tôt?

M. DINDON: Bien sûr, je vous (*accompagner*) avec plaisir; j'avais de tels ennuis cet automne, que je (*quitter*) volontiers la ville pour quelques jours!

1. Auriez-vous accompagné M. Bécasse à la chasse au sanglier? Pourquoi ou pourquoi pas?
2. Jouez au psychologue et décrivez la personnalité de ces deux personnages.

C. Du temps perdu. Un jeune homme médite sur les quatre mois qu'il a passés en France. Trop tard, il se rend compte de ce qu'il aurait pu faire. Choisissez le verbe approprié de la colonne de droite et mettez-le au conditionnel passé.

C'est vrai, j'habitais assez loin du gymnase, mais je _____[1] prendre l'autobus pour y aller. J'avais des copains qui jouaient là-bas tous les jours au volley-ball. Ils _____[2] m'inviter à jouer avec eux. Que je suis bête! Je _____[3] jouer avec eux si je leur en avais parlé, mais j'étais trop timide.	devoir pouvoir (deux fois)
Il y avait aussi quelques-uns qui allaient le mardi jouer au ping-pong. J'y _____[4] si je n'avais pas été si paresseux. Et puis, je sais qu'il y avait des matchs de rugby le samedi; si je n'étais pas resté au lit jusqu'à midi, je _____[5] la connaissance des membres de l'équipe. Je _____[6] un ballon, un sac de sport et des shorts si je n'avais pas dépensé tout mon argent de poche pour acheter de délicieuses pâtisseries!	acheter faire aller
Et je _____[7] tous les jours si j'avais eu de bonnes chaussures confortables. Je _____[8] plus souvent de la ville si j'avais loué un vélomoteur, mais je n'avais jamais assez de temps. J'ai parlé aux vieux qui jouaient à la pétanque dans le parc. Ils _____[9] m'apprendre à jouer, même si je n'avais pas de boules à moi. Si je m'en étais rendu compte plus tôt je _____[10] vraiment, mais maintenant j'ai un billet d'avion et il faudra m'en aller demain!	pouvoir se promener s'amuser sortir

Maintenant, décrivez un moment où vous avez gaspillé du temps comme ce jeune homme.

D. Qu'est-il arrivé? Travaillez à plusieurs. Vous faites un reportage à la radio sur un accident qui vient d'avoir lieu au stade. Les gens vous téléphonent pour vous poser des questions sur ce qui se passe. Vous n'avez pas encore de nouvelles définitives, et vous leur répondez de façon incertaine en employant le conditionnel passé.

> MODELE: LA PERSONNE AU TELEPHONE: Y a-t-il eu des morts?
> VOUS: Il y aurait eu dix morts.

1. Y a-t-il des blessés? 2. Qui en a été responsable? 3. La police est-elle arrivée sur les lieux? 4. Les ambulances sont-elles déjà parties? 5. Dans quel hôpital a-t-on emmené les blessés?

Le plus-que-parfait

Définition   Le plus-que-parfait est le temps composé de l'imparfait.

> Aussitôt qu'elle **avait fait** sa gymnastique, elle faisait du jogging.
> Il était fatigué parce qu'il **était rentré** tard.

Formation

On forme le plus-que-parfait avec l'imparfait de l'auxiliaire **avoir** ou **être** et le participe passé du verbe.

	jouer	partir	se lever
je (j')	avais joué	étais parti(e)	m'étais levé(e)
tu	avais joué	étais parti(e)	t'étais levé(e)
il elle on	avait joué	était parti(e)	s'était levé(e)
nous	avions joué	étions parti(e)s	nous étions levé(e)s
vous	aviez joué	étiez parti(e)(s)	vous étiez levé(e)(s)
ils elles	avaient joué	étaient parti(e)s	s'étaient levé(e)s

> Il était en retard, mais il nous **avait téléphoné** à six heures.
> Elle **était allée** à la piscine avant moi.
> Ils **s'étaient habitués** à nager tous les jours.

Emplois

A.   On emploie le plus-que-parfait pour exprimer une action accomplie et antérieure à une autre action passée.

> Je lui **avais donné** les billets avant de partir pour le stade.
>
> *I had given him the tickets before leaving for the stadium.*

J'ai fait du tennis à six heures ce matin; j'**avais** déjà **fait** du jogging.	*I played tennis at six this morning; I had already gone jogging.*
Je voulais savoir le résultat parce que je n'**avais** pas **vu** le match à la télé.	*I wanted to know the outcome because I hadn't seen the game on TV.*

B. On emploie le plus-que-parfait dans les propositions subordonnées qui commencent par **aussitôt que, dès que** (*as soon as*), **lorsque, quand, une fois que** et **après que** (*after*). Il marque une action habituelle qui s'est terminée avant l'action de la proposition principale.

Lorsqu'il **avait lu** le journal du matin, il prenait son petit déjeuner.	*After he had read the morning paper, he would have breakfast.*
Dès qu'elle **avait couru** dix kilomètres, elle nageait une demi-heure.	*As soon as she had run 10 kilometers, she would swim for half an hour.*

C. On emploie le plus-que-parfait après **si** de condition. Le verbe dans la proposition principale peut être au conditionnel présent ou au conditionnel passé, selon le sens.

Si j'**avais gagné** la course hier, je serais content. (maintenant)	*If I had won the race yesterday, I would be happy.*
Si j'**avais gagné** la course hier, j'aurais été content. (à ce moment-là)	*If I had won the race yesterday, I would have been happy.*

Mise au point

A. Soyons logiques. En utilisant des expressions de chaque colonne, exprimez ce que vous et vos ami(e)s avez fait hier. Indiquez la séquence des actions en utilisant un verbe au plus-que-parfait.

MODELE: Hier, je m'**étais levé(e)** avant de prendre le petit déjeuner. Mon camarade de chambre **avait pris** son café avant de commencer ses devoirs. →

je	faire les courses	prendre une douche
mon meilleur ami (ma meilleure amie)	aller à la piscine	se rencontrer au café
	travailler	quitter la maison
mon (ma) camarade de chambre	s'habiller	préparer le dîner
	lire nos devoirs	se reposer
nous	prendre le dîner	se fâcher contre nous
le professeur	se téléphoner	aller à la bibliothèque
mon chien / chat	sauter dans mes bras	?
?	?	

B. Un accident de ski. Pendant un slalom, un concurrent est tombé et s'est cassé la jambe. Un spectateur raconte ce qu'il sait de l'accident. Terminez les phrases de façon originale en utilisant le plus-que-parfait.

1. Le skieur est tombé parce que…
2. On l'a tout de suite emmené en ambulance parce que…
3. Sa famille a été prévenue parce que…
4. Son équipe n'a pas gagné parce que…
5. L'entraîneur était très déçu parce que…

C. Vacances en famille. Une famille vient de passer ses vacances au bord de la mer. Evidemment ils auraient préféré faire un séjour dans des gîtes ruraux (*rooms in the country rented to tourists by families*). Mettez les verbes entre parenthèses au plus-que-parfait. Puis répondez aux questions suivant l'exercice.

PAPA: J'aurais bien aimé aller à la campagne si nous (*avoir*) le temps.

MAMAN: Moi aussi. Si nous (*s'inscrire*) pour louer des gîtes ruraux, nous aurions pu visiter plusieurs régions différentes.

NICOLE: On aurait pu voir toutes sortes d'animaux si nous y (*aller*).

PIERRE: Papa, si nous (*choisir*) une ferme, j'aurais pu voir des champs et des machines agricoles. Pourquoi sommes-nous venus ici?

PAPA: Parce que tant de gens (*demander*) les gîtes ruraux avant nous qu'il ne restait plus de place.

MAMAN: Si je (*écrire*) la lettre plus tôt, on aurait peut-être pu y aller.

NICOLE: Si vous m'en (*parler*) avant, je vous aurais poussé à le faire.

MAMAN: Après tout, si nous (*réussir*) à aller dans des gîtes ruraux, j'aurais été obligée de faire la cuisine et le ménage!

PAPA: Mais, ma chérie, si nous (*faire*) un séjour dans les gîtes ruraux, j'aurais été bien content de t'aider!

1. Pourquoi les enfants auraient-ils aimé passer les vacances dans des gîtes ruraux?
2. Pourquoi Maman a-t-elle été contente de ne pas être allée à la campagne?

D. Une belle jeunesse dans les Alpes. Une étudiante suisse raconte des histoires du bon vieux temps. Choisissez le verbe approprié de la colonne de droite et mettez-le au plus-que-parfait.

J'ai passé mon enfance dans un petit village qui était aussi une station de ski. Lorsque je _____[1] ma journée à l'école, je rentrais tout de suite à la maison. Dès que je _____,[2] je me rhabillais et j'allais chercher mes skis et mes bâtons. Aussitôt que je _____[3] du chocolat chaud, Maman m'amenait à la piste en voiture. Une fois qu'elle _____,[4] je rejoignais mes amis.

partir
arrivé
boire
finir

Un jour, j'ai voulu monter en haut du grand sautoir (*ski-jump*). Je l'aurais fait si un moniteur ne me _____[5] pas. J'aurais été tellement contente s'il me _____[6] descendre le sautoir. Les autres enfants auraient été si jaloux si je _____[7] le faire.

pouvoir
laisser
apercevoir

E. Les copains et les copines. Travaillez avec un(e) camarade de classe et complétez les phrases suivantes avec un verbe au conditionnel passé. A la fin, choisissez une des réponses de votre camarade qui vous a le plus étonnée.

1. Si je n'étais pas venu(e) à cette université,…
2. Si mes parents avaient eu neuf enfants,…
3. Si j'étais né(e) au Québec,…
4. Si j'avais vécu au dix-huitième siècle,…
5. Si j'avais décidé de trouver un emploi au lieu de faire des études,…

La concordance des temps dans les phrases de condition

Chaque phrase de condition a deux propositions: la proposition subordonnée introduite par **si** exprime une possibilité ou une condition, et la proposition principale en indique le résultat. La concordance des temps du verbe employé dans la proposition principale et du verbe de la proposition subordonnée est assez stricte.

SI VOUS GAGNIEZ 10 MILLIONS DE FRANCS AU LOTO, COMMENT RÊVERIEZ-VOUS DE LES DÉPENSER ?

En arrêtant de travailler pour vivre en rentier	25 %
En créant une entreprise	24
En donnant tout aux déshérités	18
En quittant tout pour refaire votre vie au bout du monde	11
En dépensant tout votre argent n'importe comment	7
En achetant un château et une Rolls	7
Sans opinion	8

LA CONCORDANCE DES TEMPS		
Proposition subordonnée avec **si** *de condition*		*Proposition principale*

si	+	le présent	+	le présent le futur proche le futur l'impératif
si	+	l'imparfait	+	le conditionnel présent
si	+	le plus-que-parfait	+	le conditionnel passé le conditionnel présent

Emplois

A. Dans une proposition subordonnée, **si** et le présent de l'indicatif exprime une condition dont le résultat dans la proposition principale peut être:

1. habituel

S'il **fait** beau, nous **faisons** souvent une promenade.	*If it's nice out, we often take a walk.*

2. possible dans un futur immédiat

S'il **fait** beau aujourd'hui, nous **allons faire** une promenade.	*If it's nice out today, we're going to take a walk.*
S'il **fait** beau cet après-midi, nous **ferons** une promenade.	*If it's nice out this afternoon, we'll take a walk.*
S'il **fait** beau, **faisons** une promenade.	*If it's nice out, let's take a walk.*

B. **Si** et l'imparfait de l'indicatif exprime:

1. une intention ou un projet qui peut se réaliser dans l'avenir

Si, dans un an, je **pouvais** prendre mes vacances en hiver, j'irais en Suisse.	*If, in a year, I could take my vacation in the wintertime, I would go to Switzerland.*

2. une situation impossible à un moment donné

Tu vas à la piscine? Si j'**étais** libre, je pourrais y aller avec toi.	*You're going to the pool? If I were free, I could go with you.*

C. **Si** et le plus-que-parfait exprime:

1. une condition qui n'a pas pu se réaliser mais qui aurait eu une conséquence dans le passé. La conséquence n'est plus possible.

Si tu m'**avais invité,** je serais
venu.

*If you had invited me, I would
have come.*

2. une condition qui ne s'est pas réalisée dans le passé et qui a une con-
    séquence dans le présent

Si j'**avais fait** mes projets de vacances à ce moment-là, je
serais prête à partir
maintenant.

*If I had made my vacation plans
then, I would be ready to leave
now.*

Mise au point

A. **A mon avis...** Lisez bien les phrases des deux colonnes. Faites correspondre celles de la liste A à celles de la liste B. Ensuite devinez quelle est la personne qui aurait pu les dire (ami, professeur, parent, employeur, etc.)

A

1. Si vous voulez augmenter votre
    salaire,...
2. Si vous écriviez un peu plus
    clairement,...
3. Si ton oncle avait fait un petit
    effort,...
4. Si ces deux filles s'étaient
    exercées,...
5. Si j'avais un peu plus de
    courage,...
6. Si tu n'avais pas dépensé tant
    d'argent le mois dernier,
7. Si nous n'avons pas trop
    d'impôts à payer,...

B

a. tu n'aurais pas besoin
    d'emprunter de l'argent à tes
    amis.
b. travaillez davantage
c. je te dirais ce que je pense de
    toi.
d. elles auraient été en meilleure
    forme à la fin du cours.
e. vos devoirs seraient plus faciles
    à lire.
f. nous pourrons partir en vacan-
    ces cet été.
g. ta tante Mathilde ne l'aurait pas
    quitté.

*Je sens que je vais
gagner la partie...*
STUART COHEN/COMSTOCK

B. Le week-end à la fac. Dites ce que vous et vos amies avez l'habitude de faire dans les cas suivants:

1. Si on reste à la résidence le vendredi soir,...
2. Si on a le temps le samedi matin,...
3. S'il fait beau le samedi après-midi,....
4. S'il fait mauvais le dimanche,...
5. Si nous avons tous des examens le lundi matin,...
6. Si nous nous couchons trop tard le dimanche soir,...

C. Le marathon de Boston. Vous et vos ami(e)s voudriez courir le Marathon de Boston cette année. Dites chacun(e) ce que vous pensez devoir faire ou non afin de vous y préparer. Débutez chaque phrase par **si.**

> MODELE: Si j'allais à Boston de bonne heure, je serais plus détendu(e) avant la course. →

A	B
s'entraîner	être prêt (prête)
étudier des vidéos de coureurs célèbres	entendre des conseils utiles
	faire des progrès considérables
grossir	être sûr(e) de soi
manger bien	ne... pas pouvoir courir assez vite
ne... pas boire d'alcool	
courir quarante kilomètres par semaine	être en bonne forme
	avoir assez de pratique
aller à Boston de bonne heure	trouver un entraîneur
parler à des expert(e)s	être détendu(e) avant la course
courir dans d'autres courses pendant l'année	?
?	

D. La vie sportive? Regardez ce dessin qui dépeint une scène du dix-septième siècle. Qu'est-ce qui se passe? A quel jeu moderne ce jeu ressemble-t-il? Maintenant, avec un(e) camarade de classe, complétez les phrases suivantes avec un verbe au conditionnel passé ou présent.

> MODELE: Si le volant **avait** frappé la coiffe de la dame,... →
> Si le volant **avait** frappé la coiffe de la dame, sa coiffe **serait** tombée.

1. Si la dame n'avait pas mis de robe élégante,...
2. Si la dame avait regardé le volant en jouant...
3. Si le monsieur n'avait pas de perruque (*wig*),...
4. S'il avait gardé son chapeau et son épée,...
5. Si ces gens avaient été plus...
6. Si j'avais participé à ce jeu,....
7. Si cette famille vivait au vingtième siècle,...

E. Des regrets. Réfléchissez à l'an dernier et exprimez ce que vous auriez aimé faire différemment en complétant les phrases suivantes.

Grand-père du badminton moderne, le jeu du volant jouissait dans l'aristocratie du XVIIe siècle d'une grande popularité.

1. J'aurais pu... si...,
2. Si je n'avais pas dépensé tant d'argent,...
3. Je serais en meilleure forme maintenant si...
4. Je serais allé(e)... si...
5. Si j'avais lu plus de livres,...
6. Si je n'étais pas si..., j'aurais (je serais)...
7. Si j'avais su
8. ?

eprise

---

A noter: Les exercices de cette partie reprennent les structures grammaticales de ce chapitre.

A. Les copains et les copines. Travaillez à deux afin de découvrir vos loisirs respectifs. Regroupez-vous ensuite avec la classe pour en discuter.

1. Où iras-tu avec ta famille pendant les grandes vacances? Si tu pouvais choisir, irais-tu ailleurs? Si oui, où?

2. Si tu étais allé(e) au bord de la mer l'été dernier, qu'aurais-tu fait?
3. Si tu avais eu six semaines de congé l'été dernier, où serais-tu allé(e)?
4. Quels sont les sports que tu aurais bien aimé pratiquer mais que tu n'as pas eu l'occasion d'apprendre?
5. Préfères-tu les sports individuels, collectifs ou à deux? Pourquoi?
6. Quels sont tes passe-temps favoris? Explique.
7. A ton avis, quels seront les sports les plus populaires de demain?

B. Il se fait tard. Vos ami(e)s voudraient que vous fassiez quelque chose avec eux (elles) ce soir. Mais vous avez un projet à finir. Répondez-leur en utilisant le futur antérieur et en leur disant quand vous pourrez venir.

MODELE:　ILS (ELLES): Nous aimerions que tu viennes dîner chez nous à six heures.
　　　　　　　VOUS: D'accord, j'aurai fini mon match de tennis dans une demi-heure et je viendrai dîner avec vous.

PROJETS

jouer une partie de poker
faire une partie de dames
faire une randonnée
faire un match de tennis
sortir dans une boîte de nuit
venir dîner

EXPRESSIONS DE TEMPS

en un clin d'œil
avant minuit
d'ici un quart d'heure
dans un quart d'heure
à la tombée de la nuit
dans une demi-heure

C. Encore des suppositions. Faites des suppositions à propos des faits suivants.

MODELE:　Il a perdu son ballon. → Il aura tiré trop fort.

1. L'équipe n'a pas gagné aujourd'hui. 2. Mon cycliste favori a perdu le maillot jaune ce matin. 3. La championne s'est foulé la cheville. 4. Elle a arrêté de jouer aux cartes. 5. La monitrice a plongé dans la piscine.

D. Exprimez ce que les personnes suivantes feront dès qu'elles auront trouvé l'argent nécessaire. Employez **aussitôt que, dès que, quand, après que.**

MODELE:　Oprah Winfrey → Aussitôt qu'elle aura trouvé l'argent nécessaire, elle achètera NBC.

1. Tom Selleck 2. Bill Cosby 3. Jaime Escalante 4. Madame le docteur Ruth 5. Abigail Van Buren

E. Le rêve... et la réalité. Exprimez ce que les personnes suivantes auraient bien voulu faire pendant les dernières vacances et ce qu'elles ont fait en réalité.

MODELE:　je / aller en France →
　　　　　　J'aurais bien voulu aller en France mais j'ai dû travailler.

1. je / passer un mois au bord de la mer
2. nous / faire un voyage en Amérique du Sud
3. mon meilleur ami (ma meilleure amie) / partir en croisière
4. les alpinistes / escalader le Mont Blanc
5. le prof / rester chez lui (elle)

F. A la télévision, un journaliste annonce qu'un club sportif a été cambriolé (*robbed*), mais il n'est pas encore certain de ses faits. Jouez le rôle du journaliste d'après le modèle.

> MODELE: deux voleurs / entrer dans le club cet après-midi →
> Deux voleurs seraient entrés dans le club cet après-midi.

1. ils / prendre beaucoup d'argent et de l'équipement
2. ils / enlever une des monitrices
3. ils / tuer un client
4. ils / blesser un agent de police
5. ils / s'échapper dans un grand camion

G. Voici la publicité touristique sur une île tropicale. Traduisez-la.

If you want a magnificent vacation, come to our beautiful island. You will have some unforgettable adventures. There are no roads on the island. As soon as you get off the plane, you will walk to your cabin. After you unpack your suitcases, you'll be able to go boating or swimming. When you have become accustomed to the rhythm of life on the island, you won't want to leave. After a week or two, you will go home relaxed and happy.

If you had bought your ticket last month, you would have saved a lot of money. But don't despair. If you buy your ticket this week, you will still save $100. As soon as you've bought your ticket, we'll send you a wonderful gift!

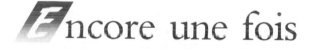ncore une fois

A noter: Les exercices de cette partie reprennent les structures grammaticales du chapitre précédent avec le vocabulaire de ce chapitre.

A. Employez les pronoms relatifs ou démonstratifs appropriés.

1. Le premier alpiniste _____ a conquis le Mont Everest s'appelait Edmund Hillary.
2. Les nouvelles balles de tennis _____ nous avons achetées sont vertes.
3. L'athlète _____ les Américains sont si fiers a été nommée championne.
4. Les matchs de bridge _____ nous avons assisté étaient intéressants.
5. Le stade _____ la course aura lieu se trouve à Paris.
6. Je connais le coureur _____ a gagné la coupe l'année dernière, mais je ne connais pas (*the one*) _____ (*who*) _____ a gagné cette année.

B. Les copains et les copines. Interviewez un(e) camarade de classe afin de connaître ses loisirs. Utilisez les pronoms relatifs indéfinis appropriés.

> MODELE: Qu'est-ce qui t'intéresse? →
> Ce qui m'intéresse, c'est le bricolage.

1. Qu'est-ce qui t'amuse? 2. Qu'est-ce que tu détestes? 3. De quoi as-tu envie? 4. A quoi t'intéresses-tu? 5. Est-ce que tout ce qui se passe à la télé te semble important?

C. Répondez aux questions en employant la forme correcte de **n'importe.**

1. Où peut-on faire du jogging dans une ville américaine?
2. Comment peut-on s'entraîner pour un sport individuel?
3. A quelle heure peut-on faire des exercices?
4. Quel type de personne peut faire du sport?
5. Quand doit-on faire du sport?
6. Quelles marques de vêtements de sport peut-on trouver en ville?

L'actualité

Une enquête sur les rêves des Français. En 1989 le magazine français *L'Express* a publié les résultats d'un sondage sur les «fantasmes des Français».

Avant de lire les résultats, posez cette question aux étudiants de votre classe et analysez les résultats:

Si vous étiez une personnalité, qui aimeriez-vous être?

Voici les réponses à la même question tirée du sondage, suivies d'une interview avec Simone Veil, Ministre de la Santé (1974–1979), dont le nom est mentionné parmi les résultats.

SI VOUS ÉTIEZ UNE PERSONNALITÉ, QUI AIMERIEZ-VOUS ÊTRE ?

LES HOMMES		LES FEMMES	
Le commandant Cousteau	43 %	Mère Teresa	30 %
Alain Prost	23	Simone Veil	15
Léon Schwartzenberg	6	Barbara Hendricks	14
Francis Bouygues	6	Inès de La Fressange	9
Yannick Noah	4	Françoise Giroud	9
Bernard-Henri Lévy	4	Régine Deforges	8
Maurice Béjart	3	Gabriella Sabatini	4
François Mitterrand	3	Sylvie Guillem	2
Claude Lévi-Strauss	3	Sonia Rykiel	2
Sans opinion	5	Sans opinion	7

Sondage réalisé par l'institut Louis Harris, les 10 et 11 février 1989, auprès d'un échantillon national de 1 000 personnes représentatif de la population française âgée de 18 ans et plus. Méthode des quotas.

1. Vos résultats et ceux du sondage de *L'Express* ont-ils quelque chose en commun? Quel résultat vous surprend le plus? le moins?
2. Reconnaissez-vous quelques noms sur la liste? lesquels? Dites ce que vous savez de ces personnes.
3. Avez-vous déjà lu une enquête pareille aux Etats-Unis? Mentionnez quelques personnalités admirées par les Américains. D'après vous, pourquoi les admire-t-on?

Maintenant lisez l'interview avec Simone Veil et répondez aux questions.

1. Qui est Simone Veil? Environ quel âge a-t-elle? Comment explique-t-elle l'admiration que les Françaises portent sur elle?
2. Selon Simone Veil, pourquoi la Mère Teresa choisie par les Françaises est-elle en tête du sondage? Sa conclusion vous paraît-elle raisonnable?
3. On a demandé à Mme Veil de répondre elle-même à certaines questions du sondage. Que ferait-elle, par exemple, si elle gagnait au Loto? Quels sont ses fantasmes, c'est-à-dire, de quoi rêve-t-elle?
4. Quel est votre fantasme du moment? vivre sur une île déserte? faire le tour du monde? avoir un chalet dans les Alpes?

« Les femmes de ma génération ont souvent eu à choisir entre leurs ambitions professionnelles et une vie de famille. Pour elles, je symbolise celle qui est parvenue à concilier les deux rôles. Et puis, il y a eu la loi sur l'avortement.[a] Elles ne l'ont sans doute pas oubliée. » Telles sont les raisons qu'invoque Simone Veil pour expliquer que 15 % des Françaises souhaitent « être elle ».

« Mais l'essentiel des voix est allé à mère Teresa. Un choix révélateur d'un désir de renoncer aux biens trop "terrestres". Une aspiration à des valeurs plus spirituelles. » Lorsqu'on l'interroge sur ses fantasmes, Simone Veil hésite, assure qu'elle n'en a guère,[b] « trop pragmatique pour ça »... En revanche, être la plus drôle lui plairait. Le Loto ? « Je donnerais une partie de mes gains aux déshérités. Avec le reste, j'achèterais quelques tableaux de Matisse. » Rien de vraiment fou ? « Non, rien. »

Soudain, pourtant, à l'évocation du Sahara et du Grand Nord, le désir passe dans ses yeux verts. « Un désir de lumière. Si bleue, si rasante, quand on monte vers le nord... Mais mon fantasme du moment, ce serait plutôt un rêve de tranquillité. J'imagine un loft, à New York, vide, à l'exception d'un immense lit, au milieu, où toute la famille pourrait venir. Quinze jours sans rien faire, avec mes enfants et mes petits-enfants, dans ce grand lit. Ça vous va ? »   O. P. ■

Le grand lit de Simone Veil

J.-P. GUILLOTEAU

[a] *abortion*   [b] *hardly*

L'oisiveté est mère de tous les vices.

Proverbe

Le français dans le monde

Savez-vous quelle est la direction pour Montréal?
EDITH REICHMANN/
MONKMEYER PRESS

Objectifs

- Les noms géographiques
- Les prépositions avec les noms géographiques
- La négation (suite)
- Les adjectifs indéfinis positifs
- Les pronoms indéfinis positifs
- Les adjectifs indéfinis négatifs
- Les pronoms indéfinis négatifs
- Quelques conjonctions

Mots et expressions

LA FRANCOPHONIE

abolir to abolish
analphabète illiterate
bienveillant(e) friendly
bilingue bilingual
céder to give up, give away
chauvin(e) fanatically patriotic
le climat tempéré/ chaud/froid temperate/ hot/cold climate
le colon colonist
la colonie colony
la coutume custom
la culture farming; culture
(se) défendre to defend (oneself)

le département French administrative subdivision
s'engager dans to join
envers toward, in respect to
en voie de développement developing
(s')établir (dans) to establish (to settle)
l'établissement (*m.*) settlement, establishment
l'explorateur (l'exploratrice) explorer
francophone French-speaking
l'immigré(e) immigrant
s'installer dans to settle in

le mariage mixte interracial marriage
la métropole mainland France
occidental(e) western
oriental(e) eastern
outre-mer overseas
le pays country
prendre une décision to make a decision
les rapports (*m.*) relations
répandre to spread
le territoire territory
le tiers-monde the third world

Emplois

A. Trouvez le contraire des mots ci-dessous.

1. hostile, malveillant
2. attaquer
3. lettré(e)
4. se désengager
5. garder ou résister à

B. Trouvez l'équivalent de chaque mot ou de chaque expression ci-dessous.

1. disperser, propager
2. au-delà de l'océan
3. qui parle deux langues
4. les conditions météorologiques d'une région
5. l'action de cultiver la terre
6. une installation
7. qui est venu(e) de l'étranger
8. qui parle habituellement français
9. pionnier (pionnière)
10. une habitude
11. qui vient de l'ouest
12. supprimer
13. fonder
14. qui vient de l'est
15. la nation

C. Complétez les phrases avec les mots qui conviennent.

1. _____ vient du nom d'un sous-officier de Napoléon qui était un patriote fanatique.
2. Les _____ entre les nations sont parfois tendus.
3. J'hésite parfois à _____ une décision.
4. Les pays francophones n'ont aucune hostilité _____ la France.
5. Beaucoup de pays du _____-monde sont des pays en _____ de _____ .
6. La France a quatre _____ d'outre-mer: la Martinique, la Guyane, la Guadeloupe et la Réunion.
7. L'_____ Jacques Cartier a remonté le Saint-Laurent au seizième siècle.
8. Nous venons de nous _____ dans notre nouvel appartement.
9. Les mariages _____ sont fréquents à l'Ile Maurice.
10. Tahiti est un _____ français d'outre-mer.
11. De nombreux Français de _____ vivaient en Algérie lorsque ce pays était encore une _____ .

tructures

Les noms géographiques

En général, les noms de lieux sont féminins s'ils se terminent en **-e** et masculins s'ils se terminent par une consonne ou n'importe quelle autre voyelle.

FEMININS	MASCULINS
la France	le Québec
l'Allemagne	le Portugal
l'Amérique	le Canada
les Iles Vierges	les Etats-Unis

J'aime **la France**.
Nous visitons **le Canada** l'année prochaine.

A noter: **La Nouvelle-Orléans** est féminin; **Le Havre, le Mexique, le Maine** et **le Zaïre** sont masculins.

En utilisant les noms de lieux, il faut décider s'il y a un article, une préposition ou rien devant le nom.

A. On emploie l'article défini avec les noms de pays, de continents, d'états et de provinces quand ils sont utilisés de façon générale et surtout avec les verbes **aimer, détester, adorer, préférer** et **visiter.**

On a visité **l'**Amérique du Sud.   J'aime beaucoup **le** Québec.
La Louisiane est belle.   Il préfère **les** Etats-Unis.

B. On n'emploie pas d'article avec les noms de villes et d'îles à moins que l'article ne fasse partie du nom.

Nous adorons **Paris.**   **Le Havre** et **La Rochelle** sont
Allez-vous visiter **Tahiti?**   des villes françaises.

C. Si on énumère plusieurs noms géographiques, on doit répéter l'article, s'il y en a un.

Le Mali, **la** Mauritanie et **le**   Nous allons découvrir Nice, **Le**
Sénégal sont des pays franco-   Havre et **La** Rochelle.
phones.

Mise au point

Complétez les phrases suivantes avec un article selon le cas.

1. J'aime beaucoup _____ Europe, surtout _____ France, _____ Pays-Bas, et _____ Luxembourg.
2. Nous allons visiter plusieurs villes françaises: _____ Paris, _____ Nice, _____ Lyon, _____ Bordeaux, _____ Rochelle, _____ Havre et _____ Mans.
3. Les touristes adorent les grandes et belles villes européennes: _____ Londres, _____ Amsterdam, _____ Paris, _____ Munich, _____ Madrid et _____ Rome.
4. Mon amie parle arabe et elle veut visiter _____ Maroc, _____ Tunisie, et _____ Egypte.
5. Mes amis français visitent _____ Etats-Unis, _____ Canada et _____ Mexique cet été.

Les prépositions avec les noms géographiques

La préposition employée avec un nom géographique dépend de la catégorie géographique, du genre et du nombre du nom.

A. Les noms géographiques qui sont précédés de **en** (*in, to*) et **de, d'** (*from*)

1. Pays, états, provinces, continents et îles féminins singuliers

   Nous habitons **en** Californie.　　Mes cousins viennent **de** Crète.
   Je vais **en** France.　　　　　　　Ils reviennent **d'**Amérique du
   Il vivait **en** Alsace.　　　　　　　　Sud cet été.

2. Pays, états et provinces masculins singuliers qui commencent par une voyelle

   Ils habitent **en** Iran.　　　　　　Ses parents viennent **d'**Artois.
   Elle va **en** Alaska.　　　　　　　Es-tu **d'**Ontario?

B. Les noms géographiques qui sont précédés de **au** (*in, to*) et **du** (*from*)

1. Pays, états, provinces masculins singuliers qui commencent par une consonne

   Nous prenons des vacances **au**　　Cette faïence vient **du** Portugal.
   Canada.　　　　　　　　　　　Viens-tu **du** Manitoba?
   Allez-vous **au** Texas cet hiver?

A noter: Les noms d'états, de régions, de provinces masculins singuliers peuvent être précédés de **dans le** (*in, to*).

   Je vais **dans le** Maine.
   Elle habite **dans l'**Alberta.

C. Les noms de pays et d'îles pluriels sont précédés de **aux** (*in the, to the*) et **des** (*from the*).

   Les Hollandais habitent **aux**　　Les touristes reviennent **des** Iles
   Pays-Bas.　　　　　　　　　　Vierges.
   Vont-ils **aux** Baléares en mars?　Nous venons **des** Etats-Unis.

D. Tous les noms de villes et les noms d'îles qui sont masculins singuliers sont précédés de **à** (*in, to*) et **de** (*from*).

   Elle habite **à** Tahiti.　　　　　　Juan vient **de** Cuba et Martine
   On va aller **à** Paris et **à** Athènes.　　vient **d'**Haïti.
   　　　　　　　　　　　　　　　Il revient **de** Rome lundi.

A noter: Puisque l'article défini fait partie du nom de certains noms de villes—Le Havre, Le Mans, La Haye, La Nouvelle-Orléans—et de certains noms d'îles qui sont féminins—la Martinique, la Guadeloupe et la Réunion—on utilise la préposition **à**, tout en gardant l'article défini et en faisant les contractions nécessaires.

L'influence française est évidente
  à La Nouvelle-Orléans.
Nous allons **au** Mans.

Ils reviennent **de** la Martinique
  l'année prochaine.
Mon grand-père vient **du**
  Havre.

A noter: On peut dire aussi **en** Martinique et **en** Guadeloupe.

E. Si on énumère plusieurs noms géographiques, on doit répéter la préposition.

    Il a fait un long voyage **aux** Etats-Unis, **au** Canada et **en** Amérique
    du Sud.
    Nous avons passé quelques jours **à** Tours, **au** Mans et **à** La Rochelle.

RECAPITULATION		
	Préposition ou contraction	
Pays, états, provinces, et îles féminins singuliers		
Pays, états, provinces, et îles masculins singuliers qui commencent par voyelle	**en**	**de**
Pays, états, provinces masculins qui commencent par consonne	**au**	**du**
Pays et îles pluriels	**aux**	**des**
Noms de villes et les noms d'îles masculins singuliers	**à**	**de**

Mise au point

A. Le monde francophone. Complétez les phrases avec les prépositions appropriées.

1. Les Français se sont installés _____ Afrique du Nord. Ils ont établi des colonies _____ Maroc, _____ Tunisie, _____ Zaïre, _____ Tchad, _____ Sénégal et _____ Mauritanie.
2. Beaucoup de produits exotiques viennent _____ Asie.
3. Les voyageurs français sont partis _____ Louisiane et ont remonté le Mississippi. _____ St. Louis, on trouve encore des traces de l'influence française.
4. Les Canadiens de langue française vivent _____ Québec. Ceux qui parlent anglais habitent _____ ouest.
5. J'aimerais aller _____ Hawaï pendant les vacances de Noël et _____ La Nouvelle-Orléans pendant les vacances de Pâques.

B. Origines et projets d'avenir. Interrogez un(e) camarade afin d'apprendre où il (elle) habite et quels endroits il (elle) voudrait visiter.

    MODELE: ville / habiter / visiter →
        VOUS: Dans quelle ville habites-tu?

> IL (ELLE): J'habite à New York. Et toi?
>
> VOUS: J'habite à Seattle. Quelle ville voudrais-tu visiter?
>
> IL (ELLE): Je voudrais visiter Paris. Et toi?
>
> VOUS: Je voudrais visiter Rome.

1. pays / habiter / visiter
2. état / habiter / visiter
3. continent / habiter / visiter
4. ville / habiter / visiter

C. Vacances à la montagne. Lisez la publicité et répondez aux questions.

Pour tous les budgets

Séjourner dans un des hauts lieux du ski alpin sans pour autant s'endetter jusqu'en juillet? Oui, c'est possible! Nous en faisons d'ailleurs la preuve par huit! Des Laurentides aux Rocheuses, des Adirondacks aux Coast Mountains de la Colombie-Britannique en passant par les Alpes françaises, suisses, italiennes ou yougoslaves, le choix vous appartient!

MINI-BUDGET 300 $ ET MOINS

Montagne de plaisirs dans les Laurentides

Du ski olympique à Whiteface, New York

BUDGET MOYEN ENVIRON 1000 $

Héli-ski à Whistler Mountain, en Colombie-Britannique

En Italie: Cervin, le colosse alpin

En Yougoslavie: Sarajevo, pour le charme slave

MAXI-BUDGET ENVIRON 1500 $

En Suisse: Saint-Moritz la mondaine

En France: Chamonix, le nec plus ultra[a] du ski!

[a] le nec... (Latin) *the best of the best*

1. De quoi s'agit-il dans cette publicité?
2. Quels endroits sont mentionnés? Dites où chacun se trouve.
3. Si vous aviez environ 300 $ à dépenser, où aimeriez-vous faire du ski? Et si vous aviez 1500 $ à dépenser? Donnez les raisons de votre choix.
4. Choisissez un des endroits mentionnés et décrivez les étapes que vous suivriez pour y aller.

> MODELE: D'abord, je partirais de Cincinnati. Je passerais par la ville de New York, puis j'irais...

D. Jeu. Interrogez vos camarades de classe afin de trouver quelqu'un qui...

1. vient de votre ville natale 2. vient de votre état natal 3. a habité à New York 4. a visité l'Europe 5. a passé une semaine en Allemagne 6. a fait un séjour au Canada 7. a visité le Mexique 8. a habité en Californie 9. a passé des vacances à Hawaï 10. a fait un voyage en Alaska

Le gagnant (La gagnante) est celui (celle) qui aura complété la liste le plus rapidement possible.

E. On vous a offert un voyage gratuit autour du monde. D'où partez-vous? Où allez-vous? Combien de temps voulez-vous passer dans chaque pays?

Laissez votre imagination parcourir le monde! Projetez votre voyage et écrivez-en l'itinéraire détaillé avec un(e) camarade de classe.

F. Vacances au Club Med. Regardez la liste des clubs de vacances ci-dessous. Les symboles représentent les activités auxquelles on peut participer dans chaque club. Puis décidez d'où viennent les personnes que vous voyez illustrées et dans quel club ils vont passer leurs vacances. Pendant combien de temps vont-ils y rester, que projettent-ils d'y faire? Ensuite, mettez-vous en groupes de trois personnes et discutez-en.

LE CLUB MEDITERRANEE

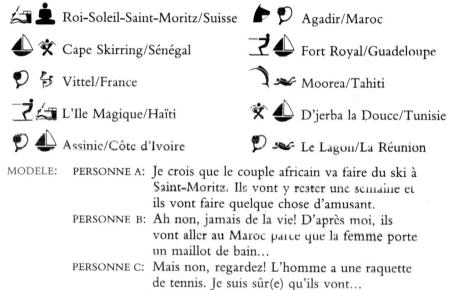

Roi-Soleil-Saint-Moritz/Suisse

Agadir/Maroc

Cape Skirring/Sénégal

Fort Royal/Guadeloupe

Vittel/France

Moorea/Tahiti

L'Ile Magique/Haïti

D'jerba la Douce/Tunisie

Assinie/Côte d'Ivoire

Le Lagon/La Réunion

MODELE:	PERSONNE A:	Je crois que le couple africain va faire du ski à Saint-Moritz. Ils vont y rester une semaine et ils vont faire quelque chose d'amusant.
	PERSONNE B:	Ah non, jamais de la vie! D'après moi, ils vont aller au Maroc parce que la femme porte un maillot de bain...
	PERSONNE C:	Mais non, regardez! L'homme a une raquette de tennis. Je suis sûr(e) qu'ils vont...

La négation (suite)[1]

L'adverbe négatif[2]

L'adverbe négatif est formé de deux éléments négatifs.

LES ADVERBES NEGATIFS			
ne... pas	*not*		*no longer,*
ne... toujours pas	*still not*	ne... plus	*not . . . any longer*
ne... pas encore	*not yet*		*not . . . any more*
ne... pas du tout		ne... jamais	*never*
ne... nullement	*not at all*	ne... guère	*hardly, scarcely, barely*
ne... aucunement		ne... que	*nothing but, only*

Avez-vous beaucoup voyagé? —Non, je **n'**ai **pas du tout** voyagé.

A-t-il déjà acheté les billets? —Non, il **ne** les a **pas encore** achetés.

As-tu parlé à l'agent de voyage? —Non, je **ne** lui ai **toujours pas** parlé.

Mangent-elles de la viande? —Non, elles **ne** mangent **que** des légumes.

Ordre des mots dans les phrases négatives

A. Dans les phrases déclaratives, les deux éléments de la négation entourent le verbe aux temps simples et l'auxiliaire aux temps composés.

Je **ne** parle **jamais** arabe.   Je **n'**ai **jamais** parlé arabe.

B. Les deux éléments de la négation précèdent généralement l'infinitif.

Ne pas aller au-delà de cette porte!

Je lui ai dit de **ne jamais** perdre courage.

Elle m'a promis de **ne plus** parler de géographie.

C. Dans les questions négatives le premier élément de la négation précède le verbe et le deuxième suit le sujet inversé.

Ne voyage-t-il **plus**?   **N'**a-t-il **jamais** voyagé?

D. Dans les phrases ayant un pronom objet, **ne** précède le pronom objet aux formes déclaratives, interrogatives et impératives.

Il **ne** la lui donne **pas**. Il **ne** la lui a **pas** donnée.

Ne la lui donne-t-il **pas?** **Ne** la lui a-t-il **pas** donnée?

Ne la lui donnez **pas.**

---

[1] Voir *La Négation*, chapitre 1.

[2] Les adjectifs et les pronoms indéfinis négatifs sont traités aux pages 264–267.

A noter: On emploie **si** quand on répond affirmativement à une question négative.

> N'a-t-il pas visité l'Afrique? —**Si,** il a visité l'Afrique.

E.   En général, les adverbes suivent **pas** dans une phrase négative.

> Je **ne** m'inquiète **pas beaucoup** à son sujet.
> Nous **n'avons pas souvent** voyagé.

A noter: Certains adverbes longs (**certainement, généralement, peut-être, et probablement**) précèdent **pas.**

> Je ne vais **certainement** pas aller en Afrique cette année.
> Ils n'ont **peut-être** pas assez d'argent.
> Pars-tu en Amérique du Sud? —**Probablement** pas.

Emplois particuliers

A.   Après les négations **pas, jamais, plus,** l'article indéfini (**un, une, des**) et l'article partitif (**du, de la, de l'**) sont remplacés par **de.**

> Ils **ne** boivent **pas de** thé.
> Je **n'**achète **jamais d'**ananas.

B.   Dans la langue littéraire, on emploie **ne** tout seul, surtout avec les verbes **savoir, cesser, pouvoir** et **oser.** Dans ce cas, **ne** garde sa valeur négative.

> Au début les Algériens **n'**osaient se révolter.
> Les colons **ne** pouvaient se défendre sans risquer leur vie.

C.   Quand on emploie **ne... que** avec les noms, on garde l'article indéfini (**un, une, des**) et l'article partitif (**du, de la, de l'**). Dans ce cas, il s'agit d'une restriction plutôt que d'une négation.

> Il **n'**a **qu'**un livre.   *He has only one book.*
> Je **ne** mange **que** du riz.   *I eat only rice.*

Mise au point

A.   A l'Ile Maurice un étudiant mauricien parle des différences entre son pays et la France. Complétez les phrases avec les négations appropriées.

1.   En France, on boit beaucoup de vin; à l'Ile Maurice, on _____ en boit _____ tellement.
2.   A l'Ile Maurice, les mariages mixtes sont très fréquents mais en France ils _____ sont _____ aussi répandus.
3.   A l'Ile Maurice, «être créole» _____ veut _____ dire «être français, né outre-mer»; aujourd'hui, cela veut dire «être noir».
4.   En France, une famille moyenne _____ pourrait _____ se payer une femme de ménage, mais à l'Ile Maurice une famille moyenne peut toujours se permettre une domestique.

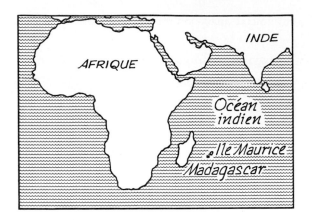

5. La France _____ a _____ de culture unique, mais l'Ile Maurice dépend presque uniquement de celle de la canne à sucre.

6. A l'Ile Maurice, les Français _____ mangent _____ du poisson, du riz et des légumes les jours ouvrables (*workdays*). La cuisine française est réservée aux jours de fêtes.

B. Les copains et les copines. Travaillez avec un(e) camarade de classe et répondez honnêtement aux questions. Chaque étudiant(e) répondra à quatre questions.

1. As-tu déjà un diplôme universitaire?
2. Vas-tu souvent au casino?
3. As-tu beaucoup de temps libre?
4. Fais-tu parfois de l'alpinisme au Népal?
5. As-tu toujours tes dents de lait?
6. Etudies-tu encore la géographie?
7. Est-ce que tu as toujours envie d'étudier?
8. Est-ce que tu ne suis que quatre cours ce semestre?

Qu'avez-vous appris d'intéressant au sujet de votre camarade?

C. Les copains et les copines. Avec un(e) camarade de classe composez des phrases logiques selon le modèle suivant.

MODELE: ma sœur / ne... jamais / être en retard →
Ma sœur me dit de ne jamais être en retard.

PERSONNES	VERBE	NEGATION	ACTION
1. mes parents	dire	ne... pas	prendre leur auto
2. mon ami(e)		ne... jamais	emprunter sa radio
3. mon prof		ne... plus	manquer son cours
4. mon petit ami (ma petite amie)		ne... jamais	grossir
5. mon médecin		ne... pas	me surmener
6. ?		?	?

D. Les copains et les copines. Travaillez avec un(e) camarade de classe. Parlez de ce que vous avez fait.

> MODELE: piloter un avion →
> > VOUS: N'as-tu jamais piloté d'avion?
> > IL (ELLE): Non, je n'ai jamais piloté d'avion. Et toi?
> > (Si, j'en ai piloté un. Et toi?)
> > VOUS: Non, je n'en ai jamais piloté un.
> > (Oui, j'en ai piloté un.)

1. acheter un passeport
2. visiter l'Afrique
3. monter sur un éléphant
4. parler swahéli
5. voir un œuf d'autruche (*ostrich*)
6. ?

E. Mettez les phrases au passé composé.

1. Nous ne leur parlons jamais.   2. N'a-t-il pas le temps de s'amuser?   3. Elle ne fait pas encore ce voyage.   4. Ce pays ne fait guère de progrès.   5. Cela ne me gêne nullement.   6. Ne travaille-t-elle pas comme agent de voyage?

F. Vous avez un copain (une copine) qui est nul(le) en géographie. Il (Elle) fait des affirmations erronées et vous le (la) corrigez selon le modèle.★

> MODELE: IL (ELLE): La France est *en Amérique*. (en Europe)
> > VOUS: Non, la France n'est pas en Amérique. La France est en Europe.

1. *Le français* est la langue officielle du Maroc.
2. Le Maroc est *un département français*.
3. En Algérie la religion officielle a toujours été *le catholicisme*.
4. La Tunisie a un climat très *froid*.
5. Le Sénégal se trouve *en Europe*.
6. Il y a toujours eu beaucoup *d'Américains* au Mali.
7. Le Tchad a toujours eu une population *très instruite*.
8. Les Arabes boivent *de l'alcool*.
9. Les Marocains ont toujours eu un niveau de vie très *élevé*.
10. Les Nord-africains apprennent encore *le français* comme première langue.

Les adjectifs indéfinis positifs

Définition   Un adjectif indéfini qualifie un nom d'une manière vague.

Les **autres** pays sont plus grands.
Chaque gouvernement doit s'occuper de ses citoyens.

★ _____

1. l'arabe 2. un pays africain 3. la religion musulmane 4. chaud 5. en Afrique 6. de Français 7. analphabète 8. du thé 9. bas 10. l'arabe

Formes

> **autre(s)** *other*   **plusieurs** *several*
> **certain(e)(s)** *certain*   **quelque(s)** *some, a little,*
> **chaque** *each, every*   *a few*

> Le gouvernement a aboli **certaines** lois.
> **Chaque** territoire a des habitants francophones.

Emplois particuliers

A. Les adjectifs indéfinis **autre, certain** et **quelque** s'accordent en genre et en nombre avec le nom qu'ils qualifient.

> Nous avons cédé **un autre territoire.**
> **Quelques pays** envoient des représentants au congrès.
> **Certaines personnes** n'ont pas répondu à l'invitation.

B. **Chaque** s'emploie toujours au singulier.

> **Chaque** pays a ses traditions particulières.

C. **Plusieurs** s'emploie toujours au pluriel.

> Il y a **plusieurs familles** analphabètes dans ce département.

Les pronoms indéfinis positifs

Définition Un pronom indéfini représente un nom et peut être sujet ou objet du verbe.

> **Tout le monde** veut visiter les plages d'Afrique.
> J'**en** ai visité **plusieurs** sur la côte est.

Formes

> **un(e) autre** *another one*   **d'autres** *others*
> **quelqu'un** *someone*   **quelques-un(e)s** *some, a few*
> **chacun(e)** *each one, everyone*
> **tout le monde** *everyone,*
>   *everybody*
> **certain(e)s** *certain ones*
> **plusieurs** *several*
> **quelque chose** *something*

> **Quelqu'un** devrait faire **quelque chose** bientôt.
> Connaissez-vous d'autres personnes bilingues?—Oui, j'**en** connais
>   **d'autres.**

Emplois particuliers

A. Les pronoms indéfinis peuvent être employés comme sujet du verbe, objet du verbe ou objet d'une préposition.

> Tu as raté ton train? **Un autre** arrive dans vingt minutes.
> Des pays du tiers-monde? Oui, je peux **en** nommer **quelques-uns**.
> Est-ce que tu parles **à quelqu'un**?

B. Les pronoms indéfinis **un(e) autre, d'autres, chacun(e), certain(e)s, quelques-un(e)s** et **plusieurs** ont toujours un antécédent.

> Mes amies sont étrangères. **Quelques-unes** parlent anglais.
> Ces femmes sont patriotes. **Plusieurs** sont chauvines.

A noter: On peut ajouter **d'entre eux, d'entre elles, d'entre nous, d'entre vous** à **chacun, quelques-uns** et **plusieurs**.

> **Plusieurs d'entre elles** sont apolitiques.
> **Chacun d'entre nous** va venir.

C. Puisque **un(e) autre, d'autres, certain(e)s, quelques-un(e)s** et **plusieurs** expriment une quantité, il faut employer le pronom **en** quand ils sont objets.

> As-tu choisi un autre voyage organisé?—Oui, j'**en** ai choisi **un autre**.
> Avez-vous des valises?—Oui, j'**en** ai **quelques-unes**.

D. En général, on emploie **certain(e)s** comme sujet. Il se trouve le plus souvent accompagné du pronom indéfini **d'autres**.

> Ces colons? **Certains** étaient chauvins, **d'autres** ne l'étaient pas du tout.

E. **Chacun(e), tout le monde, quelqu'un** et **quelque chose** comme sujet s'emploient avec un verbe singulier.

> **Tout le monde** cherche à établir des rapports amicaux.
> **Quelqu'un** est venu quand nous étions sortis.

F. **Plusieurs** s'emploie toujours au pluriel.

> Des cartes postales? On **en** a reçu **plusieurs**.

Mise au point

A. Complétez les phrases avec les adjectifs indéfinis positifs qui s'imposent.

1. Je reviendrai une _____ fois.
2. Je veux acheter _____ chose.
3. _____ matin nous parlons français.
4. Dans _____ circonstances, il vaut mieux être bilingue.
5. Il y avait _____ étrangers dans l'avion.

B. Que peut-on faire à Montréal? Complétez les phrases avec les pronoms indéfinis qui s'imposent.

1. On trouve beaucoup de distractions à Montréal—des cinémas, des discothèques, des théâtres. _____ coûtent cher; mais _____ sont bon marché.
2. _____ adore la Terre des Hommes construite lors de l'Exposition Internationale de Montréal en 1967. Je n'ai entendu que des commentaires favorables.
3. Beaucoup d'étudiants vont à l'Université McGill. _____ fréquentent les cafés près de l'université.
4. Faisons _____ de nouveau ce week-end, allons au Théâtre International de Montréal.
5. Je connais _____ qui travaille dans le Vieux Montréal.
6. _____ trouvera ce qu'il veut à Montréal, il y a du chic parisien et du «jet-set» américain.
7. A Montréal il y a près de cinq mille restaurants; _____ sont spécialisés dans la haute cuisine, _____ servent de simples sandwichs.

C. Les copains et les copines. Avec un(e) camarade de classe, posez-vous et répondez aux questions en employant un pronom indéfini.

1. Est-ce que quelques-uns ou quelques-unes de tes ami(e)s parlent français?
2. As-tu des ami(e)s qui parlent d'autres langues étrangères? Est-ce que tu en parles d'autres aussi? Lesquelles?
3. Connais-tu des pays où presque tout le monde est bilingue? Lesquels?
4. Penses-tu que tout le monde devrait être bilingue? Pourquoi ou pourquoi pas?
5. Combien de tes ami(e)s ont déjà voyagé à l'étranger? Où sont-ils (elles) allé(e)s?
6. Est-ce que tu sais ce que veut dire le proverbe «Chacun pour soi et Dieu pour tous»?

Les adjectifs indéfinis négatifs

Définition   Les adjectifs indéfinis négatifs nient, refusent ou mettent en doute une qualité du nom.

> Ce touriste **n'**a **aucun** talent avec les langues.
> **Pas un** touriste **n'**a visité la région.

Formes

> **aucun(e)** *no, not any*
> **pas un(e)** *no, not one*
> **pas un(e) seul(e)** *not a single*

> **Aucun** territoire **n'**est totalement indépendant.
> Je **ne** connais **pas une seule** Africaine.

Regardez! Celui-ci est magnifique!
(Genève) PETER MENZEL

Emplois particuliers

A.   Les adjectifs indéfinis négatifs sont toujours accompagnés de la négation **ne** qui précède le verbe.

>**Aucun** espoir **n'**est permis.
>Il **n'**y a **pas une** minute à perdre.

B.   Les adjectifs indéfinis négatifs s'accordent en genre et en nombre avec les noms qu'ils qualifient. Lorsque **pas un(e)** et **aucun(e)** qualifient le sujet, le verbe est au singulier.

>**Pas un** seul homme **ne** le sait.
>**Pas une** ligne **n'**a été omise.
>Nous **ne** pourrons trouver **aucune** revue ici.

C.   **Pas un** s'emploie uniquement avec des noms que l'on peut compter.

>J'ai besoin de provisions, mais je **n'**ai **pas un** sou.
>Il **n'**y a **pas une (seule)** place de libre, et il nous en faut pourtant deux.

A noter: Il y a une nuance de sens entre **pas un** et **pas de**.

>Je **n'**ai **pas un** ami ici.   *I don't have a single friend here.*
>Tu **n'**as **pas d'**amis?   *You don't have any friends?*

D.   On peut employer **aucun(e)** aussi bien avec des noms que l'on peut compter qu'avec des noms que l'on ne peut pas compter.

>Il **n'** a $\begin{cases} \textbf{pas un seul} \\ \textbf{aucun} \end{cases}$ ennemi.   *He doesn't have a single enemy.*
>Je **n'**ai **aucune** confiance en elle.   *I have no confidence in her.*

Les pronoms indéfinis négatifs

Définition   Les pronoms indéfinis négatifs nient, refusent ou mettent en doute l'existence du nom qu'ils remplacent.

> Du talent? Ce jeune homme **n'en** a aucun.
> Des étudiants? **Pas un n'**a visité la nouvelle bibliothèque.

Formes

> **aucun(e)** *none*
> **aucun(e) de** *none of*
> **pas un(e)** *not one*
> **pas un(e) de** *not one of*
> **pas un(e) seul(e)** *not a single one*
> **pas un(e) seul(e) de** *not a single one of*
> **personne** *no one, nobody*
> **rien** *nothing, not... anything*

> **Aucune de** mes cousines **n'**aime voyager.
> Des éléphants? Elle **n'en** voit **pas un seul.**
> **Personne n'**arrive.
> **N'**entendez-vous **rien**?

Emplois particuliers

A.   Les pronoms indéfinis négatifs sont accompagnés de la négation **ne,** qui précède le verbe.

> Des coutumes orientales? Je **n'en** connais **aucune.**
> **Personne ne** veut prendre cette décision.
> Ils **ne** font **rien.**

B.   Les pronoms indéfinis négatifs peuvent être employés comme *sujet, objet* ou *objet d'une préposition.*

> **Pas un** des explorateurs **n'**a été retrouvé.
> Nous **ne** cherchons **personne.**
> Je **ne** pensais à **rien.**

C.   **Aucun(e)** et **pas un(e)** ont toujours un antécédent. Puisque **aucun(e)** et **pas un(e)** expriment une quantité, on emploie **en** quand ils sont objets.

> Mes amies? **Aucune n'**est venue m'aider.
> Des étrangers? Non, je **n'en** ai vu **aucun.**

D.   A la forme infinitive, **ne... rien** précède l'infinitif. Aux temps composés, il entoure l'auxiliaire. **Ne... rien** s'emploie avec la préposition **à** plus un infinitif.

Il a décidé de **ne rien** acheter.
Elle **n'**a **rien** vu.
Nous **n'**avons **rien à** faire.

E. A la forme infinitive, **ne... personne** entoure l'infinitif. Aux temps composés, **ne... personne** entoure l'auxiliaire et le participe passé. **Ne... personne** s'emploie avec la préposition **à** plus un infinitif.

On a essayé de **n'**oublier **personne.**
Il **n'**a vu **personne** hier.
Il **n'**y a **personne à** voir.

F. On emploie **quelqu'un, personne, quelque chose** ou **rien** avec la préposition **de** suivi d'un adjectif masculin.

Quelqu'un d'impressionnant a pris la parole.	*Someone impressive spoke.*
Personne d'important n'est venu à la soirée.	*Nobody important came to the party.*
On a fait **quelque chose de** drôle.	*We did something funny.*
Il ne fait **rien d'**amusant.	*He does nothing amusing.*

Mise au point

A. Un pays mal gouverné. Complétez chaque phrase avec la forme correcte des adjectifs indéfinis négatifs **aucun** ou **pas un.**

1. Ce chef d'état _____ a _____ pouvoir.
2. _____ ministre _____ est au courant des événements.
3. Le gouvernement _____ fait _____ effort pour améliorer la situation.
4. _____ programme _____ existe pour leur venir en aide.
5. Les citoyens, d'une façon générale, _____ ont _____ idée de ce qui se passe dans leur pays.

B. Une dispute à l'aéroport. Deux représentants du gouvernement de deux petits pays se rencontrent à l'aéroport. Chacun veut réserver tout un avion pour rentrer dans son pays. Ils se disputent devant le guichet de la compagnie aérienne. Avec un(e) camarade de classe, jouez les deux rôles d'après le modèle en utilisant des adjectifs indéfinis et en ajoutant des détails logiques.

MODELE: J'ai de l'autorité. →
VOUS: Ecoutez, Monsieur (Madame), j'ai une **certaine autorité** ici. Je représente mon pays!
IL (ELLE): Ce n'est pas vrai, vous **n'avez aucune autorité** ici.

1. J'ai des amis dans la compagnie. 2. J'ai du pouvoir. 3. Il y a des places libres. 4. Les pilotes viennent de mon pays. 5. Nous avons des difficultés. 6. J'ai de l'influence dans cette compagnie.

C. Le Maroc. Un jeune Marocain interroge un groupe d'étudiants américains et se rend compte que son pays est très mal connu aux Etats-Unis. Répondez aux questions suivantes avec des pronoms indéfinis négatifs.

MODELE: AHMED: Connaissez-vous un épisode de l'histoire du Maroc?

L'AMERICAIN(E): Non, je ne connais rien de l'histoire du Maroc.

1. Est-ce que quelqu'un dans votre entourage a visité l'Afrique du Nord? 2. Est-ce que certains de vos amis parlent arabe? 3. Avez-vous une idée de la beauté des paysages marocains? 4. Savez-vous quelque chose de la famille royale du Maroc? 5. Connaissez-vous d'autres Nord-africains? 6. Connaissez-vous des hommes (femmes) politiques qui viennent du Maroc?

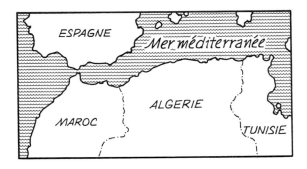

Et, un thé à la menthe s'il vous plaît, garçon! (Maroc)
HUGH ROGERS/MONKMEYER

D. Certaines gens préfèrent ne pas prendre de responsabilité et ont tendance à répondre par la négative à tout ce que l'on leur dit. Avec un(e) camarade de classe, jouez un tel personnage en utilisant un adjectif ou pronom négatif dans votre réponse. Chaque étudiant(e) répondra à trois des questions.

> MODELE: VOUS: Que pensez-vous de la situation politique en Europe?
> IL (ELLE): Je n'ai aucune opinion.
> VOUS: Qui a pris les magazines africains de mon bureau?
> IL (ELLE): Je n'ai vu personne.

1. Qu'est-ce que les touristes vont faire au Sénégal? 2. Combien coûte un billet d'avion pour aller au Zaïre? 3. Combien d'étudiants africains étudient aux Etats-Unis cette année? 4. Connais-tu quelques étudiants étrangers? 5. Que savez-vous du Sénégal? 6. Sortez-vous avec un étudiant étranger (une étudiante étrangère)?

E. Deux conférences différentes. Un(e) de vos camarades est allé(e) à une conférence. Vous êtes allé(e) à une autre. Celle à laquelle votre camarade a assisté était bonne. Celle à laquelle vous avez assisté était ennuyeuse. Exprimez cela d'après le modèle.

> MODELE: quelqu'un / drôle / parler
> entendre / personne / amusant
> IL (ELLE): Quelqu'un de drôle a parlé.
> VOUS: Je n'ai entendu personne d'amusant.

1. quelque chose / essentiel / être souligné
   découvrir / rien / nouveau
2. quelqu'un / intelligent / poser des questions
   entendre / personne / bien-informé
3. personne / ennuyeux / parler
   devoir écouter / quelqu'un / ridicule
4. rien / trivial / être discuté
   entendre / quelque chose / idiot

Quelques conjonctions

Définition   Une conjonction joint deux mots ou deux propositions.

> Au Zaïre, on cultive les bananes **et** la canne à sucre.
> Au Canada, on **ne** cultive **ni** les bananes **ni** la canne à sucre.
> Je voudrais aller en France **ou** en Tunisie.
> Marie veut enseigner **soit** en Tunisie **soit** en Algérie.

Emplois

A.   On emploie **et** pour lier deux mots ou propositions de valeur égale.

> Le Sénégal **et** la Mauritanie sont des pays africains.
> Je vais acheter un ticket **et** je vais partir.

B. On peut employer **et... et** (*both . . . and*) devant chaque terme d'une énumération pour insister sur l'importance de chacun des deux termes.

> Nous le disons **et** en français **et** en créole.
> **Et** mon père **et** ma mère sont francophones.

C. On emploie **ou** (*or*) et **soit... soit** (*either . . . or*) pour marquer l'alternative.

> Je vais à l'Ile Maurice **ou** à la Réunion.
> Elle passe les vacances **soit** en Corse **soit** aux Baléares.

D. On emploie **ni** comme négation de **et, ou** et **soit.**

1. On emploie **ni... ni... ne** (*neither . . . nor*) avec le sujet de la phrase. Le verbe est généralement au pluriel.

> **Ni** le Cameroun **ni** la Guinée **ne** sont en Amérique.
> **Ni** la géographie **ni** l'anthropologie **ne** l'intéressent.

2. On emploie **ne... ni... ni** (*neither . . . nor*) avec deux prépositions, deux participes passés ou deux infinitifs.

> Je **ne** parle **ni au** directeur **ni à** la secrétaire.
> Ils **n'**ont **ni** vu l'annonce **ni** entendu la publicité.
> Elle **ne** veut **ni** rester **ni** partir.

3. On l'emploie aussi avec l'objet du verbe.

> Je **ne** connais **ni** la Martinique **ni** la Guadeloupe.

A noter: On omet l'article indéfini et l'article partitif après **ne... ni... ni....**

> Il a un frère et une sœur.
> Il **n'**a **ni** frère **ni** sœur.

> J'achète du vin et de l'eau minérale.
> Je **n'**achète **ni** vin **ni** eau minérale.

Mise au point

A. Décidez s'il faut lier deux mots de valeur égale, insister sur l'importance des deux termes ou marquer l'alternative.

1. Mon père _____ ma mère viennent d'Algérie.
2. _____ le Mali _____ le Tchad sont des pays francophones.
3. Les étudiants francophones étudient _____ à l'université Laval _____ à la Sorbonne.
4. Je ne sais pas où aller, à la Martinique _____ à la Guadeloupe.
5. Je crois qu'il apprend _____ l'anglais _____ le français.

B. Visitons le Canada. Transformez en phrases affirmatives.

MODELE: Je n'ai visité ni Trois Rivières ni Saint-Pierre. →
J'ai visité Trois Rivières et Saint-Pierre.

1. Ni les Américains ni les Canadiens n'ont besoin de passeport pour passer la frontière. 2. Je n'ai ni dollars américains ni dollars canadiens. 3. Ni Montréal ni Toronto ne sont bien connus. 4. Nous n'allons passer nos vacances ni dans une ferme ni dans un hôtel. 5. René n'aime ni le sucre ni le sirop d'érable (*maple*). 6. On ne va visiter ni le Manitoba ni l'Ontario.

Reprise

A noter: Les exercices de cette partie reprennent les structures grammaticales de ce chapitre.

A. Les copains et les copines. En travaillant avec un(e) camarade de classe, choisissez des mots de la liste A et de la liste B. Puis posez-vous des questions et répondez-y selon le modèle.

MODELE: VOUS: Est-ce que tu prends du sucre et de la crème dans ton café?
IL (ELLE): Non, je ne prends ni sucre ni crème. →

A	B
le sucre et la crème	acheter
les films d'horreur et les films d'essai	manger
le Sénégal et l'Algérie	aller
les bananes et les noix de coco	prendre
les pantalons et les shorts	boire
le vin et la bière	porter
le café et le thé	aller voir
la viande et le fromage	
les matchs de football et les matchs de basket	

B. Conversation dirigée.

1. Pourquoi existe-t-il quelques coutumes françaises aux Etats-Unis? Nommez la plus connue et quelques autres si vous en connaissez.
2. Quels noms géographiques sont français aux Etats-Unis? Faites une liste de ceux que vous connaissez et comparez votre liste avec celle de deux camarades de classe.
3. Faites une liste de quelques-uns des premiers Français ayant exploré le continent américain. Dites où ils sont allés et ce qu'ils ont fait.

4. Dans quelle partie du Canada trouve-t-on de vieilles traditions françaises? Pensez-vous que tous les Canadiens doivent apprendre le français et l'anglais à l'école? Pourquoi les «Cajuns» de Louisiane et les Canadiens français ont-ils des coutumes similaires?

5. Quels mots d'origine française emploie-t-on souvent en anglais? Faites-en une liste. Quels aspects de la culture française illustrent-ils?

C. Deux points de vue. Vous parlez avec un(e) ami(e) d'une troisième personne sur laquelle votre point de vue est différent. Exposez le vôtre et contredites votre ami(e), si nécessaire. Chaque étudiant(e) contredira quatre phrases.

> MODELE: VOUS: Je ne connais personne de plus désagréable que Thomas.
> IL (ELLE): Oh, je connais Thomas, il est très gentil. →

1. D'abord, il n'aime rien. 2. Personne ne lui plaît. 3. Il n'a jamais rien à faire. 4. Il ne veut ni étudier ni voyager. 5. Il n'a ni talent ni ambition. 6. Il n'a pas un sou. 7. Je n'admire ni sa personnalité ni son attitude. 8. Même sa mère ne l'aime guère.

D. Vous allez au marché aux puces chercher quelques meubles pour votre nouvel appartement. Une marchande essaie de vous en vendre quelques-uns. Imaginez ses répliques en vous servant des adjectifs ou pronoms indéfinis positifs ou négatifs.

VOUS: Je cherche deux lampes. En avez-vous à me montrer?
ELLE: _____

VOUS: Très bien, je vais prendre ces deux-là. Je voudrais aussi trouver une chaise.
ELLE: _____

VOUS: Je n'aime pas du tout celle-là.
ELLE: _____

VOUS: Pas une seule de ces chaises ne me plaît! Vous les trouvez peut-être belles, mais elles sont aussi trop chères et il se peut que quelqu'un les ait volées!
ELLE: _____

VOUS: De toute manière, je n'en veux aucune. Mais permettez-moi de vous payer ces deux belles lampes.

E. A la frontière entre la Tunisie et l'Algérie, les douaniers trouvent bizarre que ce touriste américain voyage seul avec un sac à dos. Répondez à leurs questions en utilisant les pronoms indéfinis négatifs **ne... rien, ne... personne, ne... aucun** ou **ne... pas un seul.**

1. Voyagez-vous avec des amis? 2. Est-ce que quelqu'un vous attend à Alger? 3. Avez-vous quelque chose à déclarer? 4. Essayez-vous de passer quelques produits en fraude? 5. N'avez-vous même pas acheté un ou deux souvenirs de Tunisie?

Encore une fois

A noter: Les exercices de cette partie reprennent les structures grammaticales du chapitre précédent avec le vocabulaire de ce chapitre.

A. Safari. Vos camarades et vous projetez un voyage en Afrique. Vous discutez de ce que vous ferez aussitôt que vous y serez arrivés. Suivez le modèle.

> MODELE: lorsque / je / arriver en Afrique / je / envoyer des cartes
> postales à mes amis →
> Lorsque je serai arrivé(e) en Afrique, j'enverrai des cartes pos-
> tales à mes amis.

1. aussitôt que / nous / visiter la ville / nous / chercher un guide
2. dès que / le guide / arranger le safari / nous / acheter des appareils-photos
3. une fois que / le guide / nous conduire dans la savane / nous / voir des
   animaux sauvages.
4. quand / nous / finir le safari / retourner en ville
5. lorsque / nous / revenir aux Etats-Unis / nous / montrer nos diapositives à
   des amis.

B. Conseils. Deux personnes se rencontrent. Elles se racontent ce qu'elles viennent de faire et ce qu'elles auraient dû faire. Chacun à votre tour, jouez les rôles.

> MODELE: ne... pas trouver du travail →
> VOUS: Je n'ai pas trouvé de travail.
> IL (ELLE): Si tu avais trouvé du travail, tu aurais pu faire des
> économies.

1. ne... pas faire des économies
2. ne... pas s'être inscrit(e) au club de voyage
3. ne... pas obtenir mon passeport
4. ne... pas parler à un agent de voyage
5. ne... pas payer mon billet d'avion

C. Conditions et conséquences. A tour de rôle, interrogez un(e) camarade de
classe en vous servant des mots ci-dessous et en terminant vos questions de
façon logique. Attention aux temps des verbes.

> MODELE: si tu vas à Hawaï →
> VOUS: Si tu vas à Hawaï, profiteras-tu de la plage?
> IL (ELLE): Bien sûr, je profiterai de la plage si je vais à Hawaï.

1. si tu gagnes un voyage gratuit 2. si tu finis tes études cette année 3. si tu
travaillais pour une compagnie aérienne 4. si tu avais beaucoup de temps libre 5. si tu avais été en meilleure forme l'été dernier 6. si tu étais sorti(e) le
semestre passé 7. si tu étais tombé(e) amoureux (amoureuse) 8. si tu pouvais changer le monde

L'actualité

Le textile africain est connu pour ses couleurs et ses motifs. Cette industrie permet d'intégrer une chaîne de production complète depuis la production de coton, la filature,° le tissage,° jusqu'à la confection,° voire la haute couture. Dans cet article il s'agit d'une entreprise inter-familiale et inter-continentale qui essaie de perpétuer cette vieille industrie et de la faire connaître aux Parisiens. Lisez l'article, puis répondez aux questions.

spinning / weaving / manufacture of clothes

MAAM SAMBA : ASSOCIATION FRANCO-SENEGALAISE DE TEXTILES

Le monde du textile accueille une nouvelle entreprise, pas tout à fait comme les autres : Maam Samba. Cette association loi 1901 a pour objectif de procurer des ressources à la région sénégalaise du Baol, en installant un atelier de couture[a] dans le village de N'Dem Maissa Tioro. Pas question d'assistant. Il s'agit de permettre aux tailleurs[b] de travailler dans leur village et de ne pas être contraints d'émigrer vers Dakar dès que les saisons de culture s'achèvent.[c] L'atelier sénégalais travaille en parallèle avec son pendant[d] français, situé dans le 20e arrondissement de Paris. Geneviève Marotte, française et directrice de l'association, explique comment l'idée est née de l'union d'une famille : « Ma fille a épousé un Sénégalais et vit dans le Baol. Nos deux familles et quelques amis avons lancé le pari[e] d'associer le « prêt-à-porter »[f] à l'occidentale et la magnificence des tissus africains. » Stimuler l'activité d'une région en réunissant les talents artistiques de deux continents : une jolie idée qui offre depuis six mois toute une collection de vêtements taillés[g] dans les tissus[h] « cubb » teints à la main[i] (indigo, batik, njascas, tissus de Lagos) dont les formes très étudiées habillent aussi bien l'Occidental que l'Africain. ■

Emmanuelle Pontié

Pensez-vous que nous y trouverons des tapis volants? (Maroc) HUGH ROGERS/MONKMEYER PRESS

[a] *atelier... sewing workshop* [b] *tailors* [c] *saisons... growing season ends* [d] *counterpart* [e] *avons... took a chance* [f] *prêt-à-porter ready-made* [g] *cut* [h] *fabrics, materials* [i] *teints... dyed by hand*

Qu'en pensez-vous?

1. Quel est le but de l'Association franco-sénégalaise de textiles?
2. Où sont les deux pendants de cette entreprise?
3. Comment cette entreprise est-elle née?
4. Qu'est-ce que c'est que le *prêt-à-porter*?
5. Quelles sortes de tissus produit Maam Samba?
6. Quels sont les objectifs de Madame Marotte?
7. Connaissez-vous le batik africain? Est-il à la mode chez vous?
8. En travaillant avec un(e) camarade de classe, imaginez une entreprise d'importation de produits africains que vous pourriez installer aux Etats-Unis. Qu'est-ce que vous importeriez? Où et à qui vendriez-vous les objets? Où faudrait-il que vous alliez pour acheter vos produits?

> *... l'homme colonisé tend à devenir un homme sans mémoire, c'est-à-dire sans avenir mais avec un passé déformé, mythique...*
>
> Assia Djebar

Les beaux-arts

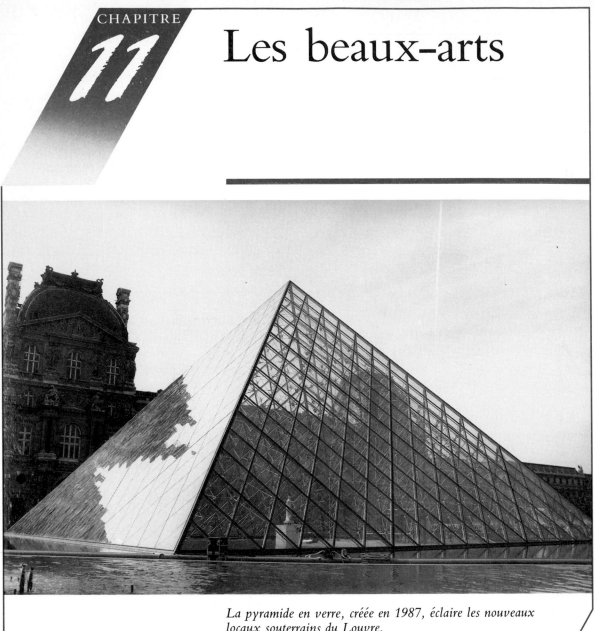

La pyramide en verre, créée en 1987, éclaire les nouveaux locaux souterrains du Louvre.
HARTMANN-DEWITT/COMSTOCK

Objectifs

- L'infinitif présent
- L'infinitif passé
- Le participe présent, le passé composé du participe présent et le gérondif
- Les pronoms interrogatifs

Mots et expressions

LES ARTS, LA MUSIQUE, LA DANSE

l'amateur (*m.*) connoisseur; **être amateur de** to be fond of

l'ambiance (*f.*) atmosphere

l'appareil-photo (*m.*) camera

l'aquarelle (*f.*) watercolor

la bague ring

la ballerine ballerina

le bijou jewel; **les bijoux** jewelry

la bijouterie jewelry making; jewelry store

la boucle d'oreille earring

la cassette vidéo video cassette

le chef-d'œuvre masterpiece

le (la) chorégraphe choreographer

le clip music video

collectionner to collect

le collectionneur (la collectionneuse) collector

le collier necklace

le danseur (la danseuse) (étoile) (lead) dancer

le dessin drawing

dessiner (au crayon/à la plume) to draw (in pencil/in pen)

être fana(tique) de.../ être porté(e) sur... to love, be interested in (art, music, etc.)

l'exposition (*f.*) exhibition, art show

faire de la danse classique to do ballet

le bon (mauvais) goût good (bad) taste

jouer de to play (an instrument)

la musique (classique) (de chambre) (classical) (chamber) music

peindre to paint

la peinture (à l'huile) paint; (oil) painting; **faire de la peinture** to paint

le (la) photographe photographer

la photographie, la photo photography; photo

la pierre précieuse precious stone

le pinceau brush

la poterie pottery

sculpter to sculpt

le sculpteur sculptor

la symphonie symphony

le tableau painting, picture

la toile canvas; painting

Emplois

A. Trouvez l'équivalent de chaque expression.

1. le danseur le plus important
2. peinture faite avec des couleurs à l'eau
3. l'artiste qui travaille une matière dure
4. une brosse
5. la céramique, la terre cuite
6. une œuvre picturale
7. couvrir de peinture
8. personne qui cultive un art pour son plaisir
9. l'atmosphère
10. fabrication de petits objets précieux, lieu où l'on en vend
11. faculté de juger des valeurs esthétiques
12. la meilleure œuvre d'un peintre, d'un auteur
13. travailler le marbre, le bois, etc.
14. tracer
15. personne qui fait des collections
16. vidéocassette
17. objet autour du cou
18. bijou dans l'oreille

B. Complétez les phrases avec les mots appropriés.

1. Est-ce que vous voulez aller à une _____ d'art indien au musée cette semaine?
2. Elle aime la musique classique; elle _____ de l'orgue, de la flûte et du piano.
3. Un peintre fait de la _____ à _____ sur une _____ .
4. Un bibliophile est une personne qui _____ les livres rares.
5. Degas a peint des danseuses exécutant des pas de _____ .
6. Les saphirs et les émeraudes sont des _____ .
7. Un _____ règle les pas et les figures des danses destinées à la scène.
8. Beethoven a composé neuf _____ .
9. Un tatouage, c'est un _____ sur la peau.
10. Natalia Makarova est une _____ russe qui fait de _____ .

C. Les copains et les copines. Avec un(e) camarade de classe, posez-vous des questions afin de connaître vos goûts artistiques.

1. Es-tu amateur de musique, d'art ou de danse? Quels sont tes interprètes préférés? Ecoutes-tu plutôt de la musique classique ou de la musique moderne? Joues-tu du piano, du violon, de la flûte, de la guitare? Regardes-tu souvent des clips à la télévision? Achètes-tu régulièrement des vidéo-cassettes?
2. Vas-tu souvent à des concerts? en plein air? à l'université ou en ville? Te souviens-tu du dernier concert auquel tu as assisté?
3. Aimes-tu les bijoux? Préfères-tu l'or ou l'argent? Quelles sortes de bijoux as-tu l'habitude de porter (bague, collier, bracelet, broche, boucles d'oreille, etc.)? Aimes-tu les pierres précieuses (diamant, rubis, saphir, émeraude)? les semi-précieuses (aigue-marine, topaze, améthyste, turquoise)? Les perles? Quel est le bijou dont tu rêves?
4. Que préfères-tu: La photographie en noir et blanc ou en couleur? Les portraits? Aimes-tu les natures mortes? Les animaux? Le métier de photographe te plairait-il? As-tu un appareil-photo? De quelle marque? Collectionnes-tu les photos? Quel genre (famille, vacances, paysages)?

tructures

L'infinitif présent

Définition   L'infinitif est la forme verbale qui exprime l'idée du verbe sans indiquer ni la personne ni le nombre. L'infinitif est la forme nominale du verbe puisqu'il peut remplir toutes les fonctions d'un nom.

> **Penser** ne suffit pas: il faut **penser** à quelque chose. —*Jules Renard*
> **Comprendre,** c'est **pardonner.** —*Madame de Staël*

Formes

L'infinitif présent se termine régulièrement en **-er, -ir** ou **-re.** Certains infinitifs se terminent en **-oir.**

> **parler**   **finir**   **rendre**   **savoir**

> Elle espère **parler** au chorégraphe demain.
> Nous devons **finir** avant cinq heures.
> Préfères-tu **rendre** les dessins?
> Voulez-vous **savoir** où est la salle?

Emplois

L'infinitif présent marque une action qui se produit en même temps que celle du verbe principal ou une action qui va se produire immédiatement.

> Je **regarde danser** la ballerine.
> Nous **allons acheter** un collier de perles.

Des sculptures au rez-de-chaussée du Musée d'Orsay à Paris LIONEL J-M DELEVINGNE/STOCK, BOSTON

On emploie l'infinitif comme forme verbale:

A. à la place de l'impératif dans les ordres impersonnels et dans les recettes

> Ne pas **marcher** sur la pelouse.   *Don't walk on the grass.*
> **Ajouter** la sauce. **Saler.**   *Add the sauce. Salt. Pepper.*
> **Poivrer.**

A noter: Les pronoms objets précèdent l'infinitif.

> Mélanger les ingrédients. **Les** mélanger.

B. pour exprimer une hésitation

> Je ne sais où **aller,** que **faire,**   *I don't know where to go, what to*
> qui **croire.**   *do, whom to believe.*

L'infinitif s'emploie aussi comme forme nominale, c'est-à-dire qu'il a toutes les fonctions d'un nom.

A. On emploie l'infinitif comme sujet.

> **Vivre** est une chanson dont **mourir** est le refrain. —*Victor Hugo*
> **Oublier** est le grand secret des existences fortes et créatrices. —*Honoré de Balzac*

B. On emploie l'infinitif comme complément du verbe, c'est-à-dire que l'infinitif peut suivre le verbe conjugué directement ou être précédé des prépositions **à** ou **de.**[1]

1. L'infinitif peut être complément d'un verbe qui se construit sans préposition. Ce sont surtout les verbes de mouvement, de volonté, d'opinion, de perception et quelques autres.

VERBES DE MOUVEMENT	VERBES DE VOLONTE	VERBES D'OPINION
aller	adorer	compter
partir	aimer	croire
rentrer	désirer	espérer
retourner	détester	nier
revenir	préférer	penser
venir	vouloir	savoir

VERBES DE PERCEPTION	VERBES IDIOMATIQUES	
écouter	avoir beau *to (do something) in vain*	
entendre	devoir *to have to (do something)*	
regarder	faillir *to almost (do something)*	
sentir	falloir *to be necessary to (do something)*	
voir	pouvoir *to be able to (do something)*	

---

[1] Voir l'appendice **A** pour une liste plus complète des verbes + *infinitif.*

Elle **a beau chercher,** elle ne trouve pas son pinceau.
Je **compte aller voir** l'exposition aujourd'hui.
Ils ne **savent** pas **utiliser** l'aquarelle.

A noter: On emploie **faillir** presque toujours au passé composé.

   J'**ai failli** tomber.   *I almost fell down.*

2.   L'infinitif peut être complément d'un verbe qui se construit avec la
      préposition **à.** Ce sont surtout des verbes qui marquent une direction ou
      une tendance.

aider à	chercher à	se mettre à
s'amuser à	se décider à	se préparer à
apprendre à	encourager à	renoncer à
arriver à	s'habituer à	réussir à
s'attendre à	hésiter à	servir à
avoir à	inviter à	tenir à

   Le musicien **s'est mis à travailler.**
   Elle **réussira à devenir** photographe professionnelle.

3.   L'infinitif peut être complément d'un verbe qui se construit avec la
      préposition **de.**

(s')arrêter de	finir de	promettre de
conseiller de	mériter de	se proposer de
se contenter de	oublier de	refuser de
décider de	se permettre de	rêver de
s'efforcer de	se persuader de	se soucier de
essayer de	se presser de	se souvenir de
s'excuser de		

   Il **a accepté de rester.**
   Il **se contentait d'être** portraitiste.

A noter: **Commencer** et **continuer** peuvent être suivis de **à** ou **de.**

Mise au point

A.   Donnez l'infinitif qui correspond aux noms suivants.

1.   la peinture
2.   le dessin
3.   la collection
4.   l'exposition
5.   le polissage
6.   le savant
7.   la vente
8.   le départ
9.   la mise
10.   le fournisseur

B.   Proverbes. Jean de La Fontaine est un poète du XVIIème siècle qui a écrit
beaucoup de fables. Dans cet exercice vous trouverez dans la colonne de
gauche un résumé de cinq de ses fables, et dans la colonne de droite un vers
extrait de chacune. Lisez attentivement les deux colonnes et réunissez le vers et
la fable correspondante. (Les réponses se trouvent en bas de la page.)

Ces vers sont devenus depuis des proverbes. Pouvez-vous expliquer pourquoi?★

1. La fable où la tortue gagne la course parce que le lapin s'arrête pour se reposer (*Le lièvre et la tortue*)

   a. *En toute chose il faut considérer la fin.*

2. La fable où un homme attrape un serpent qui lui dit que l'homme est plus méchant que lui. Les autres animaux disent qu'ils sont d'accord. L'homme se fâche et tue le serpent. (*L'homme et la couleuvre*)

   b. *Rien ne sert de courir; il faut partir à point.*

3. La fable où un homme malheureux fait appel à la mort, mais quand celle-ci se présente à lui il préfère avoir toutes sortes de problèmes plutôt que de mourir (*La mort et le bûcheron*)

   c. *Il ne faut point juger des gens sur l'apparence.*

4. La fable où un paysan à l'apparence stupide fait un discours éloquent aux Romains (*Le paysan du Danube*)

   d. *Parler de loin, ou bien se taire.*

5. La fable où un renard trompe un bouc en lui faisant descendre prendre de l'eau dans un puits (*well*) d'où il ne pourra pas sortir (*Le renard et le bouc*)

   e. *Plutôt souffrir que mourir, c'est la devise des hommes.*

C. Un fameux dessert! Mettez les verbes de la recette suivante à l'infinitif.

BANANES A LA CREME

6 bananes	0.5 l. kirsch
60 g sucre	150 g crème fraîche

Epluchez les bananes. Coupez-les en longueur. Placez-les sur une coupe. Saupoudrez-les avec le sucre. Arrosez-les avec le kirsch. Laissez macérer pendant une heure. Tenez au frais. Au moment de servir, recouvrez avec la crème. Maintenant, en mettant chaque verbe à l'infinitif, donnez la recette d'un de vos desserts préférés.

D. Voici des dictons. Expliquez ce qu'ils veulent dire en transformant les infinitifs.

MODELE: Partir, c'est mourir un peu. →
Quand on doit se séparer d'une personne aimée, on a l'impression de perdre une partie de soi-même.

★──────────────────────────────

1. Aimer, c'est comprendre. 2. Chercher à comprendre, c'est apprendre à douter. 3. Ne pas agiter ce qui est tranquille. 4. Plutôt mourir que se déshonorer. 5. Ne s'émouvoir de rien. 6. User, ne pas abuser.

E. A vous d'imaginer des proverbes. Utilisez un infinitif à la forme nominale. Lisez attentivement le modèle.

> MODELE: Ils vivent sans amour, ce qui est triste. →
> Vivre sans amour est triste.

1. Ils font une promenade à pied, ce qui est agréable.
2. Ils chantent juste, ce qui est formidable.
3. Ils font de la poterie, ce qui est intéressant.
4. Ils écoutent seulement de la musique classique, ce qui est étonnant.
5. Elles étudient à la bibliothèque tout le week-end, ce qui est remarquable.
6. ?

F. Le Hit-Parade de 1988. Voici le commentaire d'un critique de musique, publié dans la section *Rock et Jazz* du magazine français *Le Point*. Lisez-le, puis dites ce que vous pensez de ces musiciens à vos camarades de classe. Eux, ils vont vous contredire s'ils ne sont pas d'accord.

> MODELE: VOUS: Je ne rate jamais Eric Clapton en concert parce que c'est un des meilleurs guitaristes du siècle.
> ILS (ELLES): Mais non, c'est trop moderne. Moi je préfère écouter les Travelling Wilburys parce que... →

1. Je vous conseille de...
2. Surtout ne manquez pas de...
3. Bobby McFerrin mérite de...
4. Si vous voulez un disque extraordinaire, je vous encourage à...
5. Dans ses chansons Tracy Chapman (ne) réussit (pas) à...

ROCK ET JAZZ

SACHA REINS

Le choix de Sacha Reins pour ses folies de l'année.
TRACY CHAPMAN (WEA). Des chansons simples et belles soutenues par une guitare sèche et sublimées par une voix émouvante. La grande révélation de l'année.
GUNS & ROSES. « Appetite for Destruction » (WEA). Un groupe de hard-rock qui enfonce tout sur son passage grâce à une musique percutante et des paroles désespérées.
INXS. « Kick » (Atlantic). Un groupe australien qui doit beaucoup aux Stones.
U2. « Rattle & Hum » (BMG). Bande originale du film du même nom qui nous permet de retrouver le groupe numéro un du moment en tournée.

BOBBY McFERRIN. « Simples Pleasures » (EMI). Un étonnant chanteur de jazz qui enregistre ses chansons a cappella.
JOHN LENNON. « Imagine » (EMI). La musique du documentaire « Imagine » réhabilite la mémoire du chanteur mise à mal par une biographie à scandale.
MICHAEL JACKSON. « Bad » (CBS). Vingt millions d'exemplaires vendus en un an et toujours dans les hits.
ERIC CLAPTON. « Crossroad » (Polydor). Vingt années d'une carrière exemplaire résumée en quatre CD.
CHARLIE PARKER (Verve). Tous les enregistrements du Bird pour la marque Verve réunis en un coffret de 10 CD avec en prime une heure d'inédits.
TRAVELLING WILBURYS (WEA). Bob Dylan, George Harrison, Roy Orbison et Tom Petty ont enregistré sous ce nom fantaisiste un superbe album où se mélangent harmonieusement rock et country.

6. Je (n')admire (pas) John Lennon parce qu'il a rêvé de...
7. Moi, je refuse d'écouter...
8. Je (ne) me souviens (pas) de...
9. Je tiens à...
10. Je m'amuse toujours à...

En tenant compte des commentaires de vos camarades de classe, seriez-vous finalement d'accord avec ce critique? Commentez.

G. Que faire? Que faites-vous lorsque vous vous trouvez dans cette situation? Trouvez des réponses logiques en utilisant l'infinitif donné.

> MODELE: se disputer avec des copains →
> Quand on se dispute avec des copains, on promet de ne plus le faire à l'avenir.

1. vouloir maigrir avant l'été / essayer de
2. être en retard à un rendez-vous / se presser de
3. prendre quatre semaines de vacances / ne pas se contenter de
4. oublier une promesse / s'efforcer de
5. réussir ses examens / arrêter

H. Préférences et opinions. Exprimez vos opinions personnelles en complétant les phrases suivantes. Utilisez un infinitif et une préposition si nécessaire.

> MODELE: Après mes études, j'espère →
> Après mes études, j'espère faire un long voyage.

1. Maintenant que j'ai gagné de l'argent, je m'habitue...
2. Plusieurs de mes ami(e)s rêvent...
3. Mes parents me conseillent souvent...
4. Mes ami(e)s m'encouragent...
5. Récemment, je me suis arrêté(e)...
6. Parfois j'hésite...
7. L'année dernière, je me suis mis(e)...
8. Pour le nouvel an, je me suis décidé(e)...
9. Quand je vais en vacances, je préfère...
10. Parce que j'essaie de faire des économies, je dois me contenter...
11. A mon avis, je mérite...

I. Les copains et les copines. Travaillez avec un(e) camarade de classe et posez-vous des questions afin de savoir ce que vous aimez étudier, ce que vous allez faire après l'université, et ce que vous comptez faire comme carrière en utilisant un infinitif présent après les verbes suivants.

> MODELE: aimer →
> VOUS: Qu'est-ce que tu aimerais comme carrière? Etudier?
> IL (ELLE): J'aimerais enseigner les langues.

1. désirer	4. aller	7. croire
2. sé préparer	5. s'attendre à	8. hésiter
3. espérer	6. s'amuser	

L'infinitif passé

Définition   L'infinitif passé est le temps composé de l'infinitif. Il indique une action qui s'est passée avant celle du verbe principal. Le sujet de l'infinitif passé est la même personne que celui du verbe principal.

> Je compte **avoir terminé** cette toile demain.
> Elle regrette d'**être venue.**
> Après **avoir assisté** au concert, j'étais très ému.

Formes

L'infinitif passé est formé de l'infinitif de l'auxiliaire **(avoir** ou **être)** et du participe passé du verbe conjugué. Le participe passé suit les mêmes règles d'accord que celles du passé composé.[2]

FORMES	L'INFINITIF PASSE		
AFFIRMATIVES	avoir vu	être allé(e)(s)	s'être levé(e)(s)
NEGATIVES	ne pas avoir vu	ne pas être allé(e)(s)	ne pas s'être levé(e)(s)

> Elles se rappellent **avoir parlé** au chef d'orchestre.
> Excusez moi de **ne pas être venu(e)** à l'heure.

A noter: Le pronom objet ou réfléchi précède l'auxiliaire.

> Elle nie **les leur avoir donnés.**
> Ils sont devenus célèbres, après **s'être spécialisés** dans la sculpture.

Emplois

On emploie l'infinitif passé:

A.   comme complément du verbe

> J'aurais préféré **vous avoir vus** avant le concert.
> Je me rappelle **te l'avoir** déjà **dit.**

> *I would have preferred to have seen you before the concert.*
> *I recall having told you that already.*

B.   comme complément de l'adjectif

> Je suis ravie d'**avoir acheté** cette bague ancienne.
> Nous étions contents de vous **avoir vu** au spectacle.

> *I'm thrilled to have bought this antique ring.*
> *We were happy to have seen you at the show.*

---

[2]L'accord du participe passé est traité au chapitre 4.

C. avec la préposition **après**

Après avoir dîné en ville, nous écouterons un concert de musique de chambre.	*After dining in town, we'll listen to a chamber music concert.*
Après être allée à la géode de la Villette, elle visitera la pyramide en verre du Louvre.	*After going to the geode of la Villette, she will visit the glass pyramid at the Louvre.*
Après t'être présenté à l'exposition, tu vendras des tableaux.	*After introducing yourself at the show, you'll sell some paintings.*

Mise au point

A. Opinions artistiques. A une exposition d'art moderne à Paris plusieurs groupes se forment et échangent leurs opinions. Ils affirment des faits, expriment des regrets ou avouent qu'ils feront autre chose la prochaine fois. Par groupes de deux inventez leur conversation en vous aidant des listes A, B et C et en utilisant un infinitif passé.

> MODELE: La jeune artiste regrette d'avoir oublié l'exposition de son amie. →

A	B	C
la jeune artiste	nier	être influencé par les expressionistes
les peintres	regretter de	
les sculpteurs	se souvenir de	ne jamais achever leurs œuvres
le critique	avouer	ne pas gagner de prix
la vieille artiste	se plaindre	ne pas étudier en Europe
		ne pas vendre un seul tableau

B. Regrets et satisfactions. Avec un(e) camarade de classe, réfléchissez à l'année passée. Exprimez vos sentiments en complétant chacune des phrases suivantes avec un infinitif passé.

> MODELE: Je suis heureux (heureuse) **d'avoir appris** à jouer de la guitare.
> Je suis triste **de ne pas avoir écrit** plus souvent à mes amis et à ma famille.

1. Je suis content(e)...
2. Je suis gêné(e)...
3. Je regrette
4. J'ai peur
5. Mais je suis ravi(e)
6. En, somme, je pense...

C. Visite d'une exposition. Quelques amis sont allés voir une exposition d'art à l'université. Dites ce qu'ils ont fait, en employant un pronom objet.

> MODELE: Nous avons vu de la poterie. Nous en avons acheté. →
> Après l'avoir vue, nous en avons acheté.

1. Vous avez acheté les bijoux. Les avez-vous offerts à votre amie?
2. J'ai parlé au sculpteur. J'ai acheté une statue.
3. Elle a acheté des boucles d'oreille. Elle les a portées.
4. Ils ont admiré les aquarelles. Ils ont décidé d'en faire eux-mêmes.
5. Elle a essayé un collier. Elle ne l'a pas acheté.

D. Votre emploi du temps d'hier. Faites une liste par écrit de ce que vous avez fait hier. Commencez avec le matin et continuez tout le long de la journée. Utilisez des infinitifs passés, et n'oubliez pas les pronoms objets directs, indirects et adverbiaux. Puis travaillez avec un(e) camarade de classe et comparez vos listes. En quoi vos journées diffèrent-elles?

MODELE:　Après m'être levé(e) j'ai pris une douche.
　　　　　Après l'avoir prise, j'ai mangé une orange.
　　　　　Après l'avoir mangée, je me suis habillé(e). →

Le participe présent, le passé composé du participe présent et le gérondif

Définition Le participe est la forme adjectivale du verbe. Comme forme verbale, il exprime une action simultanée à celle du verbe principal.

Un artiste, **peignant** un portrait, était près du café.
La musicienne chante **en jouant** du piano.

Formation

A. On forme le participe présent avec le radical de la première personne du pluriel du présent de l'indicatif **(nous)** et la terminaison **-ant.**

parler	nous parlǿns → **parlant**
finir	nous finissǿns → **finissant**
rendre	nous rendǿns → **rendant**

A noter: Trois verbes ont un participe présent irrégulier:

avoir → **ayant**　　　être → **étant**　　　savoir → **sachant**

La femme, **sachant** qu'elle dansait mal, avait renoncé à la danse.

B. Les verbes pronominaux gardent le pronom réfléchi devant le participe présent. Le pronom s'accorde avec le sujet du verbe principal.

Le jeune peintre, **s'appliquant** à apprendre, copiait des tableaux célèbres.

C.   On forme le passé composé du participe avec le participe présent de l'auxiliaire et le participe passé du verbe.

> ayant sculpté   étant parti(e)(s)   s'étant reposé(e)(s)
>
> **Nous étant excusés,** nous sommes partis.

D.   On appelle *gérondif* le participe présent précédé de la préposition **en.**

> en parlant   en finissant   en rendant   en s'asseyant
>
> C'est **en forgeant** qu'on devient forgeron.

Emplois

A.   Le participe présent donne des renseignements sur le nom qu'il qualifie mais il est invariable. Il peut être remplacé par **qui +** *verbe conjugué.*

> Les fillettes ⎰ **, chantant** doucement, ⎱
>   ⎱ **qui chantaient**   ⎰
> se promenaient dans le parc.

> *The little girls, singing softly, were walking in the park.*

> Le danseur ⎰ **, s'habillant** vite, ⎱
>   ⎱ **qui s'habillait**   ⎰
> discutait de son succès.

> *The dancer, dressing quickly, discussed his success.*

B.   Le passé composé du participe présent a le même sens que **après** + *infinitif passé,* mais il s'emploie sans préposition.[3]

> **Etant arrivée** avant les autres, elle a dû les attendre.

> *Having arrived before the others, she had to wait for them.*

> **Ayant fait** le dessin, il en était très fier.

> *Having made the drawing, he was very proud of it.*

C.   Le gérondif exprime l'action tout en indiquant telle ou telle circonstance relative au verbe principal. Il correspond à l'anglais *while, upon, by* suivi du participe présent.

> Il ne faut pas parler **en mangeant.**

> *You mustn't talk while eating.*

> **En regardant** ce paysage, je me suis senti heureux.

> *Looking at this landscape, I felt happy.*

> Ce peintre est devenu célèbre **en se présentant au public.**

> *This painter became famous by introducing himself to the public.*

A noter: Le participe présent donne des renseignements sur le nom, tandis que le gérondif en donne sur le verbe principal. Remarquez la différence entre ces deux phrases:

> J'ai aperçu **le peintre sortant** du musée. (le peintre qui sortait)
> **J'ai aperçu** le peintre **en sortant** du musée. (j'ai aperçu quand je sortais)

---

[3] Voir l'infinitif passé, pages 285–286.

Mise au point

A. Donnez la forme correcte du participe présent et du passé composé du participe présent des infinitifs ci-dessous.

1. aller
2. avoir
3. s'asseoir
4. craindre
5. voir
6. réfléchir
7. être
8. s'amuser
9. lire
10. prendre
11. s'apercevoir
12. savoir
13. voyager
14. remplacer
15. revenir
16. attendre

B. Expertise. Comment devient-on expert en...? Complétez les phrases selon le modèle.

MODELE: forger / forgeron → C'est en forgeant qu'on devient forgeron (proverbe).

1. peindre / peintre
2. composer / compositeur
3. danser / danseur
4. dessiner / dessinateur
5. faire des photographies / photographe
6. ?

C. La suite des événements. Une jeune artiste vient de peindre assez de tableaux pour en faire toute une exposition. Racontez ce qu'elle fait ensuite en utilisant les phrases suivantes selon le modèle.

MODELE: Elle a fait les tableaux. → Ayant fait les tableaux, elle s'est reposée.

1. Elle s'est reposée. 2. Elle a téléphoné à son agent. 3. Elle est allée au musée. 4. Elle s'est présentée à l'exposition. 5. Elle est devenue célèbre. 6. Elle a vendu beaucoup de tableaux.

D. Simultanéité. Pensez à des situations où vous avez fait deux choses à la fois, et donnez cinq exemples personnels d'après le modèle. N'oubliez pas d'utiliser un participe présent.

MODELE: **Chantant** une vieille chanson, je **marchais** dans la rue. →

E. Les copains et les copines. Travaillez par deux et posez-vous des questions afin d'apprendre si vous faites parfois deux choses en même temps. Ensuite, partagez vos réponses les plus frappantes avec vos camarades de classe.

1. Peux-tu étudier en écoutant de la musique? Si oui, quelle sorte de musique écoutes-tu? Sinon, pourquoi pas?
2. Ecris-tu des lettres en regardant la télé? Si oui, à qui écris-tu? Sinon, quand écris-tu des lettres?
3. Parles-tu au téléphone en préparant le dîner? Si oui, à qui parles-tu? Sinon, qui prépare le dîner?
4. Regardes-tu les matchs de football en préparant tes examens? Si oui, reçois-tu de bonnes notes? Sinon, que fais-tu en préparant tes examens?

F. Concours. Vous participez à une compétition pour écrivains. Votre tâche est de créer un début d'histoire vraiment originale. Ecrivez cinq phrases qui commencent par un participe présent au passé composé. Ensuite échangez vos débuts de phrase avec un(e) camarade de classe et terminez ceux de votre camarade. Faites prcuve d'imagination. A la fin, présentez les phrases les plus originales à la classe.

MODELES: Etant arrivé au château du grand duc,...

Sachant que la duchesse allait mourir,... →

Les pronoms interrogatifs

Définition   Un pronom interrogatif introduit une question au sujet d'une personne, d'un objet ou d'une idée.

Qui a écrit cette symphonie?   **De quoi** parle-t-il?   **Qu'est-ce que** c'est que ça?

Pronoms interrogatifs sans antécédent précis: Formes

Les pronoms interrogatifs sans antécédent précis ne montrent ni genre ni nombre.

		PERSONNES	CHOSES
Sujet	Forme courte	qui	—
	Forme longue	**qui** est-ce qui	**qu'**est-ce qui
		who	*what*
Objet direct	Forme courte	qui	que
	Forme longue	**qui** est-ce que	**qu'**est-ce que
		whom	*what*
Objet de préposition	Forme courte	qui	quoi
	Forme longue	**qui** est-ce que	**quoi** est-ce que
		whom	*what*

Qui est-ce qui joue de la guitare?
Qu'est-ce que vous allez faire?
Avec **quoi** peut-on faire de la musique?

A noter: La forme **que** s'élide devant voyelle: **Qu'est-ce qu'**il voit? La forme **qui** ne s'élide jamais: **Qui est-ce qui** a un piano?

Emplois

A. Pour les **personnes,** on emploie les formes courtes ou les formes longues du pronom interrogatif comme sujet, objet direct et objet de préposition. Il y a inversion du pronom sujet et du verbe avec les formes courtes qui sont objet direct ou objet de préposition.

FORME COURTE	FORME LONGUE
Qui arrive?	**Qui est-ce qui** arrive?
Qui Paul voit-il?	**Qui est-ce que** Paul voit?
Avec **qui** sors-tu?	Avec **qui est-ce que** tu sors?

A noter: Le pronom sujet **qui** prend un verbe au singulier.

> **Qui** est arrivé? Vos amis?

B. Pour les **choses** on n'emploie que la forme longue, **qu'est-ce qui,** comme sujet. On emploie les formes courtes ou longues comme objet direct et objet de préposition. Il y a inversion du pronom sujet et du verbe avec les formes courtes.

FORME COURTE	FORME LONGUE
—	**Qu'est-ce qui** vient de tomber?
Que fais-tu?	**Qu'est-ce que** tu fais?
A **quoi** penses-tu?	A **quoi est-ce que** tu penses?

C. On emploie **qu'est-ce que** en français littéraire. On emploie **qu'est-ce que c'est que** dans la langue parlée quand on cherche une explication ou définition.

> **Qu'est-ce que** l'impressionnisme?
> **Qu'est-ce que c'est qu'**une sonate?

A noter: On peut aussi employer les formes **qu'est-ce que c'est?** et **qu'est-ce que c'est que ça?**

> **Qu'est-ce que c'est?** C'est un pinceau.
> **Qu'est-ce que c'est que ça?** C'est un appareil-photo.

Pronoms interrogatifs avec antécédent précis: Formes

Lorsque les pronoms interrogatifs ont un antécédent précis, ils s'accordent en genre et en nombre avec la personne ou la chose qu'ils représentent.

	MASCULIN	FEMININ
SINGULIER	**lequel** *which one*	**laquelle** *which one*

		MASCULIN	FEMININ
PLURIEL		**lesquels** *which ones*	**lesquelles** *which ones*
FORMES CONTRACTEES	(à)	**auquel** **auxquels**	**à laquelle** **auxquelles**
	(de)	**duquel** **desquels**	**de laquelle** **desquelles**

Voici des tableaux impressionnistes. —**Lesquels** préférez-vous?
Je pense à un compositeur français. —**Auquel** penses-tu?
Ses sculptures sont toutes belles. —**Desquelles** est-il le plus fier?
Laquelle de ces deux musiciennes préfères-tu?

Emplois

A. Les pronoms interrogatifs avec antécédent précis peuvent être sujet, objet ou objet de préposition.

Voici trois statues. **Laquelle** est la plus jolie à ton avis?
Voici dix chefs-d'œuvre. **Lesquels** préférez-vous?
Voici quatre potiers. Avec **lequel** voudriez-vous étudier?

B. Les pronoms interrogatifs **lequel, lesquels** et **lesquelles** se contractent avec les prépositions **à** et **de. Laquelle** ne se contracte pas.

Il y a trois expositions. **A laquelle** allez-vous?
Il y a deux Renoirs. **Duquel** parlez-vous?

Qu'en pensez-vous? (Musée Rodin de Paris)
MIKE MAZZASCHI/STOCK, BOSTON

Mise au point

A. Voici des réponses. Posez des questions en employant des pronoms interrogatifs.

> MODELE: Mon ami arrive. → Qui est-ce qui arrive?

1. Rien ne se passe. 2. Moi, je joue de la guitare. 3. Nous travaillons avec un grand photographe. 4. Je viens d'acheter des pierres précieuses. 5. J'aime travailler le marbre. 6. Nous voyons la ballerine. 7. C'est un cabaret. 8. C'est une forme littéraire. 9. Je pense à une symphonie. 10. Je sors avec mes amis.

B. Les copains et les copines. A tour de rôle posez-vous des questions sur vos vedettes préférées. Utilisez la forme longue du pronom interrogatif selon le modèle.

> MODELE: Qui admires-tu? →
> VOUS: Qui est-ce que tu admires?
> IL (ELLE): J'admire Meryl Streep.

1. Qui chante le mieux d'après toi? 2. Que fait ton acteur (actrice) préféré(e) dans son dernier film? 3. Qui voudrais-tu voir à Broadway un jour? 4. Avec qui danse le jeune homme dans «Dirty Dancing»? 5. De quoi les acteurs (actrices) ont-ils (elles) envie? 6. Que voit-on au cinéma du coin le vendredi soir? 7. Qu'aimes-tu regarder à la télé le week-end? 8. A quoi penses-tu quand tu regardes une pièce (de théâtre)?

C. Complétez les phrases avec les pronoms interrogatifs qui s'imposent.

1. Avec _____ allez-vous au concert? —J'y vais avec Jeanne.
2. _____ t'intéresse? —La musique m'intéresse.
3. _____ tu préfères? Pierre Boulez ou Arthur Rubinstein?
4. En _____ as-tu fait cette sculpture? —Je l'ai faite en bois.
5. _____ sait peindre? — Claude sait peindre.
6. _____ vois-tu parfois? —Je vois Hélène le week-end.
7. _____ fait-il? —Il fait du dessin à la plume.
8. _____ elles invitent? —Elles invitent leurs copains.
9. _____ vous aide à travailler? —Jacqueline m'aide.
10. _____ vous voulez faire aujourd'hui? —Nous voulons écouter des disques.
11. _____ une aquarelle?
12. _____ le dadaïsme?

D. Complétez les phrases avec une forme de **lequel (auquel, duquel).**

1. _____ des artistes américains admirez-vous?
2. Il y a deux galeries d'art moderne. _____ allez-vous?
3. Il parle des écoles françaises. _____ parle-t-il?
4. En parlant des impressionnistes, _____ pensez-vous?
5. Je préfère les musiciens américains. _____ préférez-vous?
6. Nous pensons à la neuvième symphonie de Beethoven. _____ pensez-vous?
7. Elle a trois nouvelles toiles. _____ est la plus jolie?
8. Ils sont allés au ballet avec leurs amis. Avec _____ y sont-ils allés?
9. Je parle des danseurs russes. _____ parlez-vous?

10. Les artistes français sont fort connus. _____ vous intéressez-vous?
11. Je veux t'offrir une photo ou une aquarelle. _____ voudrais-tu?
12. Elle s'intéresse aux arts. _____ s'intéresse-t-elle en particulier?

E. Les copains et les copines. Groupez-vous par deux, et dites quel(le)s sont les acteurs (actrices) ou les chanteurs (chanteuses) de télévision ou de cinéma que vous admirez, puis demandez à votre camarade lesquels (lesquelles) il (elle) préfère. Ensuite partagez vos réponses avec toute la classe.

> MODELE: trois chanteuses →
> VOUS: Moi, j'aime beaucoup Tiffany, Debby Gibson et Anita Baker.
> IL (ELLE): Laquelle chante le mieux à ton avis?
> VOUS: Je crois que c'est Debby Gibson qui chante le mieux.

1. trois actrices
2. trois acteurs
3. trois chanteuses

4. trois chanteurs
5. trois groupes de musiciens

Reprise

A noter: Les exercices de cette partie reprennent les structures grammaticales de ce chapitre.

A. Les copains et les copines. Groupez-vous par deux. Posez-vous les questions suivantes et répondez-y. A la fin, commentez vos points communs.

1. Aimes-tu les beaux-arts? Etudies-tu l'art?
2. Sais-tu dessiner? Peindre? Faire du macramé ou de la poterie? Espères-tu être un(e) artiste renommé(e) un jour?
3. As-tu jamais fait de la peinture à l'huile? De la peinture à l'eau? Laquelle préfères-tu?
4. Qu'est-ce que tu préfères—La peinture ou la photographie? Pourquoi?
5. Voudrais-tu étudier l'architecture ou la sculpture? Pourquoi? Quels architectes ou quels sculpteurs admires-tu? Lesquels sont français? Américains? D'une autre nationalité?

B. Les préférences personnelles. Groupez-vous par deux et tâchez de mieux vous connaître.

> MODELE: préférer / écouter →
> VOUS: Qu'est-ce que tu préfères écouter?
> IL (ELLE): Je préfère écouter de la musique de chambre.

1. détester / voir au musée
2. devoir / faire aujourd'hui
3. espérer / devenir un jour

4. aimer / regarder à la télé
5. aller / étudier l'année prochaine.

C. Résolutions et promesses. Etudiez les deux listes suivantes puis en combinaisons différentes, déterminez les résolutions que vous voulez prendre pour la nouvelle année.

MODELE: essayer de / être toujours poli(e) →
          Cette année je vais essayer d'être toujours polie.

VERBES	RESOLUTIONS ET PROMESSES
s'arrêter de	quitter l'université
essayer de	manger plus sainement
refuser de	apprendre quelque chose de
se soucier de	nouveau
s'efforcer de	fumer
se mettre à	étudier tout le temps
?	être toujours de bonne humeur
	ranger sa chambre tous les jours
	faire du sport plus souvent
	faire ses devoirs régulièrement
	ne pas se disputer avec ses parents
	?

D. Deux jeunes artistes discutent d'un stage où l'un(e) d'entre eux (elles) vient de passer quatre semaines. Le premier (La première) veut savoir tout ce qui s'est passé. Avec un(e) camarade de classe jouez les deux rôles d'après le modèle.

MODELE: se lever / faire de la danse →
          L'ARTISTE 1: Après t'être levé(e), as-tu fait de la danse?
          L'ARTISTE 2: Oui, après m'être levé(e), j'ai fait de la danse.

1. faire de la danse / suivre des cours de photographie
2. finir la classe / jouer dans l'orchestre symphonique
3. jouer de la musique / sculpter
4. faire de la sculpture / dessiner
5. dessiner / faire de la peinture à l'huile
6. peindre / apprendre à faire des bijoux

E. Voici des réponses. Posez la question correspondante en employant un pronom interrogatif.

1. Rosa Bonheur a peint ce tableau. 2. Berlioz a écrit cette chanson. 3. J'ai vu le chef-d'œuvre. 4. Un moteur fait du bruit. 5. Elle a étudié avec Balanchine. 6. Ces musiciens jouent des instruments orientaux. 7. Le surréalisme, c'est un mouvement artistique et littéraire. 8. C'est une danse.
9. Mary Cassatt a fait partie de l'école impressionniste. 10. Les artistes que je préfère sont Renoir et Morisot.

Encore une fois

A noter: Les exercices de cette partie reprennent les structures grammaticales du chapitre précédent avec le vocabulaire de ce chapitre.

A. Une étudiante parle d'un voyage qu'elle a fait l'année dernière. Utilisez des prépositions ou des articles, s'il y a lieu.

Le voyage a commencé _____ New York. Nous sommes partis _____ Etats-Unis en avion et nous sommes allés _____ Londres où nous avons tout visité. Ensuite, nous avons quitté _____ Londres pour aller _____ Paris. Nous avons passé deux semaines _____ France, puis nous sommes allés _____ Pays-Bas et _____ Danemark. J'ai beaucoup aimé _____ Pays-Bas et _____ Danemark, mais j'adore _____ France. Je vais y retourner l'année prochaine. Nous sommes revenus _____ Europe après quatre semaines merveilleuses.

B. Répondez aux questions en employant la négation entre parenthèses.

1. Connaissez-vous des artistes français? (ne... pas)
2. Etes-vous toujours au courant de ce qui se passe? (ne... jamais)
3. Appréciez-vous beaucoup l'art moderne? (ne... pas du tout)
4. Habitez-vous toujours votre ville natale? (ne... plus)
5. Etes-vous déjà bien connu(e)? (ne... pas encore)

C. Utilisez les adjectifs indéfinis positifs (**autre, chaque, certain,** etc.) appropriés.

1. Nous irons au Louvre une _____ fois.
2. _____ jours je peins bien, _____ jours je ne me sens pas du tout inspiré.
3. _____ matin, nous répétons pendant deux heures.
4. On a visité _____ musées à Paris cet été.
5. Avez-vous _____ minutes de libre?

D. Utilisez les pronoms indéfinis positifs (**quelqu'un, quelque chose, tout le monde,** etc.) appropriés.

1. _____ aime bien le samedi soir.
2. _____ de mes amis vont en Europe.
3. J'aperçois _____ qui arrive.
4. Rapporte-moi _____ de la boutique au musée.
5. Des femmes peintres? J'en connais _____ .
6. _____ de nous a bon goût.
7. Les tableaux? _____ sont beaux, _____ sont laids.
8. As-tu vu la première toile que j'ai achetée? J'en ai acheté _____ .
9. _____ de doué a fait ces dessins.
10. J'ai photographié _____ de drôle.

E. Mettez les phrases suivantes à la forme négative, en employant **ne... ni... ni** ou **ni... ni... ne.**

1. Et le chorégraphe et la danseuse ont du talent.   2. Il sculpte soit du bois soit du métal.   3. J'aime le dessin et la peinture.   4. Il est soit amateur soit maître de danse.   5. Ces artistes ont du goût et du talent.

F.   Il y a des gens ouverts et d'autres qui ont l'esprit borné lorsqu'il s'agit de nouvelles œuvres artistiques. Que diraient ces deux genres de personnes à propos des sujets suivants? Répondez en utilisant des expressions négatives pour l'un et des expressions affirmatives pour l'autre.

> MODELE: la nouvelle exposition d'art moderne →
> —C'est affreux, je **n'ai rien vu** qui m'ait plu!
> —Mais non, c'était formidable. J'ai vu **plusieurs** tableaux qui m'ont plu.

1. le nouveau Musée d'Orsay
2. la production "Punk" d'*Hamlet*
3. la nouvelle symphonie de musique d'ordinateur
4. la récente exposition d'art électronique
5. le nouveau clip de Prince

L'actualité

Les peintres français les plus connus et les plus aimés aux Etats-Unis sont les impressionnistes, dont on peut voir des tableaux originaux aux musées d'art moderne à New York, à Washington, à Los Angeles, etc. Edouard Manet (1832–1883) a peint beaucoup de tableaux dont les quatre mentionnés dans l'article.

Regard en profondeur sur un impressionniste

En 1878 et 1879 Edouard Manet a peint quatre œuvres sur le même thème: *La Serveuse de Bocks*,[a] au Musée d'Orsay à Paris, *Café Concert*, exposé à Baltimore, *Coin de Café Concert*, à Londres et enfin *Au Café* exposé à Winterthur. Ces quatre œuvres présentent de telles similitudes[b] au niveau des personnages et des détails que certains spécialistes soutiennent que les tableaux de Londres et de Winterthur ont été découpés[c] dans une grande composition, dont certains fragments ont été réutilisés et achevés séparément par l'artiste. Comment découvrir la vérité?

Edouard Manet:
La Serveuse de Bocks
GIRAUDON/ART RESOURCE

[a] bocks *quarter liter glass of beer*

[b] *similarities*

[c] découpés… *cut out from*

Qu'en pensez-vous?

A. Lisez l'article, puis essayez de découvrir la verité en complétant les phrases suivantes.

1. En analysant...
2. En utilisant...
3. En étudiant...
4. En identifiant....
5. En comparant...

Si vous pouvez trouver des reproductions de ces quatre tableaux, apportez-les en classe pour que vous puissiez les comparer tous ensemble.

B. Connaissez-vous quelques impressionnistes français et américains? Etudiez les deux listes ci-dessous et essayez de faire correspondre les deux colonnes. N'hésitez pas à deviner un peu si vous n'êtes pas sûr(e) de la bonne réponse.★

1. Childe Hassan

    a. Américaine qui a étudié à Paris et qui était l'unique artiste américaine importante à faire partie de la révolution impressionniste en France

2. Mary Cassatt

    b. Française qui faisait partie de l'école impressionniste française

3. Edouard Manet

    c. artiste de l'école américaine impressionniste au début du vingtième siècle

4. Auguste Renoir

    d. un des maîtres de naturalisme et de l'impressionnisme

5. Berthe Morisot

    e. un des maîtres de l'impressionnisme qui peignait des scènes de gens au bord de la mer et dans les jardins, et des filles voluptueuses.

> *S*culpteur, cherche avec soin, en attendant l'extase,
> Un marbre sans défaut pour en faire un beau vase.
>
> Théodore de Banville

★1. c 2. a 3. d 4. e 5. b

La France et les Etats-Unis

Un petit cadeau pour les Américains
THE BETTMANN ARCHIVE

Objectifs

- Les pronoms possessifs
- La voix passive
- Le discours direct et indirect

*M*ots et expressions

LA PENSEE

l'absurde (*m.*) absurd
analyser to analyze
l'angoisse (*f.*) anguish, anxiety
apprécier to appreciate
atteindre (un but) to achieve (a goal)
avoir l'esprit borné (ouvert) to be narrow-minded (open-minded)
le bonheur happiness
compréhensif (-ive) understanding
le désespoir despair
être à l'aise to be comfortable, at ease
individualiste individualistic, nonconformist
le malentendu misunderstanding
mécontent(e) dissatisfied, unhappy

mépriser to scorn, despise
original(e) eccentric; original
rechercher to seek, search
résoudre to solve, resolve
subvenir aux besoins de to support
supporter to tolerate, put up with

L'HABILLEMENT

la confection clothing business
le costume man's suit
coudre to sew
la haute couture high fashion
le couturier (la couturière) dressmaker; designer, tailor
être à la mode to be in fashion, style

être démodé(e) to be out of fashion, style
(être) en solde (to be) on sale
le lavomatique laundromat
le mannequin model
le marché aux puces flea market
la mode fashion
la présentation appearance, presentation
le prêt-à-porter ready-made clothes
le tailleur woman's suit; tailor
la teinturerie dry cleaners

Emplois

A.   Trouvez l'équivalent.

1. être bien dans sa peau   2. parvenir à, arriver à   3. qui comprend les autres
4. reconnaître la valeur de quelque chose   5. personne qui présente les nouvelles collections   6. l'industrie des vêtements qui ne sont pas faits sur mesure
7. examiner   8. soutenir

B.   Trouvez dans la colonne de droite le contraire des mots dans la colonne
de gauche.

1.	mépriser	a.	le malheur
2.	rechercher	b.	la logique
3.	l'angoisse	c.	ne pas tolérer
4.	le désespoir	d.	la sérénité
5.	supporter	e.	ne pas découvrir la solution
6.	le bonheur	f.	estimer
7.	le malentendu	g.	l'espérance
8.	résoudre	h.	la paix, l'accord
9.	l'absurde	i.	éviter, fuir

C.   Complétez les phrases avec les mots appropriés.

1. Si un homme porte un _____ et une femme porte un _____ on dit qu'ils
   sont «bien habillés».
2. Je n'ai jamais beaucoup d'argent, donc à la fin de la saison, j'achète mes
   vêtements en _____ .
3. Beaucoup d'étudiants lavent leurs vêtements au _____ près de l'université.
4. Si on veut acheter de vieilles choses d'occasion, on peut aller au marché
   aux _____ .
5. On ne doit pas laver les vêtements de laine dans la machine à laver; il vaut
   mieux les emporter à la _____ .
6. Dans les grands magasins on ne trouve que du _____ .
7. Les femmes qui se soucient de leur _____ font faire leurs robes chez une
   _____ originale.
8. La haute _____ française a influencé la _____ du monde entier.
9. Je sais _____ et je fais toutes mes robes moi-même.
10. Préférez-vous les vêtements qui sont à la _____ ou ceux qui sont vieux et
    _____ ?

D.   Façons de penser. Travaillez avec un(e) camarade de classe et à tour de
rôle répondez aux questions suivantes.

1. Tes parents sont-ils plutôt compréhensifs ou plutôt intolérants? Ont-ils
   l'esprit ouvert ou borné? Explique pourquoi.
2. Est-ce que tu trouves que les étudiants de cette université sont conformis-
   tes ou marginaux? De quel genre de groupe fais-tu partie?
3. Es-tu une personne originale ou traditionnelle? En général contente ou
   mécontente? Explique comment ces qualités se manifestent dans ta personnalité.

tructures

Les pronoms possessifs

Définition Le pronom possessif marque un rapport de possession entre la personne ou la chose possédée et le possesseur.

> J'aime ton complet mais je n'aime pas **le sien.**
> Tes idées sont plus originales que **les leurs.**

Formes

A. Le pronom possessif s'accorde en personne avec le possesseur et en genre et en nombre avec la personne ou la chose possédée.

	UN SEUL OBJET POSSEDE		PLUSIEURS OBJETS POSSEDES		
Pronom sujet	*Masculin*	*Féminin*	*Masculin*	*Féminin*	
je	le mien	la mienne	les miens	les miennes	*mine*
tu	le tien	la tienne	les tiens	les tiennes	*yours*
il, elle, on	le sien	la sienne	les siens	les siennes	*his, hers, its, one's*
nous	le nôtre	la nôtre	les nôtres		*ours*
vous	le vôtre	la vôtre	les vôtres		*yours*
ils, elles	le leur	la leur	les leurs		*theirs*

> mon pantalon → **le mien**   notre tailleur → **le nôtre**
> ta sœur → **la tienne**   votre robe → **la vôtre**
> ses chaussures → **les siennes**   leurs sandales → **les leurs**

> J'ai acheté ma robe chez Dior. Où a-t-elle acheté **la sienne?**
> Ses chaussures sont neuves. Est-ce que **les vôtres** sont neuves aussi?

B. L'article défini du pronom possessif se contracte avec les prépositions **à** et **de.**

> Tu parles à ton tailleur; je vais aussi parler **au mien.**
> Ils sont très fiers de leurs enfants et nous sommes fiers **des nôtres.**

Emplois

A. On emploie un pronom possessif à la place d'un nom précédé d'un adjectif possessif pour éviter la répétition du nom.

On fête le bicentenaire de la Révolution française COMSTOCK

Mes sandales sont blanches. De quelle couleur sont **les siennes?**	*My sandals are white. What color are hers?*
J'ai fait mon travail; est-ce qu'ils ont fait **le leur?**	*I did my work; did they do theirs?*

D. Pour exprimer *It's mine, it's yours,* etc., on emploie **ce** + **être** + *pronom possessif.*

Ce stylo... est-ce **le vôtre** ou **le mien?** —C'est **le mien.**	*This pen . . . is it yours or mine?* —*It's mine.*
Ces clefs... est-ce que ce sont **les siennes** ou **les tiennes?** —Ce sont **les siennes.**	*These keys . . . are they his or yours?* —*They're his.*

C. Les pronoms possessifs pluriels **les miens, les tiens, les siens, les nôtres, les vôtres** et **les leurs** veulent parfois dire **la famille** ou **le groupe auquel on appartient.**

Marc est revenu près **des siens** après avoir passé une année en France.	*Marc came back to his family after spending a year in France.*

D. On emploie **A la tienne! A la vôtre!** quand on boit à la santé de quelqu'un.

C'est ton anniversaire? **A la tienne!** (A ta santé!)
C'est votre fête! **A la vôtre!** (A votre santé!)

Mise au point

A. Deux façons de dire la même chose. Dites à qui appartiennent les choses suivantes en transformant les phrases selon le modèle.

MODELE: Ce pantalon est à moi. →
C'est le mien.

1. Ces sandales sont à lui.
2. Ce collier est à elle.
3. Cette voiture est à eux.
4. Cette table est à nous.
5. Ces bottes sont à vous.
6. Cette veste est à toi.

B. Vous et deux camarades avez passé le week-end dans une auberge de jeunesse. Vous venez de faire la lessive et devez maintenant trier (*to sort out*) vos vêtements. Décidez à qui appartiennent les choses suivantes selon le modèle.

MODELE: ces chaussettes blanches (bleues) →
VOUS: Ces chaussettes blanches sont-elles à toi ou à lui?
IL (ELLE): Ce sont les siennes. Les bleues sont les miennes.

1. ce pull-over rose / jaune
2. cette chemise de nuit bleue / blanche
3. ce chemisier jaune / rose
4. ce pantalon rouge / noir
5. ce maillot vert / orange

C. Quelques jeunes se réunissent pour boire à la santé de leurs amis. Décidez ce qu'ils vont dire: **A la tienne!** ou **A la vôtre!**

1. Jacques, tu as obtenu une bourse. 2. Sylvie et Albert, vous allez vous marier. 3. Pascale, tu as enfin trouvé un bon travail. 4. Pierre et Babette, vous avez gagné un voyage à Hawaii.

D. Les biens—les miens et les tiens. Avec un(e) camarade de classe posez-vous des questions et donnez des réponses afin de décrire ce que vous possédez. Suivez le modèle.

MODELE: une voiture →
VOUS: As-tu une voiture? —Oui.
LUI: Oui.
VOUS: La mienne est petite et bleue, c'est une Ford. Et la tienne?
LUI (ELLE): La mienne est vieille et usée, c'est une Volkswagen de 1969.

1. des disques
2. une radio
3. un vélo
4. un ordinateur
5. un téléviseur
6. un chien ou un chat

E. Complétez les phrases avec les pronoms possessifs appropriés. Ajoutez une préposition si nécessaire.

1. Je vais parler à mon couturier. Vas-tu parler _____?
2. Elle tient à son travail; tenez-vous _____?
3. Ils ont besoin de leur machine, mais nous n'avons pas besoin _____.
4. Tu ressembles à ta mère, mais je ne ressemble pas _____.
5. Il ne pense jamais à son pays; penses-tu parfois _____?
6. Il a honte de ses vieux habits; a-t-elle honte _____?
7. J'écris à ma sœur; écrivez-vous _____?
8. Elles donnent un cadeau à leur couturière; en donnent-ils un _____?

9. Vous vous fiez à votre tailleur, mais je ne me fie pas _____ .

10. Nous téléphonons à nos amis; téléphone-t-elle _____ ?

F. Les copains et les copines. Avec un(e) camarade de classe, parlez de vos affaires personnelles: vos vêtements, votre voiture, votre équipement de sport, etc. en faisant des phrases originales. Exagérez un peu, si vous voulez!

> MODELE: Ma robe... →
>
> VOUS: Ma robe a été créée par ESPRIT. Et la tienne?
>
> IL (ELLE): La mienne a été créée par Yves St. Laurent!

1. Mon pantalon...
2. Mes chaussures...
3. Mon manteau...
4. Ma montre...
5. Ma voiture...
6. Mes skis...
7. Mes meubles...
8. ?

La voix passive

Définition Une phrase est à la voix active quand le sujet de la phrase fait l'action du verbe. Par contre, si le sujet de la phrase subit l'action du verbe, la phrase est à la voix passive.

VOIX ACTIVE	VOIX PASSIVE
Un tailleur fait **mes vêtements.**	**Mes vêtements** sont faits **par un tailleur.**
La secrétaire enverra **la lettre.**	**La lettre** sera envoyée **par la secrétaire.**

Formation

A. La voix passive se compose d'une forme de l'auxiliaire **être** et du participe passé, qui s'accorde en genre et en nombre avec le sujet. L'auxiliaire **être** à la voix passive est au même temps que le verbe dans la phrase active correspondante.

TEMPS	VOIX PASSIVE	VOIX ACTIVE
prés.	Les manteaux **sont faits** par Dior.	Dior **fait** les manteaux.
imparf.	Le veston **était fait** par Dior.	Dior **faisait** le veston.
fut.	Le tailleur **sera fait** par Dior.	Dior **fera** le tailleur.
cond.	Le complet **serait fait** par Dior.	Dior **ferait** le complet.
p. comp.	La veste **a été faite** par Dior.	Dior **a fait** la veste.
p-q-p	La robe **avait été faite** par Dior.	Dior **avait fait** la robe.
fut. ant.	La jupe **aura été faite** par Dior.	Dior **aura fait** la jupe.
cond. p.	Le dessin **aurait été fait** par Dior.	Dior **aurait fait** le dessin.
subjonc.	Il faut qu'il **soit fait** par Dior.	Il faut que Dior le **fasse.**

B.   A la forme négative, la négation entoure l'auxiliaire.

> Ma robe **n'a pas** été faite par un couturier.
> Je **n'ai jamais** été impressionnée par la haute couture.

C.   L'agent de l'action d'une phrase à la voix passive peut être exprimé ou sous-entendu.

> Les bons couturiers sont recherchés. (par les gens riches)
> La maison a été bâtie. (par les ouvriers)

D.   L'agent de l'action est introduit par:

1.   la préposition **par** (*by*), s'il s'agit d'un verbe qui exprime une action

> Le lavomatique **a été détruit par** l'incendie.
> Les oiseaux **ont été dévorés par** le chat.

2.   la préposition **de** (*with, by*), quand le verbe exprime un état

> Les montagnes **étaient couvertes de** neige tout l'hiver.
> Il **est admiré de** tout le monde.
> La bouteille **était remplie de** vin.

Emplois

A.   On emploie la voix passive pour mettre en valeur la personne ou la chose qui subit l'action. La voix active met en évidence l'auteur de l'action.

> **Cette robe a été créée** par Saint-Laurent. (C'est la robe qui est mise en valeur.)
> **Saint-Laurent a créé** cette robe. (C'est Saint-Laurent qui est important.)

B.   On emploie la voix passive pour exprimer le résultat d'une action. On l'utilise souvent dans des reportages journalistiques où ce qui s'est passé est plus important que la personne ou la chose qui a causé l'action.

> Le village **a été détruit.**
> Les plaines **avaient été inondées.**
> L'amendement **sera approuvé.**

Cas particuliers

Verbes ayant un objet direct et un objet indirect

A.   Les verbes comme **demander, donner, envoyer, montrer, offrir** et **promettre** prennent un objet direct (chose) et un objet indirect (personne). En anglais l'objet direct ou indirect des verbes correspondants (*to ask,* etc.) peut devenir le sujet d'une phrase passive. Dans les cas correspondants en français, seul l'*objet direct* peut devenir le sujet d'une phrase passive.

La couturière a montré une robe à sa cliente.	*The dressmaker showed a dress to her client.*
Une robe a été montrée à la cliente.	*The dress was shown to the client (by her designer).*
(pas possible en français)	*The client was shown a dress.*

B. Si l'agent est sous-entendu, on emploie souvent la forme passive en anglais. En français, dans ce cas, on peut soit employer la voix passive soit l'éviter en employant le pronom **on** comme sujet de la phrase active.

Une robe a été montrée à la cliente.	*A dress was shown to the client.*
On a montré une robe à la cliente.	
Le dîner a été servi à huit heures.	*Dinner was served at eight.*
On a servi le dîner à huit heures.	

Verbes suivis de l'infinitif En anglais, l'objet indirect des verbes *to say, to ask,* peut devenir le sujet d'une phrase passive si l'agent n'est pas exprimé. Dans les cas correspondants en français, il faut employer la voix active avec **on** comme sujet du verbe.

| **On** leur a dit de venir. | *They were told to come.* (*Someone told them to come.*) |
| **On** nous a demandé de rester. | *We were asked to stay.* (*Someone asked us to stay.*) |

Verbes pronominaux de sens passif En anglais, on emploie la voix passive si la personne qui fait l'action n'est pas connue ou n'est pas importante. En français, on préfère éviter le passif dans ce cas, surtout à la troisième personne, en employant un verbe pronominal de sens passif.

Les tee-shirts se vendent partout.	*Tee-shirts are sold everywhere.*
Cela ne se dit pas.	*That (just) isn't said.*
Cela ne se fait pas.	*That (just) isn't done.*
Les lumières s'éteindront à huit heures.	*The lights will be turned off at eight o'clock.*

Mise au point

A. Mettez les phrases suivantes à la voix active.

MODELES: La teinturerie sera vendue par le propriétaire. →
Le propriétaire vendra la teinturerie.

Les jeans ont été achetés ici. →
On a acheté les jeans ici.

1. La mode sera créée par les couturiers français. 2. Les complets avaient été faits par le tailleur. 3. Les chaussures seraient importées dans le courant de l'hiver. 4. Il faut que le dîner soit préparé pour huit heures. 5. La maison aura été vendue par la famille à la fin de l'été. 6. La cérémonie était organisée par les mariés. 7. L'église a été construite sous le Second Empire. 8. Cet auteur est aimé de tout le monde. 9. Le dessert serait servi sur la terrasse. 10. Le dessin aura été fait par une jeune femme.

B. Mettez les verbes entre parenthèses à la voix passive et aux temps indiqués.

1. La fille _____ par ses parents. (être réveillé: présent)
2. Les enfants ne _____ pas _____ par leur maîtresse. (être encouragé: imparfait)
3. Nous _____ par l'hôtesse. (être accueilli: futur)
4. Ce candidat ne _____ pas _____ par la majorité. (être rejeté: conditionnel présent)
5. Cette ville _____ par l'armée. (être libéré: passé composé)
6. Le criminel _____ par son avocat. (être représenté: plus-que-parfait)
7. Cette personne ne _____ pas _____ par le président. (être nommé: futur antérieur)
8. Le prisonnier ne _____ pas _____ par le juge. (être condamné: conditionnel passé)

C. Une tempête. Dans son reportage, un journaliste explique quelques incidents qui ont eu lieu pendant une tempête. Faites son reportage d'après le modèle.

> MODELE: la ville principale / être inondé →
> La ville principale a été inondée.

1. certaines régions / être complètement recouvert d'eau
2. plusieurs bâtiments / être détruit
3. les sources d'eau potable / être pollué
4. deux cents personnes / être blessé
5. l'électricité / ne... pas encore / être rétabli
6. quelques victimes / être sauvé

D. Décidez s'il faut employer la préposition **par** ou **de** pour introduire l'agent dans les phrases passives suivantes.

1. Le représentant sera élu _____ le peuple.
2. Les professeurs sont respectés _____ leurs étudiants.
3. Le petit garçon avait été puni _____ son père.
4. La bouteille était remplie _____ bière.
5. Le soldat a été blessé _____ la balle.
6. Le jeune couturier est admiré _____ ses collègues.
7. La demande serait approuvée _____ le parti.
8. Il faut que le bâtiment soit entouré _____ arbres.

E. Transformez les phrases passives en employant **on** comme sujet de la phrase active.

MODELE: Une question a été posée à la cliente. →
           On a posé une question à la cliente.

1. Le dessin aura été donné à son assistant.   2. La lettre était envoyée à la commerçante.   3. Une augmentation a été promise à la secrétaire.   4. Les vêtements seraient montrés à la cliente.   5. Le cadeau aurait été donné à l'enfant.   6. Le dîner sera servi à sept heures.   7. Un prix est offert au gagnant.   8. La raison avait été demandée au monsieur.

F.   **Chez soi.** Les habitudes quotidiennes sont différentes suivant les régions. Avec un(e) partenaire, transformez les phrases selon le modèle en imaginant que l'un(e) d'entre vous habite dans le sud de la France et que l'autre habite dans le nord de l'Alaska.

MODELE: fermer les restaurants →
           L'HABITANT(E) DU SUD: Chez moi **on ferme** les restaurants très tard.
           L'HABITANT(E) DE L'ALASKA: Chez moi, les restaurants **se ferment** très tôt.

1. vendre des fruits   5. planter les fleurs
2. allumer les lumières   6. faire de la pêche
3. parler...   7. ?
4. mettre le chauffage

G.   Lisez l'extrait ci-dessous tiré du magazine *Disques*. Puis en utilisant les renseignements sur la musique qui se trouvent dans la section «Autres parutions récentes», faites des phrases semblables au modèle en utilisant les mots des listes A et B.

DISQUES

par Laurent Saulnier

La musique francophone se porte très bien, merci!

Autres parutions récentes

- Canada: *Sur les traces* (Capitol). Rock mou.
- Michel Lalonde: *Délit de fuite* (Justin Time). Ex-Garolou, fortes mélodies.
- Blues Trottoir: *Soir de pluie* (PolyGram). Mini-album, techno-pop jazzé.
- Hugues Aufray: *Tu t'en iras* (BMG). Plus dépassé, tu meurs.
- Gamine: *Voilà les anges* (PolyGram). Rock de guitares mélodiques.
- Noir Désir: *Où veux-tu qu'je r'garde?* (PolyGram). Rock dur et sombre.
- Mory Kanté: *Akwaba Beach* (PolyGram). L'Afrique-Pop à son meilleur.

MODELE: La musique francophone **se porte** très bien, merci! →

A

les disques francophones
le rock mou
le techno-pop jazzé
le rock dur et sombre
le rock de guitares
  mélodiques

B

se vendre partout dans les pays
  francophones
s'acheter par les jeunes
s'écouter par les amateurs de…
s'acheter probablement par les gens
  de trente à quarante ans
ne pas se vendre bien

Le discours direct et indirect

Définition   Au discours direct on reproduit exactement les paroles des interlocuteurs sous la forme d'un dialogue. Dans la langue écrite, on cite leurs
paroles entre guillemets.

> Eric dit: «Je suis mécontent.»
> Marc répond: «C'est parce que tes parents ont l'esprit borné.»

Au discours indirect un narrateur rapporte les paroles des interlocuteurs. Leurs
paroles sont citées sans guillemets après la proposition principale dans une
proposition subordonnée introduite par **que** ou par un mot interrogatif.

> Eric dit qu'il est mécontent.
> Marc répond que c'est parce que ses parents ont l'esprit borné.

La proposition principale peut contenir plusieurs verbes différents:

affirmer *to assert*	déclarer *to declare*
ajouter *to add*	dire *to say*
annoncer *to announce*	expliquer *to explain*
crier *to shout*	répondre *to answer*

Emplois

A.   La correspondance des pronoms personnels et des mots possessifs

En passant du discours direct au discours indirect, il faut effectuer certains
changements. Ces changements sont les mêmes en français et en anglais. Il faut
faire correspondre les pronoms personnels (sujets, objets, disjoints) et les mots
possessifs (adjectifs ou pronoms).

> Yves dit: «**Je** suis à l'aise avec
> **mes** amis.»

> *Yves says: "**I** am at ease with **my**
> friends."*

> Yves dit qu'**il** est à l'aise avec **ses** amis.
>
> *Yves says (that)* **he** *is at ease with* **his** *friends.*

B. L'importance du temps du verbe de la proposition principale

1. Si le verbe de la proposition principale est au présent, le temps du verbe de la proposition subordonnée ne change pas en passant du discours direct au discours indirect.

> Jeanne déclare: «J'atteindrai bientôt mon but.»
> Jeanne déclare qu'elle atteindra bientôt son but.

2. Si le verbe de la proposition principale est au passé, le temps du verbe de la proposition subordonnée *change* ou *ne change pas,* selon le tableau suivant.

VERBE PRINCIPAL	VERBE SUBORDONNE	
	Discours direct	*Discours indirect*
au passé	présent imparfait	imparfait
	passé composé plus-que-parfait	plus-que-parfait
	futur simple conditionnel présent	conditionnel présent
	futur antérieur conditionnel passé	conditionnel passé
	subjonctif	subjonctif

DISCOURS DIRECT	DISCOURS INDIRECT
Papa a dit: «Tu nous **manques.**»	Papa m'a dit que je leur **manquais.**
J'ai dit: «Je **rentrerai** quand j'**aurai fini** mes examens.»	Je leur ai dit que je **rentrerais** quand j'**aurais fini** mes examens.
Maman a ajouté: «Mamie **a été** malade.»	Maman a ajouté que Mamie **avait été** malade.
J'ai dit: «J'**allais** rentrer plus tôt, mais je n'**ai** pas **pu.**»	J'ai dit que j'**allais** rentrer plus tôt, mais je n'**avais** pas **pu.**
Papa a dit: «Je veux que tu **reviennes** tout de suite.»	Papa a dit qu'il voulait que je **revienne** tout de suite.

C. Changements d'adverbes, d'expressions de temps et de démonstratifs Si la proposition principale est au passé, les adverbes, les expressions de temps et les démonstratifs changent en passant du discours direct au discours indirect.

DISCOURS DIRECT	DISCOURS INDIRECT
aujourd'hui	ce jour-là
hier	la veille
la veille	avant-hier
demain	le lendemain
maintenant	à ce moment-là
ce matin (soir)	ce matin-là (soir-là)
cette semaine (année)	cette semaine-là (année-là)
le mois prochain	le mois suivant
le mois dernier	le mois précédent
la semaine (année) prochaine	la semaine (année) suivante
la semaine (année) dernière	la semaine (année) précédente

DISCOURS DIRECT	DISCOURS INDIRECT
Alain m'a dit: «J'ai fait mes bagages **hier** parce que je pars **aujourd'hui.**»	Alain m'a dit qu'il avait fait ses bagages **la veille** parce qu'il partait **ce jour-là.**
Je lui ai dit: «J'espère que tu reviendras **demain.**»	Je lui ai dit que j'espérais qu'il reviendrait **le lendemain.**
Alain m'a dit: «Je reviendrai **la semaine prochaine.**»	Alain m'a dit qu'il reviendrait **la semaine suivante.**

Mise au point

A.   Grand-père est sourd. Vous lui dites quelque chose et il demande à votre sœur de répéter ce que vous venez de dire. Jouez à trois ce petit dialogue en suivant le modèle puis inversez les rôles.

> MODELE: J'ai des amis français. →
> VOUS: «J'ai des amis français.»
> GRAND-PERE: «Qu'est-ce qu'il (elle) dit?»
> VOTRE SŒUR: «Il (Elle) dit qu'il (elle) a des amis français.»

1. Je voudrais te les présenter.   2. Tu as déjà fait leur connaissance.   3. Nous pouvons les inviter à dîner.   4. Je t'aiderai à préparer le dîner.   5. Nous allons préparer quelque chose de très simple.   6. Tu es très gentil(le).   7. Tu vas les trouver intéressants, j'en suis sûr(e).

B.   Trois ami(e)s parlent de leur vie et font des projets. Avec deux camarades, expliquez à l'un(e) d'entre vous ce que l'autre a dit. Transformez les phrases en discours indirect en mettant le verbe principal au passé et en faisant attention aux changements des pronoms. Chaque étudiant transformera deux phrases.

MODELE: Vous êtes très gentils (gentilles) →
    VOUS: «Vous êtes très gentils (gentilles)»
   CAMARADE 1: «Qu'est-ce qu'il (elle) a dit?»
   CAMARADE 2: «Il (Elle) **a dit** que nous **étions** très gentils»

1. Votre réception a été merveilleuse. 2. Je vous téléphonerai dans deux ou trois jours. 3. Je serai à la maison ce week-end. 4. J'essaierai de préciser mes projets. 5. Nous discuterons plus longuement samedi. 6. J'espère vous re voir bientôt.

C. Bonnes raisons ou excuses? Nous n'avons pas pu aller dîner avec une amie. Mettez notre conversation avec elle au discours indirect.

1. Nous avons dit: «Nous ne pouvions pas dîner avec toi parce que ma fille était malade.»
2. Elle a répondu: «J'avais déjà tout préparé.»
3. Nous avons dit: «Nous aurions dû te dire que nous ne venions pas.»
4. Elle a dit: «Je suis triste que vous ne soyez pas venus.»

D. Le commérage (*gossip*). Presque tout le monde aime commenter les bonheurs et les malheurs de ses amis et de ses voisins. Inventez des phrases de commère à propos de vos camarades de classe. Faites preuve d'imagination.

MODELE: Tu sais ce que j'ai entendu dire? On m'a dit que Max avait gagné à un tournoi de tennis. →

L'interrogation au discours indirect

En transformant les interrogations directes en interrogations indirectes, il n'y a pas d'inversion du verbe et du pronom sujet et il n'y a pas de point d'interrogation. L'interrogation indirecte est généralement introduite par **demander, se demander** ou **vouloir savoir.**

A. **Questions auxquelles on répondrait *oui* ou *non*** Si la réponse à la question doit être **oui** ou **non**, il faut ajouter **si** (qui veut dire *whether*) au début de l'interrogation indirecte.

DISCOURS DIRECT	DISCOURS INDIRECT
Claude: «Seras-tu chez toi cet après-midi?»	Claude a demandé **si** elle serait chez elle cet après-midi-là.
Yvonne: «Oui, j'y serai.»	Yvonne a répondu que oui.

A noter: Elle a dit que oui (non). *She said yes (no).*

B. **Questions auxquelles on répondrait en donnant des renseignements ou en nommant une personne** Si la réponse à la question doit être un renseignement quelconque ou le nom d'une personne, on garde les mots interrogatifs **où, comment, combien, pourquoi, quand, qui, quoi, lequel** ou **quel** dans l'interrogation indirecte.

DISCOURS DIRECT	DISCOURS INDIRECT
Claude: «**Où** vas-tu à une heure?»	Claude a voulu savoir **où** elle allait à une heure.
Yvonne: «Je vais au café.»	Yvonne a répondu qu'elle allait au café.
Claude: «**A quel** café as-tu rendez-vous?»	Claude a demandé **à quel** café elle avait rendez-vous.
Yvonne: «J'ai rendez-vous au Café Cujas.»	Yvonne a répondu qu'elle avait rendez-vous au Café Cujas.

A noter: Au discours indirect, **qui est-ce qui** et **qui est-ce que** deviennent **qui.**

> Claude: «**Qui est-ce qui** viendra?»
> Claude a demandé **qui** viendrait.

C. Questions auxquelles on répondrait en nommant une chose Au discours indirect, **qu'est-ce qui** devient **ce qui** et **qu'est-ce que** et **que** deviennent **ce que.**

DISCOURS DIRECT	DISCOURS INDIRECT
Claude: «**Qu'est-ce qui** se passe?»	Claude a demandé **ce qui** se passait.
Yvonne: «Rien ne se passe.»	Yvonne a répondu que rien ne se passait.
Claude: «**Qu'est-ce que** tu vas boire?»	Claude a dèmandé **ce qu'**elle allait boire.
Yvonne: «Je vais boire du Perrier.»	Yvonne a répondu qu'elle allait boire du Perrier.

Mise au point

A. Ajoutez le mot interrogatif qui s'impose.

1. Marie se demandait _____ ses amis recherchaient si peu l'individualisme.
2. Jacques voulait savoir _____ nous résoudrions notre malentendu.
3. Je me suis demandé _____ elle serait à l'aise avec tous ces étrangers.
4. Nous avons demandé _____ il méprisait le plus au monde.
5. Tu as voulu savoir _____ j'avais découvert le théâtre de l'absurde.
6. Les philosophes se sont toujours demandé _____ on peut atteindre le bonheur.
7. J'aimerais bien savoir _____ de vous deux a l'esprit le plus borné!
8. Les psychiatres veulent savoir à _____ sert l'angoisse.
9. Les sociologues ont demandé _____ l'être humain n'est pas mécontent de son sort.
10. Les pédagogues se demandent _____ de parents sont vraiment compréhensifs.

11. Les philosophes ont voulu savoir _____ permet de supporter le désespoir.
12. Elle se demande _____ est le philosophe le plus original du vingtième siècle.

B. Questions sur les rapports franco-américains. Groupez-vous par trois. Le premier étudiant pose des questions basées sur les indices ci-dessous. Le deuxième les transforme en discours indirect et le troisième y répond. Faites chacun deux questions.

> MODELE: demander / La Statue de la Liberté a-t-elle été faite en France? →
> VOUS: «La Statue de la Liberté a-t-elle été faite en France?»
> CAMARADE 1: Qu'est-ce qu'il (elle) a demandé?
> CAMARADE 2: Il (Elle) **a demandé si** la Statue de la Liberté avait été faite en France.
> CAMARADE 1: «Mais bien sûr, elle a été faite en France.» («Je ne sais pas si elle a été faite en France.»)

1. demander / combien d'écrivains américains ont séjourné à Paris?
2. demander / où trouve-t-on des ethnies francophones en Amérique du Nord?

Un bel exemple de cuisine «franglaise»! (New York)
BERYL GOLDBERG

3. vouloir savoir / pourquoi certains endroits des USA ont-ils un nom français?
4. demander / quand Lafayette a-t-il aidé les Américains?
5. demander / qu'est-ce qui plaît aux Français dans la société américaine?
6. demander / qu'est-ce que les Américains apprécient dans la façon de vivre des Français?

L'impératif au discours indirect

A. En passant du discours direct au discours indirect, on remplace **dire** + *l'impératif* par **dire de** + *l'infinitif.*

DISCOURS DIRECT	DISCOURS INDIRECT
Le prof nous dit: «Ayez l'esprit ouvert.»	Le prof nous dit **d'avoir** l'esprit ouvert.
Mon ami m'a dit: «Ne sois pas idiot.»	Mon ami m'a dit **de** ne pas **être** idiot.

B. En passant du discours direct au discours indirect, on remplace l'impératif par le subjonctif après les verbes **suggérer** et **proposer.**

DISCOURS DIRECT	DISCOURS INDIRECT
Rémi suggère: «Parlons de l'existentialisme.»	Rémi suggère que nous **parlions** de l'existentialisme.
Paul a proposé: «Faisons autre chose ce soir.»	Paul a proposé que nous **fassions** autre chose ce soir-là.
Jean a suggéré à Yvette: «Allons en ville demain.»	Jean a suggéré à Yvette qu'ils **aillent** en ville le lendemain.

Mise au point

A. Une invitation pas comme les autres. Groupez-vous par trois. Le premier étudiant met à l'impératif les expressions suivantes. Le deuxième fait semblant de ne pas comprendre et pose une question. Le troisième lui répond en discours indirect. Faites chacun deux phrases.

MODELE: téléphoner cet après-midi →
   VOUS: «Téléphone cet après-midi!»
   CAMARADE 1: «Qu'est-ce qu'il (elle) **a dit**?»
   CAMARADE 2: «Il (Elle) **a dit de téléphoner** cet après-midi.»

1. venir me voir chez moi 2. arriver à l'heure 3. ne pas être en retard
4. amener des copains 5. apporter une pizza et des boissons 6. ne pas oublier tes disques

B. Un(e) de vos ami(e)s, qui pense s'habiller mieux que vous, vous a conseillé sur ce que vous devriez porter. Vous racontez votre conversation à un(e) autre ami(e), qui demande ce que vous lui avez répondu. En suivant le modèle, travaillez à deux et employez des verbes de la liste A et les expressions de la liste B pour faire des phrases au discours indirect.

MODELE: VOUS: Ma camarade de chambre a proposé que je m'achète
                     des vêtements neufs.
          IL (ELLE): Et qu'est-ce que tu lui as dit?
                VOUS: Je lui ai dit de me laisser tranquille!

A	B
suggérer	s'acheter des vêtements neufs
proposer	ne pas porter ce vieux jean
suggérer	faire un peu de shopping
proposer	être mieux habillé(e) pour les cours
suggérer	ne plus aller au marché aux puces
proposer	venir faire des courses avec moi
	?

Reprise

A noter: Les exercices de cette partie reprennent les structures grammaticales de ce chapitre.

A. Conversation dirigée

1. Pourquoi ne s'entend-on pas bien avec tout le monde?
2. Faut-il mépriser les gens que l'on ne connaît pas? Expliquez.
3. Si un(e) ami(e) vous dit qu'il/elle est angoissé(e), que faites-vous pour l'aider à résoudre ses problèmes?
4. Avez-vous jamais été angoissé(e) ou désespéré(e)? Pourquoi?
5. Avez-vous beaucoup d'espoir dans l'avenir? Quels sont vos projets? Quels buts comptez-vous atteindre?

B. Les copains et les copines. Groupez-vous par deux et posez-vous des questions pour connaître la façon dont vous faites vos courses et comment vous aimez vous habiller. Utilisez des pronoms possessifs s'il y a lieu.

1. Es-tu original(e) ou conformiste dans ta façon de t'habiller? Aimes-tu les vêtements ou ne t'y intéresses-tu pas? Pourquoi?
2. Comparez vos vêtements avec ceux de vos ami(e)s. (Les miens... les leurs)

3. Où achètes-tu d'habitude tes vêtements? Dans les boutiques élégantes ou dans des magasins bon marché? Pourquoi? Et vos camarades, où achètent-ils les leurs?
4. Aimes-tu acheter tes vêtements en solde ou au marché aux puces? Pourquoi?

C. Rédaction. Quels genres de vêtements sont actuellement à la mode? Les tenues élégantes? sportives? excentriques? Comment la façon de s'habiller reflète-t-elle l'ambiance politique, économique et artistique de l'époque? Pourquoi y a-t-il presque toujours une différence entre ce que portent les jeunes et les personnes plus âgées? Commentez.

D. Mettez les phrases suivantes à la voix passive.

MODELE: Robert nous a invités. → Nous avons été invités par Robert.

1. La couturière a fait la robe. 2. Le photographe photographiera le mannequin. 3. Des forêts entouraient la ville. 4. Les étrangers n'avaient pas acheté la maison. 5. Les Français auraient gagné le match. 6. Un bon éditeur publie le livre. 7. Le volcan détruirait certainement les villes. 8. La neige couvrira les montagnes.

E. Mettez la conversation suivante au discours indirect. Attention aux changements de temps des verbes et des expressions de temps.

1. Aline a demandé: «Est-ce que tu seras ici l'année prochaine?»
2. Serge a répondu: «Je ne peux pas décider maintenant.»
3. Aline a voulu savoir: «Pourquoi es-tu venu aux Etats-Unis cette année?»
4. Serge a dit: «Je voulais voir les USA.»
5. Aline a demandé: «Où habites-tu maintenant?»
6. Serge a répondu: «J'ai un petit appartement près d'ici.»
7. Aline a voulu savoir: «Connais-tu beaucoup de monde dans l'immeuble?»
8. Serge a répondu: «Oui, je connais pas mal de gens.»
9. Aline a proposé: «Invite-moi chez toi.»
10. Serge a dit: «Je t'invite la semaine prochaine.»

Encore une fois

A noter: Les exercices de cette partie reprennent les structures grammaticales du chapitre précédent avec le vocabulaire de ce chapitre.

A. Les copains et les copines. Par groupes de deux, posez-vous les questions suivantes et répondez-y de façon logique.

MODELE: se reposer →
VOUS: Que feras-tu après t'être reposé(e)?
IL (ELLE): Après m'être reposé(e), je sortirai.

1. faire ta lessive au lavomatique   2. aller à la teinturerie   3. acheter de nouveaux vêtements   4. revenir du marché aux puces   5. s'inscrire au club

B.   Donnez la forme correcte du participe présent ou du gérondif.

1.   On doit vivre (*essayer*) de rester fidèle à ses propres valeurs.
2.   L'homme, (*avoir*) des possibilités presque illimitées, se doit de les cultiver.
3.   On peut parvenir au bonheur (*faire*) de son mieux en toute chose.
4.   (*Comprendre*) que les différences sont souhaitables, l'être humain s'enrichit.
5.   L'homme, (*atteindre*) des buts élevés, dépasse sa condition terrestre.

C.   Un mannequin parisien visite votre université. Vous l'interviewez afin d'obtenir tous les renseignements possibles sur sa carrière et sur sa visite. Jouez les deux rôles en utilisant des pronoms interrogatifs d'après le modèle.

> MODELE: qui est-ce qui →
> VOUS: Qui est-ce qui vous a invité(e) aux USA?
> IL (ELLE):   C'est le couturier Gloria Vanderbilt qui m'a invité(e) aux USA pour présenter sa nouvelle collection.

1.   qu'est-ce que
2.   qu'est ce qui
3.   avec qui
4.   quoi
5.   que

6.   lequel
7.   laquelle
8.   auxquelles
9.   desquels
10.   duquel

*L'*actualité

Un Américain à Paris

Pendant la première moitié du 20ᵉ siècle plusieurs jeunes écrivains américains, appelés *les expatriés,* se sont installés à Paris où il leur semblait avoir retrouvé une liberté de pensée et de vivre. Ernest Hemingway (écrivain et journaliste américain, 1899–1961) a habité plusieurs années à Paris où il faisait partie d'un groupe d'artistes et d'écrivains. Lisez cette lettre écrite en 1953 où Hemingway se rappelle les amis de sa jeunesse à Paris. Puis en travaillant avec un(e) camarade de classe, répondez aux questions et faites un résumé de la lettre au discours indirect.

Un vieux loup de mer?
Presque cela—c'est Hemingway!
AP/WIDE WORLD PHOTOS

A BERNARD BERENSON[a]:

"LA PLUPART DES GENS AGES PENSAIENT ALORS QUE J'ETAIS UN BOXEUR"

A Bernard Berenson,
La Finca Vigia,
21 mars 1953, 6 h 30

De ces gens que j'ai connus de vingt à vingt-cinq ans quand j'étais à Paris celui que j'aimais le mieux c'était Fargue (orthographe peut-être inexacte) (Léon Paul),[b] Valéry Larbaud[c] était stupide mais bon et sympathique, j'aimais bien un[d] nommé St. Léger-Léger qui avait un autre nom, Perse,[e] je crois, qui travaillait au ministère des Affaires Etran-gères et qui écrivait de très bons poèmes. Valéry était un homme charmant. Nous étions très bons amis mais juste avant sa mort il exprima le souhait de me rencontrer et Sylvia Beach[f] et Adrienne Monnier[g] voulurent organiser une soirée pour cet événement. Je suppose que j'aurais dû y aller. Mais j'étais vexé, je suppose, qu'il ne se soit pas souvenu de moi quand j'étais un jeune homme très effacé[h] dont personne ne connaissait le nom. La plupart des gens âgés pensaient que j'étais un boxeur car j'avais coutume de travailler le matin au gym de la rue Pontoise comme sparring-partner avant d'écrire. Ensuite j'allais l'après-midi à la librairie de Sylvia Beach pour chercher des livres et parfois j'y rencontrais des gens.

En général, alors, je n'avais pas assez d'argent pour aller au café sauf à la Closerie des Lilas et au Select où deux garçons me faisaient crédit.[i] Avec l'un deux j'allais travailler dans son potager[j] à l'extérieur de la Porte d'Orléans et il me versait un whisky sec (du whisky jusqu'au bord d'un verre à *fine à l'eau*)[k] et alors j'en buvais une petite gorgée[l] après quoi j'y ajoutais du siphon[m] pour le reste de la soirée. Il venait au gym pour me regarder boxer (nous entraînions de très bons poids lourds[n] et à dix francs le round ils essayaient de vous mettre K.O. tous les matins (...).

[a] *American art historian*
[b] *poet*
[c] *writer*
[d] *Secretary of Foreign Affairs and writer*
[e] *Saint-John Perse*
[f] *founded Shakespeare and Company, an English-language bookstore in Paris*
[g] *founded La Maison des Amis des Livres*
[h] *self-effacing*
[i] *me... gave me credit*
[j] *vegetable garden*
[k] *verre... brandy glass*
[l] *gulp*
[m] *soda*
[n] *poids... heavy-weights*

Qu'en pensez-vous?

1. Quels métiers exerçaient les amis d'Ernest Hemingway?
2. Pourquoi Hemingway n'est-il pas allé à la soirée de Sylvia Beach et d'Adrienne Monnier? D'après cette confidence, que pouvez-vous deviner sur le caractère du jeune Ernest Hemingway?
3. Que faisait Hemingway le matin avant d'aller écrire? Pourquoi?
4. Pourquoi allait-il à la librairie de Sylvia Beach?
5. Quels cafés fréquentait-il? Pourquoi?
6. Faites un résumé de la lettre en utilisant le discours indirect.

   MODELE: Hemingway a dit qu'il était à Paris... →

Et le Poète aussi est avec nous, sur la chaussée des hommes de son temps. Allant le train de notre temps, allant le train de ce grand vent. Son occupation parmi nous: mise en clair des messages.

Saint-John Perse

Appendice A: L'emploi des prépositions *à* et *de* après les verbes

Verbes + **à** + *infinitif*

s'accoutumer à to become accustomed to
s'amuser à to have fun
s'appliquer à to apply oneself to; to work hard
apprendre à to learn (how) to; to teach to
arriver à to succeed to
s'attendre à to expect to
avoir à to have to
chercher à to seek to
commencer à (ou de) to begin to
consentir à to consent to
consister à to consist in
continuer à (ou de) to continue to
se décider à to make up one's mind to

encourager à to encourage to
enseigner à to teach to
s'exercer à to train oneself to; to practice
forcer à to force to
s'habituer à to become accustomed to
hésiter à to hesitate to
inciter à to instigate, induce
s'intéresser à to be interested in
inviter à to invite, ask
se mettre à to begin to
s'obliger à to put oneself under an obligation to
parvenir à to manage to
penser à to think about

persister à to persist in
se plaire à to take pleasure in
prendre plaisir à to delight in
se préparer à to prepare to
recommencer à to begin again to
renoncer à to give up
se résigner à to resign oneself to
réussir à to succeed in
servir à to be useful
songer à to dream; to think; to intend
suffire à to suffice, be sufficient
tenir à to be anxious, be desirous of
travailler à to work (hard) at
en venir à to come to, arrive at the point of

Verbes + **de** + *infinitif*

accepter de to agree to
s'arrêter de to stop
cesser de to cease, to leave off
choisir de to choose to
commander de to order to
commencer de (ou à) to begin to
continuer de (ou à) to continue to
convenir de to agree to
décider de to decide to
défendre de to forbid, to prohibit
se dépêcher de to hurry to
désespérer de to give up all hope; to despair
s'efforcer de to strive to, endeavor to
s'empresser de to be eager to, hasten to

essayer de to try to
s'étonner de to be astonished by, wonder at
éviter de to avoid
s'excuser de to excuse oneself for; apologize for
faire exprès de to do on purpose
faire semblant de to pretend to
finir de to finish
se hâter de to hasten, hurry
mériter de to deserve, merit
s'occuper de to occupy oneself; to handle
offrir de to offer to
ordonner de to order to

oublier de to forget to
penser de to have an opinion about
se plaindre de to complain
se presser de to hurry to
promettre de to promise to
se proposer de to have the intention of
refuser de to refuse to
regretter de to regret, be sorry for
se reprocher de to blame oneself for
se souvenir de to remember to
suggérer de to suggest
tâcher de to try to, endeavor to
tenter de to attempt to
venir de (passé récent) to have just

Verbes suivis directement de l'infinitif

aimer to like
aimer mieux to prefer, like better
aller to go
avoir beau to do in vain
compter to expect, intend
croire to think
descendre to come down, go
    downstairs
désirer to want
détester to dislike, hate
devoir to have to, be obliged to, be
    supposed to
écouter to listen to
emmener to take

entendre to hear
envoyer to send
espérer to hope
être censé to be supposed to
faillir to almost (do something)
faire to cause
falloir (il faut) to be necessary
laisser to allow
monter to go up
oser to dare
paraître to appear
partir to leave
penser to think
pouvoir to be able
préférer to prefer

prétendre to claim
regarder to watch
rentrer to go home
retourner to return, go back
revenir to come back
savoir to know how
sembler to seem
sentir to feel
souhaiter to wish
valoir mieux (il vaut mieux) to be
    preferable
venir to come
voir to see
vouloir to want

Appendice B: Les temps littéraires

Dans le français écrit ou littéraire, on emploie quatre temps de verbes qui ne sont pas employés dans la langue parlée. Il faut surtout savoir reconnaître les temps littéraires. Ce sont tous des temps du passé.

Le passé simple

Définition   Le passé simple est le temps simple de la narration littéraire et historique. Il marque une action passée précise qui n'a aucun rapport avec le présent. Dans la langue parlée, il est remplacé par le passé composé.

Verbes réguliers

parler				finir			
je	parlai	nous	parlâmes	je	finis	nous	finîmes
tu	parlas	vous	parlâtes	tu	finis	vous	finîtes
il elle on	parla	ils elles	parlèrent	il elle on	finit	ils elles	finirent

rendre			
je	rendis	nous	rendîmes
tu	rendis	vous	rendîtes
il elle on	rendit	ils elles	rendirent

Mazarin **parla** plusieurs langues.
Les révolutionnaires **rendirent** la liberté aux prisonniers.

Le passé antérieur

Définition   Le passé antérieur est le temps composé de la narration littéraire
et historique. Il est formé du passé simple de l'auxiliaire et du participe passé
du verbe. Il marque une action qui se passe avant l'action principale qui est au
passé simple. Il est remplacé dans la langue parlée par le plus-que-parfait.

Verbes réguliers

parler						aller					
j'	eus	parlé	nous	eûmes	parlé	je	fus	allé(e)	nous	fûmes	allé(e)s
tu	eus	parlé	vous	eûtes	parlé	tu	fus	allé(e)	vous	fûtes	allé(e)(s)
il elle on	eut	parlé	ils elles	eurent	parlé	il elle on	fut	allé(e)	ils elles	furent	allé(e)s

se rendre							
je	me	fus	rendu(e)	nous	nous	fûmes	rendu(e)s
tu	te	fus	rendu(e)	vous	vous	fûtes	rendu(e)(s)
il elle on	se	fut	rendu(e)	ils elles	se	furent	rendu(e)s

Quand les dames de la cour **se furent rendues** au château, elles
  s'amusèrent au bal.
Dès que le roi **eut parlé** à ses serviteurs, il se leva.

L'imparfait du subjonctif

Définition   L'imparfait du subjonctif est le temps simple du subjonctif
littéraire et historique. Il est employé dans la proposition subordonnée quand
la proposition principale est au passé. Dans la langue parlée il est remplacé par
le présent du subjonctif ou par l'infinitif.

Verbes réguliers

parler					
que	je	parl**asse**	que	nous	parl**assions**
que	tu	parl**asses**	que	vous	parl**assiez**
qu'	il elle on	parl**ât**	qu'	ils elles	parl**assent**

finir					
que	je	fin**isse**	que	nous	fin**issions**
que	tu	fin**isses**	que	vous	fin**issiez**
qu'	il elle on	fin**it**	qu'	ils elles	fin**issent**

rendre					
que	je	rend**isse**	que	nous	rend**issions**
que	tu	rend**isses**	que	vous	rend**issiez**
qu'	il elle on	rend**ît**	qu'	ils elles	rend**issent**

La reine avait souhaité que la guerre **finit** avant Noël.
Il a fallu que les généraux **parlassent** au régent.

Le plus-que-parfait du subjonctif

Définition   Le plus-que-parfait du subjonctif est le temps composé du subjonctif littéraire et historique. Il est formé de l'imparfait du subjonctif de l'auxiliaire et du participe passé du verbe. Dans la langue parlée il est remplacé par le passé du subjonctif.

parler							
que	j'	eusse	parlé	que	nous	eussions	parlé
que	tu	eusses	parlé	que	vous	eussiez	parlé
qu'	il elle on	eût	parlé	qu'	ils elles	eussent	parlé

aller							
que	je	fusse	allé(e)	que	nous	fussions	allé(e)s
que	tu	fusses	allé(e)	que	vous	fussiez	allé(e)(s)
qu'	il elle on	fût	allé(e)	qu'	ils elles	fussent	allé(e)s

se rendre									
que	je	me	fusse	rendu(e)	que	nous	nous	fussions	rendu(e)s
que	tu	te	fusses	rendu(e)	que	vous	vous	fussiez	rendu(e)(s)
qu'	il elle on	se	fût	rendu(e)	qu'	ils elles	se	fussent	rendu(e)s

Le peuple aurait voulu que Napoléon **fût parti.** Il aurait fallu que les révoltés **se fussent** bien **préparés.**

Appendice C: Conjugaisons des verbes

Note: Examples of English equivalents are given for the regular verb forms in this appendix. They can be misleading if taken out of context. Remember, for example, that in English, *would* can be expressed by the French **imparfait** or the **conditionnel.** Consult the relevant grammar sections.

The left-hand column of each chart contains the infinitive, participles, and (in parentheses) the auxiliary verb necessary to form the perfect tenses. Complete conjugations (including perfect tenses) are modeled for regular verbs, verbs conjugated with **être,** and pronominal verbs (Sections I, II, III, and IV). Irregular verb conjugations (Section V) do not include perfect tenses, since these can be generated from the models given in the previous sections and the past participle listed with each irregular verb.

I. Verbes réguliers: temps simples

1er Groupe — **parler** (to speak)

Infinitif et participes: parler (to speak); parlé *spoken*; parlant *speaking*; ayant parlé *having spoken*; (avoir)

Indicatif

PRÉSENT
| je parle | tu parles | il parle | nous parlons | vous parlez | ils parlent |

(I speak / do speak / am speaking / have been speaking / you speak; etc.)

IMPARFAIT
| je parlais | tu parlais | il parlait | nous parlions | vous parliez | ils parlaient |

(I spoke / was speaking / used to speak / would speak / had been speaking; you spoke; etc.)

FUTUR SIMPLE
| je parlerai | tu parleras | il parlera | nous parlerons | vous parlerez | ils parleront |

(I will / shall speak; you will / shall speak; etc.)

Conditionnel

PRÉSENT
| je parlerais | tu parlerais | il parlerait | nous parlerions | vous parleriez | ils parleraient |

(I would speak; you would speak; etc.)

Impératif

parle *speak*; parlons *let's speak*; parlez *speak*

Subjonctif

PRÉSENT
| que je parle | que tu parles | qu' il parle | que nous parlions | que vous parliez | qu' ils parlent |

([that] I speak / do speak / will speak / would speak [for] me to speak; [that] you speak; etc.)

Temps littéraires

PASSÉ SIMPLE
| je parlai | tu parlas | il parla | nous parlâmes | vous parlâtes | ils parlèrent |

(I spoke / have spoken / did speak; you spoke; etc.)

IMPARFAIT DU SUBJONCTIF
| que je parlasse | que tu parlasses | qu' il parlât | que nous parlassions | que vous parlassiez | qu' ils parlassent |

([that] I speak / would speak [for] me to speak; [that] you speak; etc.)

2e groupe — **finir** (to finish)

Infinitif et participes: finir (to finish); fini; finissant; ayant fini; (avoir)

Indicatif

PRÉSENT
| je finis | tu finis | il finit | nous finissons | vous finissez | ils finissent |

IMPARFAIT
| je finissais | tu finissais | il finissait | nous finissions | vous finissiez | ils finissaient |

FUTUR SIMPLE
| je finirai | tu finiras | il finira | nous finirons | vous finirez | ils finiront |

Conditionnel

PRÉSENT
| je finirais | tu finirais | il finirait | nous finirions | vous finiriez | ils finiraient |

Impératif

finis; finissons; finissez

Subjonctif

PRÉSENT
| que je finisse | que tu finisses | qu' il finisse | que nous finissions | que vous finissiez | qu' ils finissent |

Temps littéraires

PASSÉ SIMPLE
| je finis | tu finis | il finit | nous finîmes | vous finîtes | ils finirent |

IMPARFAIT DU SUBJONCTIF
| que je finisse | que tu finisses | qu' il finît | que nous finissions | que vous finissiez | qu' ils finissent |

3e groupe — **rendre** (to return, give)

Indicatif

PRÉSENT
| je rends | tu rends | il finit |

IMPARFAIT
| je rendais | tu rendais |

FUTUR SIMPLE
| je rendrai | tu rendras |

Conditionnel

PRÉSENT
| je rendrais | tu rendrais |

Impératif

rends

Subjonctif

PRÉSENT
| que je rende | que tu rendes |

Temps littéraires

PASSÉ SIMPLE
| je rendis | tu rendis | il rendit |

rendu
rendant
ayant rendu
(avoir)

nous rendons	nous rendions	nous rendrons	nous rendrions	rendons	que nous rendions	nous rendîmes
vous rendez	vous rendiez	vous rendrez	vous rendriez	rendez	que vous rendiez	vous rendîtes
ils rendent	ils rendaient	ils rendront	ils rendraient		qu' ils rendent	ils rendirent

IMPARFAIT DU SUBJONCTIF

que   je rendisse
que   tu rendisses
qu'   il rendit
que nous rendissions
que vous rendissiez
qu'   ils rendissent

II. Verbes conjugués avec *avoir* aux temps composés

Indicatif

PASSÉ COMPOSÉ

j'ai
tu as
il a
nous avons
vous avez
ils ont
} parlé / fini / rendu

(I spoke / did speak / have spoken; you spoke; etc.)

PLUS-QUE-PARFAIT

j'avais
tu avais
il avait
nous avions
vous aviez
ils avaient
} parlé / fini / rendu

(I had spoken; you had spoken; etc.)

FUTUR ANTÉRIEUR

j'aurai
tu auras
il aura
nous aurons
vous aurez
ils auront
} parlé / fini / rendu

(I shall/will have spoken; you shall/will have spoken; etc.)

Conditionnel

PASSÉ

j'aurais
tu aurais
il aurait
nous aurions
vous auriez
ils auraient
} parlé / fini / rendu

(I would have spoken; you would have spoken; etc.)

Subjonctif

PASSÉ

que   j'aie
que   tu aies
qu'   il ait
que nous ayons
que vous ayez
qu'   ils aient
} parlé / fini / rendu

([that] I spoke / did speak / have spoken; [that] you spoke; etc.)

Temps littéraires

PASSÉ ANTÉRIEUR

j'eus
tu eus
il eut
nous eûmes
vous eûtes
ils eurent
} parlé / fini / rendu

(I had spoken; you had spoken; etc.)

PLUS-QUE-PARFAIT DU SUBJONCTIF

que   j'eusse
que   tu eusses
qu'   il eût
que nous eussions
que vous eussiez
qu'   ils eussent
} parlé / fini / rendu

([that] I spoke / did speak / had spoken; [that] you spoke; etc.)

III. Verbes conjugués avec *être* aux temps composés

Indicatif

PASSÉ COMPOSÉ	PLUS-QUE-PARFAIT	FUTUR ANTÉRIEUR
suis entré(e)	étais entré(e)	serai entré(e)
es entré(e)	étais entré(e)	seras entré(e)
est entré(e)	était entré(e)	sera entré(e)
sommes entré(e)s	étions entré(e)s	serons entré(e)s
êtes entré(e)(s)	étiez entré(e)(s)	serez entré(e)(s)
sont entré(e)s	étaient entré(e)s	seront entré(e)s

Conditionnel

PASSÉ
serais entré(e)
serais entré(e)
serait entré(e)
serions entré(e)s
seriez entré(e)(s)
seraient entré(e)s

Subjonctif

PASSÉ
sois entré(e)
sois entré(e)
soit entré(e)
soyons entré(e)s
soyez entré(e)(s)
soient entré(e)s

Temps littéraires

PASSÉ ANTÉRIEUR	PLUS-QUE-PARFAIT DU SUBJONCTIF
fus entré(e)	fusse entré(e)
fus entré(e)	fusses entré(e)
fut entré(e)	fût entré(e)
fûmes entré(e)s	fussions entré(e)s
fûtes entré(e)(s)	fussiez entré(e)(s)
furent entré(e)s	fussent entré(e)s

IV. Verbes pronominaux aux temps simples et aux temps composés

Infinitif et participes

se laver (*to wash oneself*)
se lavant
s'étant lavé(e)(s)
lavé
(être)

Indicatif

PRÉSENT	PASSÉ COMPOSÉ	IMPARFAIT	PLUS-QUE-PARFAIT
me lave	me suis lavé(e)	me lavais	m'étais lavé(e)
te laves	t'es lavé(e)	te lavais	t'étais lavé(e)
se lave	s'est lavé(e)	se lavait	s'était lavé(e)
nous lavons	nous sommes lavé(e)s	nous lavions	nous étions lavé(e)s
vous lavez	vous êtes lavé(e)(s)	vous laviez	vous étiez lavé(e)(s)
se lavent	se sont lavé(e)s	se lavaient	s'étaient lavé(e)s

Conditionnel

PRÉSENT	PASSÉ	FUTUR SIMPLE	FUTUR ANTÉRIEUR
me laverais	me serais lavé(e)	me laverai	me serai lavé(e)
te laverais	te serais lavé(e)	te laveras	te seras lavé(e)
se laverait	se serait lavé(e)	se lavera	se sera lavé(e)
nous laverions	nous serions lavé(e)s	nous laverons	nous serons lavé(e)s
vous laveriez	vous seriez lavé(e)(s)	vous laverez	vous serez lavé(e)(s)
se laveraient	se seraient lavé(e)s	se laveront	se seront lavé(e)s

Subjonctif

PRÉSENT	PASSÉ
me lave	me sois lavé(e)
te laves	te sois lavé(e)
se lave	se soit lavé(e)
nous lavions	nous soyons lavé(e)s
vous laviez	vous soyez lavé(e)(s)
se lavent	se soient lavé(e)s

Impératif

lave-toi
lavons-nous
lavez-vous

Temps littéraires

PASSÉ SIMPLE	PASSÉ ANTÉRIEUR	IMPARFAIT DU SUBJONCTIF	PLUS-QUE-PARFAIT DU SUBJONCTIF
me lavai	me fus lavé(e)	me lavasse	me fusse lavé(e)
te lavas	te fus lavé(e)	te lavasses	te fusses lavé(e)
se lava	se fut lavé(e)	se lavât	se fût lavé(e)
nous lavâmes	nous fûmes lavé(e)s	nous lavassions	nous fussions lavé(e)s
vous lavâtes	vous fûtes lavé(e)(s)	vous lavassiez	vous fussiez lavé(e)(s)
se lavèrent	se furent lavé(e)s	se lavassent	se fussent lavé(e)s

V. Verbes irréguliers

accueillir   boire   craindre   dormir   falloir   ouvrir   prendre   suivre   vivre
aller   conduire   croire   écrire   fuir   partir   recevoir   tenir   voir
s'asseoir   connaître   cueillir   envoyer   lire   plaire   résoudre   vaincre   vouloir
avoir   conquérir   devoir   être   mettre   pleuvoir   rire   valoir
battre   courir   dire   faire   mourir   pouvoir   savoir   venir

Infinitif et participes	Indicatif			Conditionnel	Impératif	Subjonctif	Temps littéraires	
	PRÉSENT	IMPARFAIT	FUTUR SIMPLE	PRÉSENT		PRÉSENT	PASSÉ SIMPLE	IMPARFAIT DU SUBJONCTIF
accueillir (to welcome) accueilli accueillant (avoir)	accueille accueilles accueille accueillons accueillez accueillent	accueillais accueillais accueillait accueillions accueilliez accueillaient	accueillerai accueilleras accueillera accueillerons accueillerez accueilleront	accueillerais accueillerais accueillerait accueillerions accueilleriez accueilleraient	accueille accueillons accueillez	accueille accueilles accueille accueillions accueilliez accueillent	accueillis accueillis accueillit accueillîmes accueillîtes accueillirent	accueillisse accueillisses accueillît accueillissions accueillissiez accueillissent
aller (to go) allé allant (être)	vais vas va allons allez vont	allais allais allait allions alliez allaient	irai iras ira irons irez iront	irais irais irait irions iriez iraient	va allons allez	aille ailles aille allions alliez aillent	allai allas alla allâmes allâtes allèrent	allasse allasses allât allassions allassiez allassent
s'asseoir (to seat) assis asseyant (être)	assieds assieds assied asseyons asseyez asseyent	asseyais asseyais asseyait asseyions asseyiez asseyaient	assiérai assiéras assiéra assiérons assiérez assiéront	assiérais assiérais assiérait assiérions assiériez assiéraient	assieds-toi asseyons-nous asseyez-vous	asseye asseyes asseye asseyions asseyiez asseyent	assis assis assit assîmes assîtes assirent	assisse assisses assît assissions assissiez assissent
avoir (to have) eu ayant (avoir)	ai as a avons avez ont	avais avais avait avions aviez avaient	aurai auras aura aurons aurez auront	aurais aurais aurait aurions auriez auraient	aie ayons ayez	aie aies ait ayons ayez aient	eus eus eut eûmes eûtes eurent	eusse eusses eût eussions eussiez eussent
battre (to beat) battu battant (avoir)	bats bats bat battons battez battent	battais battais battait battions battiez battaient	battrai battras battra battrons battrez battront	battrais battrais battrait battrions battriez battraient	bats battons battez	batte battes batte battions battiez battent	battis battis battit battîmes battîtes battirent	battisse battisses battît battissions battissiez battissent
boire (to drink) bu buvant (avoir)	bois bois boit buvons buvez boivent	buvais buvais buvait buvions buviez buvaient	boirai boiras boira boirons boirez boiront	boirais boirais boirait boirions boiriez boiraient	bois buvons buvez	boive boives boive buvions buviez boivent	bus bus but bûmes bûtes burent	busse busses bût bussions bussiez bussent

Infinitif et participes	Indicatif PRÉSENT	IMPARFAIT	FUTUR SIMPLE	Conditionnel PRÉSENT	Impératif	Subjonctif PRÉSENT	Temps littéraires PASSÉ SIMPLE	IMPARFAIT DU SUBJONCTIF
conduire (to lead)	conduis	conduisais	conduirai	conduirais		conduise	conduisis	conduisisse
	conduis	conduisais	conduiras	conduirais	conduis	conduises	conduisis	conduisisses
	conduit	conduisait	conduira	conduirait		conduise	conduisit	conduisît
conduit	conduisons	conduisions	conduirons	conduirions	conduisons	conduisions	conduisîmes	conduisissions
conduisant	conduisez	conduisiez	conduirez	conduiriez	conduisez	conduisiez	conduisîtes	conduisissiez
(avoir)	conduisent	conduisaient	conduiront	conduiraient		conduisent	conduisirent	conduisissent
connaître (to be acquainted)	connais	connaissais	connaîtrai	connaîtrais		connaisse	connus	connusse
	connais	connaissais	connaîtras	connaîtrais	connais	connaisses	connus	connusses
	connaît	connaissait	connaîtra	connaîtrait		connaisse	connut	connût
connu	connaissons	connaissions	connaîtrons	connaîtrions	connaissons	connaissions	connûmes	connussions
connaissant	connaissez	connaissiez	connaîtrez	connaîtriez	connaissez	connaissiez	connûtes	connussiez
(avoir)	connaissent	connaissaient	connaîtront	connaîtraient		connaissent	connurent	connussent
conquérir (to conquer)	conquiers	conquérais	conquerrai	conquerrais		conquière	conquis	conquisse
	conquiers	conquérais	conquerras	conquerrais	conquiers	conquières	conquis	conquisses
	conquiert	conquérait	conquerra	conquerrait		conquière	conquit	conquît
conquis	conquérons	conquérions	conquerrons	conquerrions	conquérons	conquérions	conquîmes	conquissions
conquérant	conquérez	conquériez	conquerrez	conquerriez	conquérez	conquériez	conquîtes	conquissiez
(avoir)	conquièrent	conquéraient	conquerront	conquerraient		conquièrent	conquirent	conquissent
courir (to run)	cours	courais	courrai	courrais		coure	courus	courusse
	cours	courais	courras	courrais	cours	coures	courus	courusses
	court	courait	courra	courrait		coure	courut	courût
couru	courons	courions	courrons	courrions	courons	courions	courûmes	courussions
courant	courez	couriez	courrez	courriez	courez	couriez	courûtes	courussiez
(avoir)	courent	couraient	courront	courraient		courent	coururent	courussent
craindre (to fear)	crains	craignais	craindrai	craindrais		craigne	craignis	craignisse
	crains	craignais	craindras	craindrais	crains	craignes	craignis	craignisses
	craint	craignait	craindra	craindrait		craigne	craignit	craignît
craint	craignons	craignions	craindrons	craindrions	craignons	craignions	craignîmes	craignissions
craignant	craignez	craigniez	craindrez	craindriez	craignez	craigniez	craignîtes	craignissiez
(avoir)	craignent	craignaient	craindront	craindraient		craignent	craignirent	craignissent
croire (to believe)	crois	croyais	croirai	croirais		croie	crus	crusse
	crois	croyais	croiras	croirais	crois	croies	crus	crusses
	croit	croyait	croira	croirait		croie	crut	crût
cru	croyons	croyions	croirons	croirions	croyons	croyions	crûmes	crussions
croyant	croyez	croyiez	croirez	croiriez	croyez	croyiez	crûtes	crussiez
(avoir)	croient	croyaient	croiront	croiraient		croient	crurent	crussent
cueillir (to pick)	cueille	cueillais	cueillerai	cueillerais		cueille	cueillis	cueillisse
	cueilles	cueillais	cueilleras	cueillerais	cueille	cueilles	cueillis	cueillisses
	cueille	cueillait	cueillera	cueillerait		cueille	cueillit	cueillît
cueilli	cueillons	cueillions	cueillerons	cueillerions	cueillons	cueillions	cueillîmes	cueillissions
cueillant	cueillez	cueilliez	cueillerez	cueilleriez	cueillez	cueilliez	cueillîtes	cueillissiez
(avoir)	cueillent	cueillaient	cueilleront	cueilleraient		cueillent	cueillirent	cueillissent

Infinitive / Participles	Présent	Imparfait	Futur	Conditionnel	Impératif	Subjonctif présent	Passé simple	Subjonctif imparfait
devoir (to have to, to owe) dû devant (avoir)	dois dois doit devons devez doivent	devais devais devait devions deviez devaient	devrai devras devra devrons devrez devront	devrais devrais devrait devrions devriez devraient	dois devons devez	doive doives doive devions deviez doivent	dus dus dut dûmes dûtes durent	dusse dusses dût dussions dussiez dussent
dire (to say, tell) dit disant (avoir)	dis dis dit disons dites disent	disais disais disait disions disiez disaient	dirai diras dira dirons direz diront	dirais dirais dirait dirions diriez diraient	dis disons dites	dise dises dise disions disiez disent	dis dis dit dîmes dîtes dirent	disse disses dît dissions dissiez dissent
dormir (to sleep) dormi dormant (avoir)	dors dors dort dormons dormez dorment	dormais dormais dormait dormions dormiez dormaient	dormirai dormiras dormira dormirons dormirez dormiront	dormirais dormirais dormirait dormirions dormiriez dormiraient	dors dormons dormez	dorme dormes dorme dormions dormiez dorment	dormis dormis dormit dormîmes dormîtes dormirent	dormisse dormisses dormît dormissions dormissiez dormissent
écrire (to write) écrit écrivant (avoir)	écris écris écrit écrivons écrivez écrivent	écrivais écrivais écrivait écrivions écriviez écrivaient	écrirai écriras écrira écrirons écrirez écriront	écrirais écrirais écrirait écririons écririez écriraient	écris écrivons écrivez	écrive écrives écrive écrivions écriviez écrivent	écrivis écrivis écrivit écrivîmes écrivîtes écrivirent	écrivisse écrivisses écrivît écrivissions écrivissiez écrivissent
envoyer (to send) envoyé envoyant (avoir)	envoie envoies envoie envoyons envoyez envoient	envoyais envoyais envoyait envoyions envoyiez envoyaient	enverrai enverras enverra enverrons enverrez enverront	enverrais enverrais enverrait enverrions enverriez enverraient	envoie envoyons envoyez	envoie envoies envoie envoyions envoyiez envoient	envoyai envoyas envoya envoyâmes envoyâtes envoyèrent	envoyasse envoyasses envoyât envoyassions envoyassiez envoyassent
être (to be) été étant (avoir)	suis es est sommes êtes sont	étais étais était étions étiez étaient	serai seras sera serons serez seront	serais serais serait serions seriez seraient	sois soyons soyez	sois sois soit soyons soyez soient	fus fus fut fûmes fûtes furent	fusse fusses fût fussions fussiez fussent
faire (to do, make) fait faisant (avoir)	fais fais fait faisons faites font	faisais faisais faisait faisions faisiez faisaient	ferai feras fera ferons ferez feront	ferais ferais ferait ferions feriez feraient	fais faisons faites	fasse fasses fasse fassions fassiez fassent	fis fis fit fîmes fîtes firent	fisse fisses fît fissions fissiez fissent
fallor (to be necessary) fallu (avoir)	il faut	il fallait	il faudra	il faudrait		il faille	il fallut	il fallût

Infinitif et participes	Indicatif			Conditionnel	Impératif	Subjonctif		Temps littéraires	
	PRÉSENT	IMPARFAIT	FUTUR SIMPLE	PRÉSENT		PRÉSENT		PASSÉ SIMPLE	IMPARFAIT DU SUBJONCTIF
fuir *(to flee)*	fuis	fuyais	fuirai	fuirais		fuie		fuis	fuisse
	fuis	fuyais	fuiras	fuirais	fuis	fuies		fuis	fuisses
	fuit	fuyait	fuira	fuirait		fuie		fuit	fuît
fui	fuyons	fuyions	fuirons	fuirions	fuyons	fuyions		fuîmes	fuissions
fuyant	fuyez	fuyiez	fuirez	fuiriez	fuyez	fuyiez		fuîtes	fuissiez
(avoir)	fuient	fuyaient	fuiront	fuiraient		fuient		fuirent	fuissent
lire *(to read)*	lis	lisais	lirai	lirais		lise		lus	lusse
	lis	lisais	liras	lirais	lis	lises		lus	lusses
	lit	lisait	lira	lirait		lise		lut	lût
lu	lisons	lisions	lirons	lirions	lisons	lisions		lûmes	lussions
lisant	lisez	lisiez	lirez	liriez	lisez	lisiez		lûtes	lussiez
(avoir)	lisent	lisaient	liront	liraient		lisent		lurent	lussent
mettre *(to put)*	mets	mettais	mettrai	mettrais		mette		mis	misse
	mets	mettais	mettras	mettrais	mets	mettes		mis	misses
	met	mettait	mettra	mettrait		mette		mit	mît
mis	mettons	mettions	mettrons	mettrions	mettons	mettions		mîmes	missions
mettant	mettez	mettiez	mettrez	mettriez	mettez	mettiez		mîtes	missiez
(avoir)	mettent	mettaient	mettront	mettraient		mettent		mirent	missent
mourir *(to die)*	meurs	mourais	mourrai	mourrais		meure		mourus	mourusse
	meurs	mourais	mourras	mourrais	meurs	meures		mourus	mourusses
	meurt	mourait	mourra	mourrait		meure		mourut	mourût
mort	mourons	mourions	mourrons	mourrions	mourons	mourions		mourûmes	mourussions
mourant	mourez	mouriez	mourrez	mourriez	mourez	mouriez		mourûtes	mourussiez
(être)	meurent	mouraient	mourront	mourraient		meurent		moururent	mourussent
ouvrir *(to open)*	ouvre	ouvrais	ouvrirai	ouvrirais		ouvre		ouvris	ouvrisse
	ouvres	ouvrais	ouvriras	ouvrirais	ouvre	ouvres		ouvris	ouvrisses
	ouvre	ouvrait	ouvrira	ouvrirait		ouvre		ouvrit	ouvrît
ouvert	ouvrons	ouvrions	ouvrirons	ouvririons	ouvrons	ouvrions		ouvrîmes	ouvrissions
ouvrant	ouvrez	ouvriez	ouvrirez	ouvririez	ouvrez	ouvriez		ouvrîtes	ouvrissiez
(avoir)	ouvrent	ouvraient	ouvriront	ouvriraient		ouvrent		ouvrirent	ouvrissent
partir *(to leave)*	pars	partais	partirai	partirais		parte		partis	partisse
	pars	partais	partiras	partirais	pars	partes		partis	partisses
	part	partait	partira	partirait		parte		partit	partît
parti	partons	partions	partirons	partirions	partons	partions		partîmes	partissions
partant	partez	partiez	partirez	partiriez	partez	partiez		partîtes	partissiez
(être)	partent	partaient	partiront	partiraient		partent		partirent	partissent
plaire *(to please)*	plais	plaisais	plairai	plairais		plaise		plus	plusse
	plais	plaisais	plairas	plairais	plais	plaises		plus	plusses
	plaît	plaisait	plaira	plairait		plaise		plut	plût
plu	plaisons	plaisions	plairons	plairions	plaisons	plaisions		plûmes	plussions
plaisant	plaisez	plaisiez	plairez	plairiez	plaisez	plaisiez		plûtes	plussiez
(avoir)	plaisent	plaisaient	plairont	plairaient		plaisent		plurent	plussent

French verb conjugation table. The model forms shown at the top (il pleut, il pleuvait, il pleuvra, il pleuvrait, il pleuve, il plut, il plût) correspond to the impersonal verb **pleuvoir**.

Infinitive / participles	Présent (il pleut)	Imparfait (il pleuvait)	Futur (il pleuvra)	Conditionnel (il pleuvrait)	Impératif	Subjonctif (il pleuve)	Passé simple (il plut)	Subjonctif imparfait (il plût)
pleuvoir *(to rain)* — plu, pleuvant (avoir)	il pleut	il pleuvait	il pleuvra	il pleuvrait		il pleuve	il plut	il plût
pouvoir *(to be able)* — pu, pouvant (avoir)	peux, puis / peux / peut / pouvons / pouvez / peuvent	pouvais / pouvais / pouvait / pouvions / pouviez / pouvaient	pourrai / pourras / pourra / pourrons / pourrez / pourront	pourrais / pourrais / pourrait / pourrions / pourriez / pourraient		puisse / puisses / puisse / puissions / puissiez / puissent	pus / pus / put / pûmes / pûtes / purent	pusse / pusses / pût / pussions / pussiez / pussent
prendre *(to take)* — pris, prenant (avoir)	prends / prends / prend / prenons / prenez / prennent	prenais / prenais / prenait / prenions / preniez / prenaient	prendrai / prendras / prendra / prendrons / prendrez / prendront	prendrais / prendrais / prendrait / prendrions / prendriez / prendraient	prends / prenons / prenez	prenne / prennes / prenne / prenions / preniez / prennent	pris / pris / prit / prîmes / prîtes / prirent	prisse / prisses / prît / prissions / prissiez / prissent
recevoir *(to receive)* — reçu, recevant (avoir)	reçois / reçois / reçoit / recevons / recevez / reçoivent	recevais / recevais / recevait / recevions / receviez / recevaient	recevrai / recevras / recevra / recevrons / recevrez / recevront	recevrais / recevrais / recevrait / recevrions / receviez / recevraient	reçois / recevons / recevez	reçoive / reçoives / reçoive / recevions / receviez / reçoivent	reçus / reçus / reçut / reçûmes / reçûtes / reçurent	reçusse / reçusses / reçût / reçussions / reçussiez / reçussent
résoudre *(to resolve, to solve)* — résolu, résolvant (avoir)	résous / résous / résout / résolvons / résolvez / résolvent	résolvais / résolvais / résolvait / résolvions / résolviez / résolvaient	résoudrai / résoudras / résoudra / résoudrons / résoudrez / résoudront	résoudrais / résoudrais / résoudrait / résoudrions / résoudriez / résoudraient	résous / résolvons / résolvez	résolve / résolves / résolve / résolvions / résolviez / résolvent	résolus / résolus / résolut / résolûmes / résolûtes / résolurent	résolusse / résolusses / résolût / résolussions / résolussiez / résolussent
rire *(to laugh)* — ri, riant (avoir)	ris / ris / rit / rions / riez / rient	riais / riais / riait / riions / riiez / riaient	rirai / riras / rira / rirons / rirez / riront	rirais / rirais / rirait / ririons / ririez / riraient	ris / rions / riez	rie / ries / rie / riions / riiez / rient	ris / ris / rit / rîmes / rîtes / rirent	risse / risses / rît / rissions / rissiez / rissent
savoir *(to know)* — su, sachant (avoir)	sais / sais / sait / savons / savez / savent	savais / savais / savait / savions / saviez / savaient	saurai / sauras / saura / saurons / saurez / sauront	saurais / saurais / saurait / saurions / sauriez / sauraient	sache / sachons / sachez	sache / saches / sache / sachions / sachiez / sachent	sus / sus / sut / sûmes / sûtes / surent	susse / susses / sût / sussions / sussiez / sussent
suivre *(to follow)* — suivi, suivant (avoir)	suis / suis / suit / suivons / suivez / suivent	suivais / suivais / suivait / suivions / suiviez / suivaient	suivrai / suivras / suivra / suivrons / suivrez / suivront	suivrais / suivrais / suivrait / suivrions / suivriez / suivraient	suis / suivons / suivez	suive / suives / suive / suivions / suiviez / suivent	suivis / suivis / suivit / suivîmes / suivîtes / suivirent	suivisse / suivisses / suivît / suivissions / suivissiez / suivissent

Infinitif et participes	Indicatif PRÉSENT	IMPARFAIT	FUTUR SIMPLE	Conditionnel PRÉSENT	Impératif	Subjonctif PRÉSENT	Temps littéraires PASSÉ SIMPLE	IMPARFAIT DU SUBJONCTIF
tenir (*to hold, keep*)	tiens	tenais	tiendrai	tiendrais		tienne	tins	tinsse
	tiens	tenais	tiendras	tiendrais	tiens	tiennes	tins	tinsses
	tient	tenait	tiendra	tiendrait		tienne	tint	tînt
tenu	tenons	tenions	tiendrons	tiendrions	tenons	tenions	tînmes	tinssions
tenant	tenez	teniez	tiendrez	tiendriez	tenez	teniez	tîntes	tinssiez
(avoir)	tiennent	tenaient	tiendront	tiendraient		tiennent	tinrent	tinssent
vaincre (*to beat*)	vaincs	vainquais	vaincrai	vaincrais		vainque	vainquis	vainquisse
	vaincs	vainquais	vaincras	vaincrais	vaincs	vainques	vainquis	vainquisses
	vainc	vainquait	vaincra	vaincrait		vainque	vainquit	vainquît
vaincu	vainquons	vainquions	vaincrons	vaincrions	vainquons	vainquions	vainquîmes	vainquissions
vainquant	vainquez	vainquiez	vaincrez	vaincriez	vainquez	vainquiez	vainquîtes	vainquissiez
(avoir)	vainquent	vainquaient	vaincront	vaincraient		vainquent	vainquirent	vainquissent
valoir (*to be worth*)	vaux	valais	vaudrai	vaudrais		vaille	valus	valusse
	vaux	valais	vaudras	vaudrais	vaux	vailles	valus	valusses
	vaut	valait	vaudra	vaudrait		vaille	valut	valût
valu	valons	valions	vaudrons	vaudrions	valons	valions	valûmes	valussions
valant	valez	valiez	vaudrez	vaudriez	valez	valiez	valûtes	valussiez
(avoir)	valent	valaient	vaudront	vaudraient		vaillent	valurent	valussent
venir (*to come*)	viens	venais	viendrai	viendrais		vienne	vins	vinsse
	viens	venais	viendras	viendrais	viens	viennes	vins	vinsses
	vient	venait	viendra	viendrait		vienne	vint	vînt
venu	venons	venions	viendrons	viendrions	venons	venions	vînmes	vinssions
venant	venez	veniez	viendrez	viendriez	venez	veniez	vîntes	vinssiez
(être)	viennent	venaient	viendront	viendraient		viennent	vinrent	vinssent
vivre (*to live*)	vis	vivais	vivrai	vivrais		vive	vécus	vécusse
	vis	vivais	vivras	vivrais	vis	vives	vécus	vécusses
	vit	vivait	vivra	vivrait		vive	vécut	vécût
vécu	vivons	vivions	vivrons	vivrions	vivons	vivions	vécûmes	vécussions
vivant	vivez	viviez	vivrez	vivriez	vivez	viviez	vécûtes	vécussiez
(avoir)	vivent	vivaient	vivront	vivraient		vivent	vécurent	vécussent
voir (*to see*)	vois	voyais	verrai	verrais		voie	vis	visse
	vois	voyais	verras	verrais	vois	voies	vis	visses
	voit	voyait	verra	verrait		voie	vit	vît
vu	voyons	voyions	verrons	verrions	voyons	voyions	vîmes	vissions
voyant	voyez	voyiez	verrez	verriez	voyez	voyiez	vîtes	vissiez
(avoir)	voient	voyaient	verront	verraient		voient	virent	vissent
vouloir (*to wish, want*)	veux	voulais	voudrai	voudrais		veuille	voulus	voulusse
	veux	voulais	voudras	voudrais		veuilles	voulus	voulusses
	veut	voulait	voudra	voudrait		veuille	voulut	voulût
voulu	voulons	voulions	voudrons	voudrions		voulions	voulûmes	voulussions
voulant	voulez	vouliez	voudrez	voudriez	veuillez	vouliez	voulûtes	voulussiez
(avoir)	veulent	voulaient	voudront	voudraient		veuillent	voulurent	voulussent

Vocabulaire français-anglais

This vocabulary contains French words and expressions used in this book, with contextual meanings. Exact cognates and other easily recognizable words are not included. An asterisk (*) indicates words beginning with an aspirate **h.**

Abbreviations

adj. adjective
adv. adverb
conj. conjunction
excl. exclamation
f. feminine
fam. familiar
Gram. grammar term
intr. intransitive
inv. invariable
m. masculine
pl. plural
p. p. past participle
prep. preposition
pron. pronoun
rel. relative
trans. transitive

abandon: laisser à l'abandon to neglect
abandonner to give up, to abandon
abolir to abolish
l'abonnement (*m.*) subscription
s'abonner to subscribe
abord (*m.*) **: d'abord** first, at first, to start with, first of all
l'abordage (*m.*) attack
aborder to approach; to arrive at
abri: se mettre à l'abri to go under cover
l'abricot (*m.*) apricot
abrupt(e) *adj.* abrupt, brusque
absolu(e) *adj.* absolute
abstrait(e) *adj.* abstract
l'absurde (*m.*) absurd
académique *adj.* academic
l'accent (*m.*) accent; emphasis
accentué(e) *adj.* accentuated, stressed
accepter to accept
l'accessoire (*m.*) accessory
accompagner to accompany
accomplir to accomplish
s'accomplir to be realized

l'accord (*m.*) agreement; **d'accord** all right; **se mettre d'accord** to reconcile; to come to an agreement
s'accorder to agree
accueillir to welcome, to greet
s'accumuler to accumulate
l'achat (*m.*) purchase
acheter to buy; **acheter d'occasion** to buy used/secondhand
l'acheteur (-teuse) buyer, purchaser
achever to finish
acquérir to acquire
l'acquisition (*f.*) purchase
l'acte (*m.*) act
l'acteur (-trice) actor (actress)
actif (-ive) *adj.* active
l'activité (*f.*) activity
l'actualité (*f.*) current events, news
actuel(le) *adj.* present, of the present time
actuellement *adv.* now, at the present time
adapté(e) *adj.* adapted
l'addition (*f.*) bill (*in a restaurant*)
l'adhérent(e) member
adhésif: le ruban adhésif adhesive tape
l'adhésion (*f.*) support
l'adjectif (*m.*) adjective;
adjectival(e) *adj.* adjectival
admirer to admire; to marvel at
adopter to take up
adorer to adore; to worship
adoucir to soften
l'adresse (*f.*) address
s'adresser à to speak to; to appeal to
l'adulte (*m., f.*) adult
l'adverbe (*m.*) adverb
adverbial(e) *adj.* adverbial
l'adversaire (*m., f.*) opponent, adversary

aérien(ne) *adj.*: **compagnie aérienne** airline;
l'aérobique (*f.*) aerobics; **faire de l'aérobique** to do aerobics
l'aéroport (*m.*) airport
l'affaire (*f.*) affair, matter; **les affaires** (*pl.*) belongings
l'affiche (*f.*) poster
afficher to display
affirmatif (-ive) *adj.* affirmative
affirmer to affirm, to assert
l'affluence (*f.*) crowds
affreux (-euse) *adj.* dreadful
afin: afin de *prep.* to, in order to; **afin que** *conj.* so, so that
africain(e) *adj.* African; **l'Africain(e)** African
l'Afrique (*f.*) Africa
l'âge (*m.*) age; years; epoch; **le Moyen Age** the Middle Ages
âgé(e) *adj.* aged, old, elderly
l'agence (*f.*) agency, bureau; **l'agence immobilière** real-estate agent's office
l'agent(e) agent; **l'agent de police** police officer; **l'agent de voyage** travel agent
l'agglomération (*f.*) built-up area, metropolitan area
s'agir de to be a question of
l'agneau (*m.*) lamb
agnostique *adj.* agnostic
l'agrafeuse (*f.*) stapler
agrandi(e) *adj.* enlarged, widened
agressif (-ive) *adj.* aggressive
agricole *adj.* agricultural
l'aide (*f.*) help, relief, assistance; **venir en aide à** to lend assistance to
aider to help
l'aigrette (*f.*) feather; egret
l'ail (*m.*) garlic
ailleurs *adv.* elsewhere; **d'ailleurs** besides; **nulle part ailleurs** nowhere else

aimable *adj.* likeable, friendly

aimer to like, to love; **aimer bien** to be fond of; **aimer le mieux** to like best **aimer mieux** to prefer

aîné(e) *adj.* older

ainsi *adv.* thus, so; **ainsi que** *conj.* in the same way (as), as well as

l'air (*m.*) air; **avoir l'air de** to look like; **au grand air** out of doors; **en plein air** in the open air

l'aire (*f.*) area, zone

l'aise (*f.*): **être à l'aise** to be at ease; **être à son aise** to be well off

ajouter to add

l'album (*m.*) record album, scrapbook

l'alcool (*m.*) alcohol

alcoolisé(e): **les boissons alcoolisées** alcoholic drinks

l'Algérie (*f.*) Algeria

l'Algérien(ne) Algerian

l'aliment (*m.*) food

alimentaire: les habitudes alimentaires eating habits

alléger to lighten; to alleviate

l'Allemagne (*f.*) Germany

allemand(e) *adj.* German; **l'Allemand(e)** German

aller to go; **aller à bicyclette** to ride a bike; **aller à la campagne** to go to the country; **aller à la chasse** to go hunting; **aller à la messe** to go to mass; **aller à la montagne** to go to the mountains; **aller à la plage** to go to the beach; **aller à la synagogue** to go to synagogue; **aller à pied** to walk; **aller au bord de la mer** to go to the seashore; **aller au marché** to go to market; **aller au temple** to go to church; **aller en autobus** to go by bus; **aller en cours** to go to class; **aller en ville** to go downtown; to go to town; **aller en voiture** to drive; **s'en aller** to go away

allongé(e) : **être allongé(e)** to be stretched out

allumer to light; to turn on

alors *adv.* then, in that case; **alors que** *conj.* while; whereas

les Alpes (*f. pl.*) the Alps

alpin(e) *adj.* **alpine,** of the Alps

l'alpinisme (*m.*) mountain climbing

l'alpiniste (*m., f.*) mountaineer

alternance: en alternance (avec) in alternation (with)

l'amateur (*m.*) connoisseur, amateur; **être amateur de** to be fond of

l'ambiance (*f.*) atmosphere, surroundings

ambitieux (-euse) *adj.* ambitious

l'âme (*f.*): **l'état d'âme** (*m.*) state of mind

améliorer to improve

l'amendement (*m.*) amendment

amener to bring

amer (-ère) *adj.* bitter

américain(e) *adj.* American; **l'Américain(e)** American

l'Amérique (*f.*) America

l'ami(e) friend; **le/la petit(e) ami(e)** (*fam.*) boyfriend/girlfriend

amical(e) *adj.* friendly

l'amitié (*f.*) friendship

amortir to soften; to muffle; to dull

l'amour (*m.*) love

amoureux (-euse) *adj.* in love; **tomber amoureux (-euse) (de)** to fall in love (with)

l'amphi (amphithéâtre) (*m.*) large lecture hall; **le cours en amphi** large lecture class

amusant(e) *adj.* funny, amusing

l'amuse-gueule (*m.*) appetizer, snack

amuser to amuse; **s'amuser** to have a good time, have fun

l'an (*m.*) year; **le nouvel an** New Year's Day

analphabète *adj.* illiterate

analyser to analyse

l'ananas (*m.*) pineapple

l'ancêtre (*m., f.*) ancestor

l'anchois (*m.*) anchovy

ancien(ne) *adj.* old, antique; former

l'ange (*m.*) angel; **l'ange gardien** guardian angel

anglais(e) *adj.* English

l'Angleterre (*f.*) England

l'angoisse (*f.*) anguish, distress

angoissé(e) *adj.* anguished, distressed

anicroche (*f.*): **sans anicroches** *adv.* smoothly, without a hitch

animé(e) *adj.* animated; **le dessin animé** cartoon

l'année (*f.*) year, period of twelve months

l'anniversaire (*m.*) anniversary; birthday

l'annonce (*f.*) announcement

annoncer to announce

antérieur(e) *adj.* anterior, previous, earlier; **le futur antérieur** (*Gram.*) future perfect

l'anthropologie (*f.*) anthropology

l'anthropologue (*m., f.*) anthropologist

antigang: la brigade antigang police commando squad

l'Antillais(e) West Indian

l'antiquité (*f.*) antiquity

l'août (*m.*) August

apaiser to pacify, to placate

apercevoir to perceive, notice; **s'apercevoir de** to become aware of

l'apéritif (*m.*) before-dinner drink

aplatir to flatten; to smooth down

apolitique *adj.* apolitical

l'appareil (*m.*) apparatus; **l'appareil de radio** radio

l'appareil-photo (*m.*) camera

apparemment *adv.* apparently

l'appartement (*m.*) apartment

appartenir à to belong to

appel (*m.*): **faire appel à** to call on

appeler to call; **s'appeler** to be named

l'appendice (*m.*) appendix

s'appliquer à to work hard at; to be applied to

apporter to bring; to furnish

apprécier to appreciate; to value

apprendre to learn; **apprendre à** to learn how to

l'apprenti(e) apprentice

approuvé(e) *adj.* approved

l'appui (*m.*) support

après *prep.* after; **après coup** when a thing is done, too late; **après que** *conj.* after; when; **d'après** according to

l'après-midi (*m., f.*) afternoon

l'aquarelle (*f.*) watercolor

l'arabe (*m.*) Arabic; **l'Arabe** (*m., f.*) Arab

l'arbitre (*m.*) arbiter, referee

l'arbre (*m.*) tree

l'arbuste (*m.*) small shrub, bush

l'arc-en-ciel (*m.*) rainbow

l'architecte (*m.*) architect

l'arène (*f.*) arena

l'argent (*m.*) silver; money; **l'argent de poche** spending money

l'**arme** (*f.*) weapon
l'**armée** (*f.*) army
l'**armoire** (*f.*) cupboard; closet
l'**arôme** (*m.*) aroma
arranger to arrange
l'**arrêt** (*m.*) stop; l'**arrêt d'autobus** bus stop
arrêter to stop; **s'arrêter aux feux** to stop at the traffic lights; **s'arrêter de** to stop
l'**arrière** (*m.*) back, rear; **en arrière** *prep.* behind
l'**arrivée** (*f.*) arrival
arriver to arrive, come; to happen; **arriver à** to manage to; to succeed in
arrondi(e) *adj.* rounded
l'**arrondissement** (*m.*) district
arroser to wet; to sprinkle
l'**artichaut** (*m.*) artichoke
l'**artisan** (*m.*) artisan, craftsperson
l'**artisanat** (*m.*) group of craftspersons; **faire de l'artisanat d'art** to do crafts
l'**artiste** (*m.*, *f.*) artist
artistique *adj.* artistic
l'**Asie** (*f.*) Asia
l'**asile** (*m.*) asylum
aspiré(e) *adj.* aspirated
l'**assemblée** (*f.*) assembly; l'**Assemblée Nationale** the French National Assembly
asseoir to seat; **s'asseoir** to sit down
assez *adv.* enough; rather
assiégé(e) *adj.* besieged
l'**assiette** (*f.*) plate
assis(e) *adj.* seated
assister à to attend
assuré(e) *adj.* assured
astucieux (-euse) *adj.* shrewd; astute
l'**atelier** (*m.*) workshop, studio
l'**Atlantique** (*m.*) the Atlantic Ocean
attaquer to attack
atteindre to reach; to attain
attendant waiting; **en attendant que** *conj.* until
attendre to wait for; **s'attendre à** to expect to
l'**attention** (*f.*) attention, notice, heed; **attention!** watch out! **faire attention à** to pay attention to; to mind
attentivement *adv.* attentively
attirer to attract; to draw
attraper to catch
attrayant(e) *adj.* attractive
l'**aubaine** (*f.*) godsend; windfall
l'**aube** (*f.*) dawn

l'**auberge** (*f.*) inn; l'**auberge de jeunesse** youth hostel
aucun(e) *adj. pron.* none; no one, not one, not any; anyone; any
aucunement *adv.* not at all, not in the least
au-delà *adv.* beyond
l'**augmentation** (*f.*) increase; l'**augmentation de salaire** raise
augmenter to increase; to augment; to raise the salary of
aujourd'hui *adv.* today
auprès de *prep.* next to, close to, by
auquel (à laquelle) *rel. pron.* to what, to which
aussi *adv.* as; also; consequently; **aussi bien** just as well
aussitôt *adv.* immediately; **aussitôt que** *conj.* as soon as
l'**Australie** (*f.*) Australia
autant *adv.* as much, so much, as many, so many; **autant de** as many . . . as; **autant que** *conj.* as much as, as many as
l'**auteur** (*m.*) author; perpetrator
l'**autobus** (*m.*) bus; **prendre l'autobus** to take the bus
automatique *adj.* automatic; **le distributeur automatique** vending machine
l'**automne** (*m.*) autumn
l'**automobiliste** (*m.*, *f.*) motorist
l'**autorisation** (*f.*) permission, authorization
l'**autorité** (*f.*) authority
l'**autoroute** (*f.*) freeway
l'**auto-stop** (*m.*) hitchhiking; **faire de l'auto-stop** to hitchhike
autour de *prep.* around
autre *adj. pron.* other; another; l'**autre** (*m.*, *f.*) the other; **les autres** the others, the rest
autrefois *adv.* formerly; in the past
l'**Autriche** (*f.*) Austria
l'**auxiliaire** (*m.*, *Gram.*) auxiliary (helping) verb
l'**avance** (*f.*) that which is in front; **à l'avance** beforehand; **d'avance** in advance; **en avance** early, ahead of schedule
avancé(e) *adj.* advanced
avant *adv.* before (*time*); **avant** *prep.* before, in advance of; **avant de** *prep.* before; **avant que** *conj.* before

l'**avantage** (*m.*) advantage, benefit
avant-dernier (-ière) *adj.* next to the last, penultimate
avant-hier *adv.* the day before yesterday
l'**avenir** (*m.*) future; posterity; **à l'avenir** in the future, henceforth
l'**aventure** (*f.*) adventure
aveugle *adj.* blind; **aveuglement** *adv.* blindly
l'**avion** (*m.*) airplane; **en avion** by plane
l'**avis** (*m.*) opinion, way of thinking; **à son avis** in his/her opinion
l'**avocat(e)** lawyer
avoir to have; **avoir (20) ans** to be (20) years old; **avoir beau** (+*inf.*) to do (something) in vain; **avoir besoin** to need; **avoir confiance** to have confidence; **avoir cours** to have (a) class; **avoir coutume de** to be in the habit of; **avoir de la chance** to be lucky, **avoir de la peine** to have a problem, trouble; **avoir des ennuis** to have worries, problems; **avoir du courage** to be courageous; **avoir du succès** to be successful; **avoir envie de** to feel like; to want to; **avoir faim** to be hungry; **avoir grande influence** to have a great influence; **avoir honte** to be ashamed; **avoir l'air de** to look like; **avoir l'appui** to have the support; **avoir la priorité** to have the right of way; **avoir l'esprit borné (ouvert)** to be narrow-(open-) minded; **avoir le temps** to have the time; **avoir l'habitude** to have the custom, habit; **avoir lieu** to take place; **avoir l'intention** to have the intention; **avoir mal à la tête** to have a headache; **avoir peur** to be afraid; **avoir rendez-vous** to have a date (appointment); **avoir sommeil** to be sleepy; **avoir tendance à** to have a tendency to; **avoir toute liberté** to be completely free; **avoir un goût de** to taste like
l'**avortement** (*m.*) abortion
avouer to confess

l'avril (*m.*) April
l'azur (*m.*) azure, blue; la Côte d'Azur the Riviera

le bac *fam.* = le baccalauréat examination for university entrance
les bagages (*m. pl.*) luggage
la bague ring
la baguette stick; loaf of French bread; la baguette magique magic wand
baigner to bathe; se baigner to bathe oneself
le bain bath; le maillot de bain swimsuit; le bain à remous jacuzzi
le bal ball; dance
se balader to stroll about
le balai broom; la manche à balai broomstick
la balance scale
les Baléares (*f. pl.*) the Balearic Islands
la balle ball; bullet
la ballerine ballerina
le ballon ball
la banane banana
la bande tape; la bande dessinée cartoon; la bande sonore sound track
la banque bank
le(la) banquier (-ière) banker
la barbe beard
bas(se) *adj.* low; en bas at the bottom
baser sur to base on
basket: jouer au basket to play basketball
la bataille battle
le bateau boat; bâti(e) *adj.* built
le bâtiment building
bâtir to build
le bâton pole
battre to beat; se battre to fight
le bavardage chattering; gossip
bavarder to chat; to talk
BCBG *adj.* = bon chic bon genre preppy
beau (bel, belle, beaux, belles) *adj.* pretty; handsome; avoir beau to do in vain
beaucoup *adv.* much, many
la beauté beauty
les beaux-arts (*m. pl.*) fine art
le bébé baby
le bec beak
le beignet fritter
belge *adj.* Belgian
la Belle Epoque the first years of the twentieth century

la belle-mère mother-in-law; stepmother
la belle-sœur sister-in-law
bénévolement *adv.* voluntarily, for no pay
le(la) bénévole volunteer
le(la) berger (-ère) shepherd (shepherdess)
le besoin need; avoir besoin de to need
bête *adj.* silly; stupid
la bêtise foolishness; faire des bêtises to do silly things
le beurre butter
la bibliothèque library
la bicyclette bicycle; à bicyclette by bike
bien *adv.* well, quite; bien des a good many, many a; bien que *conj.* although; bien sûr of course; être bien dans sa peau to be at ease
le(la) bienfaiteur (-trice) benefactor
bientôt *adv.* soon
la bienveillance benevolence, goodwill
bienveillant *adj.* friendly, kind
bienvenu(e) *adj.* welcome
la bière beer
le bifteck steak
le bijou jewel
la bijouterie jewelry; jewelry making
bilingue *adj.* bilingual
le billet ticket
la biologie (*f.*) biology
bipartite *adj.* two-party
bizarre *adj.* strange
la blague joke; sans blague all kidding aside
blâmer to blame
blanc (blanche) *adj.* white; le blanc d'œuf egg white; passer une nuit blanche to have a sleepless night
le(la) blessé(e) wounded person
blesser to wound; se blesser to hurt oneself
bleu(e) *adj.* blue
blindé(e) *adj.* reinforced
blond(e) *adj.* blond; le/la blond(e) blond
le bocal jar, bottle
le bock glass of beer
le boeuf beef
boire to drink; boire à la santé de to drink to the health of; boire un coup to have a drink
le bois wood; forest
la boisson drink; les boissons alcoolisées (non-alcoolisées) alcoholic (non-alcoholic drinks)

la boîte box; can; la boîte de nuit nightclub
le bol bowl
bon(ne) *adj.* good; charitable; bon marché cheap; dans le bon vieux temps in the good old days; de bon goût in good taste; de bonne heure early; de bonne humeur in a good mood; en bon état in good order; en bonne santé in good health
le bonbon candy
le bonheur happiness
la bonne maid
la bonté kindness
le bord edge; le bord de la mer seashore, seaside
borné(e) *adj.* narrow, limited; avoir l'esprit borné(e) to be narrow-minded
le bosquet grove, copse
la botte boot
le bouc goat
la bouche mouth
la boucle buckle, ringlet; la boucle d'oreille earring
bouclé(e): les tresses bouclées curly hair
bouffer *fam.* to eat
la bouffonnerie clownishness, drollery
bouger to move
le bouillon broth
le(la) boulanger (-ère) baker
la boule ball
la boulimie bulimia; feast, feeding frenzy
la boum (*fam.*) party; faire une boum to throw a party
le bourg borough; market town
bourgeoise middle-class person
la bourgeoisie middle-class, bourgeoisie
la Bourgogne Burgundy
la bourse scholarship
bout: au bout du monde at the other side of the world
la bouteille bottle
la boutique shop
boxer to box; to be a boxer
le boxeur boxer
le bras arm
bref (brève) *adj.* short, brief
la Bretagne Brittany
breton(ne) *adj.* from Brittany
le bricolage tinkering about, puttering around
bricoler to putter around the house

le(la) **bricoleur (-euse)** do-it-your-selfer, putterer
brièvement *adv.* briefly
la **brigade antigang** police commando squad
briller to shine
britannique *adj.* from Great Britain
bronzé(e) *adj.* tanned
bronzer to tan
la **brosse** brush
brosser to brush; **se brosser** to brush
le **bruit** noise
brûler to burn
brun(e) *adj.* brown; dark-haired
Bruxelles Brussels
bruyamment *adv.* noisily
bruyant(e) *adj.* noisy
bu(e) *p.p. of* **boire** drunk
le **bûcheron** lumberjack, woodcutter
le **bureau** office; desk;
le **but** goal
la **butte** hill

ça *pron.* that; **ça va?** how's it going?; is that all right?
la **cabane** cabin, cottage
le **cabinet** agency; office; study
la **cacahouette** peanut
le **cacao** cocoa
cacher to hide
le **cadeau** present
le **cadre** executive; manager; context; surroundings
le **café** coffee; cafe; **faire une pause-café** to take a coffee-break
la **caféine** caffeine
la **cafetière** coffee pot
le **cahier** notebook; workbook
la **caisse** cashier's desk; **la caisse d'épargne** savings and loan bank
le **calcul** calculus
la **calculatrice** calculator
calculer to calculate
la **Californie** California
calme *adj.* calm; **du calme!** quiet down!
le(la) **camarade** friend; **le/la camarade de chambre** roommate; **le(la) camarade de classe** classmate
le **Cambodge** Cambodia
cambriolé(e) *adj.* robbed
la **caméra** movie camera
le **Cameroun** Cameroon
le **camion** truck
la **campagne** countryside, country; campaign; **aller à la**

campagne to go to the country
camper to camp out
camping: faire du camping to go camping
le **Canada** Canada
canadien(ne) *adj.* Canadian; **le/la Canadien(ne)** Canadian
le **canard** duck
le(la) **candidat(e)** candidate
la **canne: la canne à sucre** sugar cane
canoniser to canonize
cannelé(e) *adj.* fluted
le **canot** small boat, dinghy
la **cantatrice** singer
la **cantine** high school cafeteria
la **capacité** ability
capillaire *adj.* hair, for hair
capitaliste *adj.* capitalist
car *conj.* for, because
le **carnet** booklet; **le carnet de chèques** checkbook
le **carrefour** crossroad
la **carrière** career
le **cartable** school bag; satchel
la **carte** card; menu; map; **la carte de crédit** credit card; **la carte postale** postcard; **la carte routière** roadmap; **jouer aux cartes** to play cards
la **cartoucherie** cartridge factory
le **cas** case, instance; **en tout cas** in any case
casser to break; **se casser la jambe** to break one's leg
la **casserole** saucepan
le **cassoulet** bean casserole
le **castel** mansion, small castle
la **catégorie** category
la **cathédrale** cathedral
le **catholicisme** Catholicism
le **cauchemar** nightmare; **faire des cauchemars** to have nightmares
causatif (-ive) *adj.* (*Gram.*) causative
la **cause** cause; **à cause de** because of
causer to cause; to chat
la **cave** (wine) cellar
ce (cet, cette, ces) *pron.* this, that
ceci *pron.* this, that
céder to give up; to give away
cela *pron.* this, that
célèbre *adj.* famous
célébrer to celebrate
le **céleri** celery; **le céleri-rave** celery root, celeriac
célibataire *adj.* unmarried; **le(la) célibataire** unmarried person

celui (ceux, celle, celles) *pron.* the one, the ones, this one, that one, these, those
censé(e) *adj.* supposed; **être censé(e)** to be supposed to
censurée *adj.* censured
cent one hundred
centaine: une centaine de a hundred or so (of)
le **centre** center
cependant *adv.* in the meantime, meanwhile; *conj.* yet, still, however, nevertheless
la **céramique** ceramics
le **cercle** circle
la **cérémonie** ceremony
certain(e) *adj.* sure; particular; **certain(e)s** *pron.* certain ones
certainement *adv.* certainly
certes *adv.* certainly; admittedly
la **certitude** certainty
cesser to stop, cease
le **Ceylan** Ceylon
chacun(e) *pron.* each, each one, every one; **à chacun son goût** each to his own (taste)
la **chaîne-stéréo** stereo system
la **chaise** chair; **la chaise longue** lounging chair
le **chalet** summer cottage
la **chaleur** heat
la **chambre** bedroom; chamber; **le(la) camarade de chambre** roommate; **la musique de chambre** chamber music
le **champ** field
le **champignon** mushroom
le(la) **champion(ne)** champion
le **championnat** championship
la **chance** luck; **avoir de la chance** to be lucky; **pas de chance!** *excl.* no chance!, no way! **chanceux (-euse)** *adj.* lucky; fortunate
le **changement** change
changer to change
la **chanson** song; **le chanson-poème** poetry set to music
chanter to sing
le(la) **chanteur (-euse)** singer
le **chapeau** hat; **le coup de chapeau** raising of one's hat
la **chapelle** chapel
le **chapitre** chapter
chaque *adj.* each, every
la **charge** burden; responsibility
chargé(e) de *adj.* in charge of, responsible for
charmant(e) *adj.* charming
le **charme slave** Slavonic charm
la **chasse** hunting; **aller à la chasse** to go hunting

chasser to hunt
le(la) chat(te) cat
le château castle
le(la) châtelain(e) owner of a castle
chaud(e) *adj.* warm
le chauffage heating
la chaussée road, path
la chaussette sock
la chaussure shoe
chauvin(e) *adj.* fanatically patriotic
le chef leader; head; cook; **le chef d'état** head of state; **le chef d'orchestre** conductor
le chef-d'œuvre masterpiece
le chemin way; road; **en chemin** on the way; **se tromper de chemin** to lose one's way
la chemise shirt
le chemisier blouse
le chèque check; **le carnet de chèques** checkbook; **faire un chèque** to write a check
le chequier check; checkbook
cher (-ère) *adj.* dear; expensive; **coûter cher** to be expensive
chercher to look for, to seek
le cheval horse
le chevalier knight
les cheveux (*m. pl.*) hair
la cheville ankle; **se fouler la cheville** to sprain one's ankle
chez at, to, in (*the house, family or country of*); among, in the works of
le chic style
le(la) chien(ne) dog
le chiffre number
la chimie chemistry
la Chine China
chinois(e) *adj.* Chinese
le chocolat chocolate
choisir to choose
le choix choice; **de choix** choice, selected
le chômage unemployment; **au chômage** out of work
choquant(e) *adj.* shocking
le(la) chorégraphe choreographer
la chose thing; **autre chose** something else; **en toute chose** in everything; **quelque chose** something
chouette *adj.* neat, great
le(la) chronométreur (-trice) timekeeper
le cidre cider
le ciel sky
le ciné *fam.*=**le cinéma** movies, the flicks
le(la) cinéaste film producer

le cinéma movies; cinema; **le cinéma d'essai** experimental films
le cinématographe cinematographer
cinématographique *adj.* of film, cinema
cingler vers to make for (by boat, ship)
la circonstance circumstance; occurrence
la circulation traffic
les ciseaux (*m. pl.*) (pair of) scissors
la cité apartment complex; **la cité universitaire** campus, university area
citer to cite, quote
le(la) citoyen(ne) citizen
le civet stew
clair(e) *adj.* light-colored; clear, evident
clairement *adv.* clearly
la classe class; **la salle de classe** classroom
classer to classify
classique *adj.* classical
la clé (la clef) key; **le mot-clé** keyword
le(la) client(e) client
le climat climate
le clin wink; **en un clin d'œil** in the blink of an eye, in an instant
le clip (musical) cut
la cloche bell
le coca Coca-Cola
le coco coconut; **la noix de coco** coconut
le code de la route highway rules; **le code postal** zip code
le(la) coéquipier (-ière) fellow member of a team
le cœur heart; **savoir par cœur** to know by heart
le coffre chest, trunk, case
le coffret box; casket
la cohabitation living together
la coiffe headdress
se coiffer to fix (one's) hair
le(la) coiffeur (-euse) hairdresser
le coin corner
coincidence (*f.*): **par coincidence** coincidently
la colère anger
collé(e) *adj.* glued; flunked; **être collé(e) à un examen** to fail a test
collectif (-ive) *adj.* collective
collectionner to collect
le(la) collectionneur (-euse) collector

le(la) collègue colleague
le collier necklace
la colline hill
le colon colonist
la colonie colony
la colonisation colonization
colonisé(e) *adj.* colonized
la colonne column
le colosse colossus; giant
combattre to fight; **se combattre** to fight (each other)
combien (de) *adv.* how much; how many
la combinaison combination
la comédie comedy
le(la) comédien(ne) player; actor, actress; comedian
le comique comedian
commander to order
comme *adv.* as, like
le commencement beginning
commencer to begin
comment *adv.* how
le commentaire commentary
le commérage piece of gossip
le(la) commerçant(e) businessperson
le commerce business
le commissaire member of a commission;
commun(e) *adj.* ordinary, common, usual; popular; **en commun** in common
le communisme communism
communiste *adj.* communist
la compagnie company; **la compagnie aérienne** airline
le comparatif (*Gram.*) comparative
comparer to compare
le compas compass
compétent(e) *adj.* competent, qualified
le complément (*Gram.*) object
le complet suit (*clothing*)
complet (-ète) *adj.* complete; filled; **la farine complète** whole wheat flour
compléter to complete
le complexe complex
compliqué(e) *adj.* complicated
se comporter to behave
composé(e) *adj.* composed
composer to compose; to make up; **se composer de** to be composed of
le(la) compositeur (-trice) composer
compréhensif (-ive) *adj.* understanding
comprendre to understand; to comprise, include
compris(e) *adj.* included; **le service compris** tip included

le compte account; **le compte en banque** bank account; **se rendre compte de** to realize

compter to plan on; to intend; to count

se concerter to take counsel together

concilier to reconcile

le concombre cucumber

la concordance (*Gram.*) agreement

concrètement *adv.* in concrete terms

la concurrence competition

le(la) concurrent(e) competitor

le(la) condamné(e) condemned person

la condition condition; **à condition que** *conj.* provided that

le conditionnel (*Gram.*) conditional

le(la) conducteur (-trice) driver

conduire to drive; to take; to conduct; **le permis de conduire** driver's license

le cône (volcano) cone

la confection making; preparation; **confectionner** to make; to prepare

la conférence lecture; **donner une conférence** to give a lecture

le(la) conférencier (-ière) lecturer

la confiance confidence; **avoir confiance en** to have confidence in

confirmer to strengthen; to confirm

le(la) confiseur (-euse) confectioner

la confiture jam

le conflit conflict

conformiste *adj.* conformist

confortable *adj.* confortable

confus(e) *adj.* confused

confusément *adv.* confusedly, vaguely

le congé leave, vacation

le(la) congénère fellow; fellow creature

le congrès congress

la conjonction (*Gram.*) conjunction

conjuguer (*Gram.*) to conjugate; **se conjuguer** to be conjugated

la connaissance knowledge; acquaintance

le(la) connaisseur (-euse) expert

connaître to know; to be acquainted with

connu(e) *adj.* known

la conque conch shell

le conquérant conqueror

conquérir to conquer

la conquête conquest

conquis(e) *adj.* conquered

le conseil advice; **donner des conseils** to give a piece of advice

conseiller to advise; to counsel

le(la) conseiller (-ère) advisor, counselor;

conserver to conserve

considérer to consider

le(la) consommateur (-trice) consumer

la consommation consumption

la consonne consonant

constamment *adv.* constantly

la constatation observation; **faire une constatation** to write up a report

construire to construct, build

construit(e) *adj.* constructed

consulter to consult

conte: le conte de fées fairy tale

contemporain(e) *adj.* contemporary

contenant(e) *adj.* containing

contenir to contain

content(e) *adj.* happy, contented

se contenter de to be content with, satisfied with

continuer to continue

contracté(e) *adj.* (*Gram.*) shortened; **la forme contractée** contracted form

se contracter to be combined by elision

contraint(e) *adj.* constrained; forced

le contraire opposite

la contravention traffic ticket; minor violation

contre *prep.* against

contre-attaquer to counter-attack

contredire to contradict

la contrée land; region

contrôler to check, verify; to stamp

le(la) contrôleur (-euse) ticket collector

convaincre to convince

convenable *adj.* fitting, suitable

convenir to fit

se convertir to convert

coordonné(e) *adj.* coordinated

le(la) copain (copine) friend, pal

copier to copy

le cornichon gherkin, pickle

la Cornouaille Cornwall

le corps body

correspondre to correspond

corriger to correct

corrompre to corrupt; to bribe

corrompu(e) *p.p. of* **corrompre** corrupted

la Corse Corsica

costaud(e) *adj.* husky

le costume suit

la côte coast; **la Côte d'Azur** Riviera; **la Côte d'Ivoire** Ivory Coast

le côté side; **à côté de** *prep.* by, near, next to; **mettre de l'argent de côté** to save money

la côtelette cutlet; **la côtelette d'agneau** lamb chop

le coton cotton

le couchage bedding; **le sac de couchage** sleeping bag

la couche layer; diaper

le(la) couche-tard night owl

coucher to put to bed; **se coucher** to go to bed

coudre to sew

la couleur color

la couleuvre grass snake

le couloir corridor; passage

le coup blow; coup; **après coup** too late, after the event; **boire un coup** to have a drink; **le coup de chapeau** raising of one's hat; **le coup de fusil** gunshot; **le coup de pied** kick; **le coup de téléphone** phonecall; **le coup d'œil** glance; **tout d'un coup** at once, all at once **coupable** *adj.* guilty

la coupe trophy

couper to cut; to censor

la cour court

courageux (-euse) *adj.* courageous

le courant current, tide; course; **dans le courant de l'hiver** during the winter; **être au courant** to be up with; **se tenir au courant** to keep up with the news

courant(e) *adj.* current; regular

la courbe curve

le(la) coureur (-euse) runner; racer

courir to run

la couronne crown; wreath; circlet; ring

couronner to crown

le courrier mail

le cours course; **aller en cours** to go to class; **le cours en am-**

phi large lecture class; **sécher un cours** to cut class; **suivre des cours** to take classes

la **course** race, racing; running; **faire de la course** to participate in races

court(e) *adj.* short

courtois(e) *adj.* courtly; courteous

la **courtoisie** courtesy; chivalry

couru *p.p. of* **courir** ran

le(la) **cousin(e)** cousin

le **coût** cost; **le coût de la vie** cost of living

le **couteau** knife; **le couteau-scie** serrated knife

coûter to cost; **coûter cher** to be expensive

la **coutume** custom; **avoir coutume de** to be in the habit of

la **couture** sewing; seam; **la haute couture** high fashion

le(la) **couturier (-ière)** designer, dressmaker

couvert(e) *adj.* covered; **couvert(e) de** covered with

couvrir to cover

craindre to fear

la **crainte** fear; **de crainte de** *prep.* for fear of; **de crainte que** *conj.* for fear that

le **crayon** pencil

créateur (-trice) *adj.* creative

le **crédit** credit; **la carte de crédit** credit card; **faire crédit à** to give credit to

créer to create

la **crème** cream; **la crème fraîche** rather thick (sour) cream

le **créole** Creole (language)

la **Crète** Crete

crier to cry out; to shout

la **crise** crisis; **la crise économique** economic crisis, slump; **la crise financière** financial crisis

crisser to screech (tires)

la **critique** criticism, critique

le(la) **critique** critic, censor

croire to believe

le **croisement** crossing, intersection

la **croisière** cruise; **partir en croisière** to go on a cruise

le **croissant** crescent roll

le **croque-monsieur** *French ham and cheese sandwich*

croustillant(e) *adj.* crusty, crisp, crunchy

cru *p.p. of* **croire** believed

la **crypte** crypt

cueillir to pick; to gather

la **cuillère** spoon

la **cuillerée** spoonful

cuire to cook; **faire cuire** to cook

la **cuisine** cooking; kitchen; **faire la cuisine** to cook; **la haute cuisine** fine cooking; **le livre de cuisine** cookbook

le(la) **cuisinier (-ière)** cook

la **cuisinière** cookstove

la **cuisse** thigh; leg; **les cuisses de grenouille** frog legs

la **cuisson** cooking time; **la plaque de cuisson** hotplate

cuit(e) *adj.* cooked; **la terre cuite** pottery

le **cul** backside, rump; bottom; **le cul-de-poule** type of bowl

culminer to culminate

le **culot** base; **quel culot!** what nerve!

cultiver to cultivate; to devote oneself to; to study

la **culture** cultivation, farming; education, culture, breeding;

la **cure** course of treatment

curieux (-euse) *adj.* curious

cyclable *adj.* for cycling; **la piste cyclable** bike path

le **cyclisme** cycling

le(la) **cycliste** bicycle rider; **la course cycliste** bike race

d'abord at first

le **dadaïsme** Dada school (*art*)

la **dame** lady

les **dames** checkers; **jouer aux dames** to play checkers

le **Danemark** Denmark

dans *prep.* within, in

la **danse** dance, dancing; **la danse classique** ballet

danser to dance

le(la) **danseur (-euse)** dancer; **le/la danseur (-euse) étoile** lead dancer

davantage *adv.* more

débauché(e) *adj.* debauched

déborder to overrun

déboucher to empty into

debout *adv.* standing

débrouiller to disentangle; **se débrouiller** to manage

le **début** beginning; **au début** in the beginning

décemment *adv.* decently

décidément *adv.* indeed; undoubtedly

décider de to decide to; **se décider à** to make up one's mind to

décisif (-ive) *adj.* decisive

la **décision** decision; **prendre une décision** to make a decision

déclaratif (-ive) *adj.* declaratory

le **décollage** unsticking; loss of stickiness

décollé(e): les oreilles décollées protruding ears

déconnecter to disconnect

déconseiller to dissuade; to advise somebody against

se **décontracter** to relax

décoré(e) *adj.* decorated

les **décors** (*m. pl.*) scenery, stage effects

découpé(e) *adj.* cut out

la **découverte** discovery

découvrir to discover

décrire to describe

déçu(e) *adj.* disappointed

dedans *adv.* inside; indoors

la **défaite** defeat

le **défaut** flaw, defect

défendre to defend; **se défendre** to defend oneself

défini(e) *adj.* definite

définir to define

définitif (-ive) *adj.* definitive, final

déformé(e) *adj.* deformed, distorted, twisted

défrisagé(e) *adj.* uncurled; straightened (hair)

le **degré** degree

la **dégustation** tasting (*of wines, etc.*)

dehors *adv.* out of doors, outside

déjà *adv.* already

déjeuner to lunch

le **déjeuner** lunch; **le petit déjeuner** breakfast

delà: au delà de *prep.* beyond

délicat(e) *adj.* delicate; tricky

délicieux (-euse) *adj.* delicious

délirante *adj.* extraordinary; wild

délit: le délit de fuite failure to report an accident

demain *adv.* tomorrow

demander to ask; **se demander** to wonder

déménager to move

demi(e) *adj.* half

la **demi-heure** half-hour

le(la) **démocrate** democrat

démodé(e) *adj.* out of style

la **demoiselle** young lady, damsel

démonstratif (-ive) *adj.* demonstrative

démontrer to demonstrate

le **dénouement** ending, unraveling

dénouer to unravel the plot
la **dent** tooth
　dentelé(e) *adj.* jagged; perforated
le **départ** departure
le **département** division or section of country
　dépasser to pass (*a car*); to exceed
　dépêcher to send quickly; **se dépêcher de** to hurry
　dépeindre to depict
　dépendre (de) to depend (on)
la **dépense** expense
　dépenser to spend
　dépensier (-ière) *adj.* spendthrift
se **déplacer** to go from one place to another; to travel; to get around
　déposer to deposit
　déprimé(e) *adj.* depressed
　depuis *prep.* since; **depuis combien de temps?** how long?; **depuis longtemps** for a long time; **depuis peu** lately; **depuis quand?** how long?
le(la) **député(e)** delegate
　déranger to disturb
le **dérivé** derivative
　dernier (-ière) *adj.* last
　dernièrement *adv.* recently, lately
se **dérouler** to take place
　derrière *prep.* behind
　dès *prep.* from, since; **dès que** *conj.* as soon as
le **désarmement** disarmament
　désavouer to disown; to repudiate
　descendre (*intr.*) to go down; (*trans.*) to take down;
se **désengager** to disengage
　désert(e) *adj.* deserted
　désespéré(e) *adj.* hopeless, desperate
le **désespoir** despair, hopelessness
les **déshérités** (*m., f., pl.*) the deprived
　désigner to designate
le **désir** desire
　désirer to desire
　désolé(e) *adj.* very sorry
le **désordre** disorder, confusion
le **dessin** drawing; **le dessin animé** cartoon; **le dessin humoristique** (newspaper) cartoon
le(la) **dessinateur (-trice)** designer
　dessiné(e) *adj.* designed
　dessiner to draw; **dessiner à la plume** to draw with ink;

　dessiner au crayon to draw with pencil
　dessous *adv.* under, underneath; **ci-dessous** below
　dessus *adv.* above
le **destin** destiny
　destiné(e) *adj.* destined
　détaillé(e) *adj.* detailed
se **détendre** to relax
　détenir to hold
　déterminé(e) *adj.* determined; decided
　déterminer to determine
　détester to detest; to hate
　détruire to destroy
　détruit(e) *p.p. of* **détruire** destroyed
la **dette** debt
　deuxième *adj.* second
　devant *prep.* before, in front of
le **développement** development
　développer to spread out; to develop; **se développer** to expand; to develop
　devenir to become
　deviner to guess
la **devinette** riddle
la **devise** device
　devoir to be obliged to; to have to
le **devoir** duty; **les devoirs** (*pl.*) homework
　dévoré(e) *adj.* devoured
　diabolique *adj.* diabolical
le **diamant** diamond
le **diamètre** diameter
la **diapositive** slide (photographic)
　dicter to dictate
le **dictionnaire** dictionary
le **Dieu** God
　différent(e) *adj.* different, dissimilar; (*pl.*) various, diverse
　difficile *adj.* difficult
la **difficulté** difficulty
le **dimanche** Sunday
le **dindon** turkey
　dîner to dine; to have dinner
le **dîner** dinner
le **diplôme** diploma
　dire to tell; to say; to speak
　directement directly
le(la) **directeur (-trice)** director; head
le **directoire** board of directors; the Directory
　dirigé(e) *adj.* directed
　diriger to direct
le **discours** discourse; **le discours direct** (*Gram.*) direct discourse; **le discours indirect** (*Gram.*) indirect discourse
　discuter to discuss
la **diseuse** sayer, teller; **la diseuse**

　de bonne aventure fortune-teller
　disjoint(e) *adj.* disjunctive, stressed (*of a pronoun*)
　disparaître to disappear
　disperser to spread; to disperse
　disponible *adj.* available
se **disputer** to quarrel
le **disque** record
se **dissoudre** to dissolve, to be dissolved
　distinguer to distinguish
la **distraction** recreation; entertainment
se **distraire** to amuse oneself
　distributeur: le distributeur automatique vending machine
　divers(e) *adj.* diverse, varied
se **divertir** to amuse oneself
le **divertissement** entertainment; pastime
　divisé(e) *adj.* divided
se **diviser** to split up
　dixième *adj.* tenth
la **dizaine** about ten
le **docteur** doctor
le **documentaire** documentary
la **documentation** informational literature
le **doigt** finger
　domestique *adj.* domestic; **le/la domestique** servant
le **domicile** place of residence
les **dominos** dominoes; **jouer aux dominos** to play dominoes
le **dommage** damage; **c'est dommage** it's too bad
le **don** gift, donation
le(la) **donateur (-trice)** donor
　donc *conj.* then, therefore
　donner to give; **donner des conseils** to give a piece of advice; **donner des renseignements** to give information; **donner un coup de pied** to kick; **donner une conférence** to give a lecture; **se donner rendez-vous** to make an appointment
　dont *pron.* whose, of which, of whom, from whom, about which; **ce dont** that which
　dorer to brown
　dormir to sleep
le **dos** back; **le sac à dos** backpack
le **dossier** file, record
le(la) **douanier (-ière)** customs officer
　double: en double in twos, a copy
　doublé(e) *adj.* dubbed

doubler to double; to pass a vehicule; to dub
doucement *adv.* gently, softly; sweetly
douceur (*f.*): **en douceur** *adv.* smoothly
la douche shower (*in bathroom*); **prendre une douche** to take a shower
douée *adj.* talented; gifted; bright
la douille cartridge, socket
la douleur pain; **douleureux (-euse)** *adj.* painful
le doute doubt
douter to doubt
douteux (-euse) *adj.* doubtful, uncertain, dubious
doux (douce) *adj.* sweet, kindly, pleasant; soft, gentle
douze *adj.* twelve
dramatique *adj.* dramatic
le dramaturge playwright, dramatist
le drame drama
le drapeau flag
dresser to draw up
le droit law; right; fee
droit *adv.* straight on; **aller tout droit** to go straight ahead
droit(e) *adj.* straight
la droite right hand, right; **à droite** on the right
drôle *adj.* funny, amusing
le duc duke
la duchesse duchess
duquel (de laquelle) *rel. pron.* of which, of what
dur *adv.* hard; **le rock dur** hard rock music; **l'œuf** (*m.*) **dur** hard-boiled egg
dur(e) *adj.* hard, difficult
la durée duration
durer to last, continue; to endure; to last a long time

l'eau (*f.*) water; **la peinture à l'eau** water color; **l'eau minérale** mineral water; **l'eau potable** drinking water
ébranler to shake; to weaken
l'échafaud (*m.*) scaffold
l'échalote (*f.*) shallot
échanger to exchange
l'échantillon (*f.*) sample
s'échapper to escape
l'échec (*m.*) failure
les échecs (*m. pl.*) chess; **jouer aux échecs** to play chess
éclairer to light; to give light to
l'éclat (*m.*) brilliance

l'école (*f.*) school; **l'école maternelle** nursery school; **l'école primaire** grade school; **l'école privée** private school
écolier (-ière): l'humour (*m.*) **écolier** schoolboy humor
économe *adj.* thrifty, economical
l'économie (*f.*) economy
les économies (*f. pl.*) savings: **faire des économies** to save money
économique economic, economical; **la crise économique** slump
économiser to save
écouter to listen
l'écran (*m.*) screen, movie screen
écraser to run over; to squash; **s'écraser** to crush
écrémé(e) *adj.* skimmed; **le lait écrémé** skim milk
écrire to write
écrit(e) *adj.* written
l'écriture (*f.*) handwriting
l'écrivain (*m.*) writer
l'éditeur (-trice) publisher; editor
l'éducation (*f.*) education
effacé(e) *adj.* retiring, unassuming
effectuer to carry out; to bring about
l'effet (*m.*) effect, consequence, result
efficace *adj.* efficacious, effective, effectual
s'efforcer de to endeavor to; to strive to
égal(e) *adj.* equal; all the same; **cela m'est égal** that's fine with me
égaler to equal; to be equal to
l'égalité (*f.*) equality
égaré(e) *adj.* gone astray
l'église (*f.*) church
égoïste *adj.* selfish
l'Egypte (*f.*) Egypt
l'électeur (-trice) voter
électoral(e) *adj.* electoral
l'électricité (*f.*) electricity
électrique *adj.* electric
électronique *adj.* electronic
élégamment *adv.* elegantly
élevé(e) *adj.* high; raised
l'élève (*m., f.*) pupil, student
élever to raise, lift up; to erect
s'élider (*Gram.*) to cut off; to elide; to leave out
éliminer to eliminate
élire to elect
élu(e) *p.p. of* **élire** elected

emballé(e) *adj.* wrapped up
embêter to bore; to annoy; to worry
embrasser to kiss; to embrace; **s'embrasser** to embrace or kiss each other
embrouillé(e) *adj.* confused
l'émeraude (*f.*) emerald
émerveiller to amaze
émettre to emit, to give out
emmener to take (*someone somewhere*)
émotionnel(le) *adj.* emotional
émouvant(e) *adj.* moving, touching
l'emploi (*m.*) use; job
l'employé(e) employee
employer to use, to employ; **s'employer** to be used
l'employeur (-euse) employer
empocher to pocket
emporter to take (*something somewhere*)
l'emprunt (*m.*) loan
emprunter to borrow
ému(e) *adj.* moved, touched
en *prep.* in; to; within; into; at; like; in the form of; by
en *pron.* of him, of her, of it, of them; from him, by him, etc.; some of it; any
encombrant(e) *adj.* cumbersome
encore *adv.* again; still; **encore de** more
encourager to encourage
s'endetter to get into debt
endormi(e) *adj.* asleep
s'endormir to fall asleep
l'endroit (*m.*) place, spot
enduire to coat a surface with
l'énergie (*f.*) energy
l'enfance (*f.*) childhood
l'enfant (*m., f.*) child; **le petit-enfant** grandchild
enfin *adv.* finally, at last
enfoncer to drive in
s'enfuir to flee; to go off
s'engager dans to join
enlever to lift; to carry away; to kidnap
l'ennemi (*m.*) enemy
l'ennui (*m.*) trouble, worry; **avoir des ennuis** to have worries, problems
ennuyer to bother; to bore; **s'ennuyer** to be bored
ennuyeux (-euse) *adj.* boring
énorme *adj.* enormous
énormément *adv.* beyond measure, enormously
l'enquête (*f.*) inquiry, investigation; survey

enquêter to inquire into a matter; to conduct an inquiry
l'enregistrement recording
enregistrer to record
enrhumé(e): être enrhumé(e) to have a cold
s'enrichir to enrich oneself
enseigner to teach
ensemble *adv.* together
enseveli(e) *adj.* buried; shrouded; swallowed up
ensuite *adv.* next; then
s'entasser dans to pile into
entendre to hear; **entendre dire que** to hear it said that; **entendre parler de** to hear of or about; **s'entendre avec** to get along with
entendu(e) *p.p. of* **entendre** heard; understood; **sous-entendu(e)** *adj.* understood
l'enthousiasme (*m.*) enthusiasm
entier (-ière) *adj.* entire, whole, complete; **le lait entier** whole milk
entièrement *adv.* entirely
l'entonnoir (*m.*) funnel
l'entourage (*m.*) circle; friends; entourage
entourer to surround
l'entracte (*m.*) intermission
l'entraînement (*m.*) practice
s'entraîner to practice
l'entraîneur (*m.*) coach
entre *prep.* between, among; **entre nous** between ourselves
l'entrée (*f.*) entry, entrance
l'entreprise (*f.*) firm, concern; undertaking
enter (dans) to go in, enter
énumérer to enumerate, count
envahir to invade
envers *prep.* to; toward; in respect to
l'envie (*f.*) desire; **avoir envie de** to want; to feel like; **par envie de** out of the desire (to)
environ *adv.* about, approximately
les environs (*m. pl.*) neighborhood, surroundings; outskirts
envoyer to send
l'épaisseur (*f.*) thickness
l'épargne (*f.*) saving; **la caisse d'épargne** savings and loan bank
épatant(e) *adj.* splendid
l'épée (*f.*) sword
l'épicerie (*f.*) grocery store
les épinards (*m. pl.*) spinach
éplucher to peel
l'épopée (*f.*) epic

l'époque (*f.*) epoch, period, era; time; **à l'époque de** at the time of; **la Belle Epoque** the Edwardian Age
épouser to marry
l'épouvante (*f.*): **le film d'épouvante** horror film
l'épreuve (*f.*) test; trial; examination
épuiser to use up; to exhaust
l'équipe (*f.*) team
équipé(e) *adj.* equipped
l'équipement (*m.*) equipment; outfit
l'equitation (*f.*) horse-riding
l'érable (*m.*) maple; **le sirop d'érable** maple syrup
l'erreur (*f.*) error, mistake
erroné(e) *adj.* wrong
l'escalade (*f.*) climbing
escalader to climb
l'escalier (*m.*) stairs, stairway
l'escargot (*m.*) snail
l'espace (*m.*) space
l'Espagne (*f.*) Spain
l'espagnol (*m.*) Spanish (language)
les espèces (*f. pl.*) cash
l'espérance (*f.*) hope, expectation
espérer to hope
l'espoir (*m.*) hope
l'esprit (*m.*) mind, spirit; wit; **avoir l'esprit borné** to be narrow-minded; **avoir l'esprit ouvert** to be open-minded; **l'état d'esprit** (*m.*) state of mind
l'essai (*m.*) essay; **le cinéma d'essai** experimental films
essayer to try
l'essence (*f.*) gasoline
essentiel(le) *adj.* essential
essuyer to wipe
l'est (*m.*) east
esthétique *adj.* esthetic
estimer to value; to esteem
établir to establish; **s'établir dans** to settle in
l'établissement (*m.*) settlement, establishment
l'étage (*m.*) floor
l'étape (*f.*) stop; stopover point
l'état (*m.*) state; **le chef d'état** head of state; **l'état d'esprit** state of mind
les Etats-Unis (*m. pl.*) United States
l'été (*m.*) summer
été *p.p. of* **être** been
éteindre to put out; to turn off; **s'éteindre** to go out
étendre to spread out

l'étendue (*f.*) area; expanse
les ethnies (*f. pl.*) ethnic groups
l'étoile (*f.*) star; **le/la danseur (-euse) étoile** lead dancer
étonnant(e) *adj.* surprising
étonné(e) *adj.* astonished
l'étonnement (*m.*) astonishment
étourdi(e) *adj.* scatterbrained; absent-minded
étranger (-ère) *adj.* foreign; **l'étranger (-ère)** stranger, foreigner; **à l'étranger** abroad
être to be; **être à l'aise** to be comfortable; **être à la mode** to be in style; **être au chômage** to be unemployed; **être au courant** to be informed; **être bien dans sa peau** to be at ease; **être collé(e) à un examen** to fail a test; **être d'accord** to be in agreement; **être de bonne (mauvaise) humeur** to be in a good (bad) mood; **être debout** to be standing; **être en bonne (mauvaise) santé** to be in good (bad) health; **être en forme** to be in shape; **être en panne** to have a breakdown; **être en retard** to be late; **être en solde** to be on sale; **être en train de** to be in the process of; **être en vacances** to be on vacation; **être reçu(e) à un examen** to pass a test; **être son tour** to be one's turn
l'étude (*f.*) study; **faire des études** to study
l'étudiant(e) student
étudier to study
eu(e) *p.p. of* **avoir** had
l'Europe (*f.*) Europe
européen(ne) *adj.* European
évacuer to evacuate
s'évader to escape
l'événement (*m.*) event
éventuellement *adv.* possibly
l'évêque (*m.*) bishop
évidemment *adv.* evidently
évident(e) *adj.* obvious, clear
éviter to avoid
évocateur (-teuse) *adj.* evocative, suggestive (of)
exactement *adj.* exactly
exagérer to exaggerate
l'examen (*m.*) test, exam; **avoir du succès à un examen** to pass an exam; **être collé(e) à un examen** to fail a test; **être reçu(e) à un examen** to pass a test; **l'examen final** final

exam; **l'examen partiel** midterm exam; **passer un examen** to take a test; **préparer un examen** to study for a test; **rater un examen** to fail a test; **réussir à un examen** to pass a test

exceller to excel

excentrique *adj.* eccentric, odd

excessivement *adv.* excessively

l'excursion (*f.*) tour, excursion; trip

s'excuser to excuse oneself

exécuter to perform; to execute

l'exemplaire (*m.*) copy

l'exemple (*m.*) example

exercer to exercise; **s'exercer à** to practice

l'exercice (*m.*) exercise; **faire de l'exercice** to do exercises

exhorter to exhort, to urge

exiger to require; to demand

l'existence (*f.*) life, existence

l'existentialisme (*m.*) existentialism

exister to exist

exotique *adj.* exotic; foreign

expatrié(e) *adj.* expatriate

l'expérience (*f.*) experience; experiment

explétif (–ive) *adj.* (*Gram.*) expletive

l'explication (*f.*) explanation

expliquer to explain

l'explorateur (–trice) explorer

explorer to explore

l'exposé (*m.*) oral report

l'exposition (*f.*) exhibition, art show

exprimer to express

l'extase (*f.*) ecstasy

extérieur(e) *adj.* exterior

extra-fin(e) *adj.* extrafine, superfine

l'extrait (*m.*) extract; excerpt

extraordinaire *adj.* extraordinary

extrêmement *adv.* extremely

la fable fable, legend

la fabrication manufacture

fabriquer to manufacture

la Fac (Faculté) school of a university; **la Fac de Médecine** School of Medicine

la face face, façade; **en face de** opposite; **face à face** facing, opposite

la facétie joke, prank

la façon way, manner

le(la) facteur (–trice) mailcarrier

facultatif (–ive) *adj.* optional

la faculté ability; school of a university; **la Faculté des Lettres** School of Arts and Letters

faible *adj.* weak

faillir to be on the point of; to almost do something

la faim hunger; **avoir faim** to be hungry

faire to do; to make; to form; to be; **faire appel à** to call on; **faire attention** to pay attention; **faire autre chose** to do something else; **faire beau** to be nice out; **faire crédit à** to give credit to; **faire de beaux rêves** to have nice dreams; **faire de l'aérobique** to do aerobics; **faire de la course** to take part in races; **faire de la danse classique** to do ballet; **faire de la gymnastique** to do gymnastics; to do exercises; **faire de la marche à pied** to hike; **faire de la monnaie** to get change; **faire de la pêche** to go fishing; **faire de l'alpinisme** to go climbing; **faire de l'artisanat** to do crafts; **faire de l'auto-stop** to hitch-hike; **faire de l'exercice** to do exercises; **faire des bêtises** to do silly things; **faire des cauchemars** to have nightmares; **faire des dégustations** to do tastings; **faire des économies** to save money; **faire des études** to study; **faire des manifestations** to demonstrate; **faire des projets** to make plans; **faire du camping** to camp; **faire du jogging** to jog; **faire du macramé** to do macrame; **faire du ski** to ski; **faire du sport** to play sports; **faire du théâtre** to act; **faire du vélo** to cycle; **faire faire** to have done; **faire froid** to be cold; **faire la cuisine** to cook; **faire la fête** to party; **faire la grasse matinée** to sleep late; **faire la grève** to go on strike; **faire la guerre** to make war; **faire la queue** to stand in line; to queue up; **faire la vaisselle** to do the dishes; **faire le ménage** to do housework; **faire le plein (d'essence)** to fill up (with gas); **faire le touriste** to play tourist; **faire les courses** to do errands; **faire les devoirs** to do homework; **faire partie de** to be part of; **faire plaisir** to please; **faire sa toilette** to wash up; **faire semblant de** to pretend to; **faire un chèque** to write a check; **faire un emprunt** to take out a loan; **faire un exposé** to give an oral report; **faire un reportage** to make a report; **faire un voyage** to take a trip; **faire une boum** to throw a party; **faire une constatation** to write up a report; **faire une pause-café** to take a coffee break; **faire une promenade** to take a walk; **faire une randonnée** to take a tour; **se faire mal** to hurt oneself

le faire-part announcement

fait(e) *adj.* made, done

falloir to be necessary

fallu *p.p.* of **falloir** been necessary

la famille family

fanatique fanatical

fantaisiste *adj.* fanciful, whimsical

le fantasme fantasy

fantastique *adj.* fantastic

la farine flour; **la farine complète** whole wheat flour

fatigué(e) *adj.* tired

fauché(e) *adj.* broke

la faute fault, mistake

favori(te) *adj.* favorite

la fée fairy; **le conte de fées** fairytale

la félicitation congratulation; **félicitations** (*pl.*) congratulations

féminin(e) *adj.* feminine

le féminisme feminism

féministe *adj.* feminist

la femme woman; wife; **la femme de ménage** cleaning woman

la fenêtre window

la ferme farm

fermer to close; **se fermer** to close; to be closed

la fermeture closing

la fête celebration, holiday; **faire la fête** to party

fêter to celebrate; to observe a holiday

le feu fire; **le feu rouge** red (traffic) light; **le feu vert** green (traffic) light; **s'arrêter aux feux** to stop at traffic lights

la feuille leaf
le février February
la ficelle string, twine
fidèle *adj.* faithful
fier (fière) *adj.* proud
se fier à to trust
la fièvre fever
la figure face; **la figure de danse** dance step
la filature spinning
la fille girl; daughter
la fillette little girl
le film movie; **le film d'épouvante** horror film; **réaliser un film** to make a film; **tourner un film** to shoot a film
filmer to film
le fils son
la fin end
fin(e) *adj.* fine; thin
finalement *adv.* finally
financer to finance
les finances (*f. pl.*) public finances
financier (-ière) *adj.* financial
finir to finish
fixer to fix; to fasten; to stare at
la fleur flower
fleuri(e) *adj.* flowery
fleurir to flower
le fleuve river (*flowing into the sea*)
la foire fair
la fois time, occasion; **à la fois** at the same time; **une fois** once
la folie madness; lunacy
la fonction use
fonctionner to work; to function
fonder to found
fondre to melt
la fondue melted cheese dish, fondue
la forêt forest
forger to forge
le forgeron smith, blacksmith
la forme form; shape; **être en forme** to be in shape
former to form
formidable *adj.* great, wonderful
la formule formula
formuler to formulate
fort *adv.* loudly; very, very much; hard; **fort(e)** *adj.* strong; loud; **le château fort** medieval citadel
la forteresse fortress, stronghold
fou (fol, folle) *adj.* crazy
le fouet whip; whisk
fouetter to whip; to whisk
se fouler to sprain
le four oven; **le four à gaz** gas

stove; **le four à micro-ondes** microwave oven
la fourchette fork
le fournisseur purveyor
la fourniture supply; equipment
la fraîcheur freshness; coolness
frais (fraîche) *adj.* cool; fresh; **tenir au frais** to keep cold
la fraise strawberry
le franc franc (*French coin*) **franc (franche)** *adj.* frank; honest
français(e) *adj.* French; **le/la Français(e)** Frenchman, Frenchwoman
francophone *adj.* French-speaking, of the French language
la francophonie French-speaking world
frapper to strike; to knock
la fraude fraud; **en fraude** fraudulently
le frein brake
freiner to brake
la frénésie frenzy
fréquemment *adv.* frequently
la fréquence frequency
fréquenté(e) *adj.* frequented
fréquenter to frequent; to keep company with, **fréquenter (un lieu)** to "hang out" (at a place)
le frère brother
frire to fry
frisé(e) *adj.* curly
le froid cold
froid(e) *adj.* cold
le fromage cheese
la Fronde (French history) unsuccessful uprising against Louis XIV's minister Mazarin during the king's minority
la frontière border; **passer la frontière** to cross the border
fuir to flee
fuite: le délit de fuite failure to report an accident
fumer to smoke
furieux (-euse) *adj.* furious
le fusil gun; **le coup de fusil** gunshot
le futur (*Gram.*) future

les gages (*m. pl.*) wages, pay
le(la) gagnant(e) winner
gagner to win
la gaieté cheerfulness
les gains (*m. pl.*) earnings
la galerie gallery
le garçon boy; waiter
le garde guard
garder to keep
gardien(ne) *adj.* guardian; **le/la gardien(ne)** guardian

la gare station
garer to park
gaspiller to waste; to squander
le gâteau cake
la gauche left
gaulliste *adj.* Gaullist
le gaz gas
le géant giant
geler to freeze
le gendarme police officer
gêner to bother, annoy
général(e) *adj.* general
le genou knee
le genre gender; kind, type
les gens (*m. pl.*) people; **les jeunes gens** young men
gentil(le) *adj.* nice
la gentillesse kindness, niceness
gentiment *adv.* nicely
la géographie geography
géographique *adj.* geographic
la géologie geology
le gérondif (*Gram.*) gerund
le gîte shelter; **le gîte rural** private rural home rented to tourists
givrer to frost
la glace mirror; ice cream
glisser to slide; to glide
la gomme eraser
la gorgée mouthful
goulu(e) *adj.* greedy; gluttonous
le(la) gourmand(e) glutton, gourmand
la gourmandise gourmandism, love of good food (especially sweets)
le gourmet connoisseur of wines and fine foods, gourmet
le goût taste; **à chacun son goût** each to his own (taste), **avoir un goût de** to taste like; **de bon goût** in good taste
goûter to taste
gouverné(e) *adj.* governed
le gouvernement government
la grâce grace; charm; **grâce à** thanks to
le gradin tier; terrace
gradué(e) *adj.* graduated
le graissage greasing; lubricating
la grammaire grammar
grand(e) great; large, big; tall; **le grand air** open air; **le grand magasin** department store
le grand-père grandfather
les grands-parents (*m. pl.*) grandparents
le(la) graphologue graphologist
gras(se) *adj.* fat; **faire la grasse matinée** to sleep in

gratiné(e) *adj.* wild; au gratin
gratter to scratch
gratuit(e) *adj.* free (of charge)
grave *adj.* serious
la **grenouille** frog
la **grève** strike; **faire la grève** to go on strike; to strike
grillé(e) *adj.* broiled, grilled
la **grippe** influenza
gros(se) *adj.* big, stout
la **groseille** currant
grossir to grow fat
le **groupe** group
guère *adv.* but little; **ne... guère** scarcely, hardly
la **guerre** war; **faire la guerre** to make war
gueule: l'amuse-gueule (*m.*) snack, appetizer
le **guichet** (ticket) window, counter, booth
le **guillemet** quotation mark
la **Guinée** Guinea
la **guitare** guitar
le **gymnase** gymnasium
la **gymnastique** gymnastics; exercise; **faire de la gymnastique** to do exercises; to do gymnastics

habillé(e) *adj.* dressed
l'**habillement** (*m.*) clothing
habiller to dress; **s'habiller** to get dressed
l'**habit** (*m.*) clothing
l'**habitant(e)** inhabitant, resident
habiter to live
l'**habitude** (*f.*) habit; **avoir l'habitude de** to be in the habit of; **d'habitude** usually, habitually; **les habitudes alimentaires** eating habits
habituel(le) *adj.* habitual
habituer to familiarize; **s'habituer à** to get used to
la ***haie** hedge
la ***halte** stop; pause; stopping place
le ***hard-rock** hard rock music
le **haricot** bean; **le haricot vert** green bean
*hasard: au hasard aimlessly; haphazardly
*haut(e) *adj.* high, tall; **à haute voix** in a loud voice; **en haut** upstairs, above; **la haute cuisine** fine cooking; **la haute couture** high fashion; **parler haut** to speak loudly
la ***Haye** the Hague
l'**hébergement** (*m.*) accommodation
hélas *excl.* alas

l'***héroïne** (*f.*) heroine
le ***héros** hero
hésiter to hesitate
le ***hêtre** beech tree
l'**heure** (*f.*) hour; time; **à l'heure** on time; **avoir l'heure** to have the time (of day); **de bonne heure** early; **les heures de pointe** rush hour
heureux (-euse) *adj.* happy
heurter to run into; to knock against
hier *adv.* yesterday; **avant-hier** the day before yesterday; **être né(e) d'hier** to be "born yesterday"
*hisser to hoist; to lift, raise
l'**histoire** (*f.*) history; story
historique *adj.* historical
l'**hiver** (*m.*) winter; **dans le courant de l'hiver** during the winter
le(la)***Hollandais(e)** Dutchman, Dutchwoman
l'**homme** (*m.*) man
honnêtement *adv.* honestly
l'**honneur** (*m.*) honor
la ***honte** shame; **avoir honte de** to be ashamed of
*honteux (-euse) *adj.* shameful
l'**hôpital** (*m.*) hospital
l'**horaire** (*m.*) schedule; time table
l'**horreur** (*f.*) horror; **le film d'horreur** horror film
hors (de) *prep.* outside (of); **hors série** *adj. inv.* incomparable
l'**hostilité** (*f.*) hostility
l'**hôte (hôtesse)** host (hostess)
l'**huile** (*f.*) oil; **la peinture à l'huile** oil paint
huitième *adj.* eighth
humain(e) *adj.* human
l'**humeur** (*f.*) temperament, disposition; **être de bonne (mauvaise) humeur** to be in a good (bad) mood
humour: l'humour (*m.*) **écolier** schoolboy humor
humoristique: le dessin humoristique (newspaper) cartoon

ici *adv.* here
idéal(e) *adj.* ideal
l'**idée** (*f.*) idea; **je n'en ai pas la moindre idée** I haven't the slightest idea
idiomatique *adj.* idiomatic
idiot(e) *adj.* idiotic, foolish
il y a there is, there are; **il y a (une heure) que** for (an hour)

l'**île** (*f.*) island; **l'Ile Maurice** Mauritius; **les Iles Vierges** Virgin Islands
illimité(e) *adj.* unlimited
illustrer to illustrate
l'**image** (*f.*) picture
imaginatif (-ive) *adj.* imaginative
imaginer to imagine
l'**imbécile** (*m., f.*) imbecile, idiot; fool
imbiber to soak; to moisten
imiter to imitate
immédiatement *adv.* immediately
l'**immeuble** (*m.*) building
l'**immigré(e)** immigrant
immobilier (-ère): l'agence (*f.*) **immobilière** real estate agent's office
l'**imparfait** (*m., Gram.*) imperfect (verb tense)
impatiemment *adv.* impatiently
l'**impératif** (*m., Gram.*) imperative, command
l'**imperméable** (*m.*) raincoat
impersonnel(le) *adj.* impersonal
implanter to introduce; to establish
importé(e) *adj.* imported
importer to matter; **n'importe comment** no matter how, any way; **n'importe lequel (laquelle)** any one at all; **n'importe où** anywhere; **n'importe quand** anytime; **n'importe quel(le)** any, no matter which; **n'importe qui** anyone; **n'importe quoi** anything
s'imposer to be needed
l'**impôt** (*m.*) tax
impressionnant(e) *adj.* impressive
impressionner to impress
impressionniste *adj.* impressionist
improviser to improvise
imprudent(e) *adj.* unwise, imprudent
inachevé(e) *adj.* unfinished, incomplete
inattendu(e) *adj.* unexpected
l'**incendie** (*m.*) fire
incertain(e) *adj.* uncertain
incroyable *adj.* unbelievable
indéfini(e) *adj.* indefinite
indéfiniment *adv.* indefinitely
indépendant(e) *adj.* independent

l'indicatif (*m., Gram.*) indicative (mood)
l'indication (*f.*) sign
l'indice (*m.*) sign
indien(ne) *adj.* Indian
indiqué(e) *adj.* indicated
indiquer to indicate
l'individualisme (*m.*) individualism
individualiste *adj.* individualistic, nonconformist
individuel(le) *adj.* individual
industriel(le) *adj.* industrial
inédit(e) (hitherto) unpublished
l'infériorité (*f.*) inferiority
infernal(e) *adj.* infernal, hellish
l'infinitif (*m., Gram.*) infinitive; **infinitif (-ive)** *adj.* (*Gram.*) infinitive
influencer to influence
les informations (*f. pl.*) news (*on television, radio*)
l'informatique (*f.*) computer science; **informatique** *adj.* computer, of computers
informé(e) *adj.* informed; **être bien (mal) informé(e)** to be well (poorly) informed
l'ingénieur (*m.*) engineer
l'ingrédient (*m.*) ingredient
inlassable *adj.* tireless
inondé(e) *adj.* flooded
inoubliable *adj.* unforgettable
inquiet (-ète) *adj.* uneasy, worried
inquiéter to alarm, **s'inquiéter** to worry
l'inscription (*f.*): **les droits d'inscription** (*m. pl.*) fees
s'inscrire à to join; to enroll
inscrit(e) *adj.* enrolled; **être inscrit(e) à** to belong to
insérer to insert
insister sur to stress
l'insolation (*f.*) insulation; **l'insolation phonique** soundproofing; **l'insolation thermique** heat insulation
insolite *adj.* strange, unusual
inspiré(e) *adj.* inspired
s'installer dans to settle in
l'institut (*m.*) institute; **l'Institut des Sourds-Muets** Institution for the Deaf and Dumb
l'instituteur (-trice) teacher
instruit(e) *adj.* instructed, informed; educated
insuffisant(e) *adj.* insufficient
intégrer to integrate
intelligemment *adv.* intelligently
intempestif (-ive) *adj.* untimely

intense *adj.* intense; **la circulation intense** heavy traffic
l'interbancarité reciprocity among banks (concerning automatic tellers)
interdire to forbid
intéressant(e) *adj.* interesting
intéresser to interest; **s'intéresser à** to take an interest in
l'intérêt (*m.*) interest, concern
intérieur(e) *adj.* interior; **l'intérieur** (*m.*) interior; **le Ministre de L'Intérieur** Secretary for Internal Affairs
l'interlocuteur (-trice) speaker
internationalement *adv.* internationally
l'interprète (*m., f.*) performer
interrogatif (-ive) (*Gram.*) *adj.* interrogative
l'interrogation (*f.*) question
interroger to question
interrompre to interrupt
interrompu(e) *p.p. of* **interrompre** interrupted
interro-négatif (-ive) (*Gram.*) *adj.* negative interrogative
intervenir to intervene, to intercede
interviewer to interview
intransitif (-ive) *adj.* (*Gram.*) intransitive
l'intrigue (*f.*) plot
introduire to introduce
inutile *adj.* useless
invariable *adj.* unchangeable, invariable
inventer to invent
inversé(e) *adj.* inverted, reversed
l'invité(e) guest
inviter to invite
invoquer to put forward
irlandais(e) *adj.* Irish; **l'Irlandais(e)** Irishman, Irishwoman
l'Irlande (*f.*) Ireland
irrégulier (-ière) *adj.* irregular
l'Italie (*f.*) Italy
italien(ne) *adj.* Italian
l'italique (*f.*) italic; **en italique** in italics
l'itinéraire (*m.*) itinerary
l'ivoire (*m.*): **la Côte d'Ivoire** Ivory Coast

la Joconde the Mona Lisa
jaloux (-ouse) *adj.* jealous
jamais *adv.* never; ever
la jambe leg; **se casser la jambe** to break one's leg

le jambon ham
le janvier January
le Japon Japan
japonais(e) *adj.* Japanese; **le/la Japonais(e)** Japanese (person)
le jardin garden
jaune *adj.* yellow; **porter le maillot jaune** to wear the yellow jersey of the winner of the Tour de France
jeter to throw
le jeu game; performance of actors; **le jeu de mots** play on words; **le jeu du volant** badminton; **les Jeux Olympiques** Olympic Games
jeune *adj.* young; **les jeunes gens** (*m. pl.*) young men; **les jeunes** (*m. pl.*) young people
la jeunesse youth
jogging: faire du jogging to jog
la joie joy
joindre to join
joint(e) *p.p. of* **joindre** joined
joli(e) *adj.* pretty
jouer to play; to act, to perform; **jouer à** to play (*a sport*), **jouer de** to play (*an instrument*); **jouer à la pétanque** to play lawn bowling; **jouer au basket** to play basketball; **jouer aux cartes** to play cards; **jouer aux dames** to play checkers; **jouer aux dominos** to play dominoes; **jouer aux échecs** to play chess; **jouer le rôle de** to play the role of
le jouet toy, plaything
le(la) joueur (-euse) *adj.* player
jouir to enjoy
le jour day; **le jour ouvrable** work day; **tous les jours** every day
le journal newspaper
le(la) journaliste reporter, newscaster, journalist
journalistique *adj.* journalistic
la journée day; **une journée typique** a typical day; **pendant la journée** during the day; **toute la journée** all day long; **tout le long de la journée** the whole day
le juge judge
le jugement judgment
juger to judge
juif (-ive) *adj.* Jewish
le juillet July
le juin June
le(la) jumeau (jumelle) twin

la jupe skirt
jurer to swear
jus: le jus de fruit fruit juice
jusqu'à *prep.* until, up to;
  jusqu'à ce que *conj.* until
justement *adv.* just, justly
justifier to justify
juteux (-euse) *adj.* juicy

le kilo kilogram; **perdre des kilos**
  to lose weight
le kilomètre kilometer
le kiosque kiosk, stall
le kirsch kirschwasser, (cherry)
  liqueur
klaxonner to honk

là *adv.* there; **là-bas** there, over
  there
le laboratoire laboratory
le lac lake
le lagon lagoon
laid(e) *adj.* ugly
la laine wool
laisser to let, allow; **laisser à
  l'abandon** to neglect; **laisser
  tomber** to drop; **laisser descendre** to let off; **laisser
  tranquille** to leave alone
le lait milk; **le lait écrémé** skim
  milk; **le lait entier** whole
  milk
laitier (-ière) *adj.* pertaining to
  milk; **les produits laitiers** (*m.
  pl.*) dairy products
la laitue lettuce
la lame knife blade
la lampe lamp
se lancer (dans) to throw oneself
  into
le langage language, speech
la langue language
le lapin rabbit
le lard bacon
large *adj.* wide
la larme tear
le laser laser
laver to wash; **se laver** to
  wash, get washed
le lavomatique laundromat
la leçon lesson; **la leçon particulière** private lesson
léger (-ère) *adj.* light
le légume vegetable
le lendemain next day, day after,
  following day
lent(e) *adj.* slow
lequel (laquelle) *pron.* which
  one, who, whom, which
la lessive washing; **faire la lessive**
  to do the washing

la lettre letter; **les lettres** (*pl.*) literature
lettré(e) *adj.* literate, cultured
lever to raise, lift; **se lever** to
  get up
le(la) lève-tôt *inv.* early riser
la levure yeast
libeller to make out, to draw
  up
libéré(e) *adj.* liberated
libérer to liberate
la liberté liberty
la librairie bookstore
libre *adj.* free; not busy; not occupied
le lien link
lier to tie together; to link
le lieu place; **au lieu de** instead of,
  in the place of; **avoir lieu** to
  take place; **fréquenter (un
  lieu)** to visit (a place) frequently; to "hang out" (at a
  place)
le lièvre hare
la ligne line; figure
la limitation limitation; **limitation de vitesse** speed limit
limité(e) *adj.* limited
la limonade lemon soda
le Limousin region of France
le liquide liquid; cash; **retirer du
  liquide** to withdraw cash
lire to read
le lit bed; **au lit** in bed
le litchi lichee
littéraire *adj.* literary
la littérature literature
la livraison delivery
le livre book
livrer to deliver
le logiciel software
la logique logic
la loi law
loin *adv.* far, at a distance; **loin
  de** *prep.* far from
lointain(e) *adj.* faraway, remote
le loisir leisure, spare time; **les
  loisirs** spare-time activities
Londres London
**long: tout le long de la
  journée** the whole day
long(ue) *adj.* long; slow
longtemps *adj.* a long time;
  depuis longtemps for a long
  time
longuement *adv.* long, a long
  time; for a great while
la longueur length; **en longueur**
  lengthwise
la lorette courtesan
lorrain(e) *adj.* from Lorraine

lors de *prep.* at the time of
lorsque *conj.* when
la loterie lottery
la louange praise
louer to rent; to reserve; **louer
  une place** to reserve a seat
la Louisiane Louisiana
lourd(e) *adj.* heavy; clumsy
le loyer rent
lu(e) *p.p. of* lire read
lucidement *adv.* lucidly, clearly
lucratif (-ive) *adj.* lucrative,
  profitable
la lumière light
le lundi Monday
le lundi on Mondays
la Lutèce Lutetia
le(la) Luthérien(ne) Lutheran
la lutte struggle
lutter to fight; to struggle
le luxe luxury; **de luxe** luxury
le lycée French secondary school
le(la) lycéen(ne) French secondary
  student

macérer to macerate
la machine à laver washing machine
macramé: faire du macramé
  to do macramé
le magasin store; **le grand magasin** department store
le Maghreb the Maghreb, NW
  Africa
le(la) magicien(ne) magician
magique *adj.* magic; **la
  baguette magique** magic
  wand
magistral(e) *adj.* large; **le cours
  magistral** (large) lecture
  course
le magnétoscope videocassette
  recorder
magnifique *adj.* magnificent
le mai May
maigrir to grow thin
le maillot sports jersey; **le maillot de bain** bathing suit;
  porter le maillot jaune to
  wear the yellow jersey of the
  winner of the Tour de France
la main hand; **à portée de la
  main** within (arm's) reach;
  convenient; **le tour de main**
  knack **se serrer la main** to
  shake hands
maintenant *adv.* now
maintenir to maintain; to keep
  up
le maire mayor
mais *conj.* but; why (*interjection*)

la maison house; firm
le maître master; instructor; teacher; **le maître de cérémonie** master of ceremonies; **le maître d'hôtel** head waiter
la maîtresse teacher
majeur(e) *adj.* major
la majorité majority
le mal evil; pain; **avoir le mal de mer** to be seasick; **avoir le mal du pays** to be homesick; **avoir mal à la tête** to have a headache; **se faire du mal** to hurt oneself; to do oneself harm; **se faire mal** to hurt oneself
mal *adv.* badly; **pas mal** not badly; **pas mal de** quite a few (of)
malade *adj.* sick
le malentendu misunderstanding
malgré *prep.* in spite of
le malheur misfortune; unhappiness
malheureusement *adv.* unfortunately
malveillant(e) *adj.* malevolent
la maman mom
la Manche English Channel
la manche: la manche à balai broomstick
la mandarine tangerine
manger to eat
la mangue mango
la manie odd habit
la manière manner, way
la manifestation demonstration; **faire des manifestations** to demonstrate in protest
manifester to demonstrate
manipuler to handle
le mannequin model
manquer to miss; to fail; to be lacking; **tu nous manques** we miss you
le manteau coat
le manuel manual
manuel(le) manual; **le travail manuel** handicraft
le manuscrit manuscript
maquillé(e) *adj.* made up
maquiller to make up; **se maquiller** to put on makeup
le marbre marble
marbrier (-ière) *adj.* marble
le marcassin young boar
le(la) marchand(e) merchant; shopkeeper
la marchandise merchandise
la marche step

le marché market; **bon marché** cheap; **marché aux puces** flea market
marcher to walk; to work, function; **faire marcher** to make work
le mardi Tuesday
la margarine margerine
marginaux: les marginaux (*m. pl.*) dissident minority
le mari husband
le mariage marriage; **le mariage mixte** interracial marriage
le(la) marié(e) groom (bride); **les mariés** (*m. pl.*) newlyweds; **marier** to perform the marriage ceremony; **se marier** to get married; **se marier avec** to marry (*someone*)
le marin sailor
le Maroc Morocco
marocain(e) *adj.* Moroccan; **le/la Marocain(e)** Moroccan (person)
marquant(e) *adj.* conspicuous, striking
la marque trade name; brand
marquer to mark; to indicate
le mars March
masculin(e) *adj.* masculine
le masque mask
le Massif Central mountain range in central France
les mass-média (*m. pl.*) mass media
le match game
le matériel material, working stock
maternel(le): l'école maternelle nursery school
les mathématiques (*f. pl.*) mathematics
la matière academic subject
le matin morning
la matinée morning; **faire la grasse matinée** to sleep late in the morning
la Mauritanie Mauritania
mauvais(e) *adj.* bad
le mec *fam.* guy
le mécanisme mechanism
méchant(e) *adj.* naughty, bad; wicked
mécontent(e) *adj.* dissatisfied; unhappy
la médaille medal
le médecin doctor
la médecine medicine
médiéval(e) *adj.* medieval
méditer to contemplate, think over

la Méditerranée the Mediterranean (Sea)
meilleur(e) *adj.* better; **le/la meilleur(e)** best
mélanger to mix
le melon melon
le membre member
même *adj.* same; itself; very same; even; **en même temps que** at the same time as; **moi-même** myself; **quand même** nonetheless; **tout de même** all the same
la mémoire memory; **réhabiliter la mémoire de quelqu'un** to restore someone's good name
le ménage housekeeping; **faire le ménage** to do the housework; **la femme de ménage** housekeeper
mener to take; to lead
menteur (-euse) *adj.* lying, deceitful
la menthe mint
mentionner to mention
le menu meal; menu
mépriser to scorn, despise
la mer sea; **au bord de la mer** at the seashore; **le mal de mer** seasickness; **outre-mer** *adv.* overseas
merci thanks
la mère mother; **la belle-mère** mother-in-law
mériter to deserve
merveilleux (-euse) *adj.* marvelous, wonderful
mesdames *pl. of* **madame** ladies
la messe mass (*religious*); **aller à la messe** to go to mass
messieurs *pl. of* **monsieur** gentlemen
la mesure measure
mesurer to measure
météorologique *adj.* meteorological
le métier profession, job
le métro subway
la métropole mainland France
le metteur en scène stage director
mettre to put, put on; **mettre de l'argent de côté** to save money; **mettre des notes** to give grades; **mettre en doute** to call into question; **mettre en évidence** to make conspicuous; to bring to light; **mettre en ordre** to put in order; **mettre en valeur** to emphasize; **mettre fin à** to put an

end to; **mettre à** to begin; **se mettre à l'abri** to go under cover; **se mettre d'accord** to reconcile; **mettre en groupes** to get into groups

les meubles (*m. pl.*) furniture

le meurtre murder

mexicain(e) *adj.* Mexican

le Mexique Mexico

micro-onde: le four à micro-ondes microwave oven

le micro-ordinateur microcomputer

le midi noon; **à midi** at noon

le Midi the south of France

le miel honey

mieux *adv.* better; **le mieux** the best

mijoter to cook slowly; **laisser mijoter** to let simmer

le milieu environment; **au milieu de** in the middle of

militaire *adj.* military

militant(e) *adj.* militant

mille thousand

le milliard billion

le million million

le(la) millionnaire millionaire

mince *adj.* thin, slender

la mine facial expression

minéral(e): l'eau minérale mineral water

le ministre minister; **le Ministre de L'Intérieur** Secretary for Internal Affairs

le minitel home terminal of the French telecommunications system

le minuit midnight; **à minuit** at midnight

la mise putting; **la mise en scène** production, staging, setting; direction; **la mise au point** restatement

la mi-temps half-time

mixer to mix

mixte *adj.* interracial

Mme *ab. of* **Madame** Mrs.

mnémonique mnemonic

la mode fashion, style; **à la mode** in style

le mode (*Gram.*) mood

modèle *adj.* model, exemplary; **le modèle** model

moderne *adj.* modern

modifier to modify

moindre *adj.* less, smaller, slighter; **la moindre idée** the least idea

moins *adv.* less; **moins de/que** fewer; **à moins que** *conj.* unless

le mois month

la moitié half

le moka mocha

se momifier to atrophy, to fossilize

monarchique *adj.* monarchical

le monarque monarch

le(la) mondain(e) socialite

le monde world; people; society; **le tiers-monde** Third World; **tout le monde** everybody

mondial(e) *adj.* world-wide

le(la) moniteur (-trice) coach; instructor; supervisor

la monnaie coin; money; change; **faire de la monnaie** to get change

le monsieur mister; man; gentleman; sir

le mont hill; mountain

la montagne mountain; **aller à la montagne** to go to the mountains

montant(e) *adj.* rising

monter (*intr.*) to climb into; to get in; to mount; (*trans.*) to take up; **monter une pièce** to stage a play

la montre watch

montrer to show

le morceau piece

la mort death

le(la) mort(e) dead person

mort(e) *p.p. of* **mourir** died; dead

le mot word; **le mot-clé** keyword

la motocyclette motorcycle

mou, molle *adj.* soft; weak; gentle

moucher to wipe or blow the nose of (*someone*); **se moucher** to blow one's nose

mouillé(e) *adj.* wet

mourir to die

la mousse foam; whipped cream; **la mousse au chocolat** chocolate mousse

la moustache mustache

le mouton mutton

le mouvement movement

le moyen means; way

moyen(ne) *adj.* average; mean, middle; medium; **le Moyen Age** Middle Ages

muet(te) *adj.* silent

le mur wall

murmurant murmuring

le muscle muscle

musculaire *adj.* muscular

musculation muscle development

le musée museum

le(la) musicien(ne) musician

la musique music; **la musique classique** classical music; **la musique de chambre** chamber music

musulman(e) *adj.* Mohammedan, Moslem

la myrtille huckleberry; blueberry

mystérieux (-euse) *adj.* mysterious

mythique *adj.* mythical

nager to swim

le(la) nageur (-euse) swimmer

naître to be born

la nappe tablecloth

le(la) narrateur (-trice) narrator

natal(e) *adj.* native

la nationalité nationality

natter to braid

naturel(le) *adj.* natural; **les produits** (*m. pl.*) **naturels** organic products

le navet turnip; flop (*of a movie*)

né(e) *adj.* born; **être né(e) d'hier** to be "born yesterday"

nec: le nec plus ultra (du latin) the last word

nécessaire *adj.* necessary

la nécessité need

négatif (-ive) *adj.* negative

négocier to negotiate

la neige snow

neiger to snow

nerveux (-euse) *adj.* nervous

nettoyer to clean

neuf (neuve) *adj.* new, brand new

la neurasthénie nervous exhaustion

la neutralité neutrality

neutre *adj.* neuter

neuvième *adj.* ninth

new-yorkais(e) *adj.* from New York

niçois(e) *adj.* from Nice

nier to deny

le Nil Nile

le niveau level

la noblesse nobility

le Noël Christmas

noir(e) *adj.* black

la noisette hazelnut

la noix de coco coconut

le nom noun; name

le nombre number

nombreux (-euse) *adj.* numerous

nominal(e) *Gram.* pertaining to nouns

nommer to name

non-alcoolisé(e): les boissons

(*f. pl.*) **non-alcoolisées** non-alcoholic drinks
le nord north
la Normandie Nomandy
la note note; grade; bill
noter to notice; **à noter** worth remembering
la nouille noodle
nouveau (nouvel, nouvelle) *adj.* new; **le nouvel an** New Year's Day
la nouvelle news; **les nouvelles** news
la Nouvelle-Orléans New Orleans
le novembre November
se noyer to drown
le nuage cloud
la nuance shade of meaning
nucléaire *adj.* nuclear
la nuit night; **la boîte de nuit** night club; **passer une nuit blanche** to have a sleepless night
nul(le) *adj. pron.* no, not any; **nulle part** *adv.* nowhere
le numéro number; issue

obéir à to obey
objectif (-ive) *adj.* objective
l'objectivité (*f.*) objectivity
l'objet (*m.*) object
obligatoire *adj.* obligatory
obligé(e) *adj.* obliged; **être obligé(e) à** to be obliged to
obliger to oblige; to compel
obtenir to obtain
obtenu(e) *p.p. of* **obtenir** obtained
l'occasion (*f.*) opportunity, occasion; bargain; **d'occasion** second-hand or used
occidental(e) *adj.* western, occidental
occupé(e) *adj.* occupied
occuper to occupy; **s'occuper de** to take care of
l'octobre (*m.*) October
l'œil (*m. pl.* **yeux**) eye; **avoir mal aux yeux** to have sore eyes; **en un clin d'œil** in the blink of an eye; **le coup d'œil** glance
l'œuf (*m.*) egg; **le blanc d'œuf** egg white; **l'œuf dur** hard-boiled egg
l'œuvre (*f.*) work; **le chef-d'œuvre** masterpiece; **à l'œuvre** at work
œuvrer to work
offert(e) *p.p. of* **offrir** offered
l'officier (-ière) officer

offrir to offer; **s'offrir** to buy for oneself
l'oignon (*m.*) onion
l'oiseau (*m.*) bird
olympique *adj.* olympic
l'omelette (*f.*) omelet
omettre to omit
omis(e) *adj.* omitted
on *pron.* one; they; we; I; you; people; men; somebody
l'oncle (*m.*) uncle
onde: le four à micro-ondes microwave oven
onze *adj. inv.* eleven
s'opposer to be opposed; **s'opposer à** to be opposed to (*something*)
optimiste *adj.* optimistic
optique *adj.* optical
l'or (*m.*) gold
l'orchestre (*m.*) orchestra; **le chef d'orchestre** conductor
l'ordinateur (*m.*) computer
l'ordre (*m.*) order; **mettre en ordre** to put in order
l'oreille (*f.*) ear; **la boucle d'oreille** earring; **les oreilles décollées** protruding ears
l'organisateur (-trice) organizer
organisé(e) *adj.* organized
organiser to organize
l'orgue (*m.*) organ
originaire (de) *adj.* native (to)
original(e) *adj.* eccentric, original
l'origine (*f.*) origin
l'orthographe (*f.*) spelling
oser to dare
ou *conj.* or, either; **ou... ou** either . . . or
où *adv.* where; when
oublier to forget
l'ouest (*m.*) west
outre *prep.* besides; **en outre** moreover
outre-mer *adv.* overseas
ouvert(e) *adj.* open
l'ouverture opening
ouvrable *adj.* working, workable; **le jour ouvrable** work day
l'ouvreuse (*f.*) usherette
l'ouvrier (-ière) worker
ouvrir to open

le paiement payment
le pain bread
la paix peace
le paladin paladin, knightly champion
le palais palace
palatin(e) *adj.* palatine

la palette palette
le panier basket
la panne breakdown; **être en panne** to have a breakdown (in a vehicle); **tomber en panne** to have a breakdown (in a vehicle)
le panneau road sign; **le panneau publicitaire** billboard
le panorama view
le pantalon pair of pants
la papaye papaw fruit, papaya
le papier paper
Pâques (*f. pl.*) Easter
le paquet package
par *prep.* by, through; **par contre** on the other hand
le paragraphe paragraph
paraître to appear
le parc park
parce que *conj.* because
parcourir to travel through
pardonner to pardon
pareil(le) *adj.* like, similar
parenthèses: entre parenthèses in parentheses
les parents (*m. pl.*) parents, relatives
paresseux (-euse) *adj.* lazy
parfait(e) *adj.* perfect
parfois *adv.* sometimes; now and then
le parfum perfume
parisien(ne) *adj.* Parisian; **le/la Parisien(ne)** Parisian (person)
parlé(e) *adj.* spoken
le parlement parliament
parler to speak; to talk; **parler à** to speak to; **parler au téléphone** to talk on the telephone; **parler de** to talk about
parmi *prep.* among
la parodie parody
la parole word
parquer to park
partager to share
le(la) partenaire partner
le parti political party
le participe (*Gram.*) participle
participer to participate
particulier (-ière) *adj.* private; particular; special; **la leçon particulière** private lesson
la partie part (*of a whole*); **faire partie de** to be part of
partiel(le) *adj.* partial
partir to leave; **à partir de** *prep.* starting from; **partir en croisière** (*f.*) to go on a cruise
le(la) partisan(e) partisan, supporter; believer

partitif (-ive) *adj.* (*Gram.*) partitive

partout *adv.* everywhere

paru *p. p.* of **paraître** appeared

la **parution** appearance; publication

parvenir à to attain; to succeed in

le(la) **passant(e)** passer-by

le **passé** past, time past; (*Gram.*) past tense; **le passé composé** (*Gram.*) past perfect tense; **le passé simple** (*Gram.*) past historic tense

passé(e) *adj.* past, gone, last; spent

le **passeport** passport

passer (*intr.*) to pass; **passer par** to pass through; **ce film passe** this film is showing; (*trans.*) to pass; to cross; to spend; **passer la frontière** to cross the border; **passer les vacances** to spend one's vacation; **passer quelques produits** to carry a few products over; **passer un examen** to take an exam; **passer une nuit blanche** to stay up all night; **se passer** to happen; to take place; **se passer de** to do without

le **passe-temps** pastime, hobby

passif (-ive) *adj.* passive

passionnant(e) *adj.* exciting, thrilling

passionné(e) *adj.* passionate; **passionné(e) de** very fond of

passionnément *adv.* passionately, fondly

passionner to interest deeply; to excite

la **pâte** pastry; dough

le **pâté** liver paste, pâté

patiemment *adv.* patiently

le(la) **patineur (-euse)** skater

la **pâtisserie** pastry shop, bakery

le(la) **pâtissier (-ière)** pastry chef

la **patrie** country; homeland, native land

patriote *adj.* patriotic; **le/la patriote** patriot

la **pause-café** coffee break

le **pavé** pavement

payer to pay; **se payer** to treat oneself to

le **pays** country, land;

le **paysage** landscape, scenery

le(la) **paysan(ne)** peasant

les **Pays-Bas** (*m. pl.*) Holland

la **peau** skin; **être bien dans sa peau** to be at ease

la **pêche** fishing

le(la) **pêcheur (-euse)** fisher

le(la) **pédagogue** teacher

peigner to comb; **se peigner** to comb one's hair

peindre to paint

la **peine** bother, trouble; **avoir de la peine** to have trouble, difficulty; **valoir la peine** to be worth the trouble

peint(e) *p.p.* of **peindre** painted

le **peintre** painter

la **peinture** paint, painting; **la peinture à l'eau** water color; **la peinture à l'huile** oil painting

la **pelouse** lawn

pendant *prep.* during; **pendant que** *conj.* while

la **pensée** thought

penser to think; to reflect; to expect; **penser à** to think of (*something*); **qu'en pensez-vous?** what do you think about that? what do you think of that?

percer to pierce

percutant(e) *adj.* percussive; forceful

perdre to lose; **perdre des kilos** to lose weight

le **père** father

perfectionné(e) *adj.* perfected

la **période** period (of time)

la **perle** pearl

la **permanente** perm

permettre to permit, allow, let; **se permettre** to permit oneself; to take the liberty

le **permis** license; **le permis de conduire** driver's license

perpétuer to perpetuate

la **perruque** wig

persécuter to persecute; to harass

le(la) **persécuteur (-trice)** persecutor

le **persil** parsley

le **personnage** character

la **personnalité** personality, personal character

la **personne** person; **ne... personne** nobody, no one

personnel(le) *adj.* personal

se **persuader (de)** to persuade; to convince oneself (of)

la **perte** loss

perturber to disrupt; to disturb

peser to weigh

pessimiste *adj.* pessimistic

la **pétanque** lawn bowling, bocce; **jouer à la pétanque** to play at lawn bowling

pétiller to sparkle; to crackle; to bubble

petit(e) *adj.* little; short; very young; **de petite vertu** of little virtue; **le(la) petit(e) ami(e)** boyfriend/girlfriend; **le petit déjeuner** breakfast; **le petit-enfant** grandchild **les petits** (*m. pl.*) young ones; little ones; **les petits pois** *m. pl.* green peas

peu *adv.* little, not much; few, not many; not very; **à peu près** nearly; **depuis peu** lately; **peu probable** hardly likely

le **peuple** nation; people of a country

la **peur** fear; **avoir peur** to be afraid; **de peur de** *prep.* for fear of; **de peur que** *conj.* for fear that

le(la) **philosophe** philosopher

phonique: l'insolation phonique soundproofing

la **photo** picture, photograph

la **photocopie** photocopy

le(la) **photographe** photographer

la **photographie** photography; photograph

photographier to photograph

la **phrase** sentence

le(la) **physicien(ne)** physicist

la **physique** physics

physique *adj.* physical

pic: tomber à pic to come just at the right moment

la **Picardie** Picardy

le **pichet** pitcher, jug

pictural(e) *adj.* pictorial

la **pièce** play; coin; room; **monter une pièce** to stage a play

le **pied** foot; **à pied** on foot; **au pied de** at the foot of; **le coup de pied** kick

la **pierre** stone; **la pierre de taille** freestone; **la pierre précieuse** gem, precious stone

le(la) **piéton(ne)** pedestrian

le **pinceau** brush

la **pincée** pinch

le **pique-nique** picnic

pire *adj.* worse; **le/la pire** the worst

la **piscine** swimming pool

la **piste** path, trail; course; **la piste cyclable** bike path

la **pitié** pity

pittoresque *adj.* picturesque

le **placard** cupboard

la **place** place; position; seat; public square; **louer une place** to reserve a seat

placé(e) *adj.* situated

placer to find a seat for; **se placer** to be placed

la **plage** beach

se **plaindre** to complain

la **plaine** plain

plaire to please; **s'il te plaît, s'il vous plaît** please; **se plaire** to please oneself; **se plaire à** to delight in

le **plaisancier (-ière)** amateur sailor

plaisanter to joke

le **plaisir** pleasure

la **planche à voile** windsurfer

planer to soar, to glide

planter to plant

la **plaque de cuisson** hotplate

plastifié(e) *adj.* plastic-coated

le **plat** dish; course

plat(e) *adj.* flat

le **plâtre** plaster; plaster cast

plein(e) *adj.* full; **à plein-temps** full-time; **en plein air** in the open air; **le plein** full part; **faire le plein (d'essence)** to fill up (with gas)

pleuvoir to rain

plisser to pleat, to crease

la **plongée** diving

plonger to dive

plu *p.p. of* **plaire** pleased; *p.p. of* **pleuvoir** rained

la **pluie** rain

la **plume** pen

la **plupart de** most (of); the majority of

pluriel(le) *adj.* plural

plus *adv.* more; **de plus en plus** more and more; **le plus** the most; **ne... plus** not anymore; **le nec plus ultra (du latin)** the last word; **plus de** more

plusieurs *adj. pron.* several

plutôt *adv.* rather

le **pneu** tire

la **poche** pocket; **l'argent de poche** (*m.*) pocket money, spending money

la **poêle** frying pan

le **poème** poem; **le chanson-poème** poetry set to music

le **poids** weight

le **point** point of punctuation; **à point** on time; medium (steak) **la mise au point** restatement; focusing **point; ne... point** no, not at all

la **pointe** peak; **les heures de pointe** (*f. pl.*) rush hour

la **poire** pear

le **poireau** leek

le **pois** pea; **les petits pois** green peas

le **poisson** fish

la **poitrine** chest

poivrer to pepper

le **poivron** green pepper

le **pôle** pole; **le pôle nord** North Pole; **le pôle sud** South Pole

poli(e) *adj.* polite

la **police** police; **l'agent de police** (*m.*) police officer

policier (-ière) pertaining to the police; **le roman policier** detective novel

la **politesse** politeness, good breeding

la **politique** politics

politisé(e) *adj.* committed to a political ideology

pollué(e) *adj.* polluted

la **pomme** apple; **la pomme de terre** potato

le(la) **pompier (-ière)** firefighter

le **pont** bridge

populaire *adj.* popular; common

le **porc** pork

la **porte** door

portée: à portée de la main within (arm's) reach, convenient

le **portefeuille** wallet

porter to carry; to wear; **porter le maillot jaune** to wear the yellow jersey of the winner of the Tour de France; **le prêt-à-porter** ready-to-wear clothing; **se porter bien (mal)** to be well (unwell)

le **porto** port wine

le(la) **portraitiste** portrait painter

posé(e) *adj.* laid; poised; asked

poser to put; to state; to pose; to ask

positif (-ive) *adj.* positive

possédé(e) *adj.* possessed

posséder to possess

le **possesseur** possessor

possessif (-ive) possessive

la **possibilité** possibility

postal(e) *adj.* postal, post; **la carte postale** postcard

la **poste** post office;

le **poste** employment

le **pot** pot; jar; flacon; **prendre un pot** to have a drink

potable *adj.* potable, drinkable; **l'eau potable** (*f.*) drinking water

le **potage** soup

le **potager** vegetable garden; kitchen

la **poterie** pottery

le(la) **potier (-ière)** potter

le **pou** louse

la **poule** hen

le **poulet** chicken

le **poumon** lung

pour *prep.* for; on account of; in order; for the sake of; **pour que** *conj.* so that, in order that

le **pourboire** tip (*money*)

le **pourcentage** percentage

pourquoi *adv. conj.* why; wherefore

poursuivre to pursue

pourtant *adv.* however, yet, still, nevertheless

pourvu que *conj.* provided that

pouvoir to be able

le **pouvoir** power; influence

pragmatique *adj.* pragmatic

la **pratique** practice

pratiquer to practice; to exercise

précédé(e) de *adj.* preceded by

précédent(e) *adj.* preceding

précéder to precede, go before

préchauffer to preheat

précieux (-euse) *adj.* precious

précipiter to hasten; **se précipiter** to rush

précis(e) *adj.* precise, fixed, exact

précisément *adv.* precisely, exactly; quite; just so

préciser to state precisely; to specify

prédateur (-trice) *adj.* predatory

préférable *adj.* preferable, more advisable

préféré(e) *adj.* favorite

la **préférence** preference

préférer to prefer; to like better

la **préhistoire** prehistory

préliminaire *adj.* preliminary

premier (-ière) *adj.* first; principal; former; **le/la premier (-ière)** first one; chief; **la première** first night of a play, film

premièrement *adv.* in the first place, first of all

prendre to take; to catch, capture; to choose; to begin to; **prendre la parole** to begin speaking; **prendre le petit déjeuner** to have breakfast; **prendre plaisir (à)** to take pleasure (in); **prendre une décision** to make a decision; **prendre une douche (un bain)** to take a shower (a bath); **prendre un pot** to have a drink

les préparatifs (*m. pl.*) preparations
préparer to prepare; **préparer un examen** to study for a test; **se préparer à** to prepare oneself for
près *adv.* by, near; **à peu près** near; about; **près de** *prep.* near, close to; **tout près** nearby
la présentation appearance; presentation
présenté(e) *adj.* presented
présenter to present; to introduce; to put on; **se présenter** to present oneself; to appear
le(la) président(e) president; chairperson
présidentiel(le) *adj.* presidential
presque *adv.* almost, nearly
pressé(e) *adj.* in a hurry; squeezed
se presser to hurry, make haste
la prestation benefit
prêt(e) *adj.* ready
le prêt-à-porter clothing bought ready-made
prêter to lend; to give
la preuve proof; evidence
prévenir to warn
prévenu(e) *adj.* warned
la prière prayer
primaire *adj.* primary
la prime free gift; **en prime** as a free gift
la princesse princess
principal(e) *adj.* principal, most important
le printemps spring, springtime
la priorité right of way; priority
la prison prison
le(la) prisonnier (-ière) prisoner
privé(e) *adj.* private; **l'école privée** private school
privilégié(e) *adj.* privileged, favored
le prix price; prize
probablement *adv.* probably
le problème problem
le procédé process; method
le processus process
prochain(e) *adj.* next; near; immediate
proche *adj.* near
procurer to procure
le(la) producteur (-trice) producer
produire to produce
le produit product; **les produits laitiers** dairy products; **les produits naturels** organic products
le professeur professor

professionnel(le) *adj.* professional
profiter de to take advantage of
profond(e) *adj.* deep
profondément *adv.* deeply
la programmation computer programming
le programme program; design, plan
le progrès progress
le projecteur projector
le projet project, plan
projeter to project; to plan; to intend
prolonger to prolong
la promenade walk; stroll; drive; excursion, pleasure trip; **faire une promenade à pied** to go for a walk
promener to take out walking or for exercise; **se promener** to go for a walk, drive, ride
la promesse promise; **tenir sa promesse** to keep one's promise
promettre to promise; **se promettre** to promise oneself; to promise each other
le pronom (*Gram.*) pronoun
le pronominal(e) *adj.* (*Gram.*) pronominal
prononcer to pronounce;
la prononciation pronunciation
propager to propagate; to spread abroad
le propos talk; **à propos de** with respect to
proposer to propose
la proposition (*Gram.*) clause
propre *adj.* own; proper
le(la) propriétaire owner
prospère *adj.* prosperous
prostitué(e) *adj.* prostituted
protéger to protect
protestant(e) *adj.* Protestant
la Provence region in southeast France
le proverbe proverb, saying
proverbial(e) *adj.* proverbial
la province province
les provisions supplies; groceries
provoquer to incite; to cause
prudemment *adv.* prudently, cautiously
prudent(e) *adj.* cautious; prudent
le(la) psychiatre psychiatrist
la psychologie psychology
psychologique *adj.* psychological
pu *p.p. of* **pouvoir** been able

public (publique) *adj.* public; **le public** public; audience
publicitaire *adj.* connected with publicity, advertising; **le panneau publicitaire** billboard
la publicité publicity; advertising
publier to publish
la puce flea; **le marché aux puces** flea market
le(la) puceau (pucelle) virgin; chaste person; **la Pucelle** Joan of Arc
puis *adv.* then, afterward, next; besides; **et puis** and then; and besides
puisque *conj.* since, as, seeing that
la puissance power; strength
puissant(e) *adj.* powerful, strong
le puits well; shaft
puni(e) *adj.* punished
les Pyrénées (*f. pl.*) the Pyrenees Mountains

qualificatif (-ive) *adj.* qualifying
qualifier to qualify
la qualité quality; virtue
quand *adv.* when; **depuis quand?** since when? how long is it since?; **quand même** even though; all the same; nevertheless
quant à *adv.* as for, concerning
la quantité quantity
quarante *adj.* forty
le quart quarter
le quartier neighborhood; **le quartier résidentiel** residential neighborhood; **le Quartier latin** Latin Quarter
quasi *adv.* almost, nearly
quatrième *adj.* fourth
que *rel. pron.* whom, that; which; *conj.* that; than; as; if, whether; when; only; but; *adv.* how
quel(le) *adj.* what, which; what a
quelconque *adj.* any; any whatsoever; mediocre
quelque *adj.* some, any; a few; **quelque chose** *pron.* something; **quelque part** somewhere
quelqu'un *pron.* someone, somebody; **quelqu'un d'autre** *pron.* someone else
quelquefois *adv.* sometimes
quelques-un(e)s *pron.* some, a few

la queue tail; line; **faire la queue** to stand in line

la quiche egg custard pie; **la quiche lorraine** egg and bacon custard pie

quinze *adj. inv.* fifteen

quinzième *adj.* fifteenth

quitter to leave; to abandon, leave behind; **se quitter** to leave each other

quoi *pron.* which; what; **quoi que** whatever

le quota quota

quotidien(ne) *adj.* daily, quotidian

racler to scrape

la raclette scraper

raconter to tell; to recount, narrate

le radical (*Gram.*) stem; root

radical(e) *adj.* radical

raffiné(e) *adj.* refined; sophisticated

rafraîchissant(e) *adj.* cooling, refreshing

la raison reason; **avoir raison** to be right

ralentir to slow down

ramasser to pick up, to gather

ramener to bring back

la randonnée tour, trip; ride; **la randonnée à bicyclette** bike ride; **la randonnée à pied** hike; **faire une randonnée** to take a tour, trip, ride

ranger to put in order; to arrange

rapide *adj.* rapid, fast

se rappeler to recall; to remember

le rapport connection, relation; **les rapports** (*m. pl.*) relations

rapporter to bring back; to report

la raquette racket

raréfier to rarefy

rarement *adv.* rarely

rasant(e) *adj.* boring

raser to shave; **se raser** to shave oneself

rassembler to rally; to round up

le ratage failing; bungling; spoiling

rater to miss; to fail

rattraper to catch up

ravi(e) *adj.* delighted, overjoyed

réagir to react

le(la) réalisateur (-trice) movie director

réalisé(e) *adj.* come true

réaliser to realize; **réaliser un film** to shoot, make a film

la réalité reality; **en réalité** in reality

la récapitulation summary

récemment *adv.* recently, lately

récent(e) *adj.* recent, new, late

la réception entertainment, reception

la recette recipe

recevoir to receive; to entertain

réchauffer to reheat

rechercher to seek; to search for

recherché(e) *adj.* affected; sought after

la réciprocité reciprocity

réciproque *adj.* reciprocal

le récit account

réciter to recite; to repeat; to tell

la recommandation recommendation

recommencer to resume; to begin again

réconcilier to reconcile

la reconnaissance gratitude

reconnaissant(e) *adj.* grateful

reconnaître to recognize

reconnu(e) *p.p. of* **reconnaître** recognized

recopier to make a copy of

recouver to regain

recouvrir to cover up

le recrutement recruitment

recruter to recruit

reçu(e) *p.p. of* **recevoir** received; entertained

recueilli(e) *adj.* collected, gathered

la rédaction composition

redécouvert(e) *adj.* rediscovered

redevenir to become again

réduire to reduce; **se réduire à** to be reduced to

réécrire to rewrite

réel(le) *adj.* real, actual

refaire to do again

se référer to refer

réfléchi(e) *adj.* (*Gram.*) reflexive

réfléchir to reflect

le reflet reflection

refléter to reflect; to mirror

la réforme reform, reformation; **la Réforme** Reformation

le refrain refrain, chorus

le réfrigérateur refrigerator

refroidir to cool

le refus refusal

refuser to refuse

le regard glance; gaze

regarder to look at

le(la) régent(e) regent

le régime diet; form of government

régional(e) *adj.* local, of the district

la règle rule

le règlement regulation; settlement

régler to regulate; to set; to settle

le règne reign

régner to reign; to rule

regretter to regret; to be sorry for

régulier (-ière) *adj.* regular

régulièrement *adv.* regularly

réhabiliter la mémoire de (quelqu'un) to restore (someone's) good name

la reine queen

rejeter to reject

rejoindre to join; to reunite

relatif (-ive) *adj.* relative

les relations (*f. pl.*) relationships

se relaxer to relax

relever to discover; to pick out

relier to tie together

religieux (-euse) *adj.* religious

remarquer to remark upon; to notice;

rembourser to reimburse

la remise delivery

remonter to go up again

remous: le bain à remous jacuzzi

remplacer to replace

rempli(e) de *adj.* filled with

remplir to fill

remporter to carry off; **remporter la victoire** to win the victory

le renard fox

rencontrer to meet; **se rencontrer** to meet each other

le rendez-vous rendezvous; appointment; **se donner rendez-vous** to make an appointment

rendre to return, give back; to render; **rendre visite à** to visit (*a person*); **se rendre compte de** to realize

renommé(e) *adj.* renowned, well-known

renoncer à to give up

renouveler to renew

le renseignement piece of information; **donner des renseignements** to give information; **les renseignements** information

se renseigner (sur) to find out (about)

le(la) rentier (-ière) person of independent means

rentrer (*intr.*) to return home, go home; to go back; (*trans.*) to bring in

renverser to knock down; to upset

répandre to spread

répandu(e) *adj.* widespread, widely prevalent

réparer to repair

repartir to leave again

le repas meal

le répertoire repertory

répété(e) *adj.* repeated

répéter to repeat; to rehearse

la répétition rehearsal

la réplique reply; cue

répondre to answer, reply

la réponse answer, reply, response

le reportage reporting; **faire un reportage** to make a report

reposé(e) *adj.* rested, refreshed; quiet, calm

se reposer to rest

reprendre to take up again

le(la) représentant(e) representative, deputy, delegate

la représentation exhibition, performance; show

représenté(e) *adj.* represented

représenter to represent; to depict

la reprise repetition; refrain; reconquest

reproduire to reproduce

le(la) républicain(e) Republican

la république republic, state

réputé(e) *adj.* well-known

la requête request

le réseau network

réservé(e) *adj.* reserved

réserver to reserve

la résidence residence; **la résidence universitaire** dorm

résidentiel(le) *adj.* residential; **le quartier résidentiel** residential neighborhood

se résigner to resign oneself; to submit

se résister à to withstand

résoudre to solve; to resolve

respecter to respect

respectivement *adv.* respectively

respectueux (-euse) *adj.* respectful

responsable *adj.* responsible, accountable

ressembler to be like; **se ressembler** to be like each other

ressentir to feel; to experience

la ressource resource

le restaurant universitaire (le Restau-U) student cafeteria

rester to stay; to remain

le résultat result

le résumé summary, résumé

résumer to summarize

rétabli(e) *adj.* restored

le retard delay; **être en retard** to be late

retarder to retard; to lose time

retirer to withdraw; **retirer du liquide** to withdraw cash

retordu(e) *adj.* retwisted

le retour return

retourner to turn around; to turn over; to return; **se retourner contre** to turn against

le retrait retreat; withdrawal

retrouver to find again; **se retrouver** to find each other again; to meet each other again

réuni(e) *adj.* reunited

la réunion gathering; reunion

la Réunion Réunion Island

réunir to reunite; to reconcile; **se réunir** to assemble again; to meet

réussir to succeed; **réussir à un examen** to pass an exam

la réussite success

réutilisé(e) *adj.* re-used

revanche: en revanche on the other hand

le rêve dream; **faire de beaux rêves** to have nice dreams

le réveil alarm clock; **le réveil-matin** alarm clock

réveiller to wake; **se réveiller** to wake up

révélateur (-euse) *adj.* revealing

revenir to come back

le revenu revenue

rêver to dream

la rêverie daydream

rêverier to dream; to imagine

réviser to review

revoir to review **au revoir** goodbye

la révolte revolt, rebellion

se révolter to revolt; to rebel

la revue review magazine; critical review

riche *adj.* rich

ridicule *adj.* ridiculous

rien *pron.* nothing

la rigueur severity; **à la rigueur** in a pinch; **de rigueur** essential

rire to laugh

risquer to risk; **risquer le tout pour le tout** to risk everything

le rivage bank, shore, beach

la rivalité rivalry

la rive bank, shore

la rivière river

le riz rice

la robe dress

robuste *adj.* robust, vigorous

le rock dur hard rock music

rocheux (-euse) *adj.* rocky

rôder to prowl

le rognon kidney

le roi king; **le Roi-Soleil** Louis XIV

le rôle part, character, role; **jouer le rôle de** to play the role of; **à tour de rôle** taking turns

romain(e) *adj.* Roman

le roman novel **le roman policier** detective novel

rond(e) *adj.* round; **la Table Ronde** the Round Table

rose *adj.* pink

le rosier rosebush

rotatif (-ive) rotary

rouge *adj.* red; **le feu rouge** red traffic light

rougir to blush

rouler to drive; to travel along

la roulotte trailer

le round boxing round

la route road; **la bonne (mauvaise) route** the right (wrong) road; **en route** on the way; **le code de la route** highway rules

routier (-ière) *adj.* of roads; **la carte routière** roadmap

le royaume realm, kingdom

la royauté monarchy

le ruban adhésif adhesive tape

le rubis ruby

la rue street; **à la rue** on the street; **dans la rue** in the street

russe *adj.* Russian

sablé(e) *adj.* sandy

le sac sack, bag, handbag; **le sac à dos** backpack; **le sac de couchage** sleeping bag

le sachet bag, packet

sacrer to anoint; to crown

sagement *adv.* wisely, prudently

sainement *adv.* healthily; soundly

le(la) **saint(e)** saint
la **saison** season
la **salade** salad
le **salaire** salary; paycheck
salé(e) *adj.* salty
sale *adj.* dirty
saler to salt
la **salle** room; auditorium
salut! hi!
le **samedi** Saturday
la **sandale** sandal
le **sanglier** wild boar
sans *prep.* without; **sans que** *conj.* without; **sans blague** all kidding aside; **les sans-culottes** revolutionary group (1789–92)
la **santé** health; **boire à la santé de** to drink to the health of; **en bonne (mauvaise) santé** in good (bad) health
le **saphir** sapphire
satisfait(e) *adj.* satisfied
la **sauce** sauce, gravy; **la sauce vinaigrette** vinegar and oil salad dressing
sauf *prep.* except
le **saumon** salmon
saupoudrer to sprinkle
sauter to jump
le **sautoir** jump, ski jump
sauvage *adj.* wild; uncivilized
sauvé(e) *adj.* saved
sauver to save
le **sauvetage** rescue; salvaging
le **sauveteur** rescuer
la **savane** savanna
savant(e) *adj.* learned; scholarly
la **Savoie** Savoy
savoir to know; to know how; **savoir par cœur** to know by heart
le **savoir-faire** know-how
savourer to savour
le **scénario** scenario, script
le(la) **scénariste** scriptwriter
la **scène** stage; scenery; scene; **le metteur en scène** stage director; **la mise en scène** setting, staging
scolaire *adj.* of schools, academic; **l'année scolaire** (*f.*) school year
sculpter to sculpt
le **sculpteur** sculptor, carver
la **séance** session; **la séance de film** showing of a movie
sec (sèche) *adj.* dry
sécher to dry; to avoid; **sécher un cours** to cut class
secondaire *adj.* secondary
le(la) **secrétaire** secretary

la **section** division;
sécurité: se sentir en sécurité to feel secure
séduisant(e) fascinating; handsome
seizième *adj.* sixteenth
le **séjour** stay
séjourner to stay, sojourn
le **sel** salt
selon *prep.* according to
la **semaine** week;
semblable *adj.* like, similar, such
semblant: faire semblant de to pretend to
sembler to seem
le **semestre** semester
le **sénat** senate
le **sénateur** senator
le **sens** meaning; sense
la **sensation** sensation, feeling
le **sentier** path
le **sentiment** feeling; sensation; sentiment
sentir to feel; to smell; to smell of; **se sentir** to feel oneself; to feel; **se sentir en sécurité** to feel secure
séparé(e) *adj.* separated
séparer to separate
sept *adj.* seven
le **septembre** September
sereinement *adv.* serenely
la **sérénité** serenity
la **série** series
sérieux (-euse) *adj.* serious
le **serpent** snake
se serrer la main to shake hands
le(la) **serveur (-euse)** barman, waitress
le **service** service; **le service (non) compris** tip (not) included
la **serviette** napkin
servir to serve; **servir à** to be of use in, **se servir de** to help oneself to
le **set de table** placemat
seul(e) *adj.* alone; only
seulement *adv.* only
le **sexe** sex
sexy *adj. inv.* sexy
si *conj.* if; whether; yes (*in answer to a negative question*); *adv.* so
le **siècle** century
les **siens** (*m. pl.*) one's people (*relations and friends*); kin
le **sigle** abbreviation; acronym
signer to sign
signifier to mean
similaire *adj.* similar

la **similitude** similarity
simplement *adv.* simply
simultané(e) *adj.* simultaneous
la **simultanéité** simultaneousness
singulier (-ière) *adj.* singular
sinistre *adj.* sinister
le **siphon** siphon
la **sirène** siren, mermaid
le **sirop** syrup; **le sirop d'érable** maple syrup
situé(e) situated
situer to place
le(la) **skieur (-euse)** skier
slave: le charme slave Slavonic charm
snob *adj. inv.* snobbish
sobre *adj.* sober
le **socialisme** socialsm
socialiste *adj.* socialist
la **société** society; firm
le(la) **sociologue** sociologist
la **sœur** sister **la belle-sœur** sister-in-law
soi: chez soi at (one's) home
le **soin** care
le **soir** evening
la **soirée** party; evening
soit… soit *conj.* either . . . or
le **soldat** soldier
le **solde** sale; **en solde** on sale
le **soleil** sun
le **solitaire** *adj.* solitary; single; alone
solubiliser to make soluble
sombre *adj.* dark, somber, gloomy
la **somme** sum, total; amount; **en somme** all in all
le **sommeil** sleep; **avoir sommeil** to be sleepy; **tomber de sommeil** to be dead tired
le(la) **sommelier (-ière)** wine waiter
le **sommet** summit
somptueux (-euse) *adj.* sumptuous, splendid
la **sonate** sonata
le **sondage** poll
sonner to ring
sonore *adj.* resonant; **la bande sonore** sound track
la **sorte** sort, kind; manner
la **sortie** going out; exit
sortir to go out; to go out on a date; to take out; **sortir seul(e)** to go out alone
sot, sotte *adj.* silly, foolish
le **sou** sou (*copper coin*); cent
le **souci** worry
se soucier de to care about
soudain(e) *adj.* sudden, unexpected; *adv.* suddenly, all of a sudden

souffert *p.p. of* **souffrir** suffered

souffler to blow, to puff

souffrir to suffer

le **souhait** wish

souhaitable *adj.* desirable

souhaiter to desire, wish for

soulever to lift up; to raise

souligner to underline; to emphasize

la **soumission** submission

la **soupape** valve

la **soupe** soup

sourd(e) *adj.* deaf; **sourd(e)-muet(te)** deaf and dumb

sourire to smile; **se sourire** to smile at each other

la **souris** mouse

sous *prep.* under, beneath

sous-entendu(e) *adj.* understood

sous-marin(e) *adj.* submarine

le **sous-officier** non-commissioned officer

le **sous-sol** basement

sous-titré(e) *adj.* subtitled

soutenir to support

soutenu *p.p. of* **soutenir** supported

le **soutien** support

le **souvenir** memory; souvenir

se **souvenir de** to remember

souvent *adv.* often

spacieux (-euse) *adj.* spacious

spatial(e) *adj.* spatial; spacial

la **spatule** spatule

spécialisé(e) *adj.* specialized

se **spécialiser** to specialize

la **spécialité** specialty

specifié(e) *adj.* specified

spécifique *adj.* specific

le **spectacle** show; **les spectacles** entertainment

la **spectateur (-trice)** spectator

spirituel(le) *adj.* witty; spiritual

splendide *adj.* sumptuous, magnificent

spontané(e) *adj.* spontaneous

spontanément *adv.* spontaneously

sportif (-ive) *adj.* athletic

la **stabilité** stability

le **stade** stadium

le **stage** training course; practicum

la **station** station; resort; **la station de ski** ski resort; **la station-service** service station

stationnaire *adj.* stationary

stimuler to stimulate

stop: en stop hitchhiking

stopper to halt

strict(e) *adj.* strict

studieux (-euse) *adj.* studious

stupide *adj.* stupid, foolish

le **stylo** pen

su *p.p. of* **savoir** known

subir to undergo

la **subjectivité** subjectivity

le **subjonctif** (*Gram.*) subjunctive (mood)

sublimé(e) *adj.* sublimated

submergé(e) *adj.* submerged

subordonné(e) *adj.* subordinate

substituer to substitute

subtil(e) *adj.* subtle; discerning

la **subtilité** subtlety; nicety

subvenir to provide for; to meet

le **succès** success

le **sucre** sugar; **la canne à sucre** sugarcane

sucré(e) *adj.* sweetened; sugary

le **sud** south

la **Suède** Sweden

suffire to suffice

suffisamment *adv.* sufficiently

suffisant(e) *adj.* sufficient

suggérer to suggest

la **Suisse** Switzerland

suisse *adj.* Swiss

la **suite** continuation; series; **tout de suite** immediately

suivant(e) *adj.* following

suivi(e) de *adj.* followed by

suivre to follow; to take; **suivre des cours** to take classes

le **sujet** subject; **au sujet de** concerning, about

superbe *adj.* proud; superb

la **supériorité** superiority

le **superlatif** (*Gram.*) superlative

supplémentaire *adj.* supplementary, additional

supporter to tolerate, put up with

supposer to suppose

supprimé(e) *adj.* omitted

supprimer to suppress; to omit

sur *prep.* on, upon; concerning; about

sûr(e) *adj.* sure; unerring, trustworthy; **bien sûr** of course

sûrement *adv.* surely

surmené(e) *adj.* overworked, over-tired

le **surnom** nickname

surprenant(e) *adj.* surprising

surprendre to surprise

surpris(e) *adj.* surprised

le **surréalisme** surrealism

surtout *adv.* above all, chiefly

la **syllabe** syllable

le **symbole** symbol, sign

sympa *adj. inv.*=**sympathique** nice, friendly

sympathique *adj.* nice, likeable

la **symphonie** symphony

symphonique *adj.* symphonic

le **syndicat** union

le **synonyme** synonym

le **système** system

la **table** table; **la Table ronde** the Round Table; **le set de table** placemat

le **tableau** picture; painting; chart

taillé(e) *adj.* well-cut

le **tailleur** women's suit; tailor

taire to say nothing; **se taire** to be quiet

tandis que *conj.* while; whereas

tant *adv.* so much; so many; **en tant que** as; **tant de** so many

la **tante** aunt

tard *adv.* late; **le(la) couche-tard** night owl

la **tarte** pie

le **tas** lot, pile; **un tas de** a lot of

la **tasse** cup

le **tatouage** tattoo

la **taxe** tax

le **Tchad** Chad

technologique *adj.* technological

taint(e) *adj.* dyed

tainté(e) *adj.* tinted

la **teinturerie** dry cleaners

tel(le) *adj.* such

la **télé**= **télévision** TV; **à la télé** on TV

téléphoner to telephone; **se téléphoner** to call each other

le **téléviseur** television set

la **télévision** television

tellement *adv.* so; so much

tempéré(e) *adj.* temperate

la **tempête** storm

le **temple** temple; (Protestant) church

le **temps** tense (*Gram.*); time; weather; **dans le bon vieux temps** in the good old days; **de temps en temps** from time to time; **en même temps** at the same time

tendance (*f.*): **avoir tendance à** to have a tendency to

tendre *adj.* tender

tendrement *adv.* tenderly

la **tendresse** tenderness; fondness

tendu(e) *adj.* tense

tenir to hold; **tenir à** to cherish; to be anxious to; **tenir au frais** to keep cool; **tenir leur**

commerce to keep a business; **tenir sa promesse** to keep one's promise; **se tenir au courant** to keep up with (*things*); **se tenir (bien) à table** to have (good) table manners

la **tente** tent

tenu *p.p. of* **tenir** held

le **terme** term

la **terminaison** ending

terminé(e) *adj.* ended

terminer to end; **se terminer par** to end with

le **terrain** ground; terrain

la **terrasse** terrace

la **terre** earth; **la pomme de terre** potato

terrestre *adj.* terrestrial, earthly

le **territoire** territory

le **terrorisme** terrorism

la **tête** head

le **tête-à-tête** private conversation

le **texte** text; passage

le **thé** tea

théâtral(e) *adj.* theatrical

le **thème** theme

thermique: l'insolation thermique heat insulation

le **thermomètre** thermometer

le **thon** tuna

le **thym** thyme

tiède *adj.* warm

le **tiers-monde** third world

timide *adj.* timid

tiré(e) de *adj.* drawn from

la **tirelire** "piggy" bank

tirer to shoot; to fire at; to pull

le **tiroir** drawer

la **tisane** herb tea

le **tissage** weaving

le **tissu** material, fabric

le **titre** title

la **toile** canvas, painting

la **toilette** lavatory; **faire sa toilette** to wash up

tolérer to tolerate

la **tomate** tomato

la **tombée** fall; **à la tombée de la nuit** at night fall

tomber to fall; **tomber à pic** to come just at the right moment; **tomber amoureux (-euse)** to fall in love; **tomber de sommeil** to be dead tired; **tomber en panne** to have a breakdown (vehicle)

le **tonton** (*infant speech*) uncle

le **tonus** muscular tone

tordu(e) *adj.* crooked; twisted

torride *adj.* torrid; scorching

le **tortillard** local train

la **tortue** tortoise

tortueux (-euse) *adj.* winding

tôt *adv.* early

totalement *adv.* totally

la **touche** key, button (*in elevator*)

toucher to touch

toujours *adv.* always; still

le **tour** turn; tour; **à tour de rôle** in turns; **le tour de main** knack

la **tour** tower

le(la) **touriste** tourist

le **tournage** shooting of a film

le **tourne-disque** record player

tourner to turn; **tourner un film** to shoot a film

le **tournoi** tournament

tout(e) (*pl.* **tous, toutes**) *adj.* all; whole, the whole of; every; each; any; **à tout âge** at any age; **avoir toute liberté** to be completely free; **de toute manière** anyway; **en tout cas** in any case; **en toute chose** in everything; **tout le monde** everybody; **tout le temps** all the time; **tous (toutes) les deux** both; **toute la journée** all day long; **toute la nuit** all night long, *pron.* **tout(e)** (*pl.* **tous, toutes**) all; everything; **tout va bien** everything's fine; *noun* le **tout** whole; all; *adv.* **tout** (*invariable excepté devant un adjectif féminin singulier ou pluriel qui commence par consonne ou h aspiré*) wholly, entirely, quite, very, all; **tout à fait** quite; **tout à l'heure** presently; **tout à trac** right out of the blue; **tout de même** all the same; **tout de suite** immediately; **tout d'un coup** suddenly; **tout droit** straight ahead; **toute petite** very small; **toutes honteuses** very shameful; **tout près** very near; **tout seul** all alone

toutefois *adv.* yet, nevertheless

le **Tout-Paris** Parisian high society

la **trace** trace; vestige

tracer to draw

traditionnel(le) *adj.* traditional

la **traduction** translation

traduire to translate

la **tragédie** tragedy

le **train** train; **être en train de** to be in the process of

traité(e) *adj.* treated

tranché(e) *adj.* clear-cut; distinct

la **tranche** slice

tranquille *adj.* tranquil, quiet, calm; **laisser tranquille** to leave alone

transformer to transform; **se transformer** to transform oneself

les **transports** (*m. pl.*) transportation; **les transports publics** public transportation

le **travail** work; **le travail manuel** handicraft **les travaux ménagers** housework

travailler to work

travers: à travers through

traverser to cross

très *adv.* very; most; very much

le **trésor** treasure

tresses: les tresses (*f. pl.*) **bouclées** curly hair

le **tribunal** tribunal; court of justice

le **tribut** tribute

trier to sort

le **trimestre** quarter; term

triomphant(e) *adj.* triumphant

triompher to triumph

triste *adj.* sad

la **tristesse** sadness

trivial(e) *adj.* trifling

troisième *adj.* third

tromper to deceive; **se tromper** to be wrong; **se tromper de chemin** to lose one's way

trop *adv.* too much, too, too many; **beaucoup trop** much too much; **trop de** too much (of), too many (of)

le **trou** hole

les **troubles** (*m. pl.*) dissensions, disturbances

la **troupe** troop; company of actors

trouver to find; to deem; to like; **se trouver** to be; to be located

le **truc** whatsit, thing, trick

la **truelle** trowel

le **tube** (*fam.*) hit song

tuer to kill

la **Tunisie** Tunisia

tutoyer to use the familiar **tu** form; **se tutoyer** to call each other **tu**

le **type** (*fam.*) bloke, guy

typique *adj.* typical

ultra: le nec plus ultra (du latin) the last word
unanime *adj.* unanimous
uni(e) *adj.* united; even
l'union (*f.*) union; harmony; marriage
unique *adj.* only, sole;
uniquement *adv.* solely, only
universel(le) *adj.* universal
universitaire *adj.* of or belonging to the university; **la cité universitaire** student housing
l'université (*f.*) university
usé(e) *adj.* worn, worn-out
l'usine (*f.*) factory
l'ustensile (*m.*) implement; utensil
usuel(le) *adj.* everyday; ordinary
utile *adj.* useful
utiliser to use
l'utilité (*f.*) usefulness

les vacances (*f. pl.*) vacation **partir en vacances** to leave on vacation; **passer des vacances** to spend one's vacation; **prendre des vacances** to take a vacation
vaincre to vanquish; to beat
vaincu(e) *p. p. of* **vaincre** vanquished; beated
la vaisselle dishes; **faire la vaisselle** to wash the dishes
la valeur value; meaning; **mettre en valeur** to emphasize
la valise suitcase
valoir to be worth; **ça vaut la peine** it's worth the trouble; **il vaut mieux** it is better
la vanille vanilla
se vanter to boast, to brag
la vapeur steam
varier to vary; to change
le veau veal
vécu(e) *p. p. of* **vivre** lived
la vedette star (*film or theater*)
végétal(e) *adj.* vegetable
végétarien(ne) *adj.* vegetarian
le véhicule vehicle
la veille the day (night) before; eve
le vélo (*fam.*) bike; **faire du vélo** to bike
le vélomoteur moped
le(la) vendeur (-euse) salesperson
vendre to sell
le vendredi Friday
vendu(e) *adj.* sold

venir to come; **venir de** to have just
la vente sale; selling; **en vente** available, for sale
le ventre stomach
verbal(e) *adj.* verbal; oral
le verbe verb
vérifier to check; to verify
véritable *adj.* true, genuine, real
la vérité truth
le verre glass; **un verre de** a glass of
vers *prep.* toward, to; about
verser to pour
version: la version doubleée dubbed version; **la version originale** original version
vert(e) *adj.* green; **les feux verts** (*m. pl.*) green lights
vertu: de petite vertu of little virtue
la veste jacket
le vestiaire cloakroom
le veston jacket
les vêtements (*m. pl.*) clothes
vexé(e) *adj.* upset, hurt, offended
la viande meat
la victime victim
la victoire victory; **remporter la victoire** to win the victory
la vidéo video
la vidéocassette video cassette
la vie life
vierge *adj.* virgin; **les Iles Vierges** (*f. pl.*) the Virgin Islands
vieux (vieil, vieille) *adj.* old
vif (vive) *adj.* lively, bright
le vignoble vineyard
le village town
la ville city; **aller en ville** to go to town
le vin wine
le vinaigre vinegar
la vinaigrette *French vinegar and oil salad dressing*
la vingtaine about twenty
vingtième *adj.* twentieth
violemment *adv.* violently
le virage curve
la visite visit; **rendre visite à** to visit (*people*)
visiter to visit (*a place*)
vite *adv.* quickly, fast, rapidly
la vitesse speed; **la limitation de vitesse** speed limit

vivant(e) *adj.* living, alive
vivement *adv.* quickly; vividly
vivre to live
le vocabulaire vocabulary
la voie way, road; course; **en voie de développement** developing
voilà there, there now, there is, there are, that is
la voile sail; **la planche à voile** windsurfer
voir to see
le(la) voisin(e) neighbor
la voiture car, auto; **aller en voiture** to drive; to ride; to go by car; **doubler une voiture** to pass a car; **parquer sa voiture** to park one's car
la voix voice; **à voix basse (haute)** in a low (high) voice; **perdre la voix** to lose one's voice
le vol flight
le volant steering wheel
le volcan volcano
voler (*intr.*) to fly; (*trans.*) to steal
le(la) voleur (-euse) thief, robber
la volonté will
volontiers *adv.* willingly, gladly, with pleasure
le vote vote, voting
voter to voter
vouloir to wish, want; **vouloir dire** to mean; **s'en vouloir à** to hold a grudge against
vouvoyer to use the **vous** form
le voyage trip; **faire un voyage** to take a trip; **voyage gratuit** free trip; **voyage organisé** tour
voyager to travel
la voyelle vowel
vrai(e) *adj.* true, real
vraiment *adv.* truly, really
vu(e) *p. p. of* **voir** seen
la vue view

le yaourt yogurt
les yeux (*m., pl., sing. of* **oeil**) eyes
yougoslave *adj.* Yugoslavian
la Yougoslavie Yugoslavia

le Zaïre Zaire
le zéro zero; **avoir des zéros** to get zeros

ndex

Realia *(continued from page iv)*

Page 8 (top) © *Famille Magazine;* 8 *(bottom)* © Société Générale; 21 © Courtesy of Air France; 24 Reprinted by permission of Ronald Searle; 25 © *Le Point;* 28 WEMS; 33 © C. Charillon-Paris; 38 © *Magazine Biba,* #97; 44 © *Le Point;* 49 Cartoon by Pessin, © *Le Monde;* 56 © Spinga, *La Recherche,* #200, June 1988; 69 © *Femme Actuelle;* 78 © Flammarion; 80 Association Nationale Interprofessionelle des Vins de Table et de Pays; 81 Courtesy of CFPO (Cie Française des Produits Orangina, Marseilles); 84 © *Femme Actuelle;* 96 © *Femme Actuelle;* 101 © Mannesmann Tally; 117 © Editions Olivier Orban; 120 Courtesy of Emmental; 131 © *Famille Magazine;* 132 © Editions Robert Laffont; 148 Courtesy of Ford Motor Company; 150 Reprinted by permission of Communications Research Group; 151 © *Famille Magazine;* 154 © *Famille Magazine;* 175 Courtesy of CEFFIM; 177 *(top left)* © Hanna Barbera Productions, Inc.; 181 © C. Charillon-Paris; 191 © *Femme Actuelle,* Prisma Presse; 202 © *Femme Actuelle;* 212 © Omega; 221 © *Le Monde Informatique;* 226 © 1986 *Madame Figaro*-M Thébaud; 249 NYTSS / *L'Express;* 274 *(top right)* © *Afrique Elite;* 320 From *Lettres Choisies* d'Ernest Hemingway, traduit par Michel Arnaud, © Editions Gallimard.

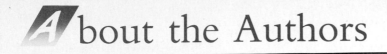
About the Authors

Lucia F. Baker holds a Diplôme de Hautes Etudes from the University of Grenoble and an M.A. from Middlebury College, and has done additional graduate work at Radcliffe College and Yale University. She recently retired after more than twenty years of teaching at the University of Colorado (Boulder). In addition to teaching first- and second-year French language courses, she coordinated the Teaching Assistant Training Program, which includes the methodology class and language course supervision. Professor Baker received two Faculty Teaching Excellence awards and in 1983 was honored by the Colorado Congress of Foreign Language Teachers for unusual service to the profession.

Ruth A. Bleuzé holds an M.A. in International Relations from the University of Pennsylvania and a Ph.D. in French from the University of Colorado (Boulder). She has taught language, literature, history, and civilization courses at the University of Colorado (Boulder and Denver campuses), Loretto Heights College, and Dartmouth College. She received a graduate student Teaching Excellence award in 1976, and in 1977 was listed in *Who's Who in American Colleges and Universities*. Dr. Bleuzé is currently director of training for Moran, Stahl, and Boyer International, a management consultant firm providing cross-cultural and language training for executives from multinational companies who are relocating to foreign countries.

Laura L. B. Border received her M.A. in French from the University of Colorado at Boulder and is currently a Ph.D. candidate in French Literature. She has taught first-, second-, and third-year French courses for many years. She studied French language, literature, and culture at the University of Bordeaux as an undergraduate student, and later taught English conversation, translation, and phonetics there. A recipient of the graduate student Teaching Excellence award at Boulder, she is now director of the Graduate Teacher Program at the Graduate School of the University of Colorado at Boulder.

Carmen Grace is the coordinator of *Collage, Third Edition*. She received her M.A. in French from the University of Colorado at Boulder, where she has taught courses in literature, language, civilization and methodology during the last fifteen years. She supervised and coordinated the Teaching Assistant Program for three years. She has also taught English courses at the University of Bordeaux. In 1974 she was granted a French Government Fellowship to the Sorbonne, and in 1978 she received a graduate student Teaching Excellence award.

Janice Bertrand Owen received her Ph.D. in French Literature from the University of Colorado (Boulder). She has taught language and literature classes at the Boulder and Denver campuses for eighteen years. In 1977 she directed the University of Colorado Study Abroad Program in Chambéry, and in 1979 designed and taught an intensive course for secondary teachers of French in the Boulder Valley Schools.

Mireille A. Serratrice was born and raised in France. She holds a license in English and American Literature from the Centre Universitaire de Savoie, and in 1979 received an M.A. in French from the University of Colorado (Boulder), where she has also completed all course work for her Ph.D. She has taught first- and second-year French language and literature courses at the University of Colorado since 1977. In 1980 she was the Director of the Study Abroad Program in Chambéry. At present she is teaching in Paris.

Ester Zago holds a Doctorate in Foreign Languages and Literature from the Bocconi University of Milan and a Ph.D. in Comparative Literature from the University of Oregon (Eugene). She has taught at Pacific University and at Oregon State University at Corvallis. Since 1974 she has taught French and Italian grammar, literature, and civilization courses at the University of Colorado (Boulder). She received a Faculty Teaching Excellence Award in 1982, and during the 1982–83 academic year she was the Director of the Study Abroad Program at Bordeaux. She has published several articles and a book entitled *La Bella Addormentata, origine e metamorfosi di una fiaba*.